Eu Sou a Verdade
Por uma filosofia do cristianismo

Michel Henry

Copyright © Editions Seuil, 1996
Copyright da edição brasileira © 2015 É Realizações
Título original: *C'est moi la Vérité*

Produção editorial, capa e projeto gráfico
É Realizações Editora

Preparação de texto
Laura Gillon

Revisão
Dida Bessana

Ilustração da capa
Cláudio Pastro

Reservados todos os direitos desta obra. Proibida toda e qualquer reprodução desta edição por qualquer meio ou forma, seja ela eletrônica ou mecânica, fotocópia, gravação ou qualquer outro meio de reprodução, sem permissão expressa do editor.

CIP-Brasil. Catalogação na Publicação
Sindicato Nacional dos Editores de Livros, RJ

H451e

Henry, Michel, 1922-2002
  Eu sou a verdade : por uma filosofia do cristianismo / Michel Henry ; tradução Carlos Nougué. - 1. ed. - São Paulo : E Realizações, 2015.
  384 p. ; 23 cm.

Tradução de: C'est moi la vérité
ISBN 978-85-8033-195-0

1. Cristianismo - filosofia. 2. Vida cristã. I. Título.

15-20390
CDD: 230
CDU: 23

25/02/2015   26/02/2015

É Realizações Editora, Livraria e Distribuidora Ltda.
Rua França Pinto, 498 ·São Paulo SP · 04016-002
Caixa Postal: 45321 · 04010-970 · Telefax: (5511) 5572 5363
atendimento@erealizacoes.com.br · www.erealizacoes.com.br

Este livro foi impresso pela Edições Loyola, em março de 2015. Os tipos são da família Bembo Std.
O papel do miolo é o off white norbrite 66g, e o da capa, cartão supremo 250g.

Michel Henry

Eu Sou a Verdade
Por uma filosofia do cristianismo

Tradução
Carlos Nougué

É Realizações
Editora

SUMÁRIO

Introdução 7
    A que chamaremos "cristianismo"?

Capítulo I 21
    A verdade do mundo

Capítulo II 35
    A Verdade segundo o cristianismo

Capítulo III 51
    Esta Verdade que se chama Vida

Capítulo IV 79
    A autogeração da Vida como geração do Primeiro Vivente

Capítulo V 101
    Fenomenologia de Cristo

Capítulo VI 135
    O homem enquanto "Filho de Deus"

Capítulo VII 159
    O homem enquanto "Filho no Filho"

Capítulo VIII 189
    O esquecimento pelo homem de sua condição de Filho: "Eu"; "Ego"

Capítulo IX 215
    O segundo nascimento

Capítulo X 243
A ética cristã

Capítulo XI 269
Os paradoxos do cristianismo

Capítulo XII 301
A Palavra de Deus, as Escrituras

Capítulo XIII 327
O cristianismo e o mundo

Conclusão 361
O cristianismo e o mundo moderno

INTRODUÇÃO

A que chamaremos "cristianismo"?

Nosso propósito não é nos perguntarmos se o cristianismo é "verdadeiro" ou "falso", não é estabelecer, por exemplo, a primeira dessas hipóteses. O que estará em questão aqui é, antes, *o que o cristianismo considera como a verdade*, o gênero de verdade que ele propõe aos homens, que ele se esforça por comunicar-lhes não como uma verdade teórica e indiferente, mas como esta verdade essencial que lhes convém por alguma afinidade misteriosa, a ponto de ser ela a única capaz de assegurar sua salvação. É esta forma de verdade que circunscreve o domínio do cristianismo, o meio em que ele se move, o ar, se se ousa dizer, que ele respira, o que tentaremos compreender. Porque há muitas espécies de verdade, muitas maneiras de ser verdadeiro ou falso. E talvez também de escapar ao conceito de verdade que domina o pensamento moderno e que, tanto em si mesmo quanto por suas múltiplas implicações, determina o mundo em que vivemos. Antes de tentar uma elucidação sistemática do conceito de verdade, a fim de reconhecer a verdade insólita e oculta que é própria do cristianismo, verdade em total oposição com a que hoje tomamos ingenuamente por protótipo de toda verdade concebível, um problema prévio se põe. Trata-se de delimitar de modo ao menos provisório o que será inquirido sobre a natureza da verdade que ele professa: a que chamaremos, portanto, "cristianismo"?

O que se encontra expresso num conjunto de textos designados pelo título de Novo Testamento é o que se entende por cristianismo – e parece que com boas razões. Sim, porque onde se poderia buscar o "conteúdo" do cristianismo a fim de refletir sobre o que ele considera como a verdade, senão no *corpus* constituído pelos

Evangelhos, pelos Atos dos Apóstolos, pelas epístolas destes, de Paulo, de Tiago, de Pedro, de João, de Judas e, enfim, pelo Apocalipse, atribuído ao mesmo João? Não é a partir desse *corpus* que foi elaborado este conjunto dos dogmas que definem o cristianismo? O conhecimento do cristianismo – e assim toda reflexão sobre sua possível "verdade" – não passa pelo conhecimento desses textos? Somente sua análise minuciosa pode conduzir, ao que parece, à inteligência do que é verdadeiramente o cristianismo em seu núcleo essencial.

A aproximação ao cristianismo a partir do *corpus* de textos em que se propõe seu conteúdo apresenta duas características. Em primeiro lugar, ela implica investigações em número infinito concernentes a esses próprios textos e ao que se pode chamar em geral sua autenticidade. De quando datam eles, de quando datam particularmente os que serão considerados canônicos e sobre os quais se fundará o dogma? Por quem foram redigidos? Por testemunhas oculares dos acontecimentos estranhos que elas relatam e que gravitam em torno da existência de Cristo? Ou depois, por pessoas que teriam ao menos ouvido o relato dessas testemunhas? Ou, numa época bem ulterior, elementos esparsos, tomados de uma tradição oral incerta proveniente de fontes heterogêneas, foram objeto de uma verdadeira reconstrução, de um amálgama, de uma invenção, a ponto de a própria ideia de um modelo inicial se tornar contestável e de, na presença de textos remanejados, arrumados ou simplesmente fabricados, objeto finalmente de um imaginário coletivo muito mais do que recensão de acontecimentos que se teriam realmente produzido, nos encontrarmos diante não de um memorial sagrado, o das ações de Cristo e de suas palavras fundamentais, mas de uma simples mitologia?

Muitas outras questões, para dizer a verdade, se põem a respeito desses textos. Em que língua foram escritos? Em grego, segundo a interpretação mais frequente, em hebreu, ou ainda numa língua local? Ora, uma língua não é apenas um meio de comunicação separado do que ela tem por missão comunicar: investida de múltiplas significações que não se reduzem às da linguagem propriamente dita, a língua veicula os esquemas práticos e cognitivos que definem uma cultura. Se se trata do grego, é todo o pensamento grego – um pensamento que não é apenas grego, mas que vai reinar sobre o mundo ocidental em seu conjunto – que pesa sobre o cristianismo das origens. As interpretações aristotélicas e platônicas que, dos Padres da Igreja aos pensadores da Idade Média, vão determinar a teologia cristã, são fundadas no princípio. Se as primeiras redações são em aramaico ou hebreu – neste caso elas desapareceram totalmente –, a incontornável referência do Novo ao Antigo Testamento, que ninguém contesta, seria ainda mais decisiva. A pretensão de Paulo de introduzir-se diretamente no cristianismo fazendo, senão economia do judaísmo, ao menos a de suas práticas e da lei – em suma, de se apresentar como o Apóstolo dos gentios, dos incircuncidados – presta-se a controvérsias. Se os textos originais fossem em hebreu, a referência ao Antigo Testamento não se limita a uma simples condição histórica, mas habita o próprio Novo Testamento, a ponto de este, em vez de ser destacado do Antigo como será na heresia de Marcião, correr o risco, ao contrário, de aparecer como uma variante entre outras dos escritos judaicos. Estes últimos, dispostos aliás segundo estratos diversos, deram lugar, sabe-se, a múltiplos comentários, a comentários de comentários, e o cristianismo não seria mais que um entre eles – seus heróis, o simples reaparecimento de personagens que já desempenharam seu papel no palco do Antigo Testamento, e até a realização de entidades metafísico-religiosas cujo progresso e transformações uma investigação erudita poderia seguir.

A segunda característica de uma aproximação do cristianismo a partir do *corpus* dos textos evocados não é unicamente conduzir a investigações sem fim. De modo que aquele que quisesse interrogar o Evangelho sobre a salvação de sua alma não deveria apenas, segundo a observação irônica de Kierkegaard, esperar a publicação do último livro sobre a questão; ele teria ainda, cessado todos os negócios, de lançar-se a estudos que a morte certamente viria interromper antes que ele tivesse podido obter deles, de tantos saberes e exegeses, a primeira palavra de uma resposta à única questão que importa. E isso porque aquilo de que depende a resposta, *a verdade do cristianismo, não tem precisamente nenhuma relação com a verdade que ressalta da análise dos textos ou de seu estudo histórico.*

Comecemos pela história. Do ponto de vista histórico, a crítica dos textos fundadores do cristianismo se desdobra. Trata-se por um lado da crítica dos acontecimentos reportados nesses textos, e por outro da crítica histórica dos mesmos textos. Para a primeira, a história dispõe de um critério que não é nada além de seu critério de verdade. Um acontecimento é historicamente verdadeiro se apareceu no mundo a título de fenômeno visível e por isso mesmo objetivo. A visibilidade do fenômeno, o fato de que, visível, ele pôde ser constatado por testemunhas, aí está o fundamento de sua objetividade. Ou, se se preferir, "objetividade" no domínio desta ciência objetiva que é a história significa sucessivamente duas coisas: que um fenômeno, o acontecimento, se mostrou e que, tendo-se mostrado e tendo, assim, sido ou podido ser conhecido por vários e por muitos, ele se tornou "verdadeiro" – desta verdade que a ciência reconhece e que se chama precisamente objetividade.

Deixemos de lado uma ocorrência particularmente incômoda para a história e seu conceito da verdade. Suponhamos que um acontecimento se tenha efetivamente produzido sob a forma de fenômeno visível no mundo e que, no entanto, ninguém o tenha percebido ou mencionado, oralmente ou por escrito. Tal acontecimento seria conforme ao conceito de verdade da história, mais radicalmente à sua definição ontológica de realidade, a saber, o fato de se tornar visível e assim se mostrar no mundo a título de fenômeno objetivo. Tal acontecimento, no entanto, não escaparia menos à verdade da história: ele apareceu, mas ninguém o viu. Ou, ainda, aqueles que o viram desapareceram sem deixar vestígio. Ora, a maior parte dos acontecimentos, *aqueles em todo o caso que concernem a um indivíduo particular ou a um grupo limitado de indivíduos, são deste tipo: todos escapam à verdade da história.* O que está em causa não são os acontecimentos, não são os indivíduos: esses indivíduos estiveram na Terra, eles viveram. O que está em causa é o conceito de verdade da história, sua incapacidade de captar a realidade, a realidade desses indivíduos e de tudo o que lhes está ligado.

Suponhamos agora que o Todo da realidade seja constituído de indivíduos: então é o Todo da realidade que escapa à história. E que lhe escapa em razão de seu conceito de verdade – mais radicalmente da definição ontológica de realidade que o subentende. É precisamente quando se exige de uma coisa, no caso um indivíduo, que se mostre ou que se tenha mostrado no mundo para que sua existência, deste modo atestada, se torne um fenômeno "objetivo", um fato histórico, que este indivíduo – que a quase totalidade dos indivíduos, tendo vivido na Terra desde as origens, se furte a esse gênero de requisito, à verdade da história e à pretensão desta de estabelecer fatos objetivos e, a esse título, historicamente verdadeiros.

Essa é a razão por que, diante do desvanecimento geral do que ela toma por realidade, a saber, a história dos homens enquanto não é nada além e não pode ser nada além de uma multidão indeterminada de indivíduos – diante do fato, mais precisamente, de que esta multidão escapa ao conceito de verdade sob o qual ela pretende apreendê-lo –, a história é obrigada a dar meia-volta. Como todo saber que depara com um obstáculo insuperável, ela muda de objeto. Porque os indivíduos se furtam à sua ação, ela se aterá aos documentos. É assim que, na perspectiva da história e de seu conceito de verdade como aparecimento no mundo, o *corpus* dos textos que compõem o Novo Testamento adquire subitamente importância decisiva, *tornando-se o único modo de acesso a isso de que se trata nos textos, a Cristo e a Deus.*

A substituição da análise histórica pela análise dos textos, ou antes, a forma tomada doravante pela primeira quando obrigada a se repetir na segunda, coloca-nos diante de uma aporia. A impossibilidade de atingir, em seu aparecimento fugidio e agora desaparecido, a existência de indivíduos viventes determinados tinha conduzido a aproximação histórica a se remeter à dos textos. Mas toda análise de textos se desdobra no princípio. Ela não considera somente o texto em si mesmo, em sua estrutura interna (objeto, ademais, de tipos de análises e de teorizações múltiplas). A referência desse texto à realidade, ou seja, a um estado de coisas estranho ao próprio texto, aí está o que constitui sua verdade, aos olhos da história em todo o caso. Por um lado, a história toma o próprio texto por um fato histórico, colocando-o nesse campo de aparecimento que é o mundo como meio universal dos acontecimentos humanos que ela estuda. Este lugar é sua data, sua dependência com relação a um contexto social, econômico, ideológico, religioso. Por outro lado, uma vez situado nesse campo que o desborda por todos os lados, o texto só vale por sua relação com ele. Estabelecer a verdade de um texto, sua data, a autenticidade dos manuscritos, a língua original em que foram escritos é, do ponto de vista da história, estabelecer a verdade dos acontecimentos de que eles dão testemunho. A autenticidade dos textos cristãos primitivos, o conhecimento e a análise das primeiras redações, aí está o que tornaria mais crível seu conteúdo, esse feixe de acontecimentos extraordinários agrupados em torno da pessoa de Cristo e de sua existência histórica. Donde, por exemplo, o esforço da análise cristã por situar a redação dos originais numa data tão próxima quanto possível da época em que se supõe se produziram os acontecimentos que eles relatam, devendo a confiabilidade dos documentos repercutir na dos fatos. Donde o esforço inverso da crítica cética por contestar esta proximidade, desacreditar os textos e, através deles, a história que contam, a história de Cristo – que seja o próprio cristianismo reduzido à verdade histórica de certo número de fatos objetivos, mas precisamente de fatos difíceis ou impossíveis de estabelecer objetivamente.

A verdade do cristianismo se deixa reduzir à da história? E há efetivamente sentido em considerar o cristianismo de um ponto de vista histórico? Suponhamos que as exigências, os critérios, as metodologias pelas quais se define a verdade histórica sejam plenamente satisfeitos, ou ao menos tanto quanto possível quando se trata de uma verdade dessa espécie. Suponhamos que os originais dos Evangelhos sejam acessíveis, seus autores, conhecidos, que estes, contemporâneos dos fatos que relatam, tenham sido testemunhas fiéis e que seus testemunhos, recolhidos nas melhores condições de veracidade, coincidam, etc. – a verdade do cristianismo se estabeleceria por conseguinte, por pouco que fosse?

De modo algum. Porque a verdade do cristianismo não é que um certo Jesus tenha caminhado de povoado em povoado, levando atrás de si multidões, suscitando entre elas a admiração tanto por seu ensinamento como por seus prodígios, reunindo em torno de si discípulos cada vez mais numerosos – até sua prisão pelos sacerdotes e sua crucifixão no Gólgota. A verdade do cristianismo tampouco é que o mesmo Jesus tenha pretendido ser o Messias, o Filho de Deus e, como tal, Deus mesmo – afirmação, ou melhor, blasfêmia que foi a causa de sua prisão e de seu suplício. A verdade do cristianismo é que Aquele que se dizia o Messias era verdadeiramente esse Messias, o Cristo, o Filho de Deus nascido antes de Abraão e antes dos séculos, que, trazendo em si a Vida eterna, a comunica a quem bem lhe parecer, fazendo que o que é já não seja ou que o que está morto viva. A existência histórica de Cristo, bem como as declarações extraordinárias que ele não cessou de fazer sobre sua própria pessoa, poderia ser estabelecida segundo os critérios rigorosos da história – e essas declarações poderiam não ser, todavia, senão divagações de um exaltado ou de um louco. Prova disso é que muitos dos que o viram e ouviram não creram nele.

Suponhamos, ao contrário, a redação dos textos canônicos retardados tanto tempo quanto possível pela crítica cética, os Evangelhos canônicos datados do século IV (hipótese de todo inverossímil, aliás), seu conteúdo suspeito a ponto de a existência histórica de Cristo se tornar o que para dizer a verdade é: *tão incerta quanto a de cada um dos milhares de seres humanos que pisaram a Terra desde que uma espécie humana vagueia em sua superfície* – neste caso a identidade de Cristo, sua identificação com a Vida eterna, se verdadeira, não seria menos verdadeira, a despeito do grande vazio da história, dessa bruma onde se perde no universo do visível tudo o que se supõe que aí se mostrou. Prova disso é que muitos dos que não viram Cristo e não o ouviram creram e ainda creem nele.

A incapacidade da verdade histórica de testemunhar a favor da ou contra a verdade do cristianismo, no caso a divindade de Cristo, é maior ainda no caso dos próprios textos. Qualquer que seja o respeito de que são cercados, ou melhor, o caráter sagrado que lhes é conferido pelos crentes, eles não são, apesar de tudo, senão textos. Seu conteúdo nos Evangelhos se desdobra em dois registros distintos: trata-se, por um lado, de uma narração que relata um conjunto de acontecimentos no mundo, os deslocamentos de Cristo, seus encontros, a escolha dos discípulos, suas curas milagrosas, etc. Por outro lado, essa narração é pontuada de aspas que acabam por romper a simples trama dos fatos e por desfazê-la. É então o próprio Cristo quem fala, é a mesma Palavra de Deus o que ouvimos, e isso porque Cristo se definiu como o Verbo de Deus, como sua Palavra. Sem estarem circunscritas por aspas, outras passagens relatam em estilo indireto as palavras de Cristo, notadamente essas longas e difíceis sequências em que, no Evangelho de João, Cristo se explica a respeito de si mesmo, voltando incansavelmente à sua própria condição, à dupla e singular relação que ele mantém com Deus, por um lado, e com os homens, por outro.

Ora, a despeito de sua natureza insólita, ou melhor, de seu poder estupefaciente, essas palavras de Cristo, como aliás seus atos mais extraordinários, são ditas. São apenas, no texto dos Evangelhos, fragmentos desse texto, signos ou significados trazidos por palavras, momentos e partes de uma linguagem, de uma palavra, não podendo senão juntar um sentido a um sentido, sem vencer jamais o abismo que separa toda verdade significante da realidade significada por ela. Pois aqui está precisamente o estatuto de todo texto, incluído o dos Evangelhos: ele é duplo. Composto de palavras e de significações, por um lado, e como tal suscetível de aproximações filosóficas múltiplas. Referencial, por outro lado, isto é, *referindo-se a uma realidade diferente da do próprio texto, de modo que a realidade visada pelo texto nunca é posta por ele.* Aquele que diz: "Tenho uma moeda de dez francos no bolso", nem por isso tem uma. E, assim também, aquele que diz: "Eu sou o Messias" não é o Filho de Deus por efeito de sua palavra – na medida em que se trata de uma palavra humana composta de signos e de significados, como o é o texto das Escrituras.

Não é somente sob o olhar da história que o texto confessa sua incapacidade de pôr por si mesmo a realidade que ele enuncia, oferecendo-se à lâmina da crítica, exigindo verificações ao infinito. Na história, a impotência do documento escrito para pôr a realidade do acontecimento de que ele se quer testemunha repete a impotência do próprio acontecimento para se pôr no ser. Esta dupla incapacidade traça o círculo no qual toda verdade histórica ou textual se autodestrói. O desaparecimento das existências singulares na noite dos tempos em que elas se desvanecem só pode ser superado nos anais da história. Mas esses anais só são verdadeiros se essas existências realmente existiram. Os fatos e gestos extraordinários de Cristo, seus companheiros, essas mulheres misteriosas que o serviam, nós só os conhecemos pelo texto das Escrituras. Mas essas Escrituras só são verdadeiras se esses fatos e gestos, apesar de seu caráter extraordinário, realmente se produziram.

Notável é o fato de que essa crítica da linguagem encontre sua formulação no próprio Novo Testamento. Este não cessa de desacreditar o universo dos termos e das palavras, e isso não ao sabor das circunstâncias, segundo as peripécias da narração, mas por razões de princípio: porque a linguagem, o texto, deixa de fora a realidade verdadeira, encontrando-se assim totalmente impotente com respeito a ela, trate-se de edificá-la, de modificá-la ou de destruí-la. A essa impotência inerente à linguagem se opõe de maneira radical a única coisa que importa aos olhos do cristianismo e que vale para ele como o Essencial, a saber, precisamente a potência, o poder. "Pois o Reino de Deus não consiste em palavras, mas em poder" (1 Coríntios 4,20). Até que ponto este poder supera aquele de que temos ideia, de que podemos fazer experiência em nosso próprio corpo e que, nessa superação, não pertence senão a Deus, é o que o Apóstolo repete incansavelmente: "... para saberdes [...] qual é a extraordinária grandeza de seu poder..." (Efésios 1,18-19). De sua grandeza extraordinária este poder dá prova no Ato inconcebível em torno do qual se organiza o Novo Testamento, aquele pelo qual Deus ressuscita o Cristo morto: "... conforme a ação de seu poder eficaz, que ele fez operar em Cristo, ressuscitando-o de entre os mortos..." (Efésios 1,10-20).

A impotência da linguagem para pôr uma realidade diferente da sua não a deixa totalmente desprovida. Um poder lhe resta: dizer esta realidade quando ela não existe, afirmar algo, o que quer que seja, quando não há nada, mentir. A mentira não é uma possibilidade da linguagem ao lado de outra que lhe seria oposta – dizer a verdade, por exemplo. Esta possibilidade se enraíza nela e lhe é inerente como sua própria essência. A linguagem, enquanto não há senão ela, só pode ser mentira. Donde o furor de Cristo contra os profissionais da linguagem, aqueles cujo ofício consiste na crítica e na análise dos textos, ao infinito – os escribas e fariseus: "hipócritas [...]. Serpentes! Raça de víboras!" (Mateus 23,1-36). À impotência da linguagem se juntam todos os vícios que pertencem à impotência em geral: a mentira, portanto, a hipocrisia, o encobrimento da verdade, a má-fé, a inversão dos valores, a falsificação da realidade sob todas as suas formas e sob a sua forma mais extrema, a saber, a redução desta realidade à linguagem e, ao termo desta confusão suprema, sua identificação.

A linguagem tornou-se o mal universal. E é muito necessário ver o porquê. O que caracteriza toda palavra é sua diferença com respeito à coisa, o fato de que, tomada em si mesma, em sua realidade própria, ela não contém nada da realidade da coisa, nenhuma de suas propriedades. Esta diferença com respeito à coisa explica sua indiferença com respeito à coisa. Porque não há nada nela que seja idêntico ou semelhante ao que está na coisa, porque sua relação com a coisa é exterior, contingente e gratuita, ela pode unir-se igualmente bem a toda coisa, qualquer que seja. Pode-se chamar do mesmo nome a duas coisas diferentes ou, ao contrário, atribuir vários nomes a uma mesma coisa. Mas, porque, em si mesma, a palavra não contém nada da realidade e ignora tudo desta, ela pode igualmente reduzi-la a si, identificar-se com ela, defini-la, de modo que tudo o que ela disse torne realidade, pretendendo que valha por si. Saído de sua própria impotência, o poder da linguagem se torna de súbito espantoso, transtornando a realidade, desfigurando-a segundo seu delírio. Esse delírio que queima tudo, o texto alucinante da Epístola de Tiago (3,3) o exprime em sua grandiosa concisão:

> Quando pomos freio na boca dos cavalos, a fim de que nos obedeçam, conseguimos dirigir todo o seu corpo. Notai que também os navios, por maiores que sejam, e impelidos por ventos impetuosos, são, entretanto, conduzidos por um pequeno leme [...]. Notai como pequeno fogo incendeia floresta imensa. *Ora, também a língua é fogo. Como o mundo do mal* [...]. Com ela bendizemos ao Senhor, nosso Pai, e com ela maldizemos os homens feitos à semelhança de Deus. Da mesma boca provêm bênção e maldição.[1]

Se a linguagem abençoa e amaldiçoa alternadamente o que é o Mesmo, o Senhor e sua imagem, Deus e seus filhos; se, por não penetrar no interior do que ela pretende dizer e, portanto, no louvor como na maldição, não pode senão amaldiçoar; se, pois, por

---

[1] Grifo nosso.

si mesma ela é incapaz de dar acesso à realidade em geral, àquela de que se trata aqui e que é precisamente a verdade do cristianismo, então a relação da linguagem com essa verdade não deve ser invertida? *Não é o* corpus *dos textos do Novo Testamento que pode fazer-nos ter acesso à Verdade, a essa Verdade absoluta de que ele fala; é essa, ao contrário, e somente ela que pode nos dar acesso a ela mesma e ao mesmo tempo a ele, permitir-nos compreender o texto onde ela é depositada, reconhecê-la nele.*

Eis uma das afirmações mais essenciais do cristianismo: somente a Verdade que é a sua pode dar testemunho de si mesma. Somente ela pode atestar-se a si mesma – revelar-se a si mesma, de si mesma e por si mesma. Esta única Verdade que tem o poder de se revelar a si mesma é a de Deus. É Deus mesmo que se revela, ou o Cristo enquanto é Deus. Mais radicalmente, a essência divina consiste na própria Revelação como autorrevelação, como revelação de si em si a partir de si. Somente aquele a quem esta revelação é feita pode entrar nela, em sua verdade absoluta. Somente aquele que entra nesta verdade absoluta pode, esclarecido por ela, ouvir o que é dito no Evangelho e que não é precisamente senão esta Verdade absoluta que, revelando--se a si mesma, se revela a ele. Que a Verdade absoluta, revelando-se a si mesma, se revele também àquele a quem é dado ouvi-la, é o que faz daquele que a ouve filho desta verdade, filho de Deus – segundo a tese de que ela é constitutiva do conteúdo essencial do cristianismo. Mas a verdade desta última tese não é dada a nenhum texto para promovê-la ou ouvi-la.

A linguagem não nos pode franquear acesso à realidade nem à verdade – o que, por ora, ainda dissociamos. A linguagem passa a ser o meio de comunicação por excelência, precisamente por ser o meio de comunicar e transmitir a verdade. Mas aí está sua maior ilusão, se a única verdade que ela pode transmitir é uma verdade que já existe, que já se revelou, revelada a si mesma por si mesma, independentemente da linguagem, antes dela. Essa indigência da linguagem, que vem contradizer e destruir a finalidade para a qual se costumou definir sua essência, não tem que ver apenas com esse fato decisivo de que ela não constitui em si mesma e por si mesma nossa abertura à realidade, de que ela não é produtora em si mesma de verdade. Uma reflexão mais radical, que terá lugar mais adiante, mostrará que desta realidade, de toda realidade concebível, a linguagem é propriamente a negação – se excetuarmos essa pálida realidade que lhe pertence enquanto sistema de significados e que se vê ser uma irrealidade de princípio. Essa irrealidade principial é precisamente a verdade da linguagem.

A indigência da história não é menor. Ela se mostra à luz do dia desde o momento em que, cessando de definir esta disciplina a partir de um conceito restritivo, como fazem os especialistas, nos perguntamos sobre sua condição de possibilidade, sobre o horizonte de visibilidade em que se tornam visíveis todos os acontecimentos e notadamente os acontecimentos humanos, os fatos históricos de que a história fará seu tema de investigação. Este horizonte não é outro senão o do mundo. É também, como veremos, o do Tempo. Este horizonte de visibilidade do mundo enquanto horizonte do Tempo é a verdade da história, uma verdade tal, que tudo o que aparece nela não cessa igualmente de desaparecer. Nela, como dizíamos, cada um dos milhares de seres humanos que habitaram a Terra desde a época pré-histórica se perdeu para sempre, dissipado, desvanecido em sua bruma.

Mas a verdade designada aqui como a da história enquanto sua condição de possibilidade é também a da linguagem. Pois, como será mostrado, a linguagem só é possível se deixar ver aquilo de que ela fala e o que ela diz disso. Mas o fazer ver em que toda linguagem, e a dos Evangelhos notadamente, mostra o que ela diz e isso de que ela fala só é possível, por sua vez, neste horizonte de visibilidade que é o mundo, que é o Tempo e a verdade da história.

A verdade da história e a verdade da linguagem são idênticas. Remetendo os acontecimentos humanos desvanecidos aos documentos onde se supõe são conservados, a história não apela senão à sua própria verdade, e à da linguagem também. Os documentos são fugidios e incertos como os fatos que eles relatam. Porque essas duas verdades, agora, não contentes de deixar escapar o que deveria constituir seu objeto, deixam escapar igualmente a verdade do Evangelho, a ponto de não poderem dizer uma palavra a seu respeito, é o que importa compreender. Verdade da história, verdade da linguagem, verdade do cristianismo são três formas de verdade – mas porque a terceira tem o poder de relegar as duas outras à insignificância? Aqui deve ser entendida a pergunta angustiada que Pilatos dirigia a Cristo, diante do tumulto do populacho excitado pelos sacerdotes: "O que é verdade?" (João 18,38).

Capítulo I

A verdade do mundo

Há muitas espécies de verdades. "O céu escurece e ameaça chuva" é uma delas. "Num círculo todos os raios são iguais" é outra. Essas duas verdades diferem no sentido de que a primeira é contingente – o céu poderia estar azul –, enquanto a segunda é necessária: é impossível que num círculo nem todos os raios sejam iguais. Das verdades contingentes os filósofos dizem também que são *a posteriori*: é a experiência que deve ensinar-me que o céu escurece, pois ele poderia muito bem clarear. Das verdades necessárias eles dizem que são *a priori*, porque é na própria lei de construção do círculo, e assim antes de qualquer construção efetiva de um círculo particular, que está implicada a igualdade de seus raios. Das verdades contingentes e das verdades racionais nós dizemos, todavia, a despeito da diferença que as separa, que são, umas e outras, "verdades". O que nelas é igualmente "verdade"?

É verdadeiro o que se mostra. É porque o céu se mostra com seu caráter ameaçador que podemos dizer: "o céu está ameaçador". A verdade da proposição remete à verdade prévia de um estado de coisas, ao aparecimento do céu com sua cor escura. É este aparecimento enquanto tal, é o fato de se mostrar o que constitui a "verdade". Se, à maneira dos lógicos, quisermos isolar a proposição do estado de coisas a que ela se refere naturalmente, considerar em si mesma a proposição "o céu está ameaçador" sem ir à janela para verificar se é exata, esta proposição reduzida a si mesma, posta entre aspas, se mostraria ainda para nós e este aparecimento – da proposição desta vez e já não do céu – lhe conferiria sua verdade própria, fazendo dela também um fenômeno, algo que aparece e que, desse modo, é verdadeiro. O que acabamos de dizer das "verdades contingentes", do estado do céu ou da proposição que o exprime, podemos afirmá-lo também das "verdades necessárias", de um estado de coisas geométrico e dos enunciados que o formulam.

Dessas primeiras e breves indicações segue-se que *o conceito de verdade se desdobra*, designando ao mesmo tempo o que se mostra e o fato de se mostrar. O que se mostra é o céu nublado, ou a igualdade dos raios. Mas o fato de se mostrar não tem nada que ver com o que se mostra, com o cinzento do céu ou com as propriedades geométricas; isso lhes é totalmente indiferente. A prova disso está em que um céu azul se mostraria também a nós, assim como outras propriedades geométricas, outras figuras, ou, ainda, o furor das populações que se entrematam, a beleza de um quadro, o sorriso de uma criança. O fato de se mostrar é tão indiferente para o que se mostra quanto a luz para tudo o que ela ilumina, brilhando, segundo as Escrituras, tanto sobre os justos como sobre os injustos. Mas o fato de se mostrar só é indiferente a tudo o que se mostra porque por natureza difere de tudo isso que se mostra, seja o que for: nuvens, propriedades geométricas, o furor, um sorriso. O fato de se mostrar, considerado em si mesmo e enquanto tal, aí está a essência da verdade. Na medida em que esta consiste no puro fato de se mostrar ou ainda de aparecer, de se manifestar, de se revelar, podemos também chamar à verdade "mostração", "aparecimento", "manifestação", "revelação". É aliás por esses três termos equivalentes – aparecimento, manifestação, revelação – que a verdade é designada no Novo Testamento, assim como e tão frequentemente quanto por seu próprio nome de Verdade.

Se é na essência própria da verdade no sentido de uma manifestação pura, de uma revelação pura, que consiste o fato de se mostrar, então tudo o que se mostra não é verdadeiro senão num segundo sentido. É somente porque o puro ato de aparecer se cumpre e porque, nele, a verdade desdobra previamente sua essência, que tudo o que aparece é suscetível de fazê-lo, que o céu se mostra, e, também, as figuras geométricas, o furor do povo, o quadro, o sorriso da criança. É assim que toda verdade concernente às coisas – aos "entes", como diziam os gregos –, toda verdade ôntica, remete a uma verdade fenomenológica pura que ela pressupõe, ao puro ato de se mostrar considerado em si mesmo e como tal.

Se toda verdade concernente às coisas – e, por exemplo, ainda os manuscritos do Novo Testamento ou os acontecimentos que ele relata – remete a uma verdade prévia, à Verdade fenomenológica absoluta que consiste no puro ato de se mostrar implicado em tudo o que se mostra, então é da mais alta importância saber em que consiste este ato de se mostrar, qual é a natureza da verdade original pressuposta por toda verdade particular. Foi a filosofia moderna, mais precisamente a fenomenologia de Husserl, que pôs pela primeira vez esta questão fundamental de maneira de todo explícita. Mas, porque a verdade fenomenológica precede e determina tudo o que é verdadeiro – qualquer que seja a natureza particular do que cada vez é verdadeiro: nuvens, círculos, manuscritos, acontecimentos históricos –, a questão da verdade nesse sentido radical devia ser posta e, para dizer a verdade, resolvida de modo no mínimo implícito pela filosofia desde sua origem. E talvez desde antes do nascimento de uma filosofia propriamente dita: pelo senso comum e sua linguagem mais imediata.

Na Grécia as coisas são chamadas de "fenômenos". "Fenômeno", *phainomenon*, vem do verbo *phainesthai*, que encerra a raiz *pha-*, *phôs*, que significa "luz". *Phanesthai* quer dizer mostrar-se vindo à luz. "Fenômeno", então, quer dizer o que se mostra vindo à luz, vindo à luz do dia.[1] A luz para onde vêm as coisas para se mostrar na qualidade de fenômenos é a luz do mundo. O mundo não é o conjunto das coisas, dos entes, mas o horizonte de luz em que as coisas se mostram na qualidade de fenômenos. O mundo não designa,

---

[1] Sobre isto cf. M. Heidegger, *Sein und Zeit*. Niemeyer, Halle, 1941, p. 29; trad. francesa Gallimard, p. 55. E nosso comentário in *Phénoménologie Matérielle*. Paris, PUF, 1990, p. 112 ss. (Coleção "Épimethée")

pois, o que é verdadeiro, mas a própria Verdade. Os fenômenos do mundo são as coisas enquanto se mostram no mundo, o qual é sua própria "mostração", seu aparecimento, sua manifestação, sua revelação. Na interpretação grega das coisas – dos "entes" – como "fenômenos" já está implicada a intuição que será retomada pela fenomenologia contemporânea e lhe servirá de princípio fundador – a saber, a ideia de que o que é (a nuvem, o círculo, etc.) não "é" senão enquanto se mostra, enquanto fenômeno precisamente. Por conseguinte, o que é é o que é verdadeiro; de modo que, ao fim e ao cabo, o ser de tudo o que é, o Ser enquanto tal, é a verdade enquanto tal, o puro fato de se mostrar considerado em si mesmo, como aparecimento e como manifestação pura.

A interpretação do que é como aquilo que se mostra, e, assim, do Ser como Verdade, domina o desenvolvimento do pensamento ocidental. Se consideramos a título de exemplo a filosofia da consciência surgida no século XVII, reconhecemos sem dificuldade que a consciência não é nada mais que o ato de se mostrar captado em si mesmo, a manifestação pura, a Verdade. Por seu lado, as coisas são reduzidas por esta filosofia àquilo que se mostra à consciência, a seus fenômenos. A passagem da filosofia antiga e medieval do Ser à filosofia moderna da consciência geralmente é interpretada como uma das grandes rupturas do pensamento ocidental. Ora, tal passagem não muda nada na definição da coisa como fenômeno; ao contrário, leva-a ao absoluto. Os fenômenos da consciência são suas representações, seus objetos. A relação da consciência com seus objetos permite cingir com mais precisão a natureza desta manifestação pura que é a consciência, a natureza da verdade. Para a consciência, re-(a)presentar o que quer que seja é pô-lo diante de si. Em alemão representar se diz *vor-stellen* = pôr (*stellen*) diante de (*vor*). Ob-jeto designa o que é posto *diante de*, de modo que é o fato de ser posto *diante de* o que o torna manifesto. A própria consciência não é nada além desta manifestação consistente no fato de ser posto *diante de*. O que é posto *diante de* é o ob-jeto, o que é verdadeiro, o que se mostra, o fenômeno. O fato de ser posto *diante de* é a verdade, a manifestação, a consciência pura. O fato de ser posto *diante de* é também o fato de ser posto lá fora, é o "lá fora" como tal. O "lá fora" como tal é o mundo. Dizemos: "a verdade do mundo". Mas a expressão "a verdade do mundo" é tautológica. É o mundo, é o "lá fora" que é a manifestação, a consciência, a verdade.

Como se vê, a consciência não designa absolutamente uma verdade de outra ordem além da verdade do mundo. Muito pelo contrário, a emergência da filosofia moderna da consciência marca o momento em que o mundo cessa de ser compreendido de modo ingênuo como a soma das coisas, dos "entes" – e isso porque essas próprias coisas cessam de ser compreendidas tão ingenuamente como o que tão simplesmente se tem ali diante de nós, como aquilo a que teríamos acesso sem que a possibilidade de ter acesso a elas causasse problema. Ora, é precisamente este "estar ali diante de nós" que faz delas fenômenos. Mas este "estar ali diante de" não é nada mais que o "lá fora" que é o mundo como tal, sua verdade.

A essa verdade original do mundo está submetido tudo o que é verdadeiro, todo fenômeno, qualquer que seja sua natureza, trate-se de uma realidade sensível como o azul do céu ou inteligível como a igualdade dos raios do círculo, tudo o que podemos perceber, conceber, imaginar ou nomear pela linguagem. Uma coisa só existe para nós se se mostra a nós enquanto fenômeno. E ela não se mostra a nós senão nesse "lá fora" primordial que é o mundo. Pouco importa, afinal das contas, que a verdade do mundo seja compreendida a partir da consciência ou a partir do mundo se, num e noutro caso, o que constitui a capacidade de se mostrar, a verdade, a manifestação, é o "lá fora" como tal.

À capacidade de se mostrar que encontra sua possibilidade no "lá fora" do mundo pertence o fato de que tudo o que é suscetível de se mostrar nela se encontre por princípio diferente dela. Reconhecemos aqui um traço essencial percebido desde o início de nossa análise: o desdobramento do conceito da verdade entre o que é verdadeiro e a própria verdade. Esse desdobramento se manifesta, como vimos, pela indiferença da luz da verdade com relação a tudo o que ela ilumina, a tudo o que é verdadeiro. É precisamente quando a verdade é compreendida como a do mundo que essa indiferença é levada à evidência: no mundo mostra-se tudo e qualquer coisa – rostos de crianças, nuvens, círculos – de tal modo, que o que se mostra não se explica nunca pelo modo de desvelamento próprio do mundo. O que se mostra na verdade do mundo mostra-se nela como outro que ela, como abandonado por ela, descoberto nela como isto ou aquilo, mas um isto que poderia ser diferente do que é, um conteúdo contingente, abandonado a si mesmo, perdido. O que é verdadeiro na verdade do mundo não depende em absoluto dessa verdade, não é sustentado por ela, guardado por ela, amado por ela, salvo por ela. A verdade do mundo – isto é, o próprio mundo – não contém jamais a justificação ou a razão daquilo que ela permite mostrar-se nela e assim "ser" – na medida em que ser é mostrar-se.

A verdade do mundo não é somente indiferente a tudo o que ela mostra. É de modo muito mais grave que ela atinge ao que tem dela sua verdade, que não é "verdadeira" senão por se mostrar nela. E isso porque o mundo não é um meio inerte qualquer e de todo feito, preexistente às coisas e no qual estas só teriam de penetrar para se encontrar iluminadas por ele, pela luz desse "lá fora". Nas filosofias que colocam no fundamento da verdade a consciência, esta se define como uma transcendência ativa que lança para além do ente o horizonte no qual ele se tornará visível. A colocação do ente na condição de "ob-jeto" ou de "em face de", e, assim, de fenômeno, só é possível pela pro-dução deste horizonte transcendente de visibilidade que é o próprio mundo. O mundo consequentemente não "é", ele não cessa de advir como um horizonte que não cessa de tomar forma, e isso sob a condição de um poder que não cessa de projetá-lo. Em Kant esse poder se chama imaginação transcendental, é a colocação em imagem de um mundo que não é outra coisa senão essa colocação em imagem. E é nesta colocação em imagem, nesse lugar imaginário, que todo ente, por sua vez, se mostra a nós a título de imagem, de representação, de ob-jeto, de em face de, de fenômeno.

Ora, não é necessário vincular essa produção de um horizonte de visibilidade como colocação em imagem de um mundo a uma consciência e a um poder determinado desta consciência denominada imaginação. Basta antes pensar nessa pro-dução do lá fora do mundo por si mesma, como um fato primeiro e absoluto. É o próprio "lá fora" que se exterioriza, de si mesmo e por si mesmo. A "verdade do mundo" não é nada além disto: essa autoprodução do "lá fora" como horizonte de visibilidade no qual e pelo qual tudo pode tornar-se visível e, desse modo, "fenômeno" para nós. A Natureza em que pensavam os gregos sem dúvida não era diferente desta autoprodução do "lá fora" como verdade original do mundo. Quanto à consciência dos modernos, ela não foi senão um modo impróprio de formular essa mesma verdade. A consciência é, antes de tudo, compreendida como um sujeito que se refere a um objeto. Mas esse sujeito corre o risco de ser confundido com algo, com alguma substância consciente ou espiritual que teria a propriedade de se referir a objetos. Por isso importa compreender que a consciência não é nada além desse referir-se ao objeto; ela é "consciência de algo", pura intencionalidade ultrapassando-se na direção do objeto e antes de tudo deste "lá fora" onde tudo se mostra enquanto "ob-jeto", enquanto "em face de", "fenômeno".

A autoexteriorização da exterioridade do "lá fora", a que chamamos mundo, não é uma afirmação metafísica ou especulativa de natureza que deixe o leitor incerto ou duvidoso a seu respeito. Dizer que o mundo é verdade é dizer que ele torna manifesto. Como torna ele manifesto, como se cumpre esta pura manifestação, é o que sabemos agora. Ora, acontece que esta autoexteriorização da exterioridade em que se forma o horizonte de visibilidade do mundo, seu "lá fora", tem outro nome, que conhecemos ainda melhor:

chama-se Tempo. Tempo e mundo são idênticos, designam este único processo em que o "lá fora" se autoexterioriza constantemente. Tal processo deve ser situado em dois níveis: em si mesmo, ali onde ele é não literalmente senão a formação de um "mundo", a vinda lá fora deste horizonte na tela do qual todas as coisas se mostram a nós. Segundo a experiência irrefletida mas constante que temos dele, este horizonte se descobre como o do Tempo. Sem cessar se abre diante de nós um "futuro" em que tomam lugar as coisas e os acontecimentos para os quais nós nos projetamos: ir ao trabalho, à estação, etc.; um "presente" em que se encontra nosso meio imediato: o quarto, a mesa sobre a qual escrevemos; um "passado" para o qual enfim desliza tudo o que acaba de estar presente para nós: esses pensamentos que acabamos de ter ao escrever. O horizonte do mundo se desdobra assim diante de nós em forma de três dimensões temporais; ele é constituído por elas. Essas plagas de exterioridade, a que Heidegger chama três "ek-stases" temporais, não são fixas, mas deslizam umas para as outras, do futuro para o presente e para o passado, constituindo assim um fluxo contínuo que é o do decorrer do tempo. É este horizonte tridimensional do tempo o que modela a visibilidade do mundo, sua verdade. É sobre o fundo deste horizonte que se torna visível, como temporal, tudo o que se mostra a nós.

Aqui se torna perceptível a gravidade do golpe que a verdade do mundo acarreta a tudo o que ela faz ver, a tudo o que ela torna verdadeiro. Na medida em que a verdade é um pôr para fora, então, apoderando-se de todas as coisas para torná-las manifestas, ela as lança propriamente fora de si a cada instante. Este pôr para fora de si não significa em absoluto uma simples transferência da coisa de um lugar para outro como se, em tal deslocamento, ela permanecesse semelhante a si mesma, recebendo no máximo essa propriedade nova de se mostrar. Vira aparecer no "fora de si" do mundo significa antes que é a própria coisa que se encontra lançada fora de si, fraturada, quebrada, cindida de si, despojada de sua realidade própria, de maneira que, privada doravante dessa realidade que era a sua, esvaziada de sua carne, ela não está mais fora de si mesma, na Imagem do mundo, do que seus próprios despojos, uma simples imagem, com efeito, película transparente, superfície sem espessura, pano de exterioridade nu oferecido a um olhar que desliza sobre ele sem poder penetrá-lo nem atingir outra coisa além de uma aparência vazia.

Esta vinda ao aparecer como vinda ao mundo que, segundo a fenomenologia, devia conferir o ser a tudo o que se mostra, eis que lho retira, fazendo desse ser seu contrário, uma espécie de nada de si mesmo, privando cada coisa de sua substância para no-la entregar, mas em forma de um aparecimento estranho à realidade e antes de tudo a essa realidade que devia ser a sua e que ela só pode fazer ver destruindo-a. Esse fazer ver que destrói, que consiste no aniquilamento de tudo o que ele exibe, não o deixando subsistir senão com o aspecto de um aparecimento vazio, é o tempo. O tempo é a passagem, o deslizamento em forma de deslizamento para o nada. Mas o tempo não é esse aniquilamento incessante por efeito de uma propriedade que deveríamos sofrer sem compreender, ao modo de uma fatalidade misteriosa. É porque a vinda à aparência é aqui a vinda lá fora que, lançando cada coisa fora de si e arrancando-a de si mesma, ela o precipita no nada. É a maneira de fazer aparecer enquanto extrai sua essência do "fora de si" que é o aniquilamento. Como o tempo passa! Já chegou o outono! Meu candeeiro já se apagou! Mas o tempo não é verdadeiramente um deslizamento do presente para o passado, segundo análises célebres que se unem ao senso comum. *No tempo não há presente, nunca houve e nunca haverá.* No tempo as coisas veem à aparência, mas, na medida em que este aparecimento consiste na ida ao lá fora, as coisas não surgem na luz desse "fora" senão arrancadas de si mesmas, esvaziadas de seu ser, já mortas. É porque seu poder de tornar manifesto reside no "fora de si" que o tempo aniquila tudo o que ele exibe. Mas o modo de tornar manifesto do tempo é o do mundo. É o modo de fazer ver do mundo, é a verdade do mundo que destrói.

A "verdade do mundo" não designa, pois, nenhum julgamento feito do alto a respeito do mundo e de tudo o que se mostra nele, a respeito do curso das coisas. Porque a verdade do mundo é sua maneira de fazer aparecer cada coisa, ela habita esta como seu modo de aparecer precisamente e de se perfilar em nossa experiência, de se dar a nós e de nos tocar. A verdade do mundo é a lei do aparecimento das coisas. Segundo esta lei, dando-se as coisas fora de si mesmas, despojando-se de si mesmas, esvaziando-se de si mesmas em seu próprio aparecimento, não dão nunca sua própria realidade, mas somente a imagem dessa realidade que se aniquila no momento em que elas se dão. Elas se dão de tal modo que seu aparecimento é seu desaparecimento, o aniquilamento incessante de sua realidade na imagem desta. Eis porque não há presente no tempo: porque essa vinda ao aparecimento que define o próprio presente enquanto presente fenomenológico, enquanto apresentação da coisa, destrói a realidade dessa coisa nessa própria apresentação, fazendo dela um presente-imagem homogêneo tanto à imagem do futuro quanto à imagem do passado. A vinda ao presente como vinda de um futuro que desliza para o passado não é, assim, nada além da modalização de um Imaginário – essa modalização da imagem do mundo que é o próprio tempo enquanto tempo do mundo, enquanto esse desdobramento do "fora de si" que é a verdade do mundo.

Dizíamos que a verdade do mundo é indiferente ao que ela ilumina: nuvens, rostos, sorrisos, manuscritos, acontecimentos de uma história. Do aparecimento do mundo, com efeito, nunca se pode deduzir o que aparece a cada vez nele. Mas o aparecer no mundo confere a tudo o que desse modo aparece o ser lançado fora de si, esvaziado de sua realidade, reduzido a uma imagem – uma vez que é este modo de ser lançado fora de si o que constitui aqui o aparecimento como tal. Tudo o que aparece no mundo é submetido a um processo de desrealização principial, o qual não marca a passagem de um estado primitivo de realidade à abolição desse estado, mas coloca *a priori* tudo que desse modo aparece num estado de irrealidade original. Não há inicialmente uma coisa que estivesse presente e que depois, a seguir, passasse. Desde o início esta coisa passava. Quando ela ainda não era senão futuro, já atravessava as fases sucessivas desta existência futura; através delas, sem fazer parada no presente, ela se propulsava para seu nada no passado. Em nenhum momento ela cessou de ser esse nada. Se tudo nos aparecesse desse modo, se não existisse outra verdade além da do mundo, não haveria realidade em parte alguma, mas somente, em todas as partes, a morte. Destruição e morte não são obra do tempo a exercer-se posteriormente sobre alguma realidade preexistente a seu golpe; elas atingem *a priori* tudo o que aparece no tempo, como a própria lei de seu aparecimento – tudo o que se mostra na verdade do mundo, como a lei mesma desta verdade. É esta conexão essencial que liga destruição e morte ao próprio aparecimento do mundo, ao que ele chama sua figura, que tem em vista o Apóstolo neste resumo fulgurante: "Pois passa a figura deste mundo" (1 Coríntios 7,31).

Toda forma de verdade, salvo a verdade do cristianismo. É a ela que se trata de elucidar e de compreender agora, em sua estranheza radical com respeito a tudo a que o senso comum, a filosofia ou a ciência chamam e continuam a chamar "verdade".

Capítulo II

A Verdade segundo o cristianismo

A Verdade do cristianismo deve ser entendida segundo o senso fenomenológico puro que reconhecemos a esse conceito. Não se trata, portanto, de uma verdade do seguinte tipo: "Os franceses tomaram a Bastilha em 14 de julho de 1789". Tampouco se trata, consequentemente, desta outra verdade, formalmente semelhante à precedente: "Cristo veio ao mundo para salvar os homens". Nesses dois exemplos a atenção se fixa sobre certo conteúdo, no caso um fato histórico, ou, como um fato desse gênero nunca se apresenta isoladamente, sobre certo estado de coisas, ele mesmo histórico. É esse estado de coisas que constitui o tema do pensamento e que unicamente importa a seus olhos, a saber, que os franceses tomaram a Bastilha em 14 de julho, ou ainda que Cristo veio ao mundo. O que faz que esses dois estados de coisas sejam verdadeiros se situa, segundo o pensamento comum, no mesmo nível do estado de coisas e depende dele. Que os franceses tenham efetivamente tomado a Bastilha nesse dia, brandindo a cabeça do governador na ponta de uma vara, aí está o que constitui a verdade desse estado de coisas e, por conseguinte, da proposição que o exprime. Porque a verdade do estado de coisas parece da mesma ordem que ele e, afinal de contas, forma algo uno com ele, sua afirmação aparece como uma espécie de tautologia com respeito a ele, um modo, ao fim e ao cabo, inútil de exprimi-lo uma segunda vez. Após a constatação espontânea do estado de coisas – a tomada da Bastilha –, que interesse apresenta esta variante: "É verdade que os franceses tomaram a Bastilha no dia 4 de julho"? Que acrescenta aqui o "é verdade que"?

Nada menos que a verdade do mundo. Se o estado de coisas parece valer por si mesmo e dar ele mesmo prova de sua verdade, assim é unicamente na medida em que se mostra, ou seja, sob a condição de uma manifestação que não deve nada à cabeça do governador nem à tropa que aos gritos a escolta – manifestação sem a qual, no entanto, nada disso existiria. E esta manifestação pura, totalmente diferente do que ela torna manifesto, é o "fora de si", o "lá fora", esse oco de luz que o horizonte do mundo desenha e onde se torna visível para nós tudo o que é suscetível de ser conhecido por nós. A questão filosófica da verdade enquanto tal não é pois supérflua senão aos olhos de um pensamento ingênuo que, hipnotizado pelo conteúdo do que ele percebe ou estuda cada vez, ignora sua vinda à luz do dia na qualidade de fenômeno, isso a que se deve chamar com Kant condição transcendental de possibilidade da experiência.

A questão filosófica da Verdade pura não pode, portanto, ser evitada, e o vemos bem quando, no próprio plano empírico, a verdade do estado de coisas causa problema. Quando se trata, por exemplo, da vinda de Cristo ao mundo. Essa vinda realmente ocorreu, ela é verdadeira? São verdadeiros, igualmente, os textos que a anunciam – as Escrituras? "Ser verdadeiro" não significa, por conseguinte, a duplicação supérflua de um estado de coisas prévio e autossuficiente. Muito pelo contrário, o estado de coisas só é verdadeiro se se manifesta ou se se manifestou no passado – mais radicalmente se essa própria manifestação se manifestou a si mesma e enquanto tal. *A vinda de Cristo ao mundo está subordinada à vinda do próprio mundo, a seu aparecimento como mundo.* Pois, se o mundo não tivesse aberto primeiro seu espaço de luz, se ele não se tivesse mostrado a nós como esse horizonte de visibilidade lançado para além das coisas, como essa tela sobre a qual estas de destacam, Cristo nunca teria podido vir a ele nem se mostrar a nós, ou ao menos àqueles a quem foi dado o privilégio de vê-lo.

Cristo veio realmente ao mundo? Alguns homens tiveram o favor de ser testemunhas de seus atos extraordinários, ouviram suas palavras transtornadoras? Os escritos em que estão consignadas essas palavras e esses atos foram redigidos por testemunhas, ao menos por contemporâneos? Ou se trata de compilações feitas de extratos e fragmentos de proveniência diversa e de uma redação muito mais tardia? Essas questões pelas quais começa toda aproximação ao cristianismo, ao que parece, perdem o caráter liminar para ser apenas secundárias se estiverem subordinadas à questão prévia do aparecimento do mundo e, assim, de uma Verdade muito mais originária que a do próprio cristianismo – se se trata apenas com este último de saber se Cristo verdadeiramente veio ao mundo, se sua existência histórica é um fato estabelecido ou não.

Aliás, quando em nossa primeira aproximação ao cristianismo essas questões sobre a verdade histórica dos acontecimentos relatados nos Evangelhos ou, tendo desaparecido esses acontecimentos, sobre a autenticidade dos textos que os relatam foram evocadas de modo sucinto, não apareceu que a verdade de uns e de outros, dos acontecimentos e dos textos, remetia imediatamente a essa essência mais original da verdade do mundo e à natureza desta verdade? É porque no tempo do mundo toda realidade particular se apaga e desaparece, é porque a linguagem por sua vez deixa fora de si essa realidade e, assim como o tempo, só se edifica sobre sua negação, que a verdade do cristianismo aparece tão precária e como que desvanecida. Afinal, não são os fatos, as coisas que são precárias, fugidias como os anos, mas seu modo de aparecimento. É a verdade fenomenológica pura que, enquanto verdade do mundo, determina toda forma particular de verdade para nós, a da história, por exemplo, ou a da linguagem, como uma espécie de aparecimento evanescente, roído pelo nada.

É então decisivo observar que a *Verdade do cristianismo difere por essência da verdade do mundo*. Como esta, é verdade; mais que esta, como veremos, é uma verdade fenomenológica pura, em sentido absoluto. Ela concerne consequentemente não ao que se mostra, mas ao fato de se mostrar; não ao que aparece, mas ao modo de aparecer; não ao que se manifesta, mas à manifestação pura, a ela mesma e enquanto tal. Ou, como se pode dizer ainda, não ao fenômeno, mas à fenomenalidade. O fato de se mostrar, o aparecer, a manifestação são conceitos fenomenológicos puros precisamente porque designam a própria fenomenalidade e nada além dela. Termos equivalentes, já mencionados porque são os do cristianismo, são aqui "aparecimento", "verdade", "revelação". Quando os conceitos de verdade, de manifestação ou de revelação são compreendidos em sua significação fenomenológica pura, põe-se então uma questão crucial: em que consistem esta verdade, esta manifestação, esta revelação? Que é que, nelas, torna verdadeiro, torna manifesto, revela? Não se trata de um poder situado atrás da manifestação, atrás da revelação, atrás da verdade, o de tornar manifesto, tornar verdadeiro, revelar – porque tal poder em segundo plano não existe. É a própria verdade em seu desdobramento próprio o que torna verdadeiro, é a manifestação enquanto se manifesta a si mesma o que torna manifesto, é a revelação revelando-se a si mesma o que revela. Mas como? Em que consiste a cada vez a efetividade fenomenológica desta revelação?

É aqui que aparece a diferença radical que separa a Verdade do cristianismo da do mundo, bem como de todas as formas de verdade que extraem da do mundo sua própria possibilidade – verdade da ciência, do conhecimento, da percepção. Como a verdade do mundo torna manifesto, isso é o que foi longamente analisado. Dessa análise lembremos alguns resultados essenciais a fim de compreender como a verdade do mundo faz ver cada coisa colocando-a fora de si, de modo que é a exterioridade do "fora de si" que faz ver, que é a fenomenalidade. É porque a verdade do mundo consiste na exterioridade desse "fora de si" que ela difere de tudo o que se dá nesta exterioridade, de todas as coisas que se mostram nesta a título de "objetos" ou de "entes". Donde surge esta consequência decisiva: a divisão do conceito de verdade entre a Verdade e o que é verdadeiro não pertence ao conceito de verdade em geral. É somente quando a verdade é compreendida como a do mundo, quando ela faz ver *algo colocando-o fora de si, que a divisão do conceito de Verdade, a diferença entre a própria Verdade e o que ela mostra – o que ela torna verdadeiro –, se produz.*

O primeiro traço decisivo da Verdade do cristianismo é que ela não difere em nada do que ela torna verdadeiro. Nela não há separação entre o ver e o que é visto, entre a luz e o que ela ilumina. E isso porque não há nela Ver nem visto, nenhuma Luz como a do mundo. Desde o início, o conceito cristão da verdade se dá como irredutível ao conceito de verdade que domina a história do pensamento ocidental, da Grécia à fenomenologia contemporânea. Esse conceito tradicional da verdade não determina somente a maior parte das correntes filosóficas que se sucederam até nossos dias, mas, ainda mais, a ideia que temos hoje da verdade tanto no domínio do conhecimento científico como no do senso comum, mais ou menos impregnado do ideal científico. É precisamente quando o conceito cristão da Verdade cessar de determinar a consciência coletiva da sociedade como o fazia na Idade Média, que seu divórcio da ideia grega de conhecimento e de ciência verdadeira se manifestará com toda a sua força. E a consequência será, senão a supressão do conceito cristão, ao menos seu rechaço no domínio da vida privada, e até no da superstição.

Que é, pois, uma verdade que não difere em nada do que é verdadeiro? Se a verdade é a manifestação captada em sua pureza fenomenológica, a fenomenalidade e não o fenômeno, então o que se fenomenaliza é a própria fenomenalidade. A fenomenalização da própria fenomenalidade é uma pura matéria fenomenológica, uma substância cuja essência toda é aparecer, a fenomenalidade em sua efetuação e em sua efetividade fenomenológica pura. O que se manifesta é a própria manifestação. O que se revela é a própria revelação, uma revelação da revelação, uma autorrevelação em sua fulguração original imediata. Com essa ideia de uma Revelação pura, de uma revelação cuja fenomenalidade é a fenomenalização da própria fenomenalidade, de uma autorrevelação absoluta que dispensa o que quer que seja diferente de sua própria substância fenomenológica, estamos diante da essência que o cristianismo coloca no princípio de tudo. *Deus é esta Revelação pura que não revela nada além de si. Deus se revela.* A Revelação de Deus é sua autorrevelação. Se porventura "a Revelação de Deus" se endereçasse aos homens, ela não poderia consistir no desvelamento de um conteúdo estranho à sua essência e transmitido não se sabe como a alguns iniciados. Revelar-se aos homens não poderia significar para Deus senão dar-lhes em partilha sua autorrevelação eterna. Para dizer a verdade, o cristianismo não é nada além disso, nada além da teoria estupefaciente e rigorosa dessa doação em partilha aos homens da autorrevelação de Deus.

Onde vemos algo assim, como uma fenomenalização da fenomenalidade pura enquanto sua autofenomenalização original imediata, enquanto a autorrevelação disso a que chamamos presumidamente "Deus"? Em lugar algum. Mas é claro também que tal "ver" está aqui fora de questão. Ver só é possível num "mundo". Ver pressupõe a colocação à distância do que deve ser visto e, assim, sua vinda para fora – mais precisamente, e de maneira prévia, a vinda para fora do próprio "Fora", a formação do horizonte do mundo. É esta vinda para fora do "Fora", o "fora de si" como tal, que constitui a visibilidade de tudo o que, posto nesse "Fora" diante de nosso olhar, será suscetível de ser visto por nós, o ser-visto como tal. E isso não concerne somente ao ver sensível, mas também ao ver inteligível, a toda forma de experiência em que se tem acesso ao que é experimentado como um "em face" ou um "ob-jeto".

Que a Revelação de Deus enquanto sua autorrevelação não deva nada à fenomenalidade do mundo, mas antes a rejeite como a algo profundamente estranho à sua própria fenomenalidade, é o que ressalta com extrema violência da última oração de Cristo no Jardim das Oliveiras: "Não rogo pelo mundo" (João 17,9). Ora, não são as circunstâncias, por mais trágicas que sejam, que explicam essa declaração estarrecedora; esta encontra sua justificação categórica numa proposição cujo caráter teórico dificilmente pode ser contestado: "Meu reino não é deste mundo" (João 18,36). Aqui ainda nos enganaríamos muito se imaginássemos que se trata antes de tudo de um julgamento moral. Como sempre no cristianismo, a ética é subordinada à ordem das coisas. Reino tampouco significa uma espécie de domínio sobre o qual se estenderia o poder divino, um campo reservado à sua ação. É a essência própria de Cristo enquanto identificado com a "Revelação de Deus", a sua autorrevelação absoluta, o que se designa como estranha ao mundo: "... eu não sou do mundo" (João 17,14).

Sucede porém que, se a Revelação de Deus não deve nada à verdade do mundo, se sua matéria fenomenológica pura não se identifica com esse horizonte de luz que é o mundo, de modo que não pode mostrar-se neste e nunca nele se mostra, como podemos ter acesso a ela? E, antes de tudo, como podemos pensá-la? Pois o pensamento é tão somente um modo de nossa relação com o mundo. Pensar é sempre pensar algo com que o pensamento se relaciona num ver sensível ou inteligível e, portanto, sob a condição do mundo. Toda forma de conhecimento – e notadamente o método científico de investigação, incluído o método fenomenológico – procede segundo um jogo de implicações intencionais desdobradas a cada vez para alcançar uma evidência e, assim, a um ver. É nesse ver e graças a ele que se constitui toda aquisição de conhecimento. O trabalho aqui empreendido, concernente à Verdade do cristianismo, isto é, à autorrevelação de Deus, como poderia chegar a algum resultado se ela se furtasse no princípio a toda mira do pensamento, a qual pressupõe sempre a abertura prévia de um mundo?

Ora, a irredutibilidade da Verdade do cristianismo ao pensamento, a qualquer forma de conhecimento e de ciência, é um dos temas maiores do próprio cristianismo. Tal situação não confirma somente a oposição do cristianismo ao pensamento ocidental voltado para o mundo e tendente à obtenção de conhecimentos objetivos e, como tais, científicos. Precisamente o fato dessa oposição remete a uma irredutibilidade final, a da Verdade do cristianismo a qualquer forma mundana de conhecimento e de ciência, ela se encontra formulada também com uma espécie de violência extrema e pelo próprio Cristo: "Eu te louvo, ó Pai [...], porque ocultaste estas coisas aos sábios e doutores e as revelaste aos pequeninos" (Mateus 11,25).

O que significa aqui "os pequeninos" e sua apropriação misteriosa da Revelação divina, tentaremos entrevê-lo. Mas, antes de tudo, deve ser superada a dificuldade principial, a que retira *a priori* ao pensamento qualquer possibilidade de ter acesso à revelação divina, e isso porque a fenomenalidade de tudo o que se mostra ao pensamento é ela mesma incapaz de tornar manifesta esta Revelação divina, porque a fenomenalidade desta Revelação jamais se fenomenaliza enquanto o "lá fora" de um mundo. No entanto, a questão do acesso à Revelação divina não nos concerne primeiro nem principalmente, a nós, os homens que pensamos, ainda que se trate inevitavelmente de saber, num momento ou noutro, como podemos chegar até ela ou como ela chega a nós. Se não é o pensamento nem nenhuma outra forma de conhecimento, se não é a verdade do mundo o que dá acesso à Revelação de Deus, ao menos uma possibilidade subsiste, uma só, já evocada para dizer a verdade e agora irrecusável. *Um acesso a Deus compreendido como sua autorrevelação segundo uma fenomenalidade que lhe é própria só é suscetível de se produzir ali onde se produz esta autorrevelação e da maneira como ela o faz.* Ali aonde Deus chega originalmente em si, na fenomenalização da fenomenalidade que é a sua e, assim, como a autofenomenalização desta própria fenomenalidade, também ali, somente ali está o acesso a Deus. Não é o pensamento o que nos falta para ter acesso à Revelação de Deus. Muito pelo contrário, é somente quando o pensamento falta, porque a verdade do mundo está ausente, que pode cumprir-se o que está em jogo: a autorrevelação de Deus – a saber, a autofenomenalização da fenomenalidade pura sobre o fundo de uma fenomenalidade que não é a do mundo.

Onde se cumpre uma autorrevelação assim? *Na Vida, como a essência desta. Porque a Vida não é nada além do que se autorrevela* – não algo que teria, ademais, a propriedade de se autorrevelar, mas *o próprio fato de se autorrevelar, a autorrevelação enquanto tal*. Onde quer que se produza algo como uma autorrevelação, há Vida. Esta autorrevelação se produz onde quer que haja Vida. Se, portanto, a Revelação de Deus é uma autorrevelação que não deve nada à verdade do mundo, e se nos perguntamos onde se cumpre tal autorrevelação, a resposta não contém nenhum equívoco: na Vida e somente nela. Assim, estamos diante da primeira equação fundamental do cristianismo: Deus é Vida, ele é a essência da Vida, ou, se preferirmos, a essência da Vida é Deus. Dizendo isso, já sabemos o que é Deus, mas não o sabemos por efeito de um saber ou de um conhecimento qualquer, não o sabemos pelo pensamento, sobre o fundo da verdade do mundo; sabemo-lo e só podemos sabê-lo na e pela Vida mesma. Só podemos sabê-lo em Deus. Mas esta observação é prematura.[1]

A afirmação segundo a qual a Vida constitui a essência de Deus e lhe é idêntica é constante no Novo Testamento. Contentemo-nos aqui com breves indicações. "Eu sou o Primeiro e o Último, o Vivente" (Apocalipse 1,17-18); o "Deus Vivo" (Timóteo 3,15); "alguém do qual se diz que possui a vida" (Hebreus 7,8); "aquele que vive" (Lucas 24,5), sem falar das declarações decisivas que intervêm por ocasião de uma elaboração mais complexa da essência divina, declarações a que teremos de voltar. "Assim como o Pai tem a vida em si mesmo, também concedeu ao Filho ter a vida em si mesmo" (João 5,26). Do Verbo enfim que está no Princípio, o célebre Prólogo de João declara: "O que foi feito nele era a vida".

---

[1] Se a vida é a essência de Deus como tal e a de Cristo e do próprio homem, seu conceito se encontrará no centro de nossa investigação. Talvez o leitor se admire de ver a palavra grafada ora com maiúscula, ora com minúscula, às vezes na mesma frase. Digamos simplesmente aqui que, escrito com maiúscula, o termo remete à vida de Deus; escrito com minúscula, remete à nossa própria vida. Como, todavia, há uma só vida, é à referência a uma ou outra condição (divina ou humana) que é visada por essas nuanças da terminologia. Tomada em sentido ainda não diferenciado, a palavra é escrita com minúscula. Trata-se aqui, bem entendido, apenas de indicações. Só o contexto da análise tenta a elucidação radical do que é, cada vez, a "vida".

Às definições de Deus como encontrando sua essência na Vida ou às múltiplas declarações em que ele aparece como o Vivente, não deixaremos de opor-lhes as que fazem referência ao Ser. Assim, Javé, o Deus de Abraão, de Isaac e de Jacó, cuja maneira como se nomeia traduzimos aproximativamente "Eu sou aquele que é", refere-se com toda a evidência a esse conceito do Ser. O Apocalipse também diz de Deus: "Eu sou o Alfa e o Ômega [...] Aquele que é, Aquele que era e Aquele que vem, o Todo-Poderoso" (1,8). Observar-se-á igualmente que o conceito de ser intervém no interior das proposições que identificam a essência divina com a Vida, como esta: "Aquele que é vivente". A fim de afastar desde o início o contrassenso maciço que reduz a essência do Deus cristão ao Ser e, assim, a um conceito do pensamento grego – abrindo caminho para as grandes teologias ocidentais que reduzem o Deus de Abraão ao dos filósofos e dos sábios e, por exemplo, ao de Aristóteles –, convém afirmar que, remetido a seu último fundamento fenomenológico, o conceito de Ser se relaciona à verdade do mundo, não designando nada além de seu aparecimento, de sua iluminação, o que basta para privá-lo de qualquer pertinência concernente à Verdade do cristianismo, isto é, do próprio Deus.

De maneira mais precisa, a palavra "ser" pertence à linguagem dos homens, que é precisamente a linguagem do mundo. E isso porque, como sugerimos e como teremos ocasião de estabelecer longamente, toda linguagem faz ver tanto a coisa de que fala quanto o que diz a respeito dela. Tal fazer-ver se refere ao mundo e a sua Verdade própria. Na medida em que a linguagem das Escrituras é a que os homens falam, a palavra "ser" se encontra ali a cada passo, mesmo quando se trata para Deus de se designar aos homens *na linguagem que é precisamente a deles*. Quando, ao contrário, essa linguagem é explicitamente referida a Deus a ponto de se tornar sua própria Palavra, esta Palavra então se dá invariavelmente como Palavra da Vida e como Palavra de Vida – de modo algum como "palavra do Ser", o que do ponto de vista cristão não quer dizer nada.

"As palavras que vos disse são espírito e vida" (João 6,63); "Ide e, apresentando-vos no Templo, anunciai com ousadia ao povo tudo o que se refere àquela Vida" (Atos 5,20). Teremos ocasião de citar muitos outros textos em que a essência divina se dá explicitamente como a da Vida, "o pão de vida" (João 14,28). Quanto às múltiplas metáforas usadas no texto do Novo Testamento e que vão suscitar uma iconografia inteiramente nova, geradora de uma arte especificamente cristã que vai transformar a arte ocidental, é preciso lembrar que elas convergem para uma verdade, no sentido fenomenológico, diferente da do mundo? As coisas não aparecem somente como portadoras de significações "místicas"; seu ser mundano se dissolve propriamente nos símbolos do fogo ou da água – "a água da vida": os cervos se saciam na fonte de vida, a própria árvore que está na praça: "No meio da praça, de um lado e do outro do rio, há árvores da vida" (Apocalipse 22,2). Voltemos a esta.

O que é próprio da Vida enquanto autorrevelação é, portanto, o fato de ela própria se revelar a si mesma. Essa aparente tautologia implica duas significações que vale dissociar aqui uma primeira vez. Autorrevelação, quando se trata da essência da Vida, quer dizer, por um lado, que é a Vida que cumpre a revelação, que revela. Mas também, por outro lado, que *o que ela revela* é ela mesma. E é aqui que a maneira de revelação própria da Vida difere essencialmente da do mundo. Pois também o mundo revela, torna manifesto, mas no "lá fora", lançando, como vimos, cada coisa para fora de si, de modo que ela jamais se mostra como outra, diferente, exterior, nesse meio de exterioridade radical que é o "fora de si" do mundo. Duplamente exterior, portanto. Exterior ao poder que a torna manifesta – e é aqui que intervém a oposição entre a Verdade e o que ela torna verdadeiro. Exterior a si mesma, por outro lado – ela, que só se mostra em sua própria exterioridade a si, esvaziada de sua própria substância, irreal, dessa irrealidade que lhe vem de seu próprio modo de aparecimento, da verdade do mundo. Se pois a Vida se autorrevela não só no sentido de que ela cumpre a revelação, mas porque é a si mesma que ela revela em tal revelação, então ela só é possível porque o modo de revelação que é o seu ignora o mundo e seu "lá fora". *Viver não é possível no mundo.* Viver só é possível fora do mundo, ali onde reina outra Verdade, outro modo de revelar. Este modo de revelar é o da Vida. A Vida não lança para fora o que ela revela: ela o tem em si e o retém num estreitamento tão estreito, que o que ela retém e revela é ela mesma. Ora, é tão somente por ter o que ela revela neste estreitamento que nada poderia romper que ela é e pode ser a vida. A Vida se estreita, se experimenta sem distância, sem diferença. Apenas com essa condição ela pode experimentar-se a si mesma, *ser ela mesma o que ela experimenta* – ser ela mesma, por conseguinte, o que experimenta e o que é experimentado.

Na autorrevelação da Vida nasce a realidade, qualquer realidade possível. E é preciso bem compreender por que. É claro, antes de tudo, que uma realidade qualquer só pode edificar-se se as condições que a tornariam *a priori* impossível estiverem excluídas, na incapacidade de exercer sua obra de destruição. Ali onde o "lá fora" que lança cada coisa fora de si e a despoja precisamente de sua realidade não tem nem lugar nem poder, na essência da Vida, somente ali algo como uma realidade é possível. É por isso que convém desde o presente (e ainda que tenhamos de voltar longamente a este ponto) rejeitar a ideia que encontrou na filosofia de Hegel, e em subprodutos seus como o marxismo, sua expressão mais tenaz, antes de determinar em contrapartida boa parte dos lugares-comuns do pensamento moderno. Trata-se da ideia de que o cristianismo é uma fuga da realidade, na medida em que é uma fuga do mundo. Se a realidade reside na Vida e somente nela, tal censura se desagrega para aparecer finalmente como *nonsense*.

A realidade reside na Vida não somente porque o que esta experimenta, sendo experimentado sem distância nem diferença de espécie alguma, não se esvaziou de si no "fora de si" de um mundo, na irrealidade noemática do que não se faz senão ver – porque o que ela experimenta é ainda ela. Que o conteúdo da Vida, o que ela experimenta, seja a própria Vida, remete a uma condição mais fundamental, à essência mesma do "viver" – seja a um modo de revelação cuja fenomenalidade específica é a carne de um *páthos*, uma matéria afetiva pura, de que está radicalmente excluída toda cisão, toda separação. É unicamente porque tal é a matéria fenomenológica de que é feita esta revelação, que se pode dizer que nela o que revela e o que é revelado não constituem senão algo uno. É esta substância fenomenológica patética do viver o que define e contém toda "realidade" concebível.

Quando dizemos: no viver onde se tem toda e qualquer realidade, na autorrevelação que constitui a essência da vida e, assim, a de Deus mesmo, o que revela é o mesmo que o que é revelado – entre o primeiro desses termos e o segundo que declaramos ser o mesmo, uma distinção não está traçada, preesboçada em todo o caso? Não é essa distinção o que supera ou pretende superar uma identificação que de fato a pressupõe? Do mesmo modo, quando, a propósito do "experimentar-se" que não exprime senão o viver, afirmamos que o que experimenta é o mesmo que o que é experimentado, já não rompemos o que pensamos ser a unidade primordial do viver? Somente essas diferenciações potenciais, bem como a cópula que os supera, pertencem à morfologia da linguagem e se enraízam derradeiramente no mundo em que essa linguagem é a linguagem. Experimentar-se como faz a Vida é fruir de si. A fruição não pressupõe nenhuma diferença semelhante àquela em que nasce um mundo: é uma matéria fenomenológica homogênea, uma carne afetiva monolítica cuja fenomenalidade é a afetividade como tal. A autorrevelação da Vida não é uma estrutura formal concebível a partir do "fora de si" e de suas próprias estruturas, encontrando-se estas ultrapassadas, superadas, conquanto conservadas nesse próprio ultrapassamento. A autorrevelação da vida é sua fruição, a autofruição primordial que define a essência do viver e, assim, a de Deus mesmo. Segundo o cristianismo, Deus é Amor. O Amor não é senão a autorrevelação de Deus compreendida em sua essência fenomenológica patética, a saber, a autofruição da Vida absoluta. Aí está porque o Amor de Deus é o amor infinito com que ele se ama eternamente a si mesmo, e por que a revelação de Deus é este Amor.

Aqui se põem questões urgentes: se a verdade do cristianismo encontra sua essência na Vida, e se esta essência da Vida é a do próprio Deus, então que relação tal Vida pode manter com o que chamamos correntemente por esse nome e que parece ser não um privilégio de Deus, mas de todos os viventes? Que relação mais precisamente com o que a ciência tematiza sob esse termo: com o objeto da biologia? Esta, que concentra em si os progressos espetaculares da investigação contemporânea e dispõe de metodologias extraordinariamente finas e complexas, não lança sobre a vida uma luz inteiramente nova? O discurso arcaico do cristianismo, sobrecarregado tanto de considerações teológicas como de um saber obsoleto, apresenta ainda algum interesse para o homem de hoje? O próprio homem, como pensá-lo à luz da concepção cristã da Verdade, ou seja, da única ideia da Vida? A elaboração grega do que constitui a humanidade do homem a partir de sua diferença específica com o animal, como animal dotado de logos, de razão e de linguagem – como capaz de pensar, de refletir e de raciocinar –, não nos leva muito mais perto do que realmente somos, de modo que é impossível e ainda mais perigoso não ver no homem nada além de um vivente?

Capítulo III

Esta Verdade que se chama Vida

A elaboração do conceito cristão de Verdade fez que ela aparecesse encontrando sua essência na Vida. Enquanto idêntica à Verdade, a Vida se compreende já de início como fenomenológica. Que a Vida seja Verdade significa que ela é manifestação e revelação, no sentido original que reconhecemos a esses termos. A Vida não é "verdadeira", o que não quereria dizer nada além disto: ela se manifesta, ela se mostra. Neste caso, nada a distinguiria de um fenômeno qualquer, de tudo o que se mostra em geral. Tal proposição não só permaneceria indeterminada, mas deixaria na sombra o problema da Verdade e notadamente o da verdade própria da Vida. Não somente o que se mostra pressupõe uma "mostração", uma manifestação prévia sem a qual nada jamais se manifestaria a nós, nenhum fenômeno de espécie alguma. Mas a questão central da fenomenologia, diretamente implicada na inteligência do cristianismo, é a de saber *como* a manifestação torna manifesto tudo o que ela manifesta, mais essencialmente como ela se manifesta a si mesma. Antes de tornar manifesto o que quer que seja, com efeito, e para poder fazê-lo, a manifestação deve manifestar-se a si mesma na pureza, enquanto tal. Antes de iluminar cada coisa, a luz brilha de seu próprio brilho. É quando se põe a questão central da fenomenologia, que se descobre a nós a extraordinária originalidade do cristianismo, a clivagem decisiva sobre a qual ele repousa inteiramente. Ao conceito grego de fenômeno que vai determinar o pensamento do Ocidente, a interpretação da manifestação das coisas, mais rigorosamente da manifestação desta manifestação como verdade do mundo, verdade cuja fenomenalidade é a do "lá fora", o cristianismo opõe-lhe de modo maciço sua concepção da Verdade como Vida. Vida recebe então no cristianismo uma significação fenomenológica tão original quanto radical. Vida designa uma manifestação pura, irredutível todavia à do mundo, uma revelação original que não é a revelação de outra coisa e que não depende de nada de outro, mas uma revelação de si, esta autorrevelação absoluta que é precisamente a Vida.

Por sua essência fenomenológica, porque ela é, assim, Verdade, manifestação pura, revelação, a Vida de que fala o cristianismo difere inteiramente do objeto da biologia. O que caracteriza este último – trate-se de neurônios, de corrente elétrica, de cadeias de ácidos, de células, de propriedades químicas ou ainda de seus últimos constituintes, que são as partículas materiais – é que ele em si se vê estranho à fenomenalidade. Sem dúvida esses diversos elementos – físicos, químicos ou especificamente biológicos – são todos fenômenos ou remetem a fenômenos, à falta do que nenhuma ciência, por mais elaboradas ou sofisticadas que sejam as metodologias, poderia saber nada disso. Mas precisamente esses diversos fenômenos não têm por si sua fenomenalidade, sua capacidade de se mostrar a nós. Esta capacidade de se mostrar e, assim, de se tornar objeto de um saber possível, eles a devem a um poder de manifestação que lhes é estranho, na medida em que em si mesmos eles são "cegos". E esse poder de manifestação estranho aos elementos em si cegos que a biologia estuda é a verdade do mundo.

A oposição radical entre a matéria fenomenológica de que é feita a Vida enquanto autorrevelação, enquanto Verdade original, e, de outro lado, a matéria não fenomenológica dos elementos constitutivos das propriedades químicas ou propriamente biológicas suscita uma questão embaraçosa mas incontornável: a da relação existente entre a abordagem do cristianismo e a abordagem científica contemporânea, relação que não pode aparecer, ao que parece, senão como conflitante. Cristo ignorava tudo das descobertas sensacionais da biologia do século XX. Em todo o caso, o discurso que ele professa sobre a vida absolutamente não leva em conta essas descobertas.

Quando ele declara, numa palavra à qual teremos de voltar: "Eu sou [...] a Vida..." (João 14,6), não quer significar que ele é um composto de moléculas. E mesmo aqueles entre seus contemporâneos que não veem nele senão um homem, no máximo um profeta, nem por isso o consideram um "homem neuronal".

É que, dir-se-á, na época em que Cristo vive a ciência ainda não nasceu. O que se sabe do homem reduz-se à expressão imediata dos dados da percepção sensível – um saber ingênuo sobre o qual está edificado o conjunto das concepções antropológico-religiosas que constituem a crença comum. O que ensina Cristo concernente ao que há de mais essencial no homem e sua pretensa relação com o absoluto procede da ignorância.

Estranha ignorância! Pois o conceito negativo de ignorância, uma ignorância pura e simples, não poderia produzir nada, nem sequer as representações coletivas de uma época. Do mesmo modo, atribui-se a estas uma origem precisa a despeito de sua denotação pejorativa: a percepção ordinária imediata. É esta percepção sensível das coisas, são as regulações sensíveis que se estabelecem habitualmente entre elas, o que serve de fundamento aos diversos modos de julgar, de raciocinar, de avaliar que constituem a ideologia de dada sociedade num momento de sua história. Esse modo de pensar comum determina os comportamentos, os costumes e finalmente a ética dessa sociedade. Com esse saber sensível, imediato, empírico e prático que constitui o fundamento de uma sociedade, o ensinamento de Cristo infelizmente não tem nada que ver. Dir-se-ia melhor que ele constantemente vai a contrapelo! No universo da percepção ordinária, vemos os corpos dos mortos decompor-se na terra e não ressuscitar para o "Céu". No universo da percepção, as riquezas apodrecem e as vestimentas são devoradas pelos vermes, os metais são corroídos pela ferrugem. No universo da percepção, as moradas são construídas por mãos de homens. Mas Cristo fala de uma riqueza que não passa, Tiago ou Paulo de um metal que não enferruja, de moradas que não são construídas por mãos de homens.

E não são apenas as coisas, mas também os homens e seus agires, que obedecem subitamente a leis diversas das da percepção ordinária. Sob a iluminação cegante da Vida, em sua luz inacessível, eis que os viventes vacilam como inebriados, seu comportamento se inverte. Aquele que quer ser o primeiro vai sentar-se no último lugar, aquele que entesoura é despojado de seu bem, aquele que não tem nada possui tudo, aquele que tem sede já não tem sede, aquele que é odiado por todos deve regozijar-se, e isso porque sofre e porque aquele que sofre é feliz. Aquele que nada sabe, sabe tudo; aquele que sabe tudo não sabe nada. Difícil, em verdade, atribuir essas proposições ao saber da percepção ordinária, à ideologia ingênua de uma época.

A química molecular poderia dizer-nos mais sobre esses paradoxos que, apesar de tudo, concernem à vida de cada um e de cada dia? Devemos pensar que, se Cristo tivesse tido ocasião de seguir os ensinamentos de um instituto de biologia californiano, teria sido levado a modificar de maneira apreciável sua concepção da vida, concepção segundo a qual, por exemplo, "aquele que quiser salvar sua vida a perderá, mas o que perder sua vida por causa de mim, a salvará" (Lucas 9-24)? Diremos, a fim de evitar toda polêmica ou para afastar uma dificuldade real, que cristianismo e biologia não falam da mesma coisa, que seus discursos não interferem mutuamente, que toda comparação entre eles é destituída de sentido? Ou, muito pelo contrário, que *há uma só Vida, a de Cristo, que é também a de Deus e dos homens*, e que desta singular e única Vida que é autorrevelação, e, mais ainda, autorrevelação do próprio Deus, não faz senão dar testemunho a palavra de Cristo?

Tínhamos suposto que, na época de Cristo, não se sabia nada ou quase nada da vida. Apresentemos agora a hipótese inversa. Suponhamos que seja hoje, no momento em que a biologia realiza seus progressos mais decisivos, que se desenvolve uma ignorância crescente a respeito do que realmente é a vida – que, longe de concernir somente à biologia, essa ignorância se estenda à totalidade do campo dos conhecimentos científicos e que estes, notadamente por efeito do culto que lhes é dado, acabam por impregnar o espírito público inteiro. Neste caso seria perfeitamente este último, o espírito de nosso tempo, o espírito moderno, e, assim, cada homem determinado por ele, que saberia menos do que nunca o que é a vida – o que é o próprio homem. E, uma vez que não pode tratar-se aqui de uma simples hipótese, tentemos demonstrá-la tanto no concernente ao saber científico desta época quanto no concernente à sua ideologia coletiva e de certo modo popular.

Com respeito à ciência, não se podem esquecer as decisões iniciais de que ela procede e que vão determiná-la inteiramente, bem como ao mundo que será o seu – que é o nosso. Essas decisões tomadas por Galileu no início do século XVII atribuem à nova ciência a tarefa de conhecer o universo real, o qual é constituído de objetos materiais extensos e dotados de figura. Sendo assim, o conhecimento que deve tornar-nos acessível esta realidade do universo não poderia ser o conhecimento sensível, como foi o caso no passado da humanidade – conhecimento variável de um indivíduo para outro, incapaz de chegar a proposições universais e sobretudo inadaptado à realidade que se trata de conhecer. Esta, com efeito, não é sensível; as propriedades sensíveis das coisas não dizem respeito à natureza verdadeira das próprias coisas, elas se contentam com exprimir as estruturas empíricas e contingentes da animalidade em nós – nossa organização biológica factícia. Conhecer de modo adequado o universo implica então que, tendo sido afastadas por ilusórias essas propriedades sensíveis, nós captemos as figuras dos corpos reais – estudo que pende da geometria, ciência racional e rigorosa. A determinação matemática das propriedades geométricas dos corpos reais, proposta por Descartes na esteira da nova ciência galileana, confere a esta sua fisionomia moderna: a abordagem físico-matemática das partículas materiais que constituem a realidade de nosso universo.

Refletir por pouco que seja sobre a gênese desta ciência que vai transformar o mundo, abrindo assim caminho para aquilo a que convém chamar modernidade, é levar em conta a redução inicial que ela implica, a saber, a exclusão das qualidades sensíveis do universo. Tomar agora a medida de tal redução, compreender sua importância para o futuro da humanidade em sentido não apenas histórico, mas propriamente metafísico, que afeta o destino do próprio homem, é compreender que o afastamento das qualidades sensíveis implica o da sensibilidade sem a qual essas qualidades sensíveis não existiriam. Deixar de lado a sensibilidade, no entanto, é afastar a Vida fenomenológica que a Verdade do cristianismo define e cuja sensibilidade não é senão uma modalidade. Pois sentir só é possível nesse lugar onde reina o "experimentar-se a si mesmo", a autorrevelação original cuja essência é a Vida. Considerado do ponto de vista do desenvolvimento científico, o alijamento das qualidades sensíveis pode aparecer como um postulado metodológico cuja legitimidade decorre de sua extraordinária fecundidade prática. Ademais, as qualidades sensíveis pertencem ao objeto pelo menos a título de qualidades aparentes: como ele, elas se mostram no mundo. A ciência crê que continua a mover-se no domínio que é o seu quando reduz essas propriedades a seu embasamento físico material. O que lhe escapa é que qualidades sensíveis não existem nunca como simples propriedades de um objeto. Tendo sido projetadas sobre o objeto, elas são impressões subjetivas puras que pressupõem precisamente a sensibilidade, essa essência invisível da Vida que é a Verdade cristã.

O alijamento da vida pela decisão galileana que inaugura a ciência moderna concerne em primeiro lugar à biologia. É no campo desta que ela manifesta seu efeito mais impressionante, orientando a investigação para os embasamentos químicos e, em seguida, físicos dos fenômenos biológicos e de seu funcionamento específico. Que ao termo de tal investigação só se encontrem processos físico-químicos e nada que se assemelhe à experiência interior que cada vivente faz de sua vida, ao próprio fato do "viver", isto é, a esta autorrevelação original que qualifica a Vida como uma essência fenomenológica pura e a Verdade no sentido do cristianismo, aí está uma consequência absolutamente necessária. Esta não resulta da própria investigação, de seus progressos ou de suas vicissitudes próprias, mas de seu postulado metodológico inicial. Introduzindo em sua decisão inaugural a vida sensível, a vida fenomenológica em geral fora de seu campo de investigação, a ciência galileana não saberia certamente encontrá-la nesta, ainda que ela se intitule biologia. E, de fato, a biologia não encontra nunca a vida, não sabe nada dela, não tem dela nem sequer a menor ideia. Quando extraordinariamente é a própria biologia que fala – a biologia e não o biólogo sempre penetrado dos ideais ou dos preconceitos de seu tempo –, então ela pronuncia sobre si mesma a sentença, declara com toda a verdade e com toda a lucidez o que ela é: "Hoje já não se interroga a vida nos laboratórios".[1] É preciso tomar o partido dela: *na biologia não há vida, não há senão algoritmos.*

Não é, portanto, no tempo de Abraão ou de Melquisedeque, não é no tempo de Cristo, que não se sabia nada da vida, enquanto neste fim do século XX, diante de nossos olhos maravilhados e vagamente inquietos, o véu começaria a se levantar sobre segredos ocultos desde a origem do mundo. É antes o contrário que é verdadeiro: apesar dos progressos maravilhosos da ciência – ou antes, por causa deles –, é hoje que se sabe cada vez menos da vida. Ou, para ser mais rigoroso, que *já não se sabe nada dela, nem sequer que existe.* E isso é a biologia que no-lo diz, que diz que diante de seu olhar, em seu campo de investigação cientificamente circunscrito e definido, nada semelhante ao "viver" da vida jamais se mostra. Na verdade, ela não diz nem sequer isso. Porque para dizê-lo seria preciso ao menos saber o que é "viver", ter uma vaga ideia disso. Mas ela não o sabe, não tem ideia alguma disso.

---

[1] François Jacob, *La Logique du Vivant*. Paris, Gallimard, 1970, p. 320. Remeta-se ao contexto: "Os processos que se desenvolvem nos seres vivos em nível microscópico das moléculas não se distinguem em nada dos processos que a física e a química analisam nos sistemas inertes [...]. De fato, desde o nascimento da termodinâmica, o valor do conceito operatório de vida não faz senão diluir-se, e seu poder de abstração declinar. Hoje já não se interroga a vida nos laboratórios".

Os próprios biólogos sabem o que é a vida. Eles não o sabem enquanto biólogos – uma vez que a biologia não sabe nada do assunto. Eles o sabem como todos e cada um, na medida em que também eles vivem, em que amam a vida, o vinho, as mulheres, lutam por um lugar, fazem carreira, experimentam eles também a alegria das partidas, dos reencontros, o tédio das tarefas administrativas, a angústia da morte. Mas essas sensações e essas emoções, esse querer, essa felicidade ou esse ressentimento, todas essas experiências ou provas que são epifanias da vida, não são aos seus olhos senão "pura aparência".

"Aparência" implica em primeiro lugar que não há necessidade de estudá-la. "Aparência", "pura aparência", "simples aparência" designa, com efeito, um aparecimento que não vale por si mesmo, que não tem em si sua razão de ser, que não se explica por si mesmo. "Aparência" quer dizer aparência de outra coisa, remete a essa outra coisa e não encontra senão nesta última sua explicação. Com essas aparências que são as modalidades da vida os biólogos, portanto, não se preocupam; seu estatuto fenomenológico não lhes interessa. Eles não as percebem nunca em si mesmas como impressões, sentimentos, desejos, felicidades. Nessas aparências, ou antes, através delas, eles captam correntes elétricas ou cadeias de neurônios. A redução da Vida fenomenológica absoluta ao conteúdo da biologia – essa redução que a biologia não conclui nunca e de que ela não tem nem mesmo ideia –, os mesmos biólogos a praticam evidentemente. A autorrevelação da Vida fenomenológica absoluta de que eles só têm conhecimento no interior dessa autorrevelação e por ela, na medida em que são viventes, viventes dessa Vida fenomenológica e somente dela, eles a substituem de uma só vez, sem nem sequer percebê-lo, pelo conteúdo material da biologia.

Redução absurda se se trata de afirmar que o que se experimenta a si mesmo no estreitamento patético infrangível do sofrer e do fruir é *na realidade* algo que não experimenta nada e que se vê no princípio incapaz de fazê-lo: partículas materiais. Redução insustentável se as leis fenomenológicas da vida – aquelas, por exemplo, que o cristianismo exibe em sua verdade sem idade – não têm nenhuma relação com as leis biológicas, químicas ou físicas. Leis físicas, químicas ou biológicas nunca pretenderam ser leis da Vida fenomenológica absoluta. Nunca a matéria não fenomenológica da matéria se apresentou como a matéria fenomenológica da vida, como sua autorrevelação, que ela precisamente não é. A ciência nunca praticou nenhuma redução, se não é puramente metodológica. São os cientistas, fazendo a ciência dizer o que ela não diz, que professam essa redução, são eles os assassinos da vida, aqueles que, despojando-a dessa autorrevelação que constitui sua essência e ao mesmo tempo a de todos os viventes, negando assim o próprio fato de viver e tendo-o por nada, reduzem tudo o que vive e se experimenta como vivente a processos cegos e à morte.

Afastadas as ilusões reducionistas, é necessário então atermo-nos ao conteúdo efetivo da ciência. A verdadeira questão, naturalmente, é esta: porque o viver da vida não aparece nunca no campo dos fenômenos tematizados pela biologia? Por mais importante que tenha sido seu papel na definição e no desenvolvimento da ciência moderna, a redução galileana basta para explicar porque, de modo paradoxal, *a vida se ausenta do campo da biologia como, aliás, de todo campo de investigação científica em geral?* É verdadeiramente o ato de excluir as qualidades sensíveis das coisas o que fez desvanecer, ao mesmo tempo que essas qualidades, a sensibilidade a que elas remetem necessariamente e, assim, a própria vida fenomenológica, na medida em que ela está presente na sensibilidade como o que a torna originalmente sensível, como o "sentir-se a si mesmo" sem o qual nenhum sentir jamais sentiria nada?

Ora, se consideramos o mundo antes da redução galileana, o mundo sensível onde vivem os homens, esse mundo onde há cores, odores e sons, qualidades táteis também, como o duro e o mole, o liso e o rugoso; onde as coisas só se nos dão revestidas de qualidades axiológicas como o prejudicial ou o vantajoso, o favorável ou o perigoso, o amável ou o hostil, havemos então de reconhecer que a despeito dessas determinações sensíveis ou afetivas que remetem todas à vida, a ponto de a fenomenologia contemporânea chamar a esse mundo da experiência concreta, a esse mundo antes da ciência, o mundo-da-vida (*Lebenswelt*), *a vida, no entanto, nunca se mostra nele*. E é somente por essa razão que ela tampouco se mostra num campo de investigação teórica qualquer, e notadamente no da biologia: porque, qualquer que seja a importância dos processos de depuração abstrata que prepararam para um tratamento científico específico, esse campo já tinha tomado a forma de um mundo, tendo sido obrigado a se oferecer previamente a um ver e, assim, à verdade desse mundo. Assim, somos remetidos à tese decisiva do cristianismo, a saber, que a Verdade da Vida é irredutível à verdade do mundo, de maneira que jamais se mostra nele. É essa exclusão recíproca entre a Verdade da Vida e a do mundo o que é preciso examinar de mais perto.

No mundo, não vemos, ao lado das coisas inanimadas, seres vivos e também nossa própria vida, enquanto mais ou menos semelhante à dos animais? É verdade: *vemos seres vivos, mas nunca vemos sua vida*. Se refletirmos mais profundamente sobre a percepção que temos de tais seres, constatamos que uma significação lhes é inerente: a significação "ser vivo" – e é esta significação, somada à compreensão intuitiva de seus corpos objetivos, o que faz desses corpos, corpos vivos, e desses seres aquilo que eles são para nós, seres vivos. Ora, a captação desta significação não é de modo algum a percepção da própria vida. Significar quer dizer visar "no vazio", de modo que nenhuma intuição da realidade corresponda ainda a esta intenção. Quando formo a significação "cão", por exemplo, com a palavra "cão", nem por isso percebo um cão real. Do mesmo modo, quando percebo viventes, confiro a eles a significação de "ser vivo" sem perceber sua própria vida em si mesma, tal como eles a experimentam. É precisamente porque não percebemos a Vida em si mesma que não a atingimos senão em forma de significação vazia ou, para falar como Husserl, de significação noemática irreal. Esta significação investe o ser vivo e determina a percepção dele a ponto de ele não ser concebível sem ela. Para tomar de Husserl mais um exemplo, esses olhos são percebidos como "olhos que veem", essas mãos como "mãos que tocam".[2] Tais significações não deixam de ser significações vazias, incapazes de conter a realidade. Qualquer que seja a análise filosófica delas que se proponha, elas não fazem precisamente senão significar a vida sem poder dá-la a ninguém.

É aqui que convém instituir uma diferença radical entre as significações que visam à vida e, assim, ao conjunto dos viventes, e as que se referem às coisas. Dizemos "a árvore é verde", e assim formamos a significação "árvore" e a significação "verde" sem que, todavia, nenhuma árvore e nenhuma cor verde se ponham diante de nós enquanto árvore "real" e cor "real". Como toda significação em geral, estas visam seu objeto "no vazio" sem o dar realmente numa intuição efetiva. Mas essas intenções vazias podem preencher-se a qualquer momento. É o que se produz em minha experiência quando, após ter pensado numa árvore verde ou ter falado dela, percebo uma árvore verde de repente. A significação vazia se converte então em intuição plena, o que se chama precisamente uma percepção. *Toda significação vazia concernente às coisas – sejam estas sensíveis ou inteligíveis – é suscetível de se mudar numa intuição plena, numa percepção.* Tal significação, por exemplo, a significação "vivo", é incapaz de se transformar numa percepção real da vida ou de uma vida singular. E isso não porque essa vida "não existisse", mas precisamente porque ela é incapaz de se dar a uma percepção, de tornar-se visível na verdade do mundo.

A incapacidade da biologia moderna de nos dar acesso à própria vida não lhe é, portanto, própria. Não é própria da ciência em geral e não resulta da redução galileana de que procede esta ciência. Tal impotência é a de todo conhecimento aberto sobre um mundo,

---

[2] E. Husserl, *Méditations Cartésiennes*. Trad. G. Peiffer e E. Lévinas. Paris, Vrin, 1974, p. 101.

mais profundamente de toda forma de experiência que demanda e toma emprestada sua fenomenalidade da do mundo, da sua verdade. Mas o pressuposto segundo o qual toda forma de experiência toma sua fenomenalidade da do mundo é o que vai dominar o pensamento ocidental. É a este pensamento em conjunto que escapa a Vida no sentido em que a entendemos, no sentido em que o cristianismo a entende: a Vida fenomenológica cuja essência é experimentar-se a si mesma em seu "viver". Esta Vida fenomenológica que se experimenta a si mesma, esta vida real que é a nossa, que habita cada uma de nossas alegrias e de nossos sofrimentos, de nossos desejos e de nossos temores, e antes de tudo a mais humilde de nossas sensações, é, pois, a grande ausente da tradição filosófica e cultural a que pertencemos. Mas como tal ausência pode passar despercebida, como ela não se propõe como o maior dos paradoxos, um paradoxo insuportável para cada um dos que vivem esta vida, que lhe tomam emprestado a cada instante, sem jamais poder quitar esta dívida, sua própria condição de vivente?

Um de nossos principais temas de reflexão será a dissimulação da Vida fenomenológica absoluta, a única vida real, a que não cessa em seu "viver" de se experimentar a si mesma. Porque esta dissimulação da vida é também, em cada vivente, a de sua condição verdadeira, esta constituirá ao mesmo tempo o objeto privilegiado de nossa investigação. Essas questões são, aliás, as do cristianismo. Por ora, contentemo-nos com uma interrogação mais limitada: como uma tradição que atravessou os séculos para desembocar na cultura europeia, como tal cultura pôde comportar-se com respeito a esta realidade essencial que é nossa vida sem colocá-la em primeiro lugar entre suas preocupações, sem fazer dela a chave de abóbada de seus diversos sistemas de conceptualização? A resposta impõe-se em sua simplicidade: substituindo essa essência dissimulada da vida pela consideração dos vivos. Mas para que esta substituição cumprisse seu papel, para que ela alcançasse a ocultação pelo pensamento ocidental da essência original da vida e de seu "viver", era preciso que ela fosse reproduzida no próprio plano dos viventes que acabavam de substituir a vida ante o olhar desse pensamento. Era preciso que, a propósito de cada vivente, *seu aparecimento exterior na verdade do mundo substituísse sua autodoação no viver da vida, autorrevelação desta.*

E é o que se produziu desde a Antiguidade clássica e, sem dúvida, bem antes dela. O vivente é um ente que se mostra no mundo entre todos os outros entes e ao mesmo título que eles. Entre todos os outros entes, vivos ou não. Sustentando desde então com eles múltiplas relações, elas mesmas mundanas, detectáveis no mundo e tendo do mundo seus caracteres. Esta pertença ao mundo do vivente é tão forte, que ela o determina desde seu nascimento – o qual não consiste em nada mais do que sua vinda ao mundo e se esgota nesta. Resta saber o que distingue este ente vivente de todos os outros, uma vez que seu modo de aparecimento é o mesmo, esse mesmo e único mundo com seus modos de aparecimento idênticos para uns e para outros, essas intuições espaciais, temporais, essas correlações recíprocas a que todos estão submetidos. Quando a Vida em seu viver está ausente, na verdade do mundo, de que pode prevalecer-se um ente que pretende o título de "vivo", à diferença de todo outro que não o é? Propriedades e caracteres de que o outro é desprovido. Mas essas propriedades e esses caracteres são objetivos, aparecem no mundo. Trata-se de propriedades e de funções como a mobilidade, a nutrição, a excreção, a reprodução, etc. E são funções que se desenrolam em forma de processos objetivos e tidos por tais que permitem qualificar os entes com essas funções como entes viventes e defini-los assim.

Permanece o enigma de compreender porque tais funções são tidas como características da vida. Não é seu papel de critério distintivo o que constitui problema. Pois se podem escolher livremente certos critérios, decidir que os fenômenos portadores de um grupo de propriedades *a* serão postos na classe "*A*", enquanto outros, que são desprovidos delas, serão colocados na classe "*não A*". Mas por que os fenômenos da primeira classe são designados como "vivos"? Porque funções como nutrição, mobilidade, etc., são consideradas próprias da vida e suscetíveis por isso mesmo de diferenciar fenômenos especificamente vitais? Elas não passam, afinal, de fenômenos objetivos, nenhum dos quais revela em si a vida em seu "viver", tal como ela se revela a si mesma. No plano da percepção sensível, esses fenômenos recebem espontaneamente, é verdade, a significação de "ser vivo". Eles são percebidos como tais, como mãos que tocam, dizia Husserl, como olhos que veem. O que toca, neles, é a vida. O que vê, neles, é a vida. Mas, no processo objetivo a que o ato de tocar é reduzido enquanto se mostra na verdade do mundo, nós não vemos e não podemos ver a vida, não podemos vê-la tocar, se é ela que toca. No movimento objetivo do olho ou do olhar, enquanto ele se mostra na verdade do mundo, nós não vemos e não podemos ver a vida – nós não podemos ver seu Ver, se é ela que vê. Por que então lhes atribuímos a significação de serem movimentos da própria vida, se a vida não se revela jamais em si mesma em sua aparência mundana?

Dizíamos que, à diferença das que se referem às coisas, as significações concernentes à vida são incapazes de receber um preenchimento intuitivo, de se transformar em percepção. Agora dizemos um pouco mais. Não se trata tão somente da impossibilidade da significação "vivente", "ser vivo" de nos dar a vida em questão, mas da origem desta significação. De onde vem ela se a vida nunca se mostra no mundo, se a própria ideia da vida – sua significação – não pode surgir a partir da verdade desse mundo? Não é somente a possibilidade de ter acesso à vida no mundo que é impedida. É a própria possibilidade de perceber no mundo um ente com pelo menos a significação de ser um ente vivente, um "organismo", que está em causa se a origem desta significação permanece desconhecida.

A impossibilidade para a vida de se revelar na verdade do mundo é evidenciada pela própria ciência galileana. Tal como a percepção sensível ingênua, é o ente vivente, não a vida, o que a ciência tematiza. O que ela retém deste ente, tal como a percepção imediata, são os caracteres pelos quais ele se dá como vivente, as funções, os fenômenos biológicos e fisiológicos considerados em sua objetividade. Praticando a redução da sensibilidade, são pois esses fenômenos biológicos objetivos reduzidos a processos materiais eles mesmos reduzidos aos parâmetros que os exprimem, o que constitui seu objeto. Neste já não há nada do viver da vida, nada de vivente. Com a significação do menor desses fenômenos de se referir a seres vivos e de lhes pertencer, a biologia não se preocupa mais que com a própria vida. E isso com razão, se a significação "vivente" ou "ser vivo" não tem, no fundo, nenhum sentido quando privada de toda relação com o viver da vida. A biologia estuda fenômenos da classe "*A*". Os conceitos de vida ou de vivente são velhas entidades metafísicas que já não têm curso. "Na biologia não há vida, não há senão algoritmos." A última sobrevivência dessas entidades obscuras – "vida", "força vital", "vivente" – na biologia chegada à plena compreensão de si mesma, de seu objeto e de suas tarefas, é no fundo seu título – o título desta disciplina, esse *bíos* que já não corresponde a nada e que não pode valer senão como uma designação exterior e convencional dos fenômenos da classe "*A*".

Se se considera a soma de carências do pensamento ocidental relativas à questão da vida, pode-se encontrar um exemplo significativo no termo da história deste pensamento, na filosofia de Heidegger. E isso não por acaso, se é verdade que, apesar de sua crítica reiterada da história da metafísica ocidental e de seu esforço por dar fim a ela, a fenomenologia heideggeriana não fez senão reconhecer, pensar por ela mesma e levar ao absoluto os pressupostos fenomenológicos que conduzem, ou melhor, que extraviam esse pensamento desde suas origens. Desvelando inexoravelmente e de modo genial as implicações do conceito grego de fenômeno, esses pressupostos conduzem à verdade do mundo captada em sua pureza. Que esta fenomenologia não seja a das coisas, mas antes a do nada, não a do que se mostra, mas antes a do "inaparente", aí está o que, longe de nos desviar do mundo e de seu "clarão", não se preocupa com nada além do acontecimento original em que esse clarão se produz.

No que concerne à questão da vida, as consequências imediatas desses pressupostos são pesadas. A primeira é nada saber de um modo de revelação diferente daquele em que advém o clarão do mundo. A vida só tem existência fenomenológica se entendemos por isso um modo específico de fenomenalização da fenomenalidade pura. A inexistência fenomenológica da vida nesse sentido radical reconduz à substituição acima denunciada e que foi reconhecida como um dos traços mais constantes do pensamento ocidental: a substituição da vida do vivente chamado ente vivente. Seguramente este ente apresenta caracteres diferentes dos de um ente qualquer, ele tem um gênero de ser particular. Como todo ente, no entanto, ele não tem seu ser senão de sua qualidade de fenômeno. Como o ente vivente se mostra a nós, como temos acesso a ele e, desse modo, como temos acesso à vida que não se mostra a nós senão na forma desse ente, é a questão posta e respondida por *Sein und Zeit*: "A vida é um gênero de ser particular, mas por essência ela só é acessível no *Dasein*".[3]

Dado que o *Dasein* que quer definir a essência do homem é essencialmente abertura ao mundo, ser-no-mundo, *In-der-Welt-sein*, segue-se que a vida só é acessível na verdade do mundo. A vida não é verdade. Ela não é, em si mesma e por si mesma, poder ou modo de fenomenalização. A vida não é o que dá acesso a, o que abre um caminho – o que mostra, o que torna manifesto, o que revela. A vida não é o caminho que se deve seguir se se quer chegar ao que constitui o ser-essencial do homem, sua verdadeira realidade. A vida tampouco é o caminho que se deve seguir se se quer chegar até ela. *Não é a vida que dá acesso a ela mesma*. É porque a vida não é um poder de revelação que ela tampouco é o que dá acesso a ela mesma, o que se revela a si mesma – que ela não é autorrevelação.

---

[3] *Sein und Zeit*, op. cit., p. 50; trad. fr. p. 82.

Se o vivente chega à vida, se ele entra na condição de vivente, não é graças à vida. É somente porque ele está aberto ao mundo, em relação com a verdade do mundo e definido por essa relação que o homem se refere a si mesmo. Mas é pela mesma razão que ele se refere à vida. Se não é enquanto vivente que o homem tem acesso à vida, tampouco é enquanto vivente que ele sabe o que é a vida. É unicamente na medida em que ele está aberto ao mundo que ele se refere e pode referir-se a entes viventes – à vida. Esta soma de aporias não é própria do pensamento de Heidegger; resulta do pressuposto fenomenológico segundo o qual mostrar-se quer dizer mostrar-se num mundo, na verdade *ek-statica* de seu "lá fora".

É porque a verdade é reduzida à do mundo, a seu horizonte de visibilidade, que, despojada da verdade, do poder de revelar, a própria vida se encontra reduzida a algo que se mostra na verdade do mundo, no clarão de seu "lá fora" – a um ente. A confusão ruinosa da Vida com um ente vivente, ou, para falar em outra linguagem, com um organismo vivo, resulta diretamente da carência fenomenológica do pensamento ocidental, de sua impotência permanente para pensar a Vida como verdade e, mais ainda, como a essência original desta. O que é verdadeiro dos organismos vivos enquanto objetividades empíricas que aparecem no mundo segundo o modo de aparecer próprio deste último é atribuído sem outra forma de processo à própria vida. Uma vez eliminada sua autorrevelação interior na Vida, a manifestação do vivente não é nada mais, com efeito, que seu aparecimento exterior em forma de ente ou organismo vivo dotado desse "gênero de ser" particular em que se converteu a vida reduzida a propriedades empíricas deste ente e definida a partir delas.

Ora, tal redução, semelhante em aparência à redução galileana e só se abrindo como esta a fenômenos mundanos, difere dela totalmente. A redução galileana tem em seu princípio somente uma significação metodológica: ela deixa fora de seu campo de interesse a questão fenomenológica decisiva de saber se existe um modo de revelação diferente daquele onde se dão a nós os fenômenos do mundo. É da negação radical de tal modo de revelação que procede o pensamento heideggeriano. Se tal modo de revelação, enquanto autorrevelação estranha ao "lá fora" do mundo, é constitutivo da essência da vida, então sua negação não significa nada menos que a impossibilidade de toda forma de vida, e assim seu assassinato não acidental, mas principial.

É pois a afirmação de que a vida é ao menos "um gênero de ser particular" que gera problema. Significativo da dificuldade de Heidegger é o fato de que sua aproximação da vida é obrigada a seguir vias diferentes. Na medida em que nosso acesso à vida decorre do *Dasein* e se faz no mundo, a problemática filosófica da vida se assemelha mais do que gostaria à *démarche* científica. São realmente os organismos vivos considerados do exterior, os processos objetivos de que eles são a sede que proporcionam à análise sua matéria, que lhe impõem seu método. Assim como o biólogo, o filósofo escolhe então os organismos mais simples, animais protoplasmáticos unicelulares, para esboçar, por exemplo, uma teoria do órgão cujo objetivo não é tão diferente do da ciência. Muito mais: é da ciência, da biologia de seu tempo que Heidegger toma então os conhecimentos a partir dos quais ele se esforça por construir sua interpretação da vida. Conquanto tal interpretação disponha, no que concerne a certos problemas, de conceitos mais elaborados tomados da analítica do *Dasein*, ela não escapa, todavia, à aporia sob a qual cai a própria ciência: *não é paradoxal para quem quer saber o que é a vida ir perguntar aos infusórios, no melhor dos casos às abelhas? Como se não tivéssemos com a vida senão essa relação de todo exterior e frágil com seres de que nada sabemos – ou de que sabemos tão pouco! Como se nós próprios não fôssemos viventes!*

O modo de operar dessa metodologia totalmente extravagante nos coloca então diante de constatações pouco regozijadoras: é preciso, com efeito, que o homem não saiba nada de sua própria vida, é preciso que a vida nele não saiba nada de si mesma para doravante fazer de protoplasmas monocelulares nossos novos mestres para pensar a vida. A vida é comprimida num domínio fechado, o da animalidade, de modo que ela se apresenta como um bloco de enigmas. Que esta vida faça parte do homem, que este seja compreendido como animal racional ou como *Dasein* vivente, tendo mãos para se referir ao "ser diante da mão" (*Vor-handen*) ou ao "ser sob a mão" (*Zu-handen*), não impede que ela permaneça nele e para ele uma desconhecida cujo mistério não pode ser solucionado senão muito parcialmente, por tal recurso aos infusórios e às abelhas. E a razão de todas essas aporias, desses paradoxos ou desses absurdos, é exatamente esta: não reconhecer como portadora de verdade senão essa relação exterior a organismos objetivos, isto é, afinal de contas, a verdade do mundo – enquanto *o que faz de cada vivente um vivente, sua relação interior com a vida como relação da vida consigo mesma, como sua autorrevelação original e essencial, se encontra totalmente escamoteado*.

Vê-se até onde vai semelhante escamoteação quando Heidegger se preocupa em considerar o ser vivo já não como um ente qualquer submetido a um poder de revelação que lhe é estranho – no caso do *Dasein* –, mas como portando em si, apesar de tudo, tal poder único suscetível de diferenciá-lo de um ente do tipo da coisa ou do instrumento – de um ente morto. Pois o animal tem um comportamento, uma capacidade de se mover e de reagir a excitantes específicos. Esta capacidade é, de início, a de se referir a eles, de estar em relação com um ambiente. Referir-se a um ambiente só é possível como uma forma de ser-no-mundo. A abelha que volta à colmeia orientando-se pelo sol está aberta a este, de modo que este pode agir sobre ela, excitá-la e determinar seu comportamento. É o ser no mundo, um ser no mundo interior ao animal desta vez, o que dá conta da animalidade e de todas as propriedades pelas quais ela é definida na ignorância do modo de revelação próprio da vida. Assim se descobre a carência da interpretação heideggeriana. Num primeiro momento ela não considera a vida como fenomenológica em sua essência, como tendo o poder de revelar. É ao ser no mundo que cabe dar-nos acesso ao vivente. Num segundo momento, quando esse poder lhe é concedido, ele não é compreendido em sua originalidade nem em sua originariedade, mas como um modo decaído do único poder de manifestação conhecido, o do ser no mundo. Se, apesar de tudo, o homem é um animal, e o *Dasein*, um vivente, é a relação, *neles*, do ser no mundo, aberta ao mundo a despeito das formas sonambúlicas tomadas por essa relação, que permanece enigmática. Mais enigmática ainda é a capacidade da pulsão – e isso tanto no homem quanto no animal – de estar em posse de si e, assim, de poder agir.[4] Só a inteligência do conceito cristão do homem nos permitirá penetrar o interior deste último mistério.

É exato afirmar que a vida permaneceu a parente pobre da reflexão do Ocidente, o objeto de todos os seus desprezos? Sem falar dos pensadores de exceção ou dos místicos que viram nela a mais alta instância, como esquecer sua irrupção no primeiro plano da cultura europeia quando Schopenhauer publica em 1818 esta obra maior que é *O Mundo Como Vontade e Como Representação*? Por "representação" Schopenhauer não entende nada menos que o modo de aparecer do mundo tal como acaba de ser definido por Kant na grande renovação do pensamento crítico. É esta verdade do mundo o que Schopenhauer põe em questão de modo genial, não o ignorando, mas subordinando-o de maneira radical àquilo a que ele chama vontade e que é tão somente outro nome da vida. Longe de constituir o objeto de afirmações arbitrárias ou contestáveis, a determinação do mundo inteiro da representação pela potência irreprimível do querer-viver vai conduzir, por intermédio de Nietzsche e de Freud notadamente, a uma recomposição da cultura europeia sobre bases inteiramente novas. São as bases que lhe fornece o pensamento da vida e que são tão poderosas, com efeito,

---

[4] Sobre a incapacidade do pensamento heideggeriano de dar conta do problema da vida, cf. Didier Franck, "L'Être et le Vivant". In: *Philosophie*, nº 16. Paris, 1987.

que reduzem as faculdades que definem tradicionalmente a *humanitas* ao papel de efeitos secundários, com o próprio intelecto na categoria de simples "servo" do querer-viver. Ora, não se trata aí de uma revolução limitada à esfera da filosofia ou do pensamento propriamente dito: são todos os domínios da cultura que vão se encontrar alterados, o da literatura, o do teatro, o da moral, o da pintura, o da arte em geral, o do cinema. Mais ainda: em cada um desses domínios, são a cada vez as obras dos maiores criadores que aparecem como expressão ou testemunho desse desencadeamento do querer-viver, a ponto de permanecer ininteligíveis fora de uma referência fundadora a este.[5]

O traço mais extraordinário da vinda da vida ao primeiro plano das preocupações da cultura moderna, e isso à medida que o maremoto schopenhaueriano submerge a Europa no último decênio do século XIX e nos dois ou três primeiros do século XX, é, no entanto, a desnaturação e a falsificação da própria vida, desnaturação tão grave que desemboca propriamente em sua destruição. Essa inversão singular da vida na morte recebe de uma fenomenologia radical um esclarecimento surpreendente. É precisamente no momento em que a vida aparece diante do cenário cultural europeu que seu poder de revelação próprio se encontra não apenas oculto, mas explicitamente negado. Essa negação do poder específico de revelação da vida tem, ela mesma, um motivo fenomenológico. É porque, tanto para Schopenhauer como, depois dele, para Freud, o poder de tornar manifesto, isso a que eles chamam "consciência", reside na representação, no fato de colocar diante de no "lá fora" do mundo, que a vida, estranha a esse "lá fora", se encontra desde então inexoravelmente privada do poder de cumprir em si mesma e por si mesma a obra da revelação – que ela é cega, inconsciente.

---

[5] Sobre a influência decisiva de Schopenhauer na criação estética europeia do fim do século XIX e do século XX, referimo-nos aos trabalhos fundamentais de Anne Henry; cf. notadamente *Proust Romancier, le Tombeau Égyptien*. Paris, Flammarion, 1983; *Schopenhauer et la Création Littéraire en Europe*. Paris, Méridiens-Klincksieck, 1989; *Céline Écrivain*. Paris, L'Harmattan, 1994.

Uma vida cega, inconsciente, que quer sem saber o que ela quer e sem sequer saber que quer, é uma vida absurda. Potência absurda, cega, inconsciente, a vida pode ser então carregada de todos os crimes, entrando, em seu frenesi mortal, milhões de vezes em luta contra si mesma, fonte do estrago do universo. A ponto de seu conceito tornado eminentemente suspeito poder ser associado de modo escandaloso às atrocidades, às monstruosidades e aos genocídios de que nosso século é palco.

Como não observar então, fora de toda e qualquer polêmica, o laço muito inquietante que liga essas diversas maneiras de caluniar a vida? A primeira, impropriamente atribuída à biologia por muitos dos que creem falar em seu nome, consiste em reduzir a vida a processos materiais. A segunda, que se quer filosófica, oscila entre a confusão do vivente com um ente tornado manifesto no ser do mundo e a definição da fenomenalidade própria do vivente pela inserção nele de uma forma decaída e quase alucinatória desse mesmo ser no mundo. A terceira faz da vida o princípio metafísico do universo, despojando-a porém dessa capacidade de se autorrevelar, de se experimentar e de viver, despojando-a de sua essência. A vida, então, já não é mais que uma entidade cega, cega como os processos a que a ciência galileana a reduz. Sob essas diversas maneiras de desprezar a vida, é fácil reconhecer sua raiz comum: a incapacidade de construir uma fenomenologia dela.

É como uma antítese formidável e intemporal que o cristianismo opõe a esses pensamentos da conspurcação da vida sua intuição decisiva da Vida como Verdade. É como um toque de trombeta a prefigurar o dos anjos do Apocalipse o que a palavra de Cristo retine: "Eu sou o Caminho, a Verdade e a Vida" (João 14,6). Começamos a entender os dois últimos termos desta proposição, por pouco que os leiamos na ordem. Porque Cristo não diz somente, contra o cientificismo e o positivismo de todos os tempos, contra a fenomenologia grega, contra Schopenhauer e contra Freud, que, longe de ser absurda, cega ou inconsciente, estranha à fenomenalidade, a Vida é Verdade. Muito pelo contrário, ele afirma, de modo mais fundamental, que a Verdade é Vida. A Revelação primordial que arranca tudo do nada dando-lhe o aparecer e, assim, o ser, revela-se antes de tudo a si mesma num abraço de antes das coisas, de antes do mundo, e que não deve nada a este – nesta autofruição absoluta que não tem outro nome senão o de Vida.

A esta fenomenologia radical para a qual a Vida é constitutiva da Revelação primordial, isto é, da essência de Deus, soma-se uma concepção inteiramente nova do homem, sua definição a partir da Vida e como constituído, ele também, por ela – do homem como vivente. A que ponto tal concepção é original, estranha em todo o caso ao pensamento do Ocidente, é o que convém perceber claramente. Na concepção clássica que tem origem na Grécia, *o homem é mais que um vivente*, é um vivente dotado de Logos, isto é, como vimos, de razão e de linguagem. Segue-se, reciprocamente, que a vida é menos que o homem, ou, em todo o caso, o que constitui sua humanidade. Donde a afirmação de Heidegger de que a vida só pode ser compreendida de modo negativo ou privativo a partir do que é próprio do homem: "A ontologia da vida se cumpre por via de interpretação privativa; ela determina o que deve ser de modo que possa ser algo que não seja mais que vida".[6] Segundo o cristianismo, ao contrário, a Vida é mais que o homem – entendamos: mais que o que constitui aos olhos do pensamento clássico sua humanidade, mais que Logos, mais que razão e linguagem. A vida que não diz palavra sabe tudo, ou, em todo o caso, muito mais que a razão. E isso tanto no homem quanto em Deus.

Mas – e esta é outra tese absolutamente decisiva do cristianismo – a Vida é igualmente mais que o homem compreendido de maneira adequada enquanto vivente. A Vida é mais que o vivente. Ora, esta tese se aplica também a Deus.

---

[6] *Sein und Zeit*, op. cit., p. 50.

São essas duas teses decisivas do cristianismo que convém sondar de início, se ainda queremos compreender alguma palavra desse pensamento, ou antes, dessa religião que é o cristianismo.

Na medida em que a Vida é mais que o homem compreendido enquanto vivente, é da Vida, não do homem, que se deve partir. Da Vida, isto é, de Deus, enquanto, segundo o cristianismo, a essência da Vida e a de Deus são uma só e mesma essência.

Na medida em que, em Deus mesmo, a Vida precede o vivente, é, nele também, pela Vida, pelo processo eterno e imutável em que ela se faz Vida, que convém começar.

A relação da Vida com o vivente é o tema central do cristianismo. Tal relação se chama, do ponto de vista da vida, geração, e, do ponto de vista do vivente, nascimento. É a Vida que gera todo vivente concebível. Mas esta geração do vivente, a vida não a pode cumprir senão enquanto é capaz de se engendrar a si mesma. À Vida que é capaz de se engendrar a si mesma, aquela a que o cristianismo chama Deus, nós chamaremos a Vida absoluta, ou ainda, por razões que aparecerão mais adiante, a Vida fenomenológica absoluta. Enquanto a relação da Vida com o vivente opera no interior de Deus mesmo, ela se produz como geração do Primeiro Vivente no seio da autogeração da Vida. Enquanto tal relação concerne já não à relação de Deus consigo mesmo, mas à sua relação com o homem, ela se produz como geração do homem transcendental no seio da autogeração de Deus. Veremos como esta geração do homem transcendental no seio da autogeração de Deus implica a geração, nesta autogeração, do Primeiro Vivente.

O que é gerado na Vida enquanto Primeiro Vivente, o cristianismo o chama Filho primogênito, ou Filho único ou, segundo a tradição hebraica, Cristo ou Messias. O que é gerado na Vida enquanto homem, isto é, o próprio homem, ele o chama "Filho de Deus". A Vida absoluta, enquanto se engendra a si mesma e enquanto, fazendo-o, engendra o Primeiro Vivente, o cristianismo a chama Pai.

A marcha da análise deve, pois, prosseguir como se segue:

1º A autogeração da Vida absoluta como geração do Primeiro Vivente – do "Filho primogênito e único" – que chamaremos, por razões que serão explicadas, o Arqui-Filho transcendental.

2º A autogeração da Vida absoluta como geração do homem transcendental – ou seja, a geração do homem como "Filho de Deus".

Nesses dois casos trata-se, com o cristianismo, de uma fenomenologia transcendental cujos conceitos centrais são o de Pai e o de Filho. O conceito cristão do nascimento transcendental subverte nossa ideia habitual de nascimento, assim como o conceito cristão de Pai e o de Filho transformam as representações correntes de "pai" e de "filho". Essa é a razão por que introduzimos o conceito filosófico de "transcendental", que não designa as coisas tal como as vemos – um nascimento, um pai, um filho –, mas remonta à sua possibilidade mais interior, à sua essência. Ora, a possibilidade de nascimento, de algo como um pai ou um filho, não se vê. E isso porque esta possibilidade reside precisamente na Vida, que também não se vê. É por isso que chamamos igualmente a esta Vida vida transcendental. A vida "transcendental" não é uma ficção inventada pela filosofia: ela designa a única vida que existe. Quanto à vida natural que cremos ver em torno de nós no mundo, não existe, não existe mais que a suposta vida "biológica". Essa é a razão por que não há pai nem filho naturais no sentido de um pai ou de um filho pertencentes à "natureza" e explicáveis a partir dela. "A ninguém na terra chameis 'Pai', pois só tendes o Pai Celeste" (Mateus 23, 9). Mas estas já são teses radicais e desconcertantes do cristianismo: aquelas que se trata de compreender.

Capítulo IV

A autogeração da Vida como geração do Primeiro Vivente

cristianismo se concentra na relação da vida com o vivente, e isso tanto em Deus quanto no homem. E a razão por que a elucidação daquilo que ele entende por vida, mais exatamente sua interpretação da vida como Verdade, fornece o antecedente indispensável à compreensão de seu ensinamento. Sem sabê-lo rigoroso no que para ele é a vida, semelhante ensinamento se reduz a um tecido de proposições enigmáticas que só são audíveis para os "crentes", isto é, para aqueles que as afirmam sem compreendê-la. Para quem penetra, ao contrário, na essência interior da Vida, esse conteúdo enigmático do cristianismo se ilumina subitamente numa luz de tal violência, que todo homem percebendo-a sob essa iluminação se vê profundamente abalado. Tudo o que lhe aparece até ali com evidência, esse mundo tão sólido e tão seguro em que é impossível não crer, as coisas que o povoam, os assuntos dos homens que constituem o tema cotidiano de sua inquietação e preocupação, os saberes que concernem tanto a essas coisas quanto a suas atividades, essa rede de ciências que se desenvolvem hoje com um rigor e uma rapidez impressionantes, as proezas técnicas que dela resultam – tudo isso subitamente se verte na insignificância. Como a Vida misteriosa de Deus evocada numa série de "dogmas" é suscetível de produzir em nós semelhante efeito, como penetrar até ela a fim de tomar parte em sua Revelação e de se encontrar transformado por ela? Aí estão muito precisamente as questões do cristianismo, às quais já estamos em condições de dar respostas parciais.

Segundo o cristianismo, não existe senão uma só Vida, a única essência de tudo o que vive. Não se trata de uma essência imóvel à maneira de um arquétipo ideal como o do círculo presente em todos os círculos, mas de essência agente, desdobrando-se com uma força invencível, fonte de potência, potência de engendramento imanente a tudo o que vive e não cessando de lhe dar a vida. Na medida em que esta Vida é a de Deus e se identifica com ele, o Apóstolo pode escrever: "Há um só Deus e Pai de todos, que está acima de todos, por meio de todos e em todos" (Efésios 4,6). Na medida em que o único Deus é esta Vida única que gera todos os viventes, o cristianismo aparece como um monoteísmo. O que o separa tanto dos outros monoteísmos (com exceção do judaísmo) como das teologias racionais ou naturais em que esses monoteísmos buscaram uma expressão própria para filiar a si todos os homens razoáveis é que esse Deus único não é pensado pelo espírito. Não é um Ser provido de todos os atributos concebíveis elevados à potência absoluta, ou ainda o Ser infinito, um ser tal que "não se pode conceber nada maior que ele"[1] e que, por essa razão, existe necessariamente. Se o Deus cristão não tem nada de comum com este Ser infinitamente grande de Santo Anselmo, que será retomado em todas as provas clássicas da existência de Deus e lhes servirá de suporte, não mais que com o primeiro motor de Aristóteles, ou ainda com o autor do melhor dos mundos possíveis, ou com o simples conceito de um Deus único com o qual nenhum outro, consequentemente, poderia entrar em concorrência, é pela razão decisiva de que ele não é nada a que possa dar acesso nosso pensamento. Desse modo, toda representação racional e, com mais forte razão, toda prova de sua existência, é absurda por princípio. E isso porque provar é "fazer ver", fazer ver na luz de uma evidência inelutável, nesse horizonte de visibilidade que é o mundo e no qual a vida nunca se mostra. Teremos ocasião de voltar a este ponto.[2]

Se Deus é Vida, então os primeiros resultados da análise fenomenológica da vida tornam possível a inteligência das teses fundamentais

---

[1] Saint Anselme de Cantorbery, "Fides Quarens Intellectum". In: *Proslogion*. Paris, Vrin, 1967, p. 7.
[2] Cf. *infra*, cap. 9.

do cristianismo. Não se mostrando nunca no mundo a vida, como se acaba de lembrar, é impossível percebê-la no mundo, a não ser em forma de significações irreais unidas a processos objetivos – significações cuja origem permanece inexplicável por tanto tempo quanto, atendo-se ao aparecer do mundo, se busca esta origem nele. Ausente do mundo, a vida também está ausente do campo da biologia, que é um campo mundano. Senso assim, põe-se a questão: ainda é possível ter acesso à Vida, ou seja, à essência do próprio Deus? E, neste caso, onde e como?

A resposta da fenomenologia da vida de que traçamos o primeiro esboço é esta: temos acesso à própria Vida. Onde? Na vida. Como? Pela Vida. Que seja na Vida e somente por ela que se pode ter acesso à Vida implica um pressuposto decisivo: é a própria Vida que chega a si. Tal era precisamente a primeira aproximação fenomenológica da vida, sua definição como verdade, ou antes, a definição da Verdade como Vida: a Vida é autorrevelação. Nela é ela mesma que realiza a revelação e é ela mesma que é revelada. É porque é a própria Vida que chega originalmente a si, e isso enquanto é autorrevelação, que ela vem antes de tudo. Porque nada nem ninguém jamais poderão chegar a ela se seu chegar à Vida não se apoiar sobre o próprio chegar da Vida a si – mais ainda: se seu chegar à vida não se identificar com o chegar original da Vida a si mesma.

O que chega à Vida é o vivente. Como o vivente chega à Vida, é isso o que acabamos de entrever pela primeira vez: o vivente chega à Vida apoiando-se sobre o próprio chegar da Vida a si, identificando-se com este último – à autorrevelação da Vida idêntica, ela mesma, à Revelação de Deus.

Com isso, duas questões se põem de modo urgente se se trata da essência interior de Deus, por um lado, e da possibilidade de entrar em relação com ela, por outro. Como a vida chega a si? Como o vivente chega a ela? Porque o vivente não chega à vida senão sobre o fundo nele do chegar original pelo qual a vida chega a si, a primeira questão é justamente a primeira.

O conceito de ser deve ser afastado sem demora da análise da vida, se ao menos queremos compreender esta como chegar a si mesmo e, ademais, a maneira como ela o faz. Como já observamos, nós não empregamos a respeito da vida a palavra "ser" – dizendo, por exemplo, e tendo esta proposição falaciosa por evidência: "a vida é" – senão na medida em que falamos dela na linguagem dos homens, que é a do mundo – que é precisamente a do Ser. A vida não "é". Ela advém e não cessa de advir. Essa vinda incessante da vida é seu eterno chegar a si, o qual é um processo sem fim, um movimento. No cumprimento eterno deste processo, a vida lança-se em si, esmaga-se contra si, experimenta-se a si mesma, frui de si, produzindo constantemente sua própria essência na medida em que esta consiste em tal fruição de si e se esgota nela. Assim, a vida se engendra continuamente a si mesma. Nesta autogeração que não tem fim, cumpre-se a efetuação fenomenológica ativa do vir a si da vida como vir ao experimentar-se a si mesmo em que reside todo viver concebível. Levado pelo vir a si da vida e cumprindo-o, o "experimentar-se a si mesmo" é ele mesmo um processo em que o que é experimentado advém como o sempre novamente experimentado enquanto o viver permanece em si como o que o experimenta sempre de novo. A vida é um automovimento que se autoexperimenta e não cessa de se autoexperimentar em seu próprio movimento – de modo que desse movimento que se autoexperimenta nada nunca se desprende, nada escapa para fora dele, para fora desta autoexperiência que se move. O movimento pelo qual a vida não cessa de vir a si e assim à fruição de si – o movimento de seu próprio viver, que, ele mesmo, não cessa, não se destaca jamais de si, mas permanece eternamente em si –, tal é pois o processo em que consiste a essência da vida, sua autogeração.

De que a vinda a si da vida é sua vinda ao "experimentar-se a si mesmo" em que ela frui de si, segue-se que esta fruição de si, este "sentir-se a si mesmo" é a primeira forma de toda fenomenalidade concebível. Ora, a vinda a si da vida não é somente o nascimento originário da fenomenalidade, mas também o da revelação. Nela se revela de modo incontestável a maneira como esta fenomenalidade se fenomenaliza, como esta revelação se revela: como *páthos* e na carne afetiva deste. Sendo assim, nada se revela nela senão ela mesma. É o que quer dizer "experimentar-se a si mesmo": experimentar o que não é em sua carne nada além do que o experimenta. Essa identidade entre o experimentador e o experimentado é a essência original da Ipseidade. Tampouco isso, por conseguinte, pode escapar-nos: no processo de autogeração da vida como processo pelo qual a vida vem a si, esmaga-se contra si, experimenta-se a si mesma e frui de si, uma Ipseidade essencial está implicada como a condição sem a qual e fora da qual nenhum processo desta espécie jamais se produzirá. A Ipseidade não é uma simples condição do processo de autogeração da vida: ela lhe é interior como o próprio modo como esse processo se cumpre. Assim se edifica, conjuntamente com a vinda a si da vida no experimentar-se a si mesma da fruição de si, a Ipseidade original e essencial da qual o experimentar-se a si mesmo tem sua possibilidade, a Ipseidade em que e com que todo experimentar-se a si mesmo se cumpre.

Esse processo de autogeração da vida é, nós o sabemos, um processo fenomenológico. A vida se autogera na medida em que ela se impele à fenomenalidade em forma de autorrevelação. Mas é somente porque essa autorrevelação se produz e na medida em que ela o faz que o processo de autogeração se dá, que o viver da vida é efetivo.

Como o processo de autogeração da vida é o de sua autorrevelação? Pelo fato de que a vinda a si da vida, no experimentar-se a si mesmo de seu estreitamento patético, é sua fruição de si. O *páthos* desta fruição define a fenomenalidade desta vinda a si, o modo fenomenológico concreto segundo o qual e graças ao qual o processo de autogeração da vida se torna o de sua autorrevelação. Porque uma Ipseidade original e essencial é requerida pelo processo de autogeração da vida, ela pertence também ao de sua autorrevelação. Mais ainda, a Ipseidade em que se cumpre o estreitamento patético da vida que se autogera autoexperimentando-se é o modo fenomenológico concreto segundo o qual esse processo de autogeração se produz como seu processo de autorrevelação. Assim, a Ipseidade pertence à autogeração da vida como aquilo em que essa autogeração se cumpre como autorrevelação. À autorrevelação da vida esta Ipseidade original e essencial pertence, pois, como o que a torna possível.

Na medida em que o processo de autogeração da vida cumprindo-se como seu processo de autorrevelação é algo efetivo – na medida em que a vida lançando-se em si frui de si –, a Ipseidade que ela engendra é algo efetivo também, e igualmente singular: é um Si singular que se estreita a si mesmo, que se afeta a si mesmo, que se experimenta a si mesmo e frui de si, de modo que este estreitamento de si em que este Si se estreita a si mesmo não é diferente do estreitamento em que a vida se capta e se apropria de si, não sendo senão o modo segundo o qual ela o faz; de modo que a vida não pode estreitar-se a si mesma e assim revelar-se a si na fruição de si senão gerando em si este Si que se estreita a si mesmo como a efetuação fenomenológica de seu próprio estreitamento dela. Este Si singular em que a vida se estreita a si mesma, este Si que é o único modo possível segundo o qual este estreitamento se cumpre, é o Primeiro Vivente. É assim que em sua autogeração absoluta a Vida gera em si Aquele cujo nascimento é o autocumprimento desta Vida – seu autocumprimento em forma de sua autorrevelação. O Pai – se o entendemos como o movimento a que nada precede e cujo nome pelo qual a Vida se lança em si para se experimentar a si mesma ninguém conhece –, o Pai engendra em si eternamente o Filho, se o entendemos como o Primeiro Vivente, Aquele na Ipseidade original e essencial de que o Pai se experimenta a si mesmo.

Dado que o processo de autogeração da Vida não pode cumprir-se sem gerar em si esse Filho como o modo mesmo segundo o qual esse processo se cumpre, o Filho é tão antigo quanto o Pai; como ele, o Filho se encontra no começo. Essa é a razão por que nós chamamos a este Filho Arqui-Filho, não apenas Filho originário – não aquele que, como numa família humana, veio em primeiro lugar, antes de seus irmãos e irmãs, mas Aquele que habita a Origem, o Começo mesmo – Aquele que é engendrado no próprio processo pelo qual o Pai se engendra a si mesmo. Dado que o processo de autogeração da Vida é o de sua autorrevelação, então o modo segundo o qual esta se fenomenaliza em sua Ipseidade essencial, a saber, o Filho, é a própria revelação de Deus mesmo, seu Logos – não o Logos grego cuja fenomenalidade é a do mundo, mas o Logos da Vida cuja fenomenalidade é a substância fenomenológica desta própria vida, seu estreitamento patético, sua fruição. Dado que não há senão uma só Vida e que assim o processo em que ela se engendra eternamente a si mesma é único, único também é o que é engendrado nela como o modo deste autoengendramento, Único o Filho como o Verbo a que é idêntico, na medida em que o autoengendramento da Vida é sua autorrevelação.

Que o processo de autorrevelação da Vida engendre em si o Primeiro Vivente enquanto Arqui-Filho, aí está o que nos põe diante do conceito de um Arquinascimento. Trata-se de um nascimento que não se produz no interior de uma vida preexistente, mas que pertence a título de elemento coconstituinte ao surgimento desta própria vida, no processo, dizemos nós, de sua autogeração. A geração do Arqui-Filho no processo de autogeração da Vida absoluta, aí está o que designa seu Arquinascimento – um nascimento contemporâneo do surgimento da própria vida, implicado nela, um com ela. A este Arqui-Filho, a seu Arquinascimento e, igualmente, ao processo de autogeração da Vida absoluta, damos ademais o qualificativo de "transcendental", e isso para dissociá-los definitivamente de todo processo natural ou mundano. A razão positiva desta qualificação, todavia, só aparecerá mais tarde. O conceito de Arquinascimento transcendental não convém senão ao Arqui-Filho, e só se aplica com todo o rigor a ele. Seu poder de inteligibilidade repercute, no entanto, bem além de sua esfera inicial de pertença. Do conceito de Arqui-Filho e do de seu Arquinascimento, o conceito de nascimento recebe uma significação imprevista e, todavia, a única verídica – significação que vem subverter o conceito corrente de nascimento a ponto de relegá-lo à insignificância.

Nascer, segundo a acepção corrente do termo, quer dizer: vir ao ser, entrar na existência. Assim como morrer quer dizer sair dela, entrar no nada. Mas, como o ser remete sempre a um aparecer que o fundamenta na realidade, pois que somente o que se mostra a nós existe para nós – como, para dizê-lo filosoficamente, a ontologia remete sempre a uma fenomenologia antecedente, consciente ou não –, a proposição "vir ao ser" deve ser transcrita fenomenologicamente. "Vir ao ser" se escreve então: vir ao aparecer, isto é, segundo o pensamento ocidental, mostrar-se na verdade do mundo: *vir ao mundo*. Vir ao mundo – não está aí, para todos e para cada um de nós, filósofo ou não, o que significa nascer?

E é aqui que o cristianismo entra em ruptura total com todas as representações e concepções correntes do nascimento: no mundo, segundo ele, nenhum nascimento é possível. Muitas coisas vêm ao mundo, isto é, aparecem nele, nesse horizonte de luz que é o próprio mundo, em sua verdade. Elas aparecem e desaparecem sem que esse aparecimento constitua de modo algum um nascimento nem esse desaparecimento, uma morte, a não ser de modo metafórico. Pedras estavam ali, no caminho, e depois foram retiradas. Uma casa foi construída e agora é apenas ruína. Apareceu no firmamento uma estrela que não tinha sido vista antes, outras desapareceram. De nenhuma dessas coisas, mesmo quando fez seu aparecimento no mundo, dissemos que nasceu. A vinda ao mundo enquanto tal não pode, pois, indicar um nascimento. É preciso não dizer apenas que muitas coisas vêm ao mundo e nem por isso nascem, mas também, e de modo mais radical, que *a vinda ao mundo interdita de antemão todo nascimento concebível, se é verdade que no "fora de si" do mundo o estreitamento da vida consigo mesma seria rompido antes de se produzir – se a Verdade da Vida é irredutível à do mundo*. Não se deve dizer que tudo o que vem ao mundo nele morrerá, mas antes de tudo o que se mostra desse modo é estranho ao viver da vida. Vir efetivamente ao mundo para um vivente, qualquer que seja, e não ser nada mais que o que nele se exibe deste modo é aí propor-se como um cadáver. Pois um cadáver não é nada mais que isso: um corpo reduzido à sua exterioridade pura. Quando não formos mais que algo do mundo, algo no mundo, é isso, com efeito, o que seremos, antes de nele sermos enterrados ou cremados.

Nascer não é vir ao mundo. Nascer é vir à vida. É desta proposição que se trata agora entender com toda a clareza, pois ela comporta ao menos duas acepções, das quais a mais imediatamente captável não é a mais essencial. Vir à vida quer dizer, certamente, entrar nela, ter acesso a esta condição extraordinária e misteriosa de ser doravante um vivente. Esse caráter misterioso tem que ver com o estatuto fenomenológico da vida que, por enquanto, só tratamos superficialmente, de modo que uma elucidação mais radical desse estatuto será uma das tarefas de uma fenomenologia do nascimento, a qual não é possível senão no interior de uma fenomenologia da vida. Mas é na segunda acepção da proposição "vir à vida" que devemos deter-nos por ora. Vir à vida quer dizer aqui que é na vida e a partir dela somente que esta vinda é suscetível de se produzir. Vir à vida quer dizer vir da vida, a partir dela, de modo que a vida não é, por assim dizer, o ponto de chegada, mas o ponto de partida do nascimento. Trata-se, portanto – colocando-se desde o início na vida como no pressuposto original a partir do qual somente algo como um nascimento é possível – de compreender, a partir da vida portanto, como este nascimento se produz. Em outros termos, como a vida engendra em si e a partir de si o vivente. Ora, é precisamente a esta questão decisiva que acaba de responder a teoria da geração do Primeiro Vivente na autogeração da vida fenomenológica absoluta. O que foi estabelecido com toda a clareza é isto: a Vida absoluta se experimenta a si mesma numa Ipseidade efetiva que é, como tal, um Si ele mesmo efetivo e, como tal, singular. É desse modo que o autoengendramento do Pai implica nele o engendramento do Filho e constitui algo uno com ele. Ou ainda: o engendramento do Filho consiste no autoengendramento do Pai e constitui algo uno com ele. Não há Vida sem um Vivente. Não há vivente sem a Vida. Não se deve dizer: engendrando-se a si mesma, a Vida gera o Vivente. Pois por que esse vivente seria este e não aquele? E por que só haveria um, e não vários ou uma multidão? E por que este, antes que aquele, seria o primeiro? Deve-se dizer: *a Vida se engendra a si mesma como esse Vivente que ela própria é em seu autoengendramento*. E é por isso que tal Vivente é o Único e o Primeiro – "Aquele", como diz João.

Voltemos ao "conteúdo" do cristianismo. Percebemos melhor agora porque ele não se reduz absolutamente à existência mundana de Cristo e à sua história, por mais admirável que seja ela. Reduzida a esta história, a existência de Cristo apresenta dois caracteres mais ou menos contraditórios. Por um lado, é uma história efetivamente extraordinária, a ponto de muitos cuja imaginação dificilmente ultrapassa o rés do chão a terem posto em dúvida, tomando-a por produto dessa imaginação fabuladora de que eles mesmos são cruelmente desprovidos. História mundana, por outro lado, ela se dissipa nas brumas da verdade do mundo – lá onde se desvanece, aliás, toda existência individual, mesmo quando se trata de milhares, de milhões ou de bilhões de indivíduos. Quase não se encontra menção à existência de Cristo nos historiadores da época – talvez um vago alvoroço em Jerusalém. Aqui está a contradição: entre o caráter estupefaciente desta história e os vestígios que ela deixou ou não deixou na história, a qual, apesar de suas pretensões científicas, parece mais um coador que uma aproximação, por menos fiável que seja, da realidade.

Estranho à história e mais geralmente à verdade do mundo, o "conteúdo" do cristianismo consiste numa rede de relações transcendentais, acósmicas, pois, e invisíveis, que podemos formular como se segue: relação entre a Vida absoluta e o Primeiro Vivente – entre o Pai e o Filho, entre Deus e Cristo; relação entre a Vida absoluta e todos os viventes – entre o Pai e os filhos, entre Deus e os "homens"; relação entre o Filho e os filhos, entre o Cristo e os viventes; relação dos filhos, dos viventes, dos homens entre si – o que em filosofia se chama intersubjetividade. Um critério decisivo para o exame rigoroso dessas relações é o de sua eventual reversibilidade. Assim, a entre o Pai e o Arqui-Filho é reversível, mas a entre o Pai ou o Arqui-Filho e os filhos não o é. No plano da intersubjetividade, da relação dos filhos entre si, esta questão não tem sentido. Todas essas relações, no entanto, apresentam um traço comum, maciço, que as arranca das representações habituais e as determina de alto a baixo: são todas relações não intencionais. Positivamente: todas põem a Vida em jogo. Não só os termos dessas relações implicam, a cada vez, a Vida na medida em que se trata da relação da vida com o vivente ou dos viventes entre si. Mas é a própria relação constituída enquanto relação pela Vida que extrai sua essência dela.

Que é uma relação que extrai sua essência da Vida, em que difere de uma relação no sentido corrente? Chama-se relação ao laço que une dois ou mais termos. Mas a possibilidade última de tal relação é fenomenológica, é o "fora de si" que coloca os termos um fora do outro enquanto a exterioridade assegura sua fenomenalidade, sua unidade e, assim, a própria relação. É na exterioridade do espaço que se desdobra toda relação espacial concebível, na exterioridade do tempo toda relação temporal, numa exterioridade ideal toda relação matemática... – em suma, na verdade de um mundo, qualquer que seja ele, e finalmente na verdade do mundo. Mas, quando uma fruição se experimenta a si mesma e, assim, frui de si, o laço que a liga a ela mesma não está fora dela, e assim ela não aparece em nenhum mundo. O laço que a une a ela mesma é a matéria fenomenológica da vida. É na vida e somente nela que uma alegria, que uma angústia, podem "experimentar-se a si mesmas", enquanto o "viver" as habita e por ele. Só a vida não é um meio fenomenológico em que, como no curso de um rio, banharia tudo o que é vivente, uma espécie de "mundo interior" que não decidiria mais sobre o que se revela nele do que o mundo do "lá fora" decide sobre o que aparece à sua luz. A vida, como dissemos, é um processo, e esse processo é tal que gera em si todos os viventes, fazendo de cada um deles aquele precisamente que ele é a cada vez. A vida é a relação que gera, ela mesma, seus próprios "termos". O conteúdo do cristianismo é a elucidação sistemática, ainda inaudita, dessa relação da Vida com todos os viventes, relação que é a geração ou o nascimento como tal.

Desse modo, trata-se agora, mais precisamente, da geração do Primeiro Vivente em sua autogeração da Vida, ou seja, a relação entre o Pai e o Filho, a qual constitui a primeira e mais importante das relações consideradas pelo cristianismo. A fenomenologia radical da vida aqui desenvolvida nos forneceu chaves decisivas para a inteligência desta relação essencial. Se consideramos com mais atenção o conteúdo do cristianismo, vemos que a relação Pai/Filho não só constitui seu cerne mais essencial, mas é precisamente objeto de um discurso explícito: *o discurso sempre retomado que Cristo faz sobre si mesmo e que é dado por ele como a única coisa que importa.* A única coisa que importa é a salvação de todos os homens definidos já não pelo pensamento, mas pela Vida. E esta salvação consiste precisamente em "crer" no que Cristo diz sobre si mesmo, isto é, tal como o mostrará a problemática da Fé, não em admiti-lo como "verdadeiro" na verdade do pensamento e pois do mundo, mas em se tornar consubstancial a ele na Verdade da Vida, em sua carne fenomenológica e em sua fruição.

A fim de expor de modo correto o discurso à primeira vista assombroso que Cristo faz sobre si mesmo e que constitui o coração do Novo Testamento, convém responder claramente à questão antecedente: quem faz esse discurso e, enfim, com que direito? É precisamente a pergunta que os judeus fazem a Cristo. (Observemos *en passant* que, notadamente nos textos joaninos, "judeus" designa não os judeus em geral, mas aqueles que entre os judeus não reconhecem Jesus como o Messias, estando entendido que os que o reconhecem ou o reconhecerão como tal são igualmente, em sua maioria, judeus, nos primeiros tempos em todo o caso.) Eis portanto a questão dos "judeus": "Enquanto (Jesus) circulava no Templo, aproximaram-se os chefes dos sacerdotes, os escribas e os anciãos e lhe perguntavam: 'Com que autoridade fazes estas coisas? Ou quem te concedeu esta autoridade para fazê-las?'" (Marcos 11,27-30). Sabe-se por que desvio, enviando-os a uma questão que os embaraça: O batismo de João era do Céu ou dos homens?" – a ponto de eles preferirem calar-se: "Não sabemos" –, Cristo se dispensa desta vez de lhes responder ele próprio: "Nem eu vos digo com que autoridade faço estas coisas" (ibidem 33). Dois traços, neste enfrentamento que se repetirá de forma cada vez mais tensa e finalmente trágica, são particularmente impressionantes: por um lado, a pertença da demanda que remete infalivelmente ao direito de fazer o que Cristo faz à natureza daquele que tem ou não esse direito; por outro lado, a esquiva de Cristo diante desta interrogação, todavia, essencial: quem és tu, portanto, para te arrogar tal direito? Ou ainda: "Quem pretendes ser?" (João 8,53). E, enfim, em sua última formulação, por Pilatos desta vez: "De onde és tu?" (João 19,9).

Que a resposta seja num primeiro momento evitada e depois sem cessar diferida, envolta em parábolas, dada de modo fragmentário, indireto, enigmático, antes de ser assestada de uma vez com uma brutalidade extrema, pode-se ser tentado a explicá-lo por motivações que pertencem ao mundo e à ordem dos assuntos humanos. Formuladas em sua nudez, tornadas enfim transparentes na medida do possível e privadas de equívoco, as palavras de Cristo sobre si mesmo significarão sua condenação à morte. Compreende-se então que essas palavras tenham sido retardadas por tanto tempo quanto Cristo considerava necessário para cumprir sua missão. Sucede porém que, explicado deste modo na luz do mundo e esclarecido por ela, as palavras sobre si de Cristo tornam-se amplamente ininteligíveis, porque a Verdade de que fala Cristo e que ele apresenta antes como sua própria essência não é a do mundo, mas uma Verdade que nada tem que ver com esta.

Do ponto de vista do mundo, a condenação de Cristo é perfeitamente compreensível; mais ainda: é legítima. Do ponto de vista do mundo, Cristo é um homem e, à medida que seu discurso sai de sua dissimulação inicial para se produzir em plena luz, o que ele afirma sobre si mesmo aparece como insensato ou escandaloso. Eis um homem que declara ter nascido antes de outro, no caso Abraão, que o precede alguns séculos na história; que pretende poder fazer que o que é não seja e que o que não é seja – perdoar os pecados, ressuscitar os mortos; que pretende nunca morrer e, para terminar, que se identifica simplesmente com Deus. Propósitos insensatos não porque contradigam o senso comum ou as crenças de determinada sociedade, mas porque desafiam as estruturas fenomenológicas do próprio mundo, o modo como ele se faz mundo aparecendo como tal, como, por exemplo, a temporalidade deste mundo, sua irreversibilidade – dizendo Cristo não concernir a ele nem a primeira nem a segunda.

Quem é aquele então cujas palavras sobre si mesmo, em ruptura com tudo o que sabemos do mundo, permanecem inconcebíveis sob a luz deste último? Uma única resposta: é com a condição de escapar, com efeito, às estruturas fenomenológicas do mundo que Cristo pode dizer de si tudo o que diz. Só sua condição de Arqui-Filho transcendental cogerado na autogeração da Vida absoluta é suscetível de legitimar asserções que não convêm com todo o rigor senão a Deus. E é exatamente isso o que temos sob os olhos, notadamente em João. A autodesignação de Cristo como o Filho de Deus não faz, com efeito, senão comentar sua condição de Arqui-Filho tal como uma fenomenologia radical da vida pode estabelecer, ao passo que, aplicada a um homem deste mundo e vindo dele, ela aparece simplesmente absurda e demencial, como de fato apareceu aos olhos dos religiosos de seu tempo e como apareceria ainda mais aos homens de hoje se porventura lhes ocorresse a ideia de lhe prestar atenção. A que ponto a autodesignação de Cristo como Arqui-Filho não é senão a transcrição imediata de sua condição é o que é possível estabelecer, ponto por ponto. Surge então uma série de tautologias fundamentais, as tautologias fundadoras da vida a que chamaremos também implicações decisivas do cristianismo e que se trata aqui de colocar na ordem que as torna compreensíveis. Ei-las:

"Nasci" (João 18, 37). Se, como estabeleceu a fenomenologia do nascimento, este só é possível na vida e em nenhum outro lugar, Cristo, nesta última declaração a Pilatos, já situou o gênero de verdade onde se cumpre seu Aparecimento original. Esta verdade é a da vida. Vir à vida, no entanto, como a fenomenologia do nascimento o mostrou igualmente, não significa inicialmente vir à vida na condição de vivente, mas vir à vida a partir dela e deste modo somente. Em outras palavras: vir à vida a partir deste autoengendramento da Vida absoluta que é o Pai. Nos dizeres de Cristo sobre si mesmo está a afirmação mais forte, mais categórica, a que será reiterada sem cessar, com afinco: "Saí de Deus e dele venho" (João 8,42).

Quando, nesta espécie de "história" que o Evangelho conta, intervém esta afirmação, o texto se tensiona subitamente, como na polêmica que opõe os fariseus ao cego de nascença curado por Jesus: "Nós somos discípulos de Moisés. Sabemos que Deus falou a Moisés; mas esse não sabemos de onde é". Respondeu-lhes o homem: "Isso é espantoso: vós não sabeis de onde ele é e, no entanto, abriu-me os olhos! [...] Se esse homem não viesse de Deus, nada poderia fazer" (João 9,29-30). Mas é no que é apresentado como a última ou uma das últimas orações de Cristo que a afirmação dele segundo a qual ele foi enviado pelo Pai retorna como um *leitmotiv* obsessivo: "... Para que o mundo creia que me enviaste [...] para que o mundo reconheça que me enviaste [...] e estes reconheceram que tu me enviaste [...] e reconheceram verdadeiramente que saí de junto de ti e creram que me enviaste" (João 17, respectivamente, 21, 23, 25, 8).

Mas como Cristo poderia fazer crer no que ele afirma a respeito de si mesmo, a saber, que ele saiu de Deus e como tal é de condição divina? Quem lhe dará esse testemunho? Aqui surge uma das questões centrais do texto joanino, a do testemunho, e é impressionante que ela intervenha em ligação direta com a afirmação de Cristo de sua condição de Filho de Deus que faz dele igual a Deus. Imediatamente depois do Prólogo que identifica Cristo com o Verbo e o Verbo com Deus, o Evangelho de João invoca o testemunho de

João Batista: "Vi o Espírito descer, como uma pomba vinda do céu, e permanecer sobre ele [...]. E eu vi e dou testemunho que ele é o Eleito de Deus" (João 1,32-34). Ainda seria preciso, por um lado, crer no que diz João Batista e, por outro, esquecer que Cristo declara não receber testemunho de sua proveniência divina de nenhum homem: "Eu, no entanto, não dependo do testemunho de homem" (João 5,34). Resta então que ele dê testemunho de si, e essa é precisamente a acusação feita contra ele pelos "judeus".

A resposta de Cristo é dupla. Embaraçada num primeiro momento, ela parece reconhecer o alcance da objeção. "Se eu der testemunho de mim mesmo, meu testemunho não será verdadeiro" (João 5,31). Quem então poderia fazê-lo? Outro, seu Pai, Deus! "O Pai que me enviou dá testemunho de mim" (João 5,37). Se porém é Deus quem dá testemunho de que Cristo é seu Filho, quem poderá reconhecer esse testemunho, ou antes, conhecê-lo? Para este fim não seria preciso conhecer a Deus mesmo, ouvir seu próprio testemunho – esse testemunho que diz: "Este é o meu Filho amado, em quem me comprazo" (2 Pedro 1,17)? Que eles não conheçam a Deus e não possam assim reconhecer o testemunho que Deus dá sobre seu Filho, é o que Cristo lança em rosto de seus contraditores: "Jamais ouvistes a sua voz, nem contemplastes a sua face, e sua palavra não permanece em vós" (João 5,37-38).

Se só aquele que ouviu a própria voz de Deus e o que ele disse, aquele que viu seu rosto, aquele que tem Deus permanentemente em si pode dar testemunho sobre o Filho de Deus e dizer: Aquele é o Filho – e então somente Cristo é capaz de fazê-lo, só ele pode dar testemunho do que ele é. "Se eu der testemunho de mim mesmo, meu testemunho não será verdadeiro; outro é que dá testemunho de mim, e *sei* que é verdadeiro o testemunho que presta de mim" (João 5,31; grifo nosso). Se é outro – Deus – quem dá testemunho de Cristo, é preciso então conhecer a Deus e desse modo saber que o testemunho tem valor, que ele tem valor para aquele que conhece a Deus e ouve seu testemunho. "Embora eu dê testemunho de mim mesmo, meu testemunho é válido, porque *sei de onde venho* e para onde vou. Vós, porém, não sabeis de onde venho nem para onde vou" (João 8,14; grifo nosso).

Se, pois, afinal de contas, somente Cristo pode testemunhar sobre si mesmo, não o pode fazer enquanto homem, *mas somente enquanto sabe de onde veio* – em seu Arquinascimento transcendental. É o Arqui-Filho transcendental que dá testemunho sobre si mesmo, sobre sua condição de Arqui-Filho, e ele só o pode fazer em função dessa condição que é a sua – que é de trazer Deus permanentemente em si. Assim, a estrutura do testemunho que Cristo dá sobre si mesmo é tripla: como testemunho que provém do Arqui-Filho, que é dado sobre o Arqui-Filho, e cuja possibilidade reside na condição de Arqui-Filho.

"Testemunho" no contexto joanino quer dizer a mesma coisa que "verdade". Dar testemunho da verdade que é a Verdade que dá testemunho de si mesma. E ela o faz enquanto é a Vida e enquanto a Vida é autorrevelação, o que se revela originariamente a si – em linguagem joanina diríamos: o que testemunha sobre si. Nas palavras de Cristo sobre si mesmo, não é, é verdade, da autorrevelação da Vida absoluta que se trata, ao que parece, mas do testemunho de Cristo sobre si mesmo – testemunho do Arqui-Filho, dizemos nós, sobre sua condição de Arqui-Filho, e tornada possível por esta. Esta condição: a de ser gerado na autogeração da Vida absoluta como o Primeiro Vivente na Ipseidade essencial da qual a vida se autoengendra eternamente – de modo tal, que esta geração do Primeiro Vivente não é diferente da autogeração da Vida eterna, de sua autorrevelação como revelação de Deus mesmo, como sua Verdade, como seu testemunho. "Nasci [...] para dar testemunho da verdade" (João 18-37).

Na medida em que a geração do Primeiro Vivente não difere da autogeração da própria Vida fenomenológica absoluta, assim como a autogeração da Vida não difere da geração do Primeiro Vivente, cumprindo-se sob a forma deste – na medida, por conseguinte, em que a revelação do Filho não difere da autorrevelação de Deus mesmo –, então a primeira relação constitutiva do conteúdo do cristianismo, a relação entre o Pai e o Filho, se encontra definida com um rigor absoluto como uma relação de interioridade recíproca, porque o Filho só se revela na autorrevelação do Pai, enquanto a autorrevelação do Pai só se cumpre na e como a revelação do Filho. A relação primordial Pai/Filho não é somente essa relação cuja essência é constituída pela Vida, não é somente essa relação cuja essência gera os termos; ela os gera ainda como interiores um ao outro, de modo que eles copertencem um ao outro numa copertença mais forte que toda e qualquer unidade concebível, na unidade inconcebível da Vida cujo autoengendramento constitui algo uno com o engendramento do Engendrado. O monoteísmo é uma religião ingênua, ou antes, é uma religião do entendimento, do pensamento abstrato que pensa a unidade abstrata. O Deus do monoteísmo é essa unidade abstrata, acompanhada se possível de uma consciência para pensá-la, de um profeta *ad hoc* suscetível de enunciá-la. Uma vez que Deus já não "é", já não é um objeto de razão, como, por exemplo, a unidade absoluta que o entendimento pensa, nada que se possa ver ou compreender, dado que a essência divina, dispensando toda mediação fenomenológica estranha à sua fenomenalidade própria, se impõe por si mesma como a efetuação fenomenológica da Vida absoluta e, assim, como sua autoefetuação no Si de sua Ipseidade essencial, então os conceitos abstratos dão lugar às determinações fenomenológicas fundamentais da vida e à rede das relações que as ligam.

Sendo fenomenológica por essência a interioridade recíproca do Pai e do Filho – a saber, a autogeração da Vida enquanto geração do Primeiro Vivente –, ela pode dizer-se em termos de "conhecimento", de tal modo que o conhecimento do segundo não é possível sem o do primeiro. "Não conheceis nem a mim nem a meu Pai; se me conhecêsseis, conheceríeis também meu Pai" (João 8,19). De maneira que é precisamente porque não conhecem o Pai que eles não conhecem o Filho. "... Vós não o conheceis, mas eu o conheço, e se eu dissesse 'Não o conheço', seria mentiroso, como vós. Mas eu o conheço..." (João 8,55). E ainda: "... O Pai me conhece, e eu conheço o Pai" (João 10,15). Tão forte é a interioridade fenomenológica recíproca entre o Pai e o Filho, na medida em que a revelação do Filho é a autorrevelação do Pai, que a primeira não é possível sem a segunda, assim como tampouco o é a segunda sem a primeira, de maneira que cada uma aparece alternadamente como a condição da outra. Se a revelação é dada mais frequentemente como o meio de ter acesso ao conhecimento de Deus, de maneira que reside nisso, no dizer do próprio Filho, sua missão: fazer conhecer a Deus, revelá-lo aos homens – "Ninguém vem ao Pai a não ser por mim" (João 14,6) –, não se podem esquecer muitas passagens estranhas de que resulta que só se pode ir ao Filho pelo Pai e na medida em que este o queira. "Ninguém pode vir a mim, se isso não lhe for concedido pelo Pai" (João 6,65). "Todo aquele que o Pai me der virá a mim" (João 6,37). E ainda: "Ninguém pode vir a mim se o Pai, que me enviou, não o atrair" (João 6,44).

Não são declarações ocasionais, nem sequer erros de copistas. É uma razão de ordem apodíctica que prescreve *a priori* que *o caminho que conduz a Cristo só pode ser a repetição de seu Arquinascimento transcendental no seio do Pai*, a saber, o processo de autogeração da Vida que o gerou em sua condição de Primeiro Vivente. Pois, se a vida não se tivesse lançado em si para se autoexperimentar em seu fruir de si, jamais a Ipseidade essencial que ela gera desse modo em sua autogeração, assim como tampouco o Si singular que lhe pertence por princípio, teria advindo à vida.

Mas enfim Cristo não veio realmente a este mundo para salvá-lo, fazendo-o conhecer a Deus? A esta pergunta só uma fenomenologia de Cristo pode responder.

Capítulo V

Fenomenologia de Cristo

A fenomenologia de Cristo concerne à questão do aparecimento de Cristo. Como este se revestiu de múltiplos aspectos, a própria questão recebe múltiplas formulações, não podendo limitar-se a um de seus aparecimentos, como, por exemplo, o primeiro; deve ter diante dos olhos todas as outras também. A fenomenologia de Cristo encontra então interrogações deste gênero: onde nasceu Cristo? Quem eram seus pais? Donde vinham? Cristo tinha irmãos? Etc. Acham-se nos Evangelhos diversas informações a este respeito e, para dizer a verdade, muito mais do que simples indicações. A genealogia de Jesus constitui o longo prólogo do Evangelho de Mateus: "Livro de origem de Jesus Cristo, filho de Davi, filho de Abraão: Abraão gerou Isaac, Isaac gerou Jacó, Jacó gerou Judá e seus irmãos [...] Eleazar gerou Matã, Matã gerou Jacó, Jacó gerou José, o esposo de Maria, da qual nasceu Jesus chamado Cristo" (1,1-16). Esta genealogia de Jesus é retomada por Lucas: "Ao iniciar o ministério, Jesus tinha mais ou menos trinta anos e era, conforme se supunha, filho de José, filho de Eli, filho de Matat [...], filho de Enós, filho de Set, filho de Adão, filho de Deus (3,23-38).

A esta genealogia de Jesus, que ocupa o lugar inicial no texto desses Evangelhos, estes fazem, todavia, uma retificação imediata. Não é José, tanto no dizer de Mateus como no de Lucas, que é o pai de Cristo. Estranha genealogia que não é exposta senão para ser refutada logo depois. E a condição da Virgem que tanto embaraçou os teólogos, a ponto de eles não terem visto outra solução senão a formulação de um artigo de fé – este artigo, portanto, não poderia de modo algum significar a manutenção oblíqua e a reafirmação da genealogia humana de Jesus, se é verdade que a Virgem só deve conceber o Menino pela intervenção do Espírito Santo, isto é, de Deus. Seja objeto de embaraço por parte dos crentes, ou de ironia por parte dos descrentes, a afirmação da virgindade de Maria mal esconde, atrás de seu conteúdo aparentemente absurdo, a tese essencial do cristianismo, a saber, que *nenhum homem é filho de um homem, nem, muito menos, de uma mulher, mas somente de Deus.*

O caráter singular desta genealogia humana de Cristo não transparece menos em sua retomada por Lucas, e isso em duas passagens, a primeira vez em forma de retificação anódina: "... Ele era, conforme se supunha, filho de José..."; a segunda vez na incrível enumeração que, depois de ter designado Cainã como filho de Enós, Enós como filho de Set, Set como filho de Adão, declara subitamente este último filho de Deus, como se se pudesse pôr na mesma linha essas duas filiações, como se fosse a mesma coisa efetivamente ser filho de um homem ou de um deus – como se, mais precisamente, este último só interviesse especulativamente de algum modo quando, não se apresentando nenhum outro homem para ser o pai do primeiro, esse papel não pudesse ser confiado senão a um suposto Deus.

Mas, se Adão não pode ser dito filho de Deus do mesmo modo como Set é dito seu próprio filho – o filho de Adão –, então é preciso perguntar com todo o rigor em que consiste a diferença entre estas duas condições: ser filho de um homem, assim como Set o é de Adão, ou filho de Deus, como é o caso de Adão. Formularemos a resposta nestes termos: a diferença essencial entre a condição que consiste em ser filho de um homem e a que consiste em ser filho de Deus reside na Verdade. Entendamos: no gênero de Verdade de que se trata a cada vez. *Na verdade do mundo todo homem é filho de um homem, e portanto também de uma mulher. Na Verdade da Vida todo homem é filho da Vida, isto é, de Deus mesmo.* Dessas duas verdades para abordar o nascimento, isto é, a possibilidade para um vivente de vir à vida, uma sem dúvida é demasiada. Pois Set não pode ser o filho de Adão se Adão só pode ser Filho de Deus. Inversamente, Adão não tem necessidade de ser o Filho de Deus se Set pode ser seu próprio filho. É preciso então escolher e dizer sem equívoco de quem o homem pode ser filho, de outro homem ou somente de Deus.

O relativo ao nascimento do homem e, assim, à sua condição de filho *na verdade do mundo,* cada um de nós hoje o sabe, ajudado nisso pelos progressos fulgurantes da biologia e pela difusão das teorias que se crê serem suas. Por isso não faremos senão breves alusões a tudo isso, pelo fato de a fenomenologia do nascimento já ter demonstrado o absurdo de toda interpretação mundana do nascimento, a interpretação deste como vinda ao mundo ou ainda como resultante de um processo pertencente a este mundo, um processo objetivo, por exemplo. Absurdo pelo fato de que, como vimos, *no mundo e na exterioridade de seu "lá fora" nenhum "viver" é possível – nenhum vivente tampouco, por conseguinte.*

Com respeito à condição de Filho e, assim, ao nascimento *na Verdade da Vida,* perguntaremos ao próprio Cristo. Por um lado, com efeito, segundo uma palavra essencial já citada, Cristo se dá como a "Verdade e a Vida". Ele próprio é esta Verdade original que é a Vida. Por outro lado, é à luz desta Verdade que ele analisa sua própria condição de Filho. Mas a condição de Filho pode ser examinada à luz de uma Verdade que não seja a da Vida? Pode-se falar de algum modo que não seja o do próprio Cristo, se não há Filho e nascimento senão na Vida, se vir à vida não é concebível senão a partir dela?

O discurso que Cristo faz sobre si mesmo, nós o consideramos desde o início destas análises como o conteúdo essencial do cristianismo. Parece que esse discurso não vale somente para Cristo, mas concerne também a todos os homens na medida em que são, eles também, Filhos. De fato, Filhos não há senão na Vida, engendrados por ela. Todos os Filhos são Filhos da Vida e, na medida em que há uma só Vida e em que esta Vida é Deus, são todos eles Filhos de Deus. Se Cristo não é somente o Arqui-Filho transcendental imerso em sua simbiose eterna com o Pai, se aos olhos dos homens ele se ergue como uma figura emblemática e radiosa que os faz estremecer no fundo de si mesmos, é porque esta figura é a de sua verdadeira condição, a saber, sua própria condição de Filho. Assim, o discurso que Cristo faz sobre si mesmo, e que consiste numa elucidação radical da condição de Filho, ultrapassa subitamente seu domínio inicial e próprio – a fruição autárquica da divindade, o sistema autossuficiente da Vida e do Primeiro Vivente – para repercutir na condição humana inteira e colocá-la sob uma luz que nenhum pensamento, nenhuma filosofia, nenhuma cultura nem nenhuma ciência ousara ainda projetar sobre ela.

Por essa razão o discurso de Cristo sobre si mesmo, quando diz respeito aos homens, pode perfeitamente suscitar sua emoção, mas permanece incompreensível para eles, porque os homens não compreendem sua própria condição senão à luz da verdade do mundo. Ser filho para eles quer dizer ser filho de seu pai e de sua mãe. Nascer quer dizer vir ao mundo, aparecer em tal lugar do espaço, em tal momento do tempo – sair do ventre de sua mãe nesse lugar e nesse momento, de modo que antes desse nascimento, a criança ou o feto já se encontrava no mundo e afinal em forma de germe no corpo de seu pai e no de sua mãe. Essa interpretação do nascimento e, assim, da condição de filho é a do homem moderno, que percebe e compreende tudo na verdade do mundo. A essa visão coisificante da origem da humanidade, a ideia de uma proveniência divina se justapõe de modo misterioso nos povos antigos. Longe de se reduzir a um simples preconceito, tal ideia exprime espontaneamente a vida verdadeira dos homens, sua vida transcendental e invisível tal como eles a vivem imediatamente. Apesar de a experimentarem ininterruptamente, eles não chegam, em razão de seu caráter invisível, a formar dela uma concepção correta, nem sequer uma imagem. A suas crenças metafísico-religiosas ligam-se, neles, representações grosseiramente realistas. É a esse equilíbrio que põe termo o advento do pensamento moderno. Afastando deliberadamente a vida transcendental do campo do saber humano, circunscrito doravante ao conhecimento objetivo do universo material, a redução galileana e a ciência dela decorrente trouxeram para o absoluto a interpretação mundana do nascimento e, assim, da condição de filho. Se o discurso que a modernidade faz sobre o homem desemboca sempre na conspurcação deste, em seu rebaixamento e finalmente na eliminação de sua individualidade em prol de processos anônimos inconscientes e, assim, em sua negação pura e simples, não o faz senão levando a interpretação mundana do nascimento do homem e de sua condição de filho a seu termo, em que nascimento, filho e homem já não são, afinal de contas, senão metáforas.

É essa interpretação mundana do nascimento que o discurso de Cristo sobre si mesmo faz explodir. Admirável é o fato de que é precisamente falando de si mesmo que o Primogênito, o Arqui-Filho transcendental, se revela capaz, colocando seu Arquinascimento na Vida no princípio de todo nascimento concebível, de conferir a este sua verdadeira significação. A partir de então todo nascimento se encontra compreendido como sendo ele mesmo transcendental, gerado na Vida absoluta e por ela. Ao mesmo tempo que o conceito de nascimento, é o de Filho que se encontra subvertido, arrancado de toda interpretação natural. Mas esta condição de Filho, de Filho pensado transcendentalmente, saído de um nascimento transcendental, é a do homem: é o próprio homem que é arrancado da natureza e entregue à Vida. Colocar os conceitos de nascimento e de Filho sob a salvaguarda do Arqui-Filho transcendental é, com efeito, referir-se necessariamente à Vida absoluta de que o Arqui-Filho é autocumprimento em forma de sua autorrevelação. É inevitavelmente apelar a uma Verdade diferente da verdade do mundo, a esta Verdade da Vida fora da qual não há efetivamente nascimento nem Filho, nenhum vivente de espécie alguma.

É com extrema violência, como o faz a cada vez, dizemos nós, que fala de si mesmo, que Cristo rejeita a ideia de uma genealogia humana, isto é, mundana, que lhe concerne. Essa genealogia pode ser dita mundana porque é no mundo que os homens interpretam sua própria genealogia. É no mundo que ela lhes aparece como "humana", propondo-se cada homem ao mesmo tempo como filho daquele que o precede e como pai daquele que se lhe segue. Assim, a compreensão de sua condição de filho se faz para cada homem a partir da de seu próprio pai, condição que será depois a sua. Mostremos imediatamente porque essa genealogia humano-mundana é absurda. Ser pai, com efeito, quer dizer – se ao menos queremos atribuir a esse termo seu sentido próprio – dar a vida. Mas cada um desses pais humanos, que se diz ou que se crê pai, é antes de tudo um vivente: ele está na vida, longe de poder dá-la a outro ou a si mesmo. Vivente, apareça como filho ou como pai, ele depende da vida. Dar a vida, só o pode fazer a própria vida, nenhum vivente tem condições de fazê-lo, ele, que, longe de dar a vida, a pressupõe constantemente em si. Se dizemos de Deus que ele é vivente, designando-o, por exemplo, como o "Deus vivente", é em sentido completamente diferente: no sentido em que, capaz de dar a Vida, ele só o é enquanto é primeiramente capaz de dá-la a si mesmo. No sentido em que, antes de ser vivente, ele próprio é a Vida, o eterno chegar a si em que ela se engendra eternamente a si mesma. É a este autoengendramento da Vida, a que ele chama Vida eterna, uma Vida que precede e que precederá eternamente a todo vivente, que Cristo dá o nome de Pai, e é por isso que ele diz, na linguagem fulgurante da verdade absoluta: "A ninguém na terra chameis 'Pai', pois só tendes o Pai do Céu" (Mateus 23,9; grifo nosso).

O acréscimo "do Céu" não é sem interesse. Sem dúvida esta expressão basta para desqualificar o cristianismo aos olhos dos homens de nosso tempo que são os crentes do mundo. Na verdade do mundo o céu só designa uma parte deste mundo, a que é explorada pelos cosmonautas. Fora desse "céu" que se tornou domínio da ciência, nada mais corresponde a esse termo. O "Céu" do cristianismo é somente o vazio, um lugar imaginário no máximo, o da satisfação fantasmática de desejos não realizados aqui embaixo. A conexão constante que, ao contrário, o discurso de Cristo estabelece entre o Pai e o Céu dá a este o valor de um conceito rigoroso. É o conceito da Vida que não aparece em nenhum mundo e *que não se revela senão em si mesma*. Em seu autoengendramento absoluto, ela é o Pai de que Cristo é o Filho. Porque, em seu discurso sobre si mesmo, Cristo se pensa como este Arqui-Filho coengendrado no autoengendramento da Vida absoluta, ele não pode senão rejeitar radicalmente a ideia de sua genealogia humano-mundana, e ele o faz de diversos modos, sempre de acordo, a cada vez, com a astúcia ou a estupidez de seus interlocutores.

Estes dão prova de lucidez quando, sabendo que o Messias só pode vir de Deus, proíbem Jesus, cuja origem modesta é conhecida, de reivindicar esse título. "Nós sabemos de onde esse é, ao passo que ninguém saberá de onde será o Cristo, quando ele vier" (João 7,27). É o mesmo argumento, em forma mais ingênua, que era formulado pelos "judeus". "Os judeus, então, murmuravam contra ele, porque dissera: 'Eu sou o pão descido do céu'. E diziam: 'Esse não é Jesus, o filho de José, cujo pai e mãe conhecemos? Como diz agora: 'Eu desci do céu'!" (João 6,41). A resposta de Cristo, como às vezes é o caso, começa por uma concessão: "Sim, vós me conheceis e sabeis de onde eu sou". É preciso repetir? Tudo o que eles sabem ou creem saber concerne à sua genealogia humana, a seu aparecimento na verdade do mundo. É porque essa concessão de Cristo é apenas um ludíbrio – a antítese, a aparência ou a ilusão sobre o fundo sombrio, da qual ele vai fazer rebentar sua verdadeira condição de Messias ou de Cristo. Esta condição: a do Arqui-Filho coengendrado no processo de vinda a si da Vida como a Ipseidade essencial em que esta Vida se autorrevela – coengendrada como o Verídico (o que há de mais verídico do que aquilo que se autorrevela absolutamente em si mesmo?), de modo que a Vida se conhece nessa Ipseidade essencial que a conhece, sendo somente o lugar desta autorrevelação da Vida, ao passo que esta permanece desconhecida do mundo, estranha à sua verdade. Imediatamente depois de ter declarado "Vós Me conheceis e sabeis de onde eu sou", o texto prossegue: "Não vim por própria vontade, mas é verdadeiro aquele que me enviou e que não conheceis. Eu porém o conheço, porque venho de junto dele, e foi ele quem me enviou" (João 7,29-30).

A genealogia humana de Cristo não é tão modesta ou tão insignificante que possa ser afastada com um revés. Não se encontra aí, ao lado do último nomeado, um humilde carpinteiro que justamente não é o pai de Jesus, ancestrais prestigiosos, profetas e mais que profetas, fundadores da religião em que Jesus foi educado: Davi, Abraão, para citar somente alguns? O que é estupefaciente então e não podia deixar de parecer tal aos religiosos de seu tempo é ver Cristo deliberadamente comparar-se a essas colunas, poder-se-ia dizer, do judaísmo. E isso para mostrar sem equívoco a infinita superioridade de sua própria essência sobre a deles: sua condição de Arqui-Filho precisamente no sentido em que dissemos, ou seja, sua igualdade com Deus.

Quanto a Davi, a extrema sofisticação da argumentação, e até do escárnio que ela contém com respeito a seus contraditores pasmados, não poderia mascarar o caráter decisivo. Pois, se Davi considerou o Messias enviado por Deus em sua igualdade com Deus e como o próprio Deus, designando-o como tal, como esse Messias poderia proceder de Davi segundo a linhagem de uma genealogia humana? "Que pensais a respeito do Cristo? Ele é filho de quem? De Davi? Como então Davi lhe chama Senhor? Se Davi o chama Senhor, como pode ser seu filho?" (Mateus 22,41; Marcos 12,35-37; Lucas 20,41).

O enfrentamento a propósito de Abraão, enfrentamento que vai acarretar a condenação à morte de Cristo, é ainda mais titânico. Dizendo-se filhos de Abraão porque, fiéis a este, não adoram nenhum ídolo mas somente a Deus, os judeus se consideram ao mesmo tempo Filhos de Deus: "Não nascemos da prostituição; temos só um pai: Deus" (João 8,41). Ser filho de Abraão quer dizer aqui comportar-se como fiel discípulo do pai da lei, recusar-se a adorar tudo o que não é deus e assim considerar este, o Deus de Abraão, como o único Deus. Mas essa atitude espiritual que é a deles permanece a seus olhos a dos seres humanos tomados na genealogia humana e mundana de que fala Mateus e que reconduz a Adão. É porque Cristo se dá como Filho de Deus em outro sentido completamente diferente, no sentido do Arqui-Filho consubstancial ao Pai, que o conflito explode. Por um lado, Cristo declara sua obra superior à de Abraão, o fundador da fé, e isso pelo fato de a obra de Cristo não ser separável de sua condição, que é a autorrevelação de Deus mesmo: "... vos falei a verdade que ouvi de Deus. Isso Abraão não o fez..." (João 8,37). Muito mais, esta Verdade de Deus, aprendida junto a ele, Cristo a revelou ao próprio Abraão, que se viu transformado por ela: "Abraão, vosso pai, exultou por ver o meu Dia. Ele o viu e se se encheu de alegria" (João 8,56). E é aqui que tudo se faz em pedaços e voam as pedras, quando se descobre a diferença radical entre a condição mundana de filho – filho de Abraão, certamente, filho de Deus, mas na verdade do mundo, como propriedade e qualidade de homens saídos de uma linhagem humana – e a condição do Arqui-Filho gerado na autorrevelação da Vida e como idêntico a esta. "... Então eles apanharam pedras..." (João 8,59).

O abismo que separa o Arqui-Filho na vida dos filhos segundo a verdade do mundo, tomado na genealogia humana – pensando-se esses filhos ou não como os de Abraão ou de Deus –, exprime-se na inversão desta genealogia e de sua orientação temporal. Senhor de Davi, Cristo se põe adiante deste, longe de vir depois dele como seu filho. Mais explicitamente ainda, em sua declaração estupefaciente que encerra a polêmica com os "judeus": "Antes que Abraão existisse, Eu sou" (João 8,58). Ora, essa afirmação que denega o senso comum não está isolada, não é uma simples asserção, mais ou menos paranoica, em que só se pode "crer" às cegas, ou não "crer" fiando-se na Razão. A razão, precisamente, é dada em forma de justificação absoluta, é *a condição não mundana de Cristo,* o fato de que, coengendrado no autoengendramento da Vida fenomenológica absoluta estranha ao mundo, o próprio Arqui-Filho é estranho a este mundo e à sua temporalidade própria. Não se trata, pois, em verdade, de uma simples inversão da genealogia humana e de sua ordem temporal, como se o que, colocado primeiramente "depois" – Cristo filho de Davi, filho de Abraão –, devesse, ao contrário, sê-lo "antes" – Cristo Senhor de Davi e Senhor de Abraão –, mas do salto de uma verdade a outra, da verdade cujo modo de aparecimento é o tempo, ou seja, o próprio mundo, à Verdade da Vida absoluta que ignora o tempo na medida em que ignora o mundo. A razão do "Antes" radical, do "Antes" não temporal de Cristo, é o próprio Cristo quem a dá na linguagem da apodicticidade fenomenológica: "... Porque me amaste *antes da fundação do mundo...*" (João 17,24); "... Glorifica-me Pai, com a glória que eu tinha junto de ti *antes que o mundo existisse*" (João 17,5; grifos nossos).

A rejeição de toda e qualquer genealogia humana no caso do Arqui-Filho e por este deve ser pensada até o fim. Ela implica efetivamente a pulverização de todas as representações que se possam fazer do laço entre um pai e seu filho, sejam elas ingênuas, pondo-se no plano da percepção imediata, ou científicas, resultando da redução galileana desta percepção. Porque em todos os casos se trata de uma representação mundana, a relação pai/filho é reversível no sentido de que cada filho, no mundo, pode repetir a condição que foi a de seu pai, tornar-se ele mesmo pai e engendrar por sua vez um filho. Aqui há tantos pais quantos filhos. Sua relação é reversível não superando a irreversibilidade temporal, mas fazendo que cada um por sua vez ocupe um desses dois lugares. Ora, esta relação não é somente reversível: ela é exterior, engendrando cada pretenso pai um filho situado fora dele e, assim, separado dele, diferente dele. Esta exterioridade é tão só um modo do aparecimento no mundo, ou talvez um modo de aparecimento do próprio mundo. Nascer, decididamente, quer dizer vir ao mundo, mostrar-se nele. E é o caso do filho, como foi o do pai. Esta concepção do nascimento, que a ciência não fará senão reproduzir na linguagem cifrada que é a sua, é efetivamente sua descrição fenomenológica na verdade do mundo.

Essa é a razão por que essa descrição só tem um defeito, mas maior: nada saber da Vida, que nunca se mostra no mundo, substituir em todos os lugares a Vida pelos viventes, mas isso da maneira mais ingênua. Por um lado, o vivente já não é considerado em si mesmo, na interioridade de seu viver transcendental. Ele não é mais que um organismo percebido do exterior na verdade do mundo, um feixe de processos objetivos. Por outro lado, esse organismo abandonado ao mundo é, todavia, apreendido com a significação de ser um "vivente", significação cuja origem, que não é outra senão a vida transcendental mesma, permanece misteriosa por tanto tempo quanto não é relacionada a esta vida. Encontra-se assim oculto, por sua vez, o próprio fenômeno do nascimento, uma vez reduzido à sucessão objetiva dos viventes – duplicado cientificamente por uma sucessão objetiva de processos químicos. Pois *o nascimento não consiste nessa sucessão de viventes em que cada um pressup*õe *a vida em si: consiste na vinda de cada vivente à vida a partir da própria Vida.* Por isso ela não pode ser compreendida senão a partir desta e de sua própria essência – a partir da autogeração da Vida como sua autorrevelação na Ipseidade essencial do Primeiro Vivente.

É este nascimento verdadeiro e o único possível como a Arquigeração transcendental do Arqui-Filho o que o Prólogo fulgurante de João expõe. João não sabe nada de uma geração humana, ou antes, ele sabe que tal geração não é uma geração. É por isso que ele só se dirige "àqueles que não foram gerados nem do sangue, nem da vontade da carne, nem de uma vontade de um homem" (Prólogo, 12). E isso não antes de tudo porque sangue, desejo carnal ou desejo humano sejam maus, mas pela razão muito mais radical de que nem esse sangue nem nenhum desses desejos é capaz de engendrar a vida, mas, ao contrário, a pressupõe. Engendrar a si mesma não é um fato senão da Vida na medida em que ela se engendra a si mesma – o fato de Deus. "Aqueles que não nasceram nem [...] mas de Deus." A esses João se dirige para lhes falar não deles mesmos, mas d'Aquele que se engendra originariamente na Vida na medida em que ela se engendra a si mesma, a saber, o Arqui-Filho, a que ele chama Verbo – Logos. Verbo, Logos quer dizer "Revelação". A revelação em questão é a da Vida. Esta revelação pertence à Vida como sua própria essência porque só há vida como revelação de si, como sua autorrevelação. O Verbo designa a autogeração da Vida na medida em que ela se cumpre em forma de autorrevelação, na medida em que essa autorrevelação se cumpre em forma de Ipseidade essencial e, assim, do Primeiro Vivente. Porque não há Vida que não se cumpra deste modo na Ipseidade essencial do Primeiro Vivente, este é tão antigo quanto ela. "No princípio era o Verbo." Porque a Verdade da Vida (esta verdade que é a Vida) é radicalmente estranha ao mundo, então o que ela engendra no estreitamento inicial de sua Ipseidade essencial – o Primeiro Vivente – não se vai para fora dela, mas permanece nela, neste estreitamento da vida. "E o Verbo estava com Deus." Porque este estreitamento da Vida em que o Verbo permanece é a própria vida em sua autorrevelação, então este Verbo não é diferente, com efeito, da essência desta vida. "E o Verbo era Deus." O segundo versículo já é o resumo das implicações essenciais que acabamos de lembrar com João e que constituem o cerne do cristianismo, o que nós denominamos tautologias essenciais da Vida. "Ele estava no princípio junto de Deus." O que significa este "junto de" está já arrancado à longa sequência de contrassensos a que o vai fazer sofrer o pensamento ocidental até o *bei sich* hegeliano. E isso no texto demasiado denso do versículo 4 em que é afirmada a interioridade fenomenológica recíproca do Pai e do Filho – se é verdade que a vida só se lança em si na Ipseidade do Primeiro Vivente de modo que a primeira porta em si a segunda, e a segunda, a primeira: "Nele era a Vida."

Quanto a Arquigeração transcendental do Verbo exposta no Prólogo fulgurante de João se opõe a toda genealogia humana e notadamente à pretensa genealogia humana de Cristo para fazê-la explodir, é o que alguns traços retidos entre muitos outros bastarão aqui para estabelecer. O primeiro traço da relação que se estabelece entre o pai humano e seu filho é, pois, que o segundo é exterior ao primeiro, de modo que ele pode ir-se, deixar a casa, não sendo a exterioridade desta relação senão, como o vimos, a do mundo e, assim, o próprio aparecimento do filho enquanto filho humano-mundano – enquanto filho deste mundo. Na medida em que a exterioridade do mundo é também o tempo, seu *ek-stase*, então dizer que o filho é exterior ao pai é dizer que aquele vem depois deste. Nenhum filho humano, por conseguinte, vem no começo nem ali se mantém. Nenhum pai humano tampouco, aliás – e é esta a razão pela qual ele é somente um pseudopai. Começando seu Evangelho por "no princípio" e colocando paradoxalmente neste princípio um Filho, João faz explodir o próprio conceito de nascimento, o qual supõe sempre um "antes". Ele faz explodir ao mesmo tempo o conceito de filho, o qual, no dizer do mundo, supõe sempre um pai, vindo justamente antes dele.

E está aqui o segundo traço em que se lê a oposição radical da Arquigeração do Verbo a toda geração humana. Apesar desta Arquigeração que o coloca no princípio, o Verbo não pressupõe antes de si o Pai? O Primeiro Vivente não implica, como todo vivente, que a vida tenha cumprido sua obra nele – esta Vida sem a qual nenhum vivente viveria? O próprio Cristo não diz: "O Pai é maior do que eu" (João 14,28)? Só a vida não tem necessidade de ter cumprido sua obra em Cristo, como em todo e qualquer outro vivente, para que o Primeiro Vivente seja vivente, *se a geração do Filho copertence à autogeração da Vida como aquilo sem o qual esta autogeração* não se cumpriria. E isso *na medida em que ela só se cumpre estreitando-se a si mesma na Ipseidade essencial cuja efetividade fenomenológica não é senão o Verbo*. O Verbo não é o primeiro vivente engendrado pela vida no curso de um processo que teria começado sem ele: ele é, no autoengendramento da vida, aquilo pelo qual este como que autoengendramento absoluto se torna efetivo. Assim, o Verbo, o Primeiro Vivente, não é contingente com respeito à Vida como é o caso de todos os outros viventes, de modo que ela pudesse cumprir-se sem ele como pode cumprir-se sem eles – sem nós, os homens. Mas, ao contrário, sendo o primeiro entre todos os viventes que a vida engendra interior e consubstancial ao autoengendramento desta vida, e isso como sua autorrevelação, esta vida não pode cumprir-se sem ele, assim como ele não pode cumprir-se sem ela. Assim, eles são – segundo o que será o tema maior dos textos joaninos – um no outro, o Pai no Filho e o Filho no Pai. Isso apesar de que em toda geração humana essa interioridade recíproca não existe nunca, e apesar de eles serem um fora do outro, separados um do outro – na medida em que, é verdade, nenhum deles é pai, pai desse filho, e em que nenhum deles é filho, filho desse pai, senão na aparência ilusória do mundo.

É essa ilusão o que destrói a Cristo em termos de uma brutalidade inaudita, não por motivos de ordem ética ou existencial, como parece ser o caso de início numa reflexão superficial, mas em razão da própria natureza do fenômeno do nascimento. E isso porque, nunca sendo este inteligível segundo as leis do mundo e não podendo, ademais, fundá-los ou justificá-los, ele remete inexoravelmente ao conceito radical de um Arquinascimento transcendental na Vida e, assim, à condição do próprio Cristo.

São textos terríveis e magníficos em que a rejeição de toda genealogia humana, bem como do conjunto das relações fundadas sobre ela, não se pode compreender sem uma volta a seu princípio posto a nu. "Quem é minha mãe e quem são meus irmãos?" E, apontando para os discípulos com a mão, disse: "Aqui estão minha mãe e meus irmãos, porque aquele que fizer a vontade de meu Pai que está nos Céus, esse é meu irmão, irmã e mãe" (Mateus 12,48-50). A subversão da ordem humana fundada sobre a genealogia humana é total, remetendo não menos evidentemente a outra ordem, aquela da genealogia verdadeira: "Não penseis que vim trazer a paz à terra. Não vim trazer paz, mas espada. Com efeito, vim contrapor o homem ao seu pai, a filha à sua mãe e a nora à sua sogra. Em suma: os inimigos do homem serão seus próprios familiares. Aquele que ama o pai ou a mãe mais do que a mim não é digno de mim. E aquele que ama filho ou filha mais do que a mim não é digno de mim" (Mateus 10,34-37). Sob o caráter aparentemente ético dessas prescrições, afirma-se uma fenomenologia: é porque o pai humano, com a constelação das relações construídas em torno dele, é um pai aparente que essa própria rede de relações é aparente e naufraga. Mas o pai humano só é um pai aparente porque é um pai mundano: é porque a vida não se mostra no mundo que nenhuma geração aí se produz e que no mundo nenhum pai é um pai, e tampouco nenhum filho.

A fenomenologia de Cristo que se trata de elucidar aqui e da qual achamos em João uma exposição inigualável, essa fenomenologia se elabora como se segue. Não se dando nenhum Pai verdadeiro (a Vida) a ver no mundo, a vinda de Cristo a este mundo – segundo a tese que se diz ser a do cristianismo – tem por fim tornar o Pai verdadeiro manifesto aos homens, e assim salvá-los – a eles, que esqueceram este Pai verdadeiro e a verdadeira Vida, vivendo somente em função do mundo e das coisas deste mundo, interessando-se apenas por elas e esperando apenas delas sua salvação. A significação religiosa do cristianismo, a de propor aos homens uma salvação, é pois tomada numa fenomenologia porque se trata de tornar o Pai manifesto no mundo, e assim aos homens – mundo que é em si mesmo uma forma de manifestação. É nesta demanda fenomenológica precisa que João expõe o conteúdo dogmático do cristianismo, donde a significação radical de seu Evangelho, e isso tanto para a filosofia quanto para a religião.

A vinda de Cristo ao mundo para salvar os homens, revelando-lhes seu Pai, que é também o deles, tal é a tese do cristianismo formulada fenomenologicamente por João, em duas passagens de seu Evangelho, e em ao menos uma de suas epístolas. Relembremo-las brevemente:

1º "E o Verbo se fez carne e habitou entre nós; e nós vimos a sua glória" (Prólogo, 14).

2º "Ninguém jamais viu a Deus: o Filho unigênito, que está no seio do Pai, este o deu a conhecer" (Prólogo, 18).

3º "O que era desde o princípio, o que ouvimos, o que vimos com nossos olhos, o que contemplamos, o que nossas mãos apalparam..." (1 João 1).

A Revelação de Deus, condição da salvação dos homens, seria Cristo encarnado, feito carne. E seria, portanto, a vinda de Cristo a este mundo a Revelação de Deus e a salvação dos homens. Somente Cristo encarnado, feito homem, é semelhante a todo homem. Como diante deste homem chamado Jesus se poderia saber perfeitamente que não é precisamente um homem, mas o Cristo, o Arqui-Filho consubstancial ao Pai, estando com ele no princípio e sendo Deus mesmo? Ou para dizê-lo em termos fenomenológicos rigorosos: como a Vida que não mantém seu viver senão em seu próprio estreitamento interior, a Vida cujo viver é sua autorrevelação – esta revelação de si que ela não deve senão a si mesma –, a Vida que vivia antes da criação do mundo e, assim, antes de todo e qualquer visível concebível, como esta Vida que nunca ninguém viu poderia pedir ao visível e esperar dele sua revelação, esta revelação que só é possível nela e por ela?

Desse modo, a tese segundo a qual o Verbo feito carne, o Cristo enquanto homem e, assim, enquanto homem deste mundo, visível nele, seria como tal a condição da Revelação de Deus e esta mesma Revelação, essa tese se encontra todas as vezes desmentida pelo contexto das proposições onde se crê encontrá-la. Veja-se o primeiro contexto: "O Verbo se fez carne, e habitou entre nós;

e nós vimos a sua glória, glória que ele tem junto ao Pai como Filho único, cheio de graça e de verdade". "Glória" no texto joanino quer dizer o mesmo que Verdade, que Revelação. A Revelação que permite contemplar a Cristo, na qual ele se revela e pode assim ser reconhecido como tal, é sua glória de Filho único que ele tem de seu Pai, sua glória de Arqui-Filho – a saber, sua revelação própria enquanto autorrevelação de Deus. Porque "glória" não designa nada além desta revelação própria do Arqui-Filho como auto e arquirrevelação de Deus mesmo, isto é, como a essência original da vida, a problemática da glória se junta à do testemunho. Esse testemunho que, como se mostrou, Cristo não espera de nenhum homem, mas somente de seu Pai, e isso porque, como o veremos, sua glória é a glória do próprio Pai – porque enquanto Arqui-Filho, sua revelação é a autorrevelação de Deus e só é possível como tal.

Quanto ao segundo texto, seu próprio conteúdo basta para afastar a interpretação segundo a qual o aparecimento de um homem no mundo, no caso Jesus, seria suscetível de fazer conhecer a Deus. Aquele que faz conhecer a Deus, "um Deus Filho único", é bem precisamente o Arqui-Filho em sua condição transcendental de Arqui-Filho, condição que consiste em viver no seio de Deus. Mas o seio de Deus é a vida invisível antes de todo o mundo visível concebível: aquele, ele mesmo invisível, que se tem no seio invisível de Deus, só pode fazer conhecer a Deus no invisível, ali onde Deus se autorrevela no Arqui-Filho e como este. É aqui efetivamente que o Filho único dá a conhecer o Pai. E, se nos voltamos agora para o contexto, é isso o que ele repete. Pois na Vida estão a graça e a plenitude, na medida em que a Vida se estreita a si mesma, e a Verdade, na medida em que este estreitamento da vida é sua autorrevelação. Ora, é no Arqui-Filho e somente por ele que esta graça e esta Verdade da Vida se cumprem, longe de poder fazê-lo na verdade do mundo e por ela: "a graça e a verdade vieram por Jesus Cristo" (Prólogo, 1,17).

A continuação imediata do segundo texto é a profecia de João Batista onde se vê rompida ao menos duas vezes a genealogia humana.

Uma primeira vez quando João Batista inverte a ordem temporal desta genealogia, inversão cuja significação já mostramos. "O que vem depois de mim passou adiante de mim, porque existia antes de mim" (Prólogo, 15). Uma segunda vez, quando, para formular seu testemunho decisivo segundo o qual Jesus é o Cristo, João Batista, longe de se contentar com o que viu – "Vi o Espírito descer como uma pomba vinda do céu, permanecer sobre ele" (ibidem, 33) –, refere-se *ao que Deus lhe tinha dito*, a saber, que aquele sobre o qual ele veria pousar a pomba, esse seria o Cristo. Aqui ainda, e de modo exemplar, parece que não é a manifestação visível, a descida da pomba sobre o homem sobre o qual ela pousa, que pode dar testemunho, constituir a revelação em que se revela o Arqui-Filho, o Verbo enquanto tal: esta revelação não pertence à Vida – é sua autorrevelação, no caso o Dizer de Deus.

No terceiro texto, a passagem da manifestação mundana – "O que ouvimos [...] nossas mãos apalparam..." – ao que é dito que se manifestou desta maneira, no mundo, é mais fulgurante e mais desconcertante ainda: não é uma passagem ao que é dito que se manifestou deste modo, no mundo – é, em vez de passagem, um corte radical, a brusca substituição do que se manifestaria no visível de um mundo e que seria o Verbo por outro modo de revelação, que é precisamente o do Verbo e em que, com efeito, o Verbo se revela: o Verbo de Vida. Lembremos o texto: "O que era desde o princípio [...] o que vimos com nossos olhos [...] o que nossas mãos apalparam *do Verbo da Vida* – porque a Vida manifestou-se..." E não é senão porque esta Vida que, segundo o contexto, é "a Vida eterna" – "que estava voltada para o Pai e que se manifestou a nós" – se manifestou em si mesma e por si que é possível saber que Aquele que traz em si a Vida do Pai é o Verbo. É na autorrevelação desta Vida e somente por ela que chegamos a ela e assim a ele, na medida em que ele a traz em si, e na medida em que ele é o Verbo, de modo algum por sua aparência de homem visível num mundo. E é isso o que a problemática joanina e o cristianismo inteiro vão estabelecer.

Que não se possa realmente descobrir na aparência visível de um homem que ele é o Verbo de Vida, é isso o que a profecia de João Batista bastaria para demonstrar. Aos enviados dos fariseus que lhe perguntam se ele é o Messias, João Batista declara: "No meio de vós está alguém que não conheceis" (João 1,26). É preciso reconhecer, no entanto, que João Batista se encontrava na mesma situação que eles – "eu não o conhecia" (ibidem, 31) – *até que Aquele que o tinha enviado para batizar lho dissesse.* Somente a revelação de Deus pode revelar o Verbo, que não é, aliás, nada além da autorrevelação de Deus.

Ora, a situação em que se comprova que a simples aparência visível de um homem, fosse embora o Cristo, é precisamente incapaz de revelar que ele é o Cristo, essa situação se reproduz constantemente nos Evangelhos. É o caso com o cego de nascença curado por Jesus e expulso pelos fariseus. "Jesus [...] encontrando-o, disse-lhe: 'Crês no Filho do homem?' Respondeu ele: 'Quem é, Senhor, para que eu nele creia? Jesus lhe disse: 'Tu o vês, é quem fala contigo'. Exclamou ele: 'Creio, Senhor!' E prostrou-se diante dele" (João 9,35-38). Aqui é admirável o fato de, apesar de estar vendo a Cristo, o cego curado ainda deve crer nele, crer que ele é o Cristo como se, com efeito, vê-lo ainda fosse incapaz de dar acesso a ele.

E a mesma aventura se repete no extraordinário colóquio com Felipe, após a declaração essencial pela qual Jesus se designou em sua interioridade fenomenológica recíproca com Deus, dando seu próprio aparecimento como o de Deus mesmo: "Ninguém vai ao Pai a não ser por mim. Se me conheceis, também conhecereis meu Pai. Desde agora, o conheceis e o vistes". Têm-se, portanto, a exigência de Felipe, a exigência do mundo que apela para o ver – "Mostra-nos o Pai" –, e a resposta de Cristo que reafirma sua identidade com o Pai e, assim, sua condição de Cristo, na medida em que o aparecimento no mundo se encontra substituído pela revelação da Vida, ou seja, a Revelação do Arqui-Filho como autorrevelação desta Vida e, assim, como a de Deus mesmo: "Há tanto tempo estou convosco e tu não me conheces, Felipe? Quem me vê, vê o Pai. Como podes dizer: Mostra-nos o Pai? *Não crês que estou no Pai e o Pai está em mim?"* (João 14,7-10; grifo nosso).

Que ver o Pai se transforma na interioridade fenomenológica recíproca entre o Pai e o Filho, e que a esta interioridade cujo caráter radical mostramos se liga o conceito de crença – aí está o que dá a esta uma significação imprevista, a que ela vai receber em todo o cristianismo. Crer não designa um saber menor, homogêneo ao do mundo, mas ainda não cumprido ou imperfeito, de modo que isso em que se crê tivesse de dar prova de sua realidade ou de sua verdade, e isso se mostrando verdadeiramente. Crer não é o substituto de um ver ainda ausente. Crer não designa uma espera, a espera do que, não sendo visto ainda, o será um dia, num ver precisamente, na verdade do mundo. Crer, *quando o que é visto já está ali, já visto apesar de permanecer incapaz de tornar visível aquilo de que se trata,* isto é, o Verbo em sua condição de Verbo, precisamente porque aquele é em si invisível e nenhum ver jamais o alcançará – crer não pode senão designar a substituição de um modo de manifestação radicalmente inadequado por uma revelação mais essencial e de outra ordem, a saber, a do próprio Verbo, da própria Vida, na medida em que ela se autorrevela neste Verbo e em forma dele. Se é assim, é somente neste Verbo e por ele que se chega a ele. Mais precisamente: na própria vida e no processo de sua autorrevelação, na medida em que este processo se cumpre como o próprio Verbo – não sendo o Verbo nada além do cumprimento efetivo deste processo. Aí está porque, segundo uma lógica oculta mas inflexível, a continuação do texto chama não ao Verbo, mas a Deus, cujo Verbo é o Verbo, a revelação. São, com efeito, palavras de Deus mesmo, daquele que está no Cristo, o qual, enquanto autorrevelação de Deus mesmo, está nele, as que Cristo pronuncia: "As palavras que vos digo, não as digo por mim mesmo, mas o Pai, que permanece em mim, realiza suas obras. Crede-me: eu estou no Pai e o Pai em mim" (João 14,10-11).

A desqualificação do poder de mostração próprio do mundo, a substituição desse poder por um modo de revelação radicalmente heterogêneo ao ver e que não lhe deve nada, o único capaz, todavia, de revelar a essência divina a se autorrevelar no Verbo e como este próprio Verbo, esta mutação decisiva da fenomenologia, de uma fenomenologia cuja fenomenalidade é a Vida e já não o mundo – tudo isso está contido na palavra que dá acesso ao conteúdo do cristianismo, a Deus – ao preço, é verdade, de uma inversão completa dos pressupostos que guiam a tradição do pensamento ocidental desde a sua origem grega: "Ainda um pouco e o mundo não mais me verá, mas *vós me vereis porque eu vivo* e vós vivereis" (João 14,18; grifo nosso).

Substituir uma fenomenologia por outra, a do mundo pela da Vida, pela do Logos, não é ignorar o poder de manifestação que pertence àquele, mas é circunscrever de modo rigoroso seu domínio e, assim, sua competência. Tanto para o pensamento tradicional como para a filosofia clássica, tanto para o senso comum como para a ciência, a pertinência dos conceitos que têm que ver com o conhecimento se funda de modo exclusivo sobre a fenomenalidade do mundo e sobre o ver que ela libera. Situando, ao contrário, a Verdade original numa forma original de revelação que não pertence senão à vida e que consiste em sua autorrevelação – tirando a vida sua essência desta capacidade de se autorrevelar e sendo a única a poder fazê-lo –, o cristianismo realiza a inversão dos conceitos fenomenológicos que se encontram no fundamento de todo pensamento, mas antes de tudo da experiência sobre a qual este pensamento se modela.

O conceito tradicional, para dizer a verdade, é o de luz. Ora, a verdade só é compreendida como luz porque já está entendido que a verdade de que se trata é a do mundo. O que é verdadeiro em sentido imediato é o que se vê, ou o que se pode ver. Mas o que se vê não se vê senão na luz do mundo, na medida em que só se vê o que está diante do olhar, "lá fora", e na medida em que o mundo é este "lá fora" como tal. É esta equivalência entre luz, mundo e verdade, equivalência que é evidente e que é retomada sem outra forma de processo pela quase totalidade das concepções do conhecimento, do saber, da ciência e precisamente da verdade, quando acontece que esta seja considerada por si mesma, como é o caso da filosofia, que se encontra rompida no Prólogo de João.

De todo admirável é aqui o fato de que é precisamente no momento em que se trata da vinda de Cristo ao mundo, vinda ao mundo que significa, segundo o pensamento grego, uma vinda à luz, que o conceito mundano desta se encontre anulado – invertendo-se esta luz do mundo e abolindo-se em seu contrário: as trevas. À luz do mundo que designa agora as trevas se opõe então a "luz verdadeira", que não é outra senão Cristo em sua própria revelação. Uma série de implicações decisivas que é impossível ignorar ou ocultar propõe-se então. Na vinda ao mundo, por todo o tempo em que ela é uma vinda à luz, o que vem ao mundo, isto é, à luz, mostra-se nesta tal qual é e, deste modo, iluminado por ela. Iluminando-se nela, encontrando nela sua própria estância, ele é recebido por ela, recebido pelo mundo. Impossível, por outro lado, opor a esta vinda ao mundo a própria luz, a qual é constituída por esta vinda ao mundo e se identifica com ela. De modo enfim que, no respeitante à luz, não há senão uma, a do mundo, razão por que, precisamente, verdade e mundo constituem algo uno.

O fundamento dessa série de implicações – a equivalência luz/verdade/mundo – vacila quando, no versículo 9 do Prólogo, João declara: "A luz verdadeira [...] vinha ao mundo". Que esta luz venha ao mundo pressupõe que ela não lhe pertence. Se assim não fosse, como, sendo aquela deste mundo, iluminando-se no *ek-stase* de seu "lá fora" e produzindo-se ao mesmo tempo que este – como, idêntica a ele e tão antiga quanto ele, poderia ela vir a ele? Só vem ao mundo uma luz diferente dessa luz do mundo, e João rompe toda equivalência possível entre luz e mundo num só movimento pelo qual opõe à luz do mundo uma verdadeira luz que, ao mesmo tempo, lança nas trevas e reduz a estas a luz deste mundo.

É nessa inversão dos conceitos fundamentais da fenomenalidade e por causa dela que explode o drama cuja história é todo o cristianismo. Porque a verdadeira luz é estranha à do mundo, ela pode precisamente não ser reconhecida neste – mais radicalmente: *ela não pode sê-lo*. E é então que esta luz incapaz de se mostrar na do mundo desqualifica a este e à luz que lhe é própria, fazendo dela seu contrário, as trevas. A luz do mundo em si mesma não são trevas: ela torna manifesta à sua maneira, exibindo em si, pedras, água, árvores e até homens, na medida em que também eles aparecem iluminados por ela, como entes, neste mundo. Mas, porque a luz do mundo é incapaz de iluminar com sua luz, de exibir em si e, assim, receber a verdadeira Luz, cuja essência é a Vida em sua autorrevelação, seu poder de tornar manifesto se transforma em impotência radical de fazê-lo no que concerne ao Essencial: esta autorrevelação da Vida que é o Verbo, o Verbo de Vida. É desta transformação súbita da luz do mundo em Trevas quando surge a Vida a se autorrevelar no Verbo que falam com uma densidade inaudita os versículos 4 e 5 do Prólogo: "Nele era a Vida, e a Vida era a luz [...] e a luz brilha nas trevas, as trevas não a apreenderam". Este deslocamento súbito do poder de iluminação da luz do mundo, que se transforma em trevas quando aparece a verdadeira luz, cuja essência consiste na revelação de Cristo como autorrevelação da Vida absoluta, é o próprio Cristo quem o enuncia: "Eu, a Luz, vim ao mundo, para que aquele que crê em mim não permaneça nas trevas" (João 12,46).

A irredutibilidade fenomenológica radical entre dois modos de revelação, a que consiste na Vida, ou seja, sua autorrevelação no Verbo de Vida – no *Logos joanino* –, e por outro lado a que encontra sua essência na luz do mundo, no *ek-stase* do "lá fora" – no *Logos grego* –, tal é, com efeito, a origem da problemática de João e do drama cristão em geral. A este homem chamado Jesus que apareceu no mundo, ninguém pode, com efeito, conhecê-lo e reconhecê-lo na luz deste mundo pelo que ele é – o Verbo da Vida: "Vós me vedes, mas não credes" (João 6,36). Para dizer a verdade, para que Cristo apareça na luz do mundo como este homem Jesus e simplesmente na forma deste homem que os outros homens reconhecem como um homem e nada mais, é *preciso que ele seja despojado de sua condição divina,* a saber, de sua revelação própria – a que ele tem da Vida enquanto autorrevelação desta –, para não ser, com efeito, nada além da aparência objetiva e mundana de um homem. É o que Paulo declara com um rigor estupefaciente em sua Epístola aos Filipenses: "Ele, estando na forma de Deus não usou de seu direito de ser tratado como um deus mas se despojou tomando a forma de escravo. Tornando-se semelhante aos homens e *reconhecido em seu aspecto como um homem...*" (2,5; grifo nosso).

Mas, se Cristo se despojou de sua condição divina para tomar o aspecto de um homem e se mostrar sob esse aspecto na verdade do mundo, então onde e como ele se revela em sua condição verdadeira enquanto o Verbo mesmo de Deus, enquanto sua revelação? Onde e como é possível conhecê-lo e reconhecê-lo na condição que é verdadeiramente a sua, em sua condição de Cristo, de Verbo que revela o Pai?

A fenomenologia de Cristo que acabamos de esboçar fornece elementos de uma resposta: na verdade do mundo, Cristo não é senão um homem entre outros e nada pode distingui-lo deles. Na verdade do mundo, a pretensão de Cristo de ser algo diferente de um homem é incompreensível e absurda, é uma blasfêmia que será tratada como tal. Na verdade do mundo, a condição de Cristo, se ele é Cristo, decorre de um anonimato que nada nunca permitirá suspender. E isso porque *só há acesso a Cristo na vida e na verdade que lhe é própria.* Ainda é preciso lembrar que Cristo não está na vida do mesmo modo como as coisas estão no mundo. Não só Cristo não está separado da vida em que ele permanece enquanto ela permanece nele, mas desta copertença original da Vida e do Primeiro Vivente há uma razão essencial que foi dada, a saber: a geração do Filho copertence à autogeração da Vida como aquilo em que esta autogeração se cumpre: como Ipseidade essencial em que somente, estreitando-se a si mesma, a Vida se torna a Vida. Assim, não há outro modo de ir ao Filho senão no movimento deste autoestreitamento da Vida, assim como não há outro modo para a vida de se estreitar senão nesta Ipseidade essencial do Primeiro Vivente – nenhum outro modo de se revelar a si senão no Verbo.

Os textos joaninos, no que têm de decisivo, enunciam esse movimento sem fim em que o Pai e o Filho se estreitam um ao outro, a geração eterna do Verbo na autogeração eterna do Pai. Mas este movimento, eles o enunciam do ponto de vista do Verbo, naquilo a que chamamos discurso de Cristo sobre si mesmo. Aí está porque a análise por Cristo de sua própria condição de Verbo deriva sempre de seu Eu engendrado como Ipseidade essencial na qual a vida se autoexperimenta e se autorrevela para o movimento desta vida que se autoexperimenta e se autorrevela nele. De modo que ele se experimenta a si mesmo como atravessado por esta Vida, como o lugar onde ela se autoexperimenta nele, que é a autoexperiência desta Vida divina. Assim, ele não é em nada diferente do cumprimento desta vida; o que se revela nele é a autorrevelação desta Vida, sua própria Revelação, sua "glória" – é a revelação da vida, é a glória do Pai. O que se faz nele, o que ele faz é o que faz esta vida, e assim ele não faz nada de si mesmo, mas tudo lhe é transmitido. O que se diz nele, o que ele diz, é o que esta vida diz. O que se quer nele, o que ele quer, é o que esta vida quer, e ele não quer senão o que ela quer.

Nesta pertença radical do Filho à Vida, pertença referente a isso que não é senão o autocumprimento desta vida, reside, é verdade, o princípio de uma mudança singular. Submetido em tudo a esta vida, identificando-se com o movimento de seu autocumprimento e, muito mais, cocumprindo em sua Ipseidade essencial este autocumprimento da vida, o Filho lhe é interior como aquilo sem o qual este movimento da Vida não se cumpriria – interior ao Pai, cossubstancial e igual a ele. Essa mudança transparece num dos textos mais radicais em que Cristo reafirma sua condição contra seus acusadores, que lhe censuram, no caso, por curar no dia de sábado e muito mais, chamando Deus de seu Pai, de se fazer seu igual. A extrema modéstia da resposta, essa humildade ontológica que diz que o Filho não é nada fora do Pai, não podendo assim fazer nada sem ele – "O Filho, por si mesmo, nada pode fazer mas só aquilo que vê o Pai fazer" –, inverte-se brutalmente na tese extrema segundo a qual tudo o que o Pai faz, o Filho também o faz: "Tudo o que este (o Pai) faz, o Filho o faz igualmente" (João 5,19). Donde resultam estas afirmações abissais: "Tudo o que o Pai tem é meu" (*ibidem* 16,15); "Eu e o Pai somos um" (ibidem, 10,30).

Mas são todas as implicações decisivas que acabamos de lembrar, e que são constitutivas do conteúdo autêntico do cristianismo, o que João enuncia sempre no modo de apodicticidade: tudo em Cristo, na medida em que ele não é nada além da vinda a si da Vida em sua Ipseidade essencial, lhe vem do Pai – "Tudo me foi entregue por meu Pai" (Lucas 10,22) –, de modo, com efeito, que nada se faz nele que não seja feito pelo Pai, razão por que Cristo nunca está só, nem sequer na hora da dispersão: "Mas eu não estou só porque o Pai está comigo" (João 16,32), e isso porque, mais profundamente, "o Pai está em mim" (ibidem, 10,38). Como o Pai está em Cristo? Enquanto a Vida de que Cristo é em sua Ipseidade essencial (em sua pessoa) a autorrevelação. De maneira que igualmente Cristo está no Pai: "Eu estou no Pai" (ibidem, 10,38).

Ora, tudo isso se cumpre em Cristo como sua própria essência, na medida em que ele vem da Vida como o Arqui-Filho coengendrado por ela em seu autoengendramento absoluto. Donde a referência constante de Cristo, constantemente lembrada por João, "àquele que me enviou". É em nome daquele que o enviou que Cristo faz tudo o que faz, diz tudo o que diz, assim como é daquele que o enviou que ele extrai a condição que é a sua, o enviado de Deus precisamente, o enviado da Vida enquanto seu Verbo. Essa referência explica o inexplicável, e antes de tudo isto, que é de fato muito misterioso: como Cristo, que não estudou, pode saber tudo o que sabe e, para dizer a verdade, saber tudo? "Como entende ele de letras sem ter estudado?" (João 7,15). A resposta de Cristo só se compreende à luz de sua Arquicondição: "Minha doutrina não é minha, mas daquele que me enviou" (ibidem) – proposição que se encontra reafirmada com uma insistência extraordinária: "Não falei por mim mesmo, mas o Pai que me enviou me prescreveu o que dizer e o que falar [...]. O que digo, portanto, eu o digo como o Pai me disse" (ibidem, 12,49). E ainda: "E minha palavra não é minha, mas do Pai que me enviou" (ibidem, 14,24); "As palavras que vos digo, não as digo por mim mesmo, mas o Pai, que permanece em mim, realiza suas obras..." (ibidem, 14,10); "... Nada faço por mim mesmo, mas falo como me ensinou o Pai" (ibidem, 8,28).

Em que o que diz Cristo, que diz o que seu Pai lhe disse, é um ensinamento, e o que diz este ensinamento? Ensinar é dizer a Verdade. Se o que diz Cristo, dizendo o que lhe disse aquele que o enviou, é verdade, é porque aquele que o enviou fala a verdade, diz a verdade: "Aquele que me enviou é verdadeiro e digo ao mundo tudo o que dele ouvi" (ibidem, 8,25). Mas que verdade diz aquele que é verídico e que enviou Cristo? Ele diz uma verdade bem particular, não a verdade do mundo ou das coisas do mundo, mas a Verdade da Vida. A Verdade da Vida é a própria Vida. A Vida é a Verdade enquanto se autorrevela. Dizer a Verdade, para o Verídico que enviou Cristo, é autorrevelar-se, é para a Vida cumprir sua essência na Ipseidade essencial do Primeiro Vivente, no qual precisamente ela se autoestreita e se autorrevela, e que é como tal o próprio Dizer da Vida, seu Verbo. É desse modo que o enviado de Deus não diz nada além do que diz aquele que o enviou, na medida em que seu dizer, o dizer do Verbo idêntico ao Verbo, não é nada além do dizer de Deus, sua autorrevelação cumprindo-se neste Verbo e na forma deste.

A fenomenologia de Cristo, a fenomenologia que responde à questão de saber onde e como Cristo se revela não enquanto homem que nada difere de outro homem, mas na condição de Cristo e de Verbo, remete precisamente a esta condição, à Arquigeração do Verbo na autogeração da Vida absoluta. É no processo de autorrevelação da vida e como esta autorrevelação que o Verbo se revela, e somente deste modo. Mas esta revelação do Verbo como autorrevelação de Deus é também aquilo a que chamamos interioridade fenomenológica por essência, não sendo nada além do modo segundo o qual a fenomenalidade se fenomenaliza originariamente – enquanto esta fenomenalidade original que é a Vida.

Desta fenomenalização original da Vida a problemática joanina trata notadamente, como o indicamos *en passant*, sob o título de "glória". A interioridade recíproca entre o Pai e o Filho, a saber, a Arquigeração do Filho como autogeração do Pai, significa fenomenologicamente que cada um não tem sua glória senão da do outro – cumprindo-se a autorrevelação do Pai na revelação do Verbo, a qual, todavia, não é senão esta autorrevelação da Vida absoluta: "Glorifica teu Filho para que teu Filho te glorifique" (João17,1). Essas duas "glórias" interiores uma à outra parecem pôr-se uma fora da outra na história transcendental da missão de Cristo na Terra e de sua paixão. É precisamente antes de começar o relato desta que se diz: "Agora o Filho do Homem foi glorificado e Deus foi glorificado nele. Se Deus foi glorificado nele, Deus também o glorificará em si mesmo..." (ibidem, 13,31).

Esta situação recíproca das duas glórias será retomada na última oração de Cristo: "Eu te glorifiquei na terra, concluí a obra que me encarregaste de realizar. E agora, glorifica-me, Pai, junto de ti, com a glória que eu tinha junto de ti antes que o mundo existisse" (ibidem, 17,4-5). Que, em todos os casos, esta glória se refira à Vida e à essência fenomenológica desta em sua oposição radical à "glória" do mundo, que não designa senão os brilhos desse grande teatro onde os homens fazem desfilar suas qualidades e lutam por prestígio, é o que resulta imediatamente do fim do texto acima citado e assinalado por nós. Mas é também o conteúdo explícito desta outra passagem, de densidade exemplar, em que a oposição da glória que os homens buscam apaixonadamente à do próprio

Deus remete às categorias fenomenológicas fundamentais sobre as quais todo o cristianismo é construído – à oposição decisiva entre a verdade do mundo e a da Vida: "Não recebo a glória que vem dos homens. [...] Vim em nome de meu Pai, mas não me acolheis. Como podeis crer, vós que recebeis glória uns dos outros, mas não procurais a glória que vem do Deus único? (ibidem, 5,41-44) Que Cristo se preocupe unicamente com a glória do Pai e que como Verbo ele seja sua autorrevelação pura e absoluta é o que se depreende igualmente de um dos numerosos textos em que, afirmando uma vez mais não falar "por si mesmo", reivindicando novamente sua condição de Arqui-Filho, Cristo se identifica com a verdade absoluta: "Quem fala por si mesmo procura a própria glória. Mas aquele que procura a glória de quem o enviou é verdadeiro e nele não há impostura" (ibidem, 7,17-18).

A interioridade fenomenológica recíproca entre o Pai e o Filho confere seu último fundamento a uma proposição como esta: "Quem me vê, vê aquele que me enviou" (ibidem, 12,45). Ver o Pai, todavia, não se pode. Ver o Filho tampouco, aliás, porque só se poderia ver o Filho se o Pai fosse visto nele. Essa é a razão por que a proposição citada encontra na que a precede imediatamente sua formulação mais precisa. "Quem crê em mim, não é em mim que crê, mas em quem me enviou" (ibidem, 12,44). Mas como crer, quer em Cristo, quer naquele que o enviou? Nem Cristo nem aquele que o enviou se mostram na verdade do mundo. Na verdade do mundo há Jesus, e o problema é justamente saber se ele é o Cristo. Vendo Jesus e querendo saber se ele é o Messias, o Filho de Deus, os discípulos exigem: "Mostra-nos o Pai!" E noutra vez: "Que sinal realizas para que vejamos e creiamos em ti?" (ibidem, 6,30). Eles poderiam também exigir: Mostra-nos o Filho!

A interioridade fenomenológica recíproca entre o Pai e o Filho, ou seja, o sistema autárquico constituído pela relação entre a Vida e o Primeiro Vivente, significa que só há acesso a Cristo na Vida e, como o vimos, no processo pelo qual a própria vida se engendra eternamente experimentando-se a si mesma na Ipseidade essencial do Primeiro Vivente e, assim, autorrevelando-se nele, que é sua revelação, seu Verbo. De modo que a Vida se conhece no Verbo, que a conhece ele mesmo, não sendo senão sua autorrevelação. Quem não pertence a esse sistema fenomenológico autárquico da Vida e do Primeiro Vivente não sabe nada da primeira nem do segundo. "Ninguém conhece quem é o Filho senão o Pai, e quem é o Pai senão o Filho" (Lucas 10,22), proposição decisiva de que se encontraram algumas variantes: "Vós não o conheceis. Eu o conheço..."; "Não que alguém tenha visto o Pai; só aquele que vem de junto de Deus viu o Pai" (João 6,46).

Diante do sistema autárquico constituído pela interioridade fenomenológica recíproca da Vida fenomenológica absoluta e de seu Verbo, sistema do qual nada do que lhe pertence jamais se separa, nada do que lhe é exterior jamais penetra, não é o próprio ensinamento do cristianismo que subitamente se torna problema? O que ensina ele além da vinda de Cristo ao mundo para salvar os homens? Mas a fenomenologia de Cristo estabeleceu que Cristo não pode mostrar-se aos homens no mundo, e que está aí, ademais, a razão por que, a despeito de seus atos e de suas palavras extraordinárias, eles não creem nele.

A aporia fenomenológica segundo a qual é impossível a Cristo mostrar-se no mundo *enquanto Cristo*, enquanto o Verbo de Deus, não afasta toda possibilidade para o homem de ter acesso a Cristo, de conhecê-lo enquanto Cristo e, assim, conhecer a Deus, enquanto o próprio homem permanece compreendido como um ser deste mundo. E isso em duplo sentido: no sentido em que ele aparece neste mundo, tomando nele precisamente o aspecto de um homem e sendo nele reconhecido por este aspecto, segundo o dizer de Paulo; no sentido em que, por outro lado, tudo o que lhe aparece, lhe aparece neste mundo e na luz deste – no sentido, pois, em que a verdade a que o homem tem acesso, e que lhe dá acesso a tudo, é a verdade deste mundo.

Ora, é essa concepção de homem como ser do mundo que o cristianismo faz em pedaços. E o faz na medida em que compreende o homem a partir de seu nascimento transcendental como um Filho da Vida e, por conseguinte, se a Vida é Deus, como Filho de Deus. Por um lado, a interpretação do homem como Filho de Deus transtorna a concepção ocidental de homem. Por outro lado, introduz o homem no sistema autárquico da Vida fenomenológica absoluta e de seu Verbo, tornando possível seu acesso a Cristo enquanto tal e, ao mesmo tempo, seu acesso a Deus, sua salvação. É esta interpretação do homem como Filho de Deus que convém agora investigar.

Capítulo VI

O homem enquanto "Filho de Deus"

A afirmação central do cristianismo no que concerne ao homem é, pois, que ele é filho de Deus. Esta definição rompe de modo decisivo com as representações habituais do homem, seja a do senso comum, a da filosofia, a da ciência, isto é, da ciência moderna, mas também com a maioria das definições religiosas. Para o senso comum, o homem é um habitante deste mundo, um ser vivo apesar de provido de faculdades superiores às dos outros animais. Donde o conceito do senso comum encontrar o conceito filosófico que vê no homem um animal dotado de razão, ou seja, capaz de formar significações e assim se exprimir em linguagem articulada ou conceitual. Para a ciência moderna, saída da revolução galileana, o que é próprio do homem se encontra grandemente oculto, como tivemos ocasião de observar. O que subsiste apesar de tudo de comum entre as teses científicas que tratam o homem como parte do universo material, reduzindo-o em última instância a elementos físico-químicos, e as concepções a que acabamos de fazer alusão é a pertença ao mundo. Ora, essa pertença ao mundo não é eliminada no caso das concepções religiosas enquanto ao menos estas compreendam o homem a partir do conceito de criação. Criação quer dizer criação do mundo e, na medida em que o próprio homem é criado, em que é *ens creatum*, ele pertence também a este mundo. Isso significa notadamente, do ponto de vista teológico, que ele se encontra com respeito a Deus na mesma situação que o mundo em geral, a saber, algo de exterior à essência divina, diferente dela, separado dela, de maneira que o problema religioso consiste principalmente em saber como este homem afastado de Deus será capaz de encontrá-lo e, desse modo, salvar-se.

Conceber o homem como um ser do mundo não é simples. Ao menos duas interpretações presentes nas definições lembradas devem ser distinguidas e até opostas. A interpretação do realismo ingênuo, que é também a do objetivismo científico: segundo ela, o homem pertence ao universo no sentido muito preciso de que é uma parte material dele, ainda que esta parte se revele compreensível em diferentes níveis: biológico, químico ou físico. Tal concepção recebe geralmente o nome de materialista. Sua grande fraqueza é apagar as diferenças cruciais que existem entre os fenômenos de ordem material e os que são próprios da ordem humana, para que se estabeleça uma continuidade entre eles. Infelizmente, todo progresso na análise do que é especificamente humano desmente essa suposta continuidade. Esta ou, para dizê-lo de outro modo, o pressuposto da homogeneidade dos fenômenos materiais e humanos aparece como obstáculo para uma análise verdadeiramente científica, ou seja, livre de qualquer preconceito. Conduzindo a um reducionismo hoje mais vivo que nunca, o que se propunha como um princípio de compreensão se revela como um princípio de incompreensão.

É precisamente a preocupação de escapar ao reducionismo, pondo metodologicamente entre parênteses o saber científico, o que permitiu à fenomenologia do século XX realizar imensos progressos na inteligência do que é próprio do homem. No que concerne ao problema que nos ocupa, trata-se de chegar a uma definição do homem que rejeite como profundamente impróprio o realismo ingênuo que insere o homem no mundo a título de elemento real deste – elemento homogêneo à substância de que este mundo é feito e submetido consequentemente às mesmas leis que ele. O homem, precisamente, não está no mundo como um objeto qualquer ou, como se diz em filosofia, como um ente intramundano. O que lhe é próprio a ponto de constituir sua *humanitas* é que ele se abre ao mundo de modo tal, que se relaciona com ele nas experiências específicas que consistem em senti-lo, percebê-lo, imaginá-lo, concebê-lo, pensá-lo de diversos modos, temê-lo, por exemplo, ou amá-lo, etc., ao passo que nada deste mundo é capaz de experiências deste gênero, de nenhuma experiência em geral. Apesar de situado no mundo, o ente ordinário lhe permanece fechado: ele não "tem" um mundo, enquanto o homem, por seu lado, é essencialmente aberto ao mundo. O homem já não é, então, um ser do mundo à maneira de um ser natural, como a pedra, o ar, o fogo. É um ser do mundo neste sentido transcendental segundo o qual ele está no mundo, relacionando-se com ele, não cessando de experimentá-lo. Que o homem seja também um ser natural, um complexo de nervos e de músculos, e, afinal de contas, de neurônios, de moléculas e de partículas, já não é o que o pode definir em sua especificidade enquanto homem que se relaciona com o mundo, enquanto homem transcendental. E isso porque nenhum dos elementos naturais de que dizemos que ele é constituído é precisamente capaz de "ter" um mundo, de se abrir ao que o circunda experimentando-o. Ao homem natural do senso comum e da ciência se opõe, portanto, de modo decisivo, o homem transcendental que a filosofia moderna, de Descartes a Heidegger, passando por Kant e Husserl, para citar apenas os maiores, soube reconhecer no que tem de próprio. Pelo fato de o ser no mundo transcendental (o *cogito/cogitatum* de Descartes, a relação ao objeto de Kant, a intencionalidade de Husserl, o *In-der-Welt-sein* de Heidegger) definir a essência própria do homem e ser o que o distingue enfim de todas as outras coisas, vê-se que o homem não pode desviar-se do mundo, por exemplo, fugir dele, por estar ligado a ele no princípio, sobre o fundo de uma experiência do mundo que para ele não cessa. O homem não tem capacidade de relacionar-se com o mundo, porém, de estar aberto a ele de múltiplas maneiras, tanto na sensação ou na percepção como no esquecimento ou na fuga, senão na medida em que o mundo se mostra a ele, lhe aparece. É o aparecer primordial e pressuposto do mundo que precede e torna possíveis todas as maneiras como o homem se relaciona com ele. Mas o aparecer do mundo é a verdade do mundo.

É aqui que reluz o caráter revolucionário do cristianismo – sua total originalidade em relação a todas essas problemáticas propostas pelo senso comum, indefinidamente repetidas, a ponto de aparecerem hoje usadas *ad nauseam*. Para o cristianismo, com efeito, o homem não é um ser no mundo. Ele não o é no sentido natural nem no sentido transcendental. Não é que, vítima do sentido comum, o cristianismo ignore o homem transcendental. Ao contrário: nenhum pensamento é mais estranho à aparência natural que o seu, nenhum se eleva mais imediatamente a uma concepção transcendental do homem e da verdade. Lembremos aqui que se chama "transcendental" desde Kant o que tem que ver não com o conhecimento, mas com o que o torna possível. Já não se trata, portanto, do simples conhecimento das coisas a que o homem chega efetivamente em sua existência cotidiana, mas da possibilidade *a priori* para ele de chegar a tal conhecimento. Esta possibilidade se deve ao fato de essas coisas se mostrarem a ele, de elas serem "fenômenos". A possibilidade do conhecimento não reside nas próprias coisas, mas no fato de elas se darem a nós e nos aparecerem em sua manifestação. Tematizando a maneira como as coisas se dão a nós, o modo de sua doação e, assim, esta doação em si mesma e por si mesma, a fenomenologia confere sua radicalidade extrema à problemática transcendental inaugurada por Kant. Ao mesmo tempo, ela evidencia os limites dessa problemática, na medida em que a doação à qual se atinha Kant e à qual se atém a própria fenomenologia é a que emerge no aparecer do mundo – em sua verdade.

Definindo o homem como filho, o cristianismo desqualifica já desde o início toda forma de pensamento – ciência, filosofia ou religião – que tome o homem por um ser do mundo, e isso em sentido ingênuo ou crítico. Filho, com efeito, não há senão na vida. A análise fenomenológica rigorosa da vida mostrou que esta é em si estranha ao mundo. Por um lado, o modo segundo o qual ela se fenomenaliza, isto é, se revela a si mesma experimentando-se a si mesma em seu estreitamento patético, não consiste na abertura de um mundo. Por outro lado, na carne patética desta experiência de si da vida, nenhum outro mundo se mostra, nada que revista o aspecto de um "lá fora". Nem o modo de doação da vida como autodoação e como autorrevelação, nem a substância fenomenológica pura de que essa autorrevelação é feita pertencem ao mundo em nenhum sentido nem de nenhum modo.

Assim a concepção do homem que emerge com o cristianismo inverte completamente a concepção tradicional e o conjunto de suas variantes vindouras. Ela não a inverte no sentido de pôr no alto o que está embaixo e vice-versa. Não o inverte ao modo de uma inversão axiológica procedente de uma nova avaliação, que privilegiasse o sensível, por exemplo, à custa da inteligível, ou inversamente. Para dizê-lo *en passant*, a antítese entre o sensível e o inteligível e a valorização ou condenação de um ou de outro são totalmente estranhas ao cristianismo, bem como à ética que ele seria suscetível de professar com respeito a eles. E isso porque nem o sensível nem o inteligível pertencem à essência do homem tal como a compreende o cristianismo. E não pertencem a esta essência, porque sua maneira de se mostrar a um e a outro decorre da maneira de se mostrar do mundo e é tomada dela. A inversão da concepção do homem a que o cristianismo procedeu de uma vez por todas não consiste na inversão dos elementos incluídos na concepção reinante: consiste em sua exclusão. É outra essência fenomenológica a que define o homem fenomenológico transcendental cristão, outra verdade. Outro modo de fenomenalização da fenomenalidade constitui sua realidade substancial, a carne fenomenológica que é sua carne. A essa substituição radical de um modo de verdade por outro procede o cristianismo ao pôr o homem como filho. Desde esse momento, é a partir de seu nascimento na Vida que o homem deve ser compreendido, e pois a partir da Vida mesma e da Verdade que lhe é própria. Sucede porém que a Vida fenomenológica absoluta a partir da qual o homem pode e deve ser compreendido, na medida em que é filho, é a Vida absoluta de Deus mesmo. Dizer que o homem é filho na medida em que não há filho senão na Vida e que esta só e única Vida é a de Deus mesmo é dizer também que ele é Filho de Deus. A expressão "Filho de Deus" é tautológica.

Mas, se o homem é Filho, e por isso mesmo Filho de Deus, se ele nasceu da Vida fenomenológica e tem dela sua essência, então tudo o que foi dito da heterogeneidade fenomenológica e por conseguinte ontológica do Arqui-Filho transcendental com respeito ao mundo e à sua verdade, e que foi dito pelo próprio Arqui-Filho – essas proposições singulares em que, ao mesmo tempo que à aparência do mundo, é dada sua permissão a tudo o que decorre desta aparência, ao tempo do mundo, a seu espaço, à causalidade que aí sucede e ao conjunto de leis que se diz serem da natureza –, todas essas proposições, dizemos nós, concernem ao próprio homem e o prendem na rede das tautologias fundamentais que elas instituem. Esta extensão ao homem das teses radicais afirmadas por Cristo a respeito de si mesmo, nós a tínhamos percebido desde a análise transcendental de sua condição de Arqui-Filho. É esta extensão paradoxal ao homem da condição extraordinária do Arqui-Filho nascido antes do mundo e antes dos séculos o que convém aprofundar. Antes de tentarmos esta análise do que resulta para o homem compreendido como Filho de Deus da condição do Arqui-Filho, abramos um parêntese que valerá como um acréscimo à fenomenologia de Cristo.

Uma das dificuldades tradicionais da "cristologia", ou seja, dos esforços feitos pelos teólogos e filósofos para pensar conceptualmente o ser misterioso de Cristo, é o caráter duplo deste. Ao mesmo tempo homem e Deus, vindo ao mundo e revestindo-se para fazê-lo da condição de homem, sem perder, todavia, a de Filho Único e Primogênito engendrado no próprio Deus, consubstancial a ele e, afinal de contas, igual a ele. Como explicar a união em Cristo de duas naturezas heterogêneas, uma humana, a outra divina? Relacionadas respectivamente a estas duas naturezas, todas as faculdades do espírito de Cristo não se desdobram necessariamente? Não há, por exemplo, uma vontade humana de Cristo diferente de sua vontade divina e eventualmente oposta a ela? Do conflito eventual entre essas duas vontades resulta o mérito moral de Cristo, sua virtude excepcional, na medida em que ele subordina constantemente sua vontade própria à de seu Pai, como se vê em suas múltiplas declarações, na oração ao Pai que ele mesmo instituiu e, enfim, no momento do último sacrifício da paixão. É esta subordinação constante de sua própria vontade à de Deus que faz de Cristo o modelo, aquele cuja *imitatio* é o princípio de todo comportamento suscetível de abrir ao homem as portas do Reino.

Quando, porém, nos esforçamos por compreender o ser de Cristo a partir da união nele de duas naturezas contraditórias – uma humana, a outra divina; uma temporal, a outra eterna –, convém afastar ao menos dois preconceitos maciços que impedem para sempre a inteligência do cristianismo. Pressupõe-se, por um lado, que há uma natureza própria e preexistente do homem que intervém a título de elemento coconstitutivo na natureza de Cristo, a qual se explica, por outro lado e conjuntamente, por sua origem divina. Esquece-se de que, segundo seu dizer explícito, Cristo procede daquele que o enviou e unicamente dele. Gerado na autogeração da Vida absoluta e tendo dela sua essência, não há nada nele que não seja esta Vida. A Ipseidade em que Cristo se experimenta, isto é, sua subjetividade, é a Ipseidade em que a Vida fenomenológica absoluta se experimenta a si mesma, ou seja, a subjetividade desta vida. E é por essa razão que lhe é consubstancial e contemporâneo, tendo vindo no princípio, Arqui-Filho coengendrado no autoengendramento do próprio Deus e, assim, ao mesmo tempo que ele. Esquece-se de que, para intervir ainda que fosse a título de elemento coconstituinte na natureza de Cristo, o homem chega realmente tarde demais. Pois está aqui a aporia: pretender explicar Cristo a partir de uma natureza humana que não existia quando Cristo foi engendrado em seu autoengendramento da Vida, de modo que sua essência foi cumprida em sua total independência com respeito a essa pretensa natureza humana e bem antes que tenha visto a luz do dia algo como um homem. "Antes que Abraão existisse, Eu sou." Se nos voltamos enfim para o texto do Evangelho, e considerando-o até de modo anedótico tal como se faz mais habitualmente, como não observar que Cristo nunca falou de si mesmo como de um homem ou ainda que ele nunca falou aos outros homens como se fosse mais um entre eles?

Mas nessa cristologia que se constrói sobre a ideia de uma natureza dupla de Cristo (e isso a justo título, uma vez que, vindo a este mundo, Cristo se revestiu de forma humana, o que o Pai não fez) se esconde mais frequentemente outro pressuposto ruinoso e, em verdade, anticristão. Porque enfim se trata de saber *qual é a natureza desta natureza humana* que vem juntar-se a outra, de essência divina, para compor com ela a essência mista de Cristo. O que salta aos olhos é que o homem que mescla misteriosamente sua natureza à essência divina do Logos consubstancial ao Pai é o homem do mundo, o homem do senso comum, o homem do empirismo e do racionalismo, o homem animal racional, o homem natural, parte integrante do universo material, ou ainda o homem transcendental que se abre ao mundo na experiência que faz dele – em suma, o homem que rejeita o cristianismo e ao qual este opõe um homem radicalmente diferente, o Filho de Deus, o Filho da Vida, o homem transcendental que nasce na Vida fenomenológica absoluta, engendrado no autoengendramento desta Vida e que não extrai sua essência senão dela – o homem semelhante a Cristo, o homem imagem de Deus!

Aqui se descobre para nós uma das intuições constitutivas do cristianismo, ao mesmo tempo que seu poder devastador em face de uma cristologia embaraçada no pressuposto de uma "natureza humana". Esse poder se exerce antes de tudo com relação às diversas concepções tradicionais do homem, concepções aparentemente concorrentes e que, no entanto, entendem o homem, todas, como um ser do mundo. No que concerne à cristologia, essas concepções são inaceitáveis, se não há nem pode haver no Arqui-Filho coengendrado no autoengendramento da vida fenomenológica absoluta, nenhuma essência além da desta vida de que ele é o autocumprimento. Quanto ao homem, se ele próprio é Filho, engendrado na vida e a partir dela, tendo dela sua possibilidade e sua essência, tampouco há nada nele, na medida em que ele é um vivente, além desta essência da Vida. Uma essência do homem diferente da de Cristo ou de Deus aparece como impossível quando o homem é compreendido como Filho e muito explicitamente como Filho de Deus. A ideia de uma natureza humana específica e como tal autônoma, de uma essência da *humanitas* enquanto tal, é, do ponto de vista cristão, um absurdo. Construir uma cristologia, ou seja, afinal de contas, o próprio Cristo, pela adjunção a uma essência divina – da qual nada se sabe – de uma natureza humana que, do ponto de vista cristão, não existe, é o paradoxo dessas teologias que creem poder elevar-se da consideração de dados mundanos e, por exemplo, humanos à ideia de Deus, ou seja, afinal de contas, compreender este a partir do mundo e de sua verdade. O que falta a essas construções especulativas é, na ausência de uma fenomenologia da vida, a própria noção do que está em questão no cristianismo, trate-se de Deus, de Cristo ou do próprio homem. Uma cristologia dualista deve afastar qualquer forma de naturalismo, qualquer expressão ingênua do pensamento do mundo e de sua manutenção ali onde já não há nenhum mundo. Longe, portanto, de Cristo ser compreendido, ainda que quanto a uma parte de seu ser, a partir do homem e de sua condição, é o homem que deve ser compreendido a partir de Cristo – e não pode sê-lo senão deste modo.

Compreender o homem a partir de Cristo, compreendido ele próprio a partir de Deus, repousa por sua vez na intuição decisiva de uma fenomenologia radical da Vida, que é precisamente também a do cristianismo: a saber, que *a Vida tem o mesmo sentido para Deus, para Cristo e para o homem*, e isso porque há uma só e mesma essência da Vida e, mais radicalmente, uma só e única Vida. Esta Vida que se autogera a si mesma em Deus e que, em sua autogeração, gera em si o Arqui-Filho transcendental como a Ipseidade essencial em que esta autogeração se cumpre é a Vida de que o próprio homem tem seu nascimento transcendental, e isso precisamente enquanto ele é Vida e definido explicitamente como tal no cristianismo, Filho desta Vida única e absoluta e, assim, Filho de Deus. A expressão tautológica "Filho de Deus" – uma vez que só há filho na Vida e, assim, só em Deus – esconde a verdade abissal de que a essência do homem, o que o torna possível como o que ele é realmente, não é precisamente o homem nem, muito menos, a *humanitas* no sentido em que os entendemos: é a essência da vida divina – a que faz dele um vivente, e ela somente.

A tese do homem "Filho de Deus" recebe então uma dupla significação, negativa e positiva. Negativamente, ela impede que se compreenda o homem como um ser natural, como fazem dele o senso comum e as ciências. Mas ela impede também que se compreenda, do ponto de vista transcendental, como um ser cujo mundo constituiria o horizonte de todas as suas experiências, o modo de aparecer comum a cada uma delas. É pois a afirmação maciça pronunciada por Cristo sobre si mesmo que deve ser retomada a respeito do homem e de sua verdadeira essência: "Eu não sou do mundo" (João 17,14). Tal como Cristo, eu homem não sou do mundo, no sentido fenomenológico radical de que o aparecer de que é feita minha carne fenomenológica, que constitui minha verdadeira essência, não é o aparecer do mundo. E isso não por efeito de qualquer credo pressuposto, filosófico ou teológico, mas porque o mundo não tem carne, porque no "fora de si" do mundo não são possíveis nenhuma carne nem nenhum viver – os quais não se edificam jamais, aliás, senão no estreitamento patético e acósmico da Vida.

São pois todas as denegações polêmicas e apaixonadas de Cristo a respeito de sua condição o que o homem deve retomar com respeito a si, se quer compreender algo do que ele é. Ele não é do mundo nem, consequentemente, um ser natural; ele não é o filho de seu pai. Qualquer que seja o nível em que se constrói, toda explicação mundana da *humanitas* se encontra doravante destituída de sua pretensão de atingir a realidade primeira e última a partir da qual só algo como um homem é possível. Traços de caráter, comportamentos psíquicos determinados, aí está o que se pode reportar à primeira relação da criança com aquele que é considerado seu pai: seus primeiros traumatismos, seu complexo de Édipo, etc. Mas, como esse pai não é seu pai, como, incapaz de ter dado a vida a si mesmo, ele certamente não está em condições de dá-la a quem quer que seja, parece, no exemplo privilegiado e decisivo do nascimento, que nenhuma sequência mundana poderia dar conta do ser de um homem na medida em que este procede de um nascimento.

O que verdadeiramente é o homem, a filosofia tentou dizê-lo. Nos tempos modernos, esse esforço grandioso se exprimiu na redução fenomenológica transcendental praticada por Husserl. Retomando o projeto cartesiano com respeito ao coração do que nós somos verdadeiramente, a redução põe o mundo entre parênteses, pura e simplesmente. Fazendo isso, Husserl está consciente de descobrir campos de experiência ainda despercebidos do homem durante toda a sua história passada. É nesses campos de experiência ainda inexplorados, os da vida transcendental do ego, que se desdobra a verdadeira essência do homem. O homem transcendental e já não natural, aí está o que a redução fenomenológica põe nas mãos da fenomenologia, não ao termo de uma descoberta ocasional, mas graças a uma investigação prosseguida de modo sistemático e à luz de pressupostos conscientes de si mesmos. Mas, a partir do momento em que esse homem transcendental é reduzido à "consciência de alguma coisa", ao *In-der-Welt-sein*, enfim, à sua abertura fenomenológica ao mundo – isto é, à abertura fenomenológica do mundo –, o que constitui sua essência transcendental se encontra falsificado e perdido. E isso porque o modo original de fenomenalização segundo o qual o "homem" advém em sua condição de Filho, isto é, de Vivente na Vida, enquanto modo original de fenomenalização da própria Vida, não tem precisamente nada que fazer com uma "consciência de algo", com a abertura fenomenológica de um mundo – com o *ek-stase* de um "lá fora".

Se o homem transcendental compreendido enquanto Filho tem sua essência fenomenológica da autofenomenalização da Vida, cujo processo é em si estranho à abertura de um mundo, a tese do "homem Filho de Deus" se ilumina de suas múltiplas implicações. Por um lado, com efeito, engendrado na Vida, o engendrado tem os caracteres desta Vida. O que vale para o Arqui-Filho vale para o Filho, e o que vale para eles é a essência da vida, ou seja, o próprio Deus. É o que significa a tese segundo a qual "Deus criou o homem à sua imagem": ele deu ao homem sua própria essência. Ele não lha deu como se dá algo a alguém, como um presente que passa da mão de alguém à de outro. Ele lhe deu sua própria essência no sentido de que, sendo sua própria essência o autoengendramento da Vida em que se engendra a Ipseidade de todo vivente, dar sua própria essência ao homem significava para Deus dar-lhe a condição de vivente, a felicidade de se experimentar a si mesmo nesta experiência de si que é a Vida e na imanência radical desta experiência, na qual não há "lá fora" nem "mundo". Engendrar quer dizer tudo menos criar, se criação designa a criação do mundo, essa abertura fenomenológica de um primeiro "Fora" onde se descobre para nós todo o reino do visível.

Aqui se abre o abismo que separa nascimento e criação. Que o homem seja Filho quer dizer, tanto para ele como para o Arqui-Filho, que ele não é criado. A tese segundo a qual Deus criou o homem à sua imagem significa, portanto, duas coisas. Em primeiro lugar, que o homem não é precisamente criado – e é esta a razão pela qual ele não é um ser do mundo. Em segundo lugar, que ele não é uma imagem. Pois não há imagem senão no mundo, sobre o fundo dessa colocação em imagem original que é o horizonte do mundo em sua fenomenalização extática. Se o homem fosse uma imagem, se fosse criado do modo como o mundo foi criado, ele já não poderia precisamente ser "imagem" de Deus, trazer em si a mesma essência, a essência da Vida – ele já não seria e não poderia ser um vivente. As prescrições de uma fenomenologia do nascimento não contêm exceção: o que elas implicam ou excluem vale universalmente. Já não há Filho no mundo além do Arqui-Filho. Para a inteligência do que é o homem em sua verdadeira essência, a fenomenologia do mundo deve ser abandonada como o foi para o próprio Cristo – e por ele.

Ou, se preferirmos, é à ideia de homem no sentido em que é entendida habitualmente que é preciso renunciar. Cremos que há algo como um homem porque olhamos o mundo. É nesse olhar, formada por ele, que a silhueta de um homem se recorta diante dele, neste horizonte de visibilidade que é a verdade do mundo. Porque o homem que se vê tem seu aparecer do aparecer do mundo, as leis deste aparecer são também as suas: o espaço, o tempo, a causalidade, as determinações múltiplas que cada dia são tecidas pelas ciências da natureza e pelas pretensas ciências do homem, na rede das quais ele é preso. Este homem é o irmão dos autômatos suscetíveis de ser construídos segundo as mesmas leis – e que o serão. Para ser semelhante ao que somos, o que falta a esse espectro é ser vivente – não esse vivente estranho à vida de que fala a biologia, mas o que traz em si o viver da Vida fenomenológica absoluta, o homem que, como Cristo, não se vê, o homem que nasceu na Vida e que tem de seu nascimento transcendental todos os seus caracteres patéticos, o homem transcendental do cristianismo, o Filho de Deus.

Após ter lembrado esquematicamente o que a interpretação do homem como Filho de Deus deixa de lado, convém aprofundar sua significação positiva. A esta se soma, aliás, uma questão inevitável: se o homem traz em si a essência divina da Vida, ele não é o próprio Deus ou o Cristo? Em que o homem difere deles? Trata-se, no caso, de levar a análise do nascimento transcendental do Filho da Vida suficientemente longe para que os caracteres transcendentais que definem a essência verdadeira do homem sejam fundados e ao mesmo tempo compreensíveis em sua inteligibilidade. Vimos que, na autogeração da Vida absoluta, se encontra engendrada uma

Ipseidade essencial cuja efetividade fenomenológica é um Si singular – o do Arqui-Filho coengendrado na vida, portanto, como seu autocumprimento e, assim, como idêntico a este. É de modo análogo, para dizer a verdade, que o homem verdadeiro pensado pelo cristianismo sob o título de "Filho de Deus", aquele a que chamaremos de agora em diante o Si transcendental vivente, se encontra engendrado na Vida. Na medida em que, no automovimento pelo qual a vida não cessa de vir a si e de se experimentar a si mesma, se edifica uma Ipseidade e, assim, um Si, na medida em que experimentar-se a si mesmo é ser efetivamente um Si, é ser necessariamente este Si, então o Si engendrado neste automovimento da Vida é efetivamente, também ele, um Si, é necessariamente este ou aquele Si, um Si singular e por essência diferente de todo e qualquer outro. Eu mesmo sou este Si singular engendrado no autoengendramento da Vida absoluta, e não sou senão isso. *A vida se autoengendra como eu mesmo.* Se com Mestre Eckhart – e com o cristianismo – se fala da Vida de Deus, dir-se-á: "Deus se engendra como eu mesmo".[1] A geração deste Si singular que eu próprio sou, Eu transcendental vivente, na autogeração da Vida absoluta, é isso meu nascimento transcendental, aquele que faz de mim o homem verdadeiro, o homem transcendental cristão.

Na medida, todavia, em que esse nascimento transcendental se cumpre a partir da Vida, no processo de vinda a si desta Vida, então o Si singular que eu sou não advém a si senão na vinda a si da Vida absoluta e a traz em si como seu pressuposto nunca abolido, como sua condição. Assim, a Vida atravessa cada um dos que ela engendra, de tal modo que não há nada nele que não seja vivente, nada tampouco que não contenha em si esta essência eterna da Vida. *A Vida me engendra como a si mesma.* Se com Eckhart – e com o cristianismo – se fala da Vida de Deus, dir-se-á: "Deus me engendra como a si mesmo".[2] Mas estava precisamente aí a condição do Arqui-Filho coengendrado

---

[1] Maître Eckhart, *Traités et Sermons.* Trad. M. de Gandillac. Paris, Aubier, 1942, p. 146.
[2] Ibidem.

na autogeração de Deus, de modo que sua geração era a autogeração do próprio Deus, de modo que ele era Deus. Aqui se repete nossa pergunta: Eu, este Si transcendental vivente que sou, sou Cristo?

Introduzamos aqui um conceito decisivo e que, para dizer a verdade, deveria ter sido introduzido antes, uma vez que ele governa a inteligência filosófica da essência da vida: o conceito de autoafecção.[3] O próprio da vida, com efeito, é que ela se autoafeta. Esta autoafecção define seu viver, o "experimentar-se a si mesma" em que ela consiste. Afecção quer dizer, em geral: manifestação. Se um ente do mundo me afeta, é porque ele se faz sentir por mim, se mostra a mim, se dá a mim, entra na minha experiência como quer que seja. E isso vale para o próprio mundo que me afeta enquanto se manifesta a mim – sendo essa manifestação do mundo, como vimos, sua "verdade". Verdade e afecção são termos equivalentes. Ao conceito de afecção que designa toda e qualquer afecção e, assim, toda manifestação – a afecção por um barulho que ouço, por um objeto que vejo, por um odor que sinto, ou ainda a afecção de meu espírito por uma imagem ou qualquer outro conteúdo representativo –, opõe-se de modo radical o conceito de autoafecção. O que me afeta na autoafecção já não é precisamente nada estranho ou exterior a mim, que sou afetado, nenhum objeto do mundo, por conseguinte, nem esse mesmo mundo. O que afeta no caso da autoafecção é o mesmo que o que é afetado. Mas esta situação extraordinária em que o que afeta é o mesmo que o que é afetado não se realiza em nenhuma parte além da vida. Nesta, no entanto, tal situação se realiza absolutamente, de tal modo que ela define a essência desta vida. Pois a vida é isto: o que se autoafeta no sentido radical e decisivo de que esta vida que é afecção, que é afetada, precisamente não é afetada senão por si mesma; não o é por nenhuma exterioridade nem por nada exterior. Desse modo, é ela própria que constitui o conteúdo de sua afecção. No conceito de autoafecção como essência da vida, está implicado

---

[3] É à luz desse conceito que a inteligência da vida foi conduzida em *L'Essence de la Manifestation*. Paris, PUF, 1963, reed. 1990; cf. notadamente parágrafo 31 ss. (Col. "Épiméthée")

seu acosmismo, o fato de que, não sendo afetada por nada diferente ou exterior, radicalmente estranha ao mundo, ela se cumpre em si mesma na suficiência absoluta de sua interioridade radical – não experimentando senão a si, não sendo afetada senão por si, antes de qualquer mundo possível e independentemente dele.

Ora, esta condição da vida e de tudo o que traz em si esta essência da vida não resulta de uma afirmação especulativa. É uma condição fenomenológica. Como tal, ela pode ler-se em cada uma das modalidades efetivas da vida. Uma alegria pode perfeitamente ser explicada por um acontecimento do mundo ou ser relacionada a ele; ela mesma pode, ademais, reportar-se a qualquer objeto ou causa exterior a ela, causa ou objeto que se destacam na tela do mundo. Mas a própria alegria não se ilumina na luz de nenhum mundo. Considerada em si mesma em sua afetividade pura e como o puro viver de alegria em que se esgota sua realidade, esta alegria não é senão uma modalidade patética da vida, um modo como a vida se experimenta. E isso vale para toda e qualquer modalidade da vida, desde a mais simples impressão.[4] Se, porém, cada modalidade da vida considerada na imanência de seu viver traz em si a essência absoluta da vida, não sendo jamais nada além de um modo desta, de sua autofenomenalização patética e inextática, então a possibilidade de uma dissociação entre esse filho da vida que, eu transcendental vivente, sou eu mesmo por um lado, o Arqui-Filho por outro lado, e enfim a essência fenomenológica desta Vida absoluta, ou seja, Deus mesmo, implica um problema.

Distingamos um conceito forte e um conceito fraco de autoafecção. Segundo seu conceito forte, a vida se autoafeta em duplo sentido – no sentido, por um lado, de que ela própria define o conteúdo de sua própria afeição. O "conteúdo" de uma alegria, por exemplo, é esta própria alegria. Por outro lado, todavia, a própria vida produz o

---

[4] A impressão só está situada no mundo ou no corpo objetivo em virtude de uma ilusão denunciada por Descartes; cf. *Principes*, I, 67: "Que amiúde mesmo nós nos enganamos julgando que sentimos dor em alguma parte de nosso corpo".

conteúdo de sua afecção, esse conteúdo que é ela mesma. Ela não o produz como a uma criação exterior que lança o criado para fora de si, como algo outro, estranho – exterior. Precisamente, ela não o cria – o conteúdo da vida é incriado. Ela o engendra, dá-se a si mesma esse conteúdo que é ela mesma. Esse é o modo como a vida se dá a si mesma esse conteúdo que é ela própria que importa. Esta autodoação, que é uma autorrevelação, é uma afetividade transcendental, um *páthos* em que todo experimentar-se a si mesmo é possível precisamente como patético, como afetivo no mais profundo de seu ser. Por passiva que seja esta experiência que a vida faz constantemente de si mesma em seu estreitamento patético, ela não é menos produzida pela própria vida, e é esta geração por si da vida o que é indicado pelo conceito forte de autoafecção. Segundo esse conceito, portanto, a vida é afetada por um conteúdo que é ela mesma, e é ela que, ademais, põe esse conteúdo pelo qual ela é afetada – ela que afeta, que se afeta. Esse conceito forte da autoafecção é o da vida fenomenológica absoluta e só convém a ela, isto é, a Deus.

Eu, ao contrário, Eu transcendental vivente, extraio também minha essência da autoafecção. Enquanto eu, eu me afeto a mim mesmo, sou eu mesmo o afetado e o que o afeta, eu mesmo o "sujeito" desta afecção e seu conteúdo. Eu me experimento a mim mesmo, e isso constantemente, enquanto esse fato de me experimentar a mim mesmo constitui meu Eu. Mas eu não me pus a mim mesmo nesta condição de me experimentar a mim mesmo. Eu sou eu mesmo, mas eu não sou eu mesmo por nada deste "ser eu mesmo", eu me experimento a mim mesmo sem ser a fonte desta experiência. Sou dado a mim mesmo sem que esta doação decorra de mim de nenhum modo. Eu me afeto e, assim, eu me autoafeto, sou eu, dizemos nós, que sou afetado e eu o sou por mim no sentido de que o conteúdo que me afeta sou ainda eu – e não algo diferente, o sentido, o tato, o querer, o desejar, o pensamento, etc. Mas esta autoafecção que define minha essência não é um feito meu. E assim eu não me afeto absolutamente, mas, para dizê-lo com rigor, eu sou e me encontro autoafetado. Aqui se descobre para nós o sentido fraco do conceito de autoafecção, aquele que convém à compreensão da essência do homem, não à de Deus.

Como se relacionam um com o outro o sentido fraco e o sentido forte do conceito de autoafecção? Como o primeiro remete necessariamente ao segundo de modo que se funde nele? Nisso que o Si singular que eu sou não se experimenta a si mesmo senão no interior do movimento pelo qual a Vida se lança em si e frui de si no processo eterno de sua autoafecção absoluta. O Si singular se autoafeta, ele é a identidade entre o afetante e o afetado, mas ele próprio não pôs esta identidade. *O Si só se autoafeta na medida em que a Vida absoluta se autoafeta nele.* É ela, em sua autodoação, que o dá a ele mesmo. É ela, em sua autorrevelação, que o revela a ele mesmo. É ela, em seu estreitamento patético, que lhe permite estreitar-se pateticamente e ser um Si.

Assim se esclarece a passividade desse Si singular que eu sou, passividade que o determina de alto a baixo. Passivo, ele não o é somente com respeito a si mesmo e a cada uma das modalidades de sua vida, à maneira como cada sofrimento é passivo com relação a si e só é possível a este título, não tendo seu teor afetivo senão desta passividade cujo teor fenomenológico puro é a afetividade como tal. Passivo, o Si o é antes de tudo com respeito ao processo eterno de autoafecção da Vida que o engendra e não cessa de engendrá-lo. É esta passividade do Si singular na Vida que o põe no acusativo e faz dele um me e não um eu, esse Si que não é passivo com relação a si senão porque ele o é antes de tudo com relação à Vida e à sua autoafecção absoluta.

Ora, esta passividade do Si singular na Vida – passividade que faz dele um me – não é um atributo metafísico posto pelo pensamento. É uma determinação fenomenológica constitutiva da vida do Si e que, como tal, não cessa de ser vivida por ele. Esta determinação é tão essencial, a experiência que é feita dela é tão constante, que nossa vida se confunde com esse sentimento de ser vivida e que, se o Si se exprime espontaneamente no acusativo, não o faz senão na medida em que se atém à experiência que é a sua, aquela não de se afetar a si mesmo, mas de ser constantemente autoafetado, e isso em si mesmo, em sua autoafecção precisamente, independentemente de toda afecção estranha, de toda e qualquer relação com o mundo.

Ora, o modo específico de passividade do Si singular enquanto autoafetado em sua autoafecção absoluta da Vida não define somente um traço geral de sua vida: ele engendra nela o conjunto de suas modalidades essenciais e, como tais, patéticas. Assim, a angústia tem origem no Si como vinda dele. Ela tem sua possibilidade da essência mesma desse Si, desse sentimento que ele tem de experimentar o que ele experimenta sem nada poder fazer quanto a isso, sem poder mudar nada, sem poder desfazer-se de si nem romper o laço que o ata a si mesmo e faz dele esse Si que ele é para sempre. Escapar de si, desse fardo que ele é para si mesmo enquanto constantemente afetado por si sem que esta autoafecção venha dele ou lhe seja imputável de algum modo – querer escapar de si e não poder fazê-lo é o que provoca sua angústia e, ao mesmo tempo, o conjunto dos comportamentos que ela suscita e pelos quais ela tenta por sua vez evadir-se. Assim, a pulsão, nascida ela também na angústia e vinda dela, não é outra coisa senão um desses comportamentos ou o mais importante deles, ou ainda sua fonte comum. A pulsão é o esforço infindo da vida autoafetada, isto é, constantemente acossada por si, esmagada sob seu próprio peso, para se subtrair a este, para desfazer-se de si. Na impossibilidade em que ela se encontra de romper este laço que a ata invencivelmente a ela mesma, ela tenta então mudar-se a si mesma, converter – e aqui está o princípio de sua ação, de toda ação concebível – seu sofrimento em alegria.

As questões essenciais que uma psicologia empírica crê poder situar num horizonte objetivo e considerar no jogo de suas explicações mundanas derivam unicamente da condição do homem enquanto Filho de Deus ou, como havemos de dizer ao final desta análise, do estatuto do Si singular autoafetado na autoafecção da Vida absoluta. Enquanto Filho, o homem é predestinado, e sua destinação está inscrita na relação recíproca dos conceitos fraco e forte de autoafecção, ou seja, na relação que se estabelece entre uma vida tal como a sua, constantemente autoafetada sem ser jamais a fonte desta autoafecção, e uma Vida que se autoafeta absolutamente, tal como a Vida de Deus.

Qual é, então, com respeito a esses dois conceitos de autoafecção – desta autoafecção naturante e desta autoafecção naturada –, a especificidade da autoafecção característica da vida de Cristo? Como ela se refere à de Deus, à do "homem"? Um dos temas mais importantes do cristianismo é a compreensão de Cristo como intermediário entre o homem e Deus. Em que consiste esse papel de "intermediário", aí está o que uma fenomenologia da vida permite captar numa radicalidade à qual nenhuma outra forma de pensamento, por não dispor dos meios apropriados, soubera elevar-se. Quanto à relação da Vida de Cristo com a de Deus, é o que a teoria do Arqui-Filho expôs claramente. Apesar de gerado na autoafecção da Vida absoluta, Cristo copertence ao processo desta autoafecção absoluta enquanto Ipseidade essencial e Primeiro Vivente, sem os quais nenhuma autoafecção desse gênero poderia realizar-se. Assim, ele é "consubstancial" ao Pai, tendo parte, a título de condição, na potência desse processo em que, estreitando-se a si mesma, a Vida se faz Vida.

Ao mesmo tempo é a relação do homem transcendental com Cristo que se ilumina, na medida em que ela só é inteligível à luz da relação de Cristo com Deus, cujo princípio acaba de ser visto. Uma terceira relação, todavia, também entra no campo da elucidação fenomenológica, a relação deste homem transcendental com Deus mesmo. É aqui que se descobre a razão pela qual a relação entre o homem transcendental e Deus não é uma relação direta, mas tão somente mediada por Cristo. À tese comum ao judaísmo e ao cristianismo, segundo a qual o homem transcendental é Filho de Deus, soma-se a mais propriamente cristã (conquanto também judaica, na medida em que o judaísmo espera um Messias), segundo a qual ele não é esse Filho de Deus senão no Arqui-Filho: "Filho no Filho". E eis o porquê.

Nenhum vivente é possível fora da Vida. Uma vez compreendida a essência da Vida, esta asserção se escreve: nenhum vivente é vivente, isto é, não se autoafeta senão no processo de autoafecção da Vida absoluta. Se a essência desta autoafecção for compreendida por sua vez, a proposição se torna: nenhuma autoafecção é possível se não gera em si a Ipseidade essencial implicada em todo "experimentar-se a si mesmo" e pressuposta por ele. Mas a efetividade fenomenológica desta Ipseidade é um Si, ele mesmo fenomenologicamente efetivo e, como tal, singular – ou seja, o Arqui-Filho transcendental cogerado na efetuação fenomenológica da autoafecção da Vida absoluta como esta mesma efetuação. Que nenhum vivente seja possível senão na vida quer, pois, dizer: ele é no Arqui-Filho e unicamente nele.

Mostra-se então esta evidência decisiva: se consideramos um vivente, no caso este Si transcendental que eu sou, não é simplesmente a partir da essência da Vida e porque ele traz em si esta essência que podemos compreendê-lo. Somente a análise desta essência da Vida, na medida em que implica a Ipseidade de um primeiro Si, permite captar como e porque está aberto nela, na Ipseidade deste Primeiro Si, um lugar para qualquer vivente concebível – na medida em que ele próprio só é possível como um Si. É assim que o Arqui-Filho precede todos os Filhos, não numa anterioridade factual que fosse objeto de uma simples constatação. Muito pelo contrário, o Arqui-Filho precede todos os Filhos como a essência preexistente e preestabelecida, sem a qual e fora da qual não poderia edificar-se algo como um Filho, isto é, como um Si vivente – como esse eu transcendental que sou. E de fato, se mergulhamos pelo pensamento na vida de um desses eus transcendentais nascidos na Vida, é claro que ele tampouco tem, nem nunca teve, a capacidade de se impulsionar e de se estabelecer na Vida – e de tornar a si mesmo vivente –, nem, muito menos, nenhum desses eus teria tido a força, a supor que a Vida tenha corrido nele como um caudal indeterminado, de reunir esta Vida a si e, assim a reunindo, edificar nela esta

Ipseidade a partir da qual somente ele é ele mesmo possível como Si, como este eu transcendental que eu sou.

Voltemos então à palavra mais extraordinária, a mais "louca" de Cristo, a fim de percebê-la agora em sua verdade apodíctica – uma verdade tal, que quem quer que a compreenda não pode evitar afirmá-la. Esta palavra: "Antes que Abraão existisse, Eu sou". Ela significa que nenhum eu vivente transcendental é possível se não o é numa Ipseidade que ele pressupõe, longe de poder criá-la – e igualmente de ter criado sua própria vida –, Ipseidade cogerada na autoafecção da Vida absoluta e cuja efetividade fenomenológica é precisamente o Arqui-Filho. Primogênito na Vida e Primeiro Vivente, o Arqui-Filho detém a Ipseidade essencial em que a autoafecção da vida chega à efetividade. Mas é somente nesta Ipseidade e a partir dela que qualquer outro Si e, assim, qualquer eu transcendental como o nosso será possível. Assim, o Arqui-Filho detém em sua Ipseidade a condição de todos os outros filhos. Nenhum filho, nenhum eu transcendental vivente nascido na vida, nasceria desta vida se esta não se tivesse previamente feito Ipseidade transcendental no Arqui-Filho. Assim, este precede necessariamente a qualquer Filho imaginável, ele é "o primogênito entre muitos irmãos" (Romanos 8,28-30). E isso porque é somente em sua Ipseidade e no Si originário que lhe pertence que a vida chega a cada vivente fazendo dele um eu – *não chegando a ele senão a fazer dele um eu*, este eu transcendental que eu mesmo sou. "Antes que Abraão existisse [mas isso quer dizer precisamente: antes de todo e qualquer eu transcendental, seja o de Abraão ou o de Davi], Eu sou."

Que um vivente não chegue à vida senão enquanto eu vivente e, assim, com a condição única de que nesta vida já se tenha edificado a Ipseidade originária da qual ele terá a possibilidade de ser, ele mesmo, um Si e um eu, aí estão que implicam as afirmações fundamentais do cristianismo concernentes ao homem: "Filho de Deus", ele só pode sê-lo enquanto "Filho no Filho". É esta tese decisiva que convém aprofundar.

Capítulo VII

Palavras de Cristo sobre a possibilidade
dos homens ouvirem sua Palavra

A afirmação segundo a qual o homem não chega à sua condição de eu transcendental vivo, isto é, de Filho da Vida, senão na medida em que, autogerando-se a si mesmo, esta Vida gerou em si a Ipseidade originária do Primeiro Vivente – essa afirmação que confere ao cristianismo sua fisionomia muito particular entre os outros monoteísmos é formulada de diversas maneiras. Trata-se ora de um pensamento subjacente a proposições cuja intenção explícita leva a outra parte, como no caso de preces ou de instruções espirituais cujo fim é a transformação da vida do fiel em vista de sua santificação e, em última instância, de sua participação na vida divina. Ou, ao contrário, a tese é enunciada de forma brutal, numa dessas declarações estupefacientes nas quais se constrói, no entanto, o que chamamos o núcleo essencial do cristianismo. A compreensão do nascimento transcendental do homem como sua geração no Primeiro Vivente, e não somente na Vida, é tão importante que, ali mesmo onde permanece velada sob um discurso edificante, o sentido deste não se descobre senão em referência à geração do Arqui-Filho. Esta aparece como condição de toda modificação que venha a afetar a história ou o destino de um eu transcendental vivo.

Se se considera o estilo da Epístola aos Efésios (1,3-6), que se propõe como um texto tipicamente religioso e destinado a crentes, e que ao mesmo tempo é oração a Deus e exortação ao fiel, não se pode desconhecer a temática inerente a esta espécie de ação de graças. Esta se dirige ao Pai, que deu aos homens o dom de sua condição de eu vivente, e isso no Cristo, tendo-os "eleito nele", nesse Filho

Primogênito. Assim, o Arqui-Filho aparece como o lugar onde se dá o dom da Vida ao vivente, de modo que, carregado de ipseidade e buscando nesta a efetividade fenomenológica da Vida que ele transmite, esse dom determina *a priori* todo vivente fazendo dele um eu. A ipseidade de um Si e de um eu não é o que o dom comunica como algo que de certo modo lhe seria ainda exterior, mas pertence à doação como tal. Não sendo nunca a doação da vida algo diferente de uma autodoação, ela só pode cumprir-se na forma desta, na Ipseidade original que habita toda autodoação concebível. Não se trata somente do dom de Deus, não se trata somente do lugar onde ele se dá: trata-se da copertença originária e da interioridade recíproca da Ipseidade e da Vida o que desvela e exalta o estilo lírico de Paulo: "Bendito seja o Deus e Pai de nosso Senhor Jesus Cristo que nos abençoou com toda sorte de bênçãos espirituais, nos céus, *em Cristo. Nele* nos escolheu antes da fundação do mundo [...]. Ele nos predestinou para sermos seus filhos adotivos *por Jesus Cristo* [...] para louvor e glória da sua graça com a qual ele nos agraciou *no Amado. Nele* fomos feitos herdeiros..." (grifo nosso). "Herdeiros" quer dizer herdeiros da Vida, desta Vida que é a plenitude da graça e de todas as bênçãos: fora dela, não há nada, nela se tem a infinita fruição de si, a magnificência do viver. Herdeiros da Vida, nós não o somos, todavia, senão no Arqui-Filho; é nele e por ele somente que nós próprios nos tornamos filhos, os "filhos" adotivos da Vida, tornados filhos em sua Ipseidade essencial e por ela.

Outros textos de Paulo, mais breves mas não menos incisivos, designam sem equívoco a Cristo como a condição transcendental de todo eu possível, o próprio eu compreendido como eu transcendental vivente, isto é, portador da essência da Vida e podendo por isso mesmo definir-se, na linguagem fulgurante do Apóstolo dos incircuncidados, como "Templo de Deus". Que Cristo funda a condição em que cada homem é Templo de Deus é o que é dito sem equívoco: "Quanto ao fundamento, ninguém pode pôr outro diverso do que foi posto: Jesus Cristo [...]. Não sabeis que sois Templo de Deus e que o espírito de Deus habita em vós [...]. Porque o Templo de Deus é santo e esse Templo sois vós" (1 Coríntios 3, respectivamente, 11 e 16-17).

É mais brevemente ainda que, na Epístola aos Efésios, nosso nascimento transcendental é referido a Cristo como nascimento conjunto de um eu e de um vivente, de um eu que encerra em si a Vida e, assim, é "Templo" ou, ainda, "Habitação de Deus". "Nele sois coedificados para serdes habitação de Deus, no Espírito" (ibidem, 2,22). É deste modo que, tendo sido "criados em Cristo Jesus" (ibidem, 2,10), tendo seu Si de sua Ipseidade, encontrando seu fundamento nele e não sendo possíveis sem ele, esses eus transcendentais são ditos "coerdeiros" (ibidem, 3,6). Eles não recebem em partilha a herança da Vida enquanto Filhos de Deus senão na medida em que têm esta herança do Arqui-Filho e de sua Ipseidade essencial, disso que, do ponto de vista sacramental, será designado como sua carne. Essa imbricação, no nascimento transcendental dos eus transcendentais, da herança de Cristo na de Deus, imbricação onde se lê "a insondável riqueza de Cristo" (ibidem, 3,8), tal é segundo o Apóstolo a economia do mistério oculto desde a origem dos séculos (ibidem, 3,61).

A interpretação genial do cristianismo por Paulo, interpretação que sua adequação integra de modo incoercível na definição do cristianismo, cede, no entanto, à dos textos joaninos, os quais, para dizer a verdade, já não constituem, de modo algum, uma interpretação, na medida em que é verdade que parece ressoar neles a própria palavra de Cristo. A imbricação paulina se exprime aí mais originalmente, em forma de tripla implicação. Por um lado, a imensa multidão dos viventes, e por outro, um Filho único incessantemente denominado tal por João. Os múltiplos filhos o são no Filho, e essa é a razão pela qual eles não serão salvos senão identificando-se com esse Filho, que é identificado com o Pai no seio de sua interioridade recíproca. É esta dupla identificação, o nascimento eterno do Filho e o nascimento dos filhos no Filho, o que constitui o fundamento da salvação cristã. A explicação desta dupla identificação foi produzida no que concerne à interioridade recíproca entre o Pai e o Arqui-Filho. É a que se dá entre os filhos e o Filho e, assim, entre os filhos e Deus a que resta cumprir. Como a primeira, a segunda encontra em João sua elucidação radical.

O que se propõe sob o aspecto de uma parábola retém, antes de tudo, nossa atenção. Parábola muito simples e fácil de entender, ao que parece. Trata-se de um redil onde se guardam ovelhas. Quanto a Cristo, ele aparece em forma de pastor ou de bom pastor que mantém com suas ovelhas relações extraordinárias. Por um lado, é verdade, a alegoria torna essas relações compreensíveis referindo-se às que existem de fato entre um pastor e as ovelhas de seu rebanho: elas conhecem sua voz e o seguem; quanto ao pastor, "ele chama suas ovelhas cada uma por seu nome" (João 10,3). Essas relações, que cada um pode observar na vida pastoral, se veem bruscamente arrancadas de seu quadro familiar, já não têm nele o princípio de uma inteligibilidade possível. Esse princípio, João o situa na relação acósmica e intemporal que existe entre a Vida fenomenológica absoluta e a Ipseidade originária que ela gera em sua autogeração eterna e como condição desta. Já nenhum arquétipo mundano – nem, por conseguinte, nenhuma metáfora – oferece ajuda para a inteligência do que está em questão aqui, a saber, a relação dos filhos com o Arqui-Filho, a qual só pode ser compreendida à luz da relação mais original do Arqui-Filho com a Vida absoluta. A interioridade fenomenológica recíproca entre Cristo e Deus é a chave de que dispõe João para compreender, por sua vez, a relação dos filhos ao Filho, e essa chave é a única que convém. Se se supõe agora que a mesma relação dos filhos entre si não é compreensível senão à luz de sua relação com o Arqui-Filho, é a totalidade das relações entre viventes em geral – seja concernente aos homens, a Cristo ou a Deus – que é novamente posta em questão. Esta reapresentação global da relação entre os viventes como encontrando seu princípio não no mundo, mas somente na Arquigeração da Vida, nós a deixamos provisoriamente de lado para nos concentrar em um só de seus aspectos, que, porém, é essencial. É o que nos interessa precisamente aqui, a saber: a relação dos filhos com o Arqui-Filho.

Ora, esta relação constitui precisamente o tema oculto da parábola de João. Nesta, com efeito, Cristo não intervém apenas como pastor das ovelhas, ele é ainda a porta do redil onde elas estão: "Eu sou a porta" (João 10,9). Se Cristo é a porta do redil onde estão as ovelhas, é porque o acesso a todo eu transcendental concebível reside na Ipseidade original em que somente algo como um Si e como um eu é possível. Ora, tal proposição, que situa o acesso ao eu numa Ipseidade mais antiga que ele, faz tremer todo olhar capaz de perceber nisso suas implicações abissais – na medida precisamente em que ela tem em vista todo eu transcendental, tanto o meu quanto o de outro homem, para não falar aqui senão dos filhos.

No que concerne a meu próprio eu, a proposição quer dizer que eu não tenho acesso a mim mesmo e, assim, que não posso ser eu mesmo senão passando pela porta do redil. Eu não sou eu mesmo e não posso sê-lo senão através da Ipseidade original da Vida. Essa é a carne patética desta Ipseidade em que a Vida se junta a si mesma, é ela que me une a mim mesmo de modo que eu seja e possa ser esse eu que sou. Não posso pois unir-me a mim mesmo senão através de Cristo, na medida em que ele juntou a ela mesma a Vida eterna, fazendo-se nela o primeiro Si. A relação consigo que faz de todo eu um eu é o que o torna possível. É, em linguagem filosófica, sua condição transcendental. É enquanto ele tem sua possibilidade dessa relação de si consigo que o próprio eu é um eu transcendental. Cristo, porta do redil onde pastam as ovelhas, onde os eus transcendentais são eus transcendentais, Cristo é sua condição transcendental. Jamais nenhum eu transcendental seria dado a ele mesmo, jamais ele chegaria a si de modo que pudesse, nesse chegar constantemente a si, ser um Si se a Ipseidade fenomenológica original do Primeiro Si da Vida não lhe fornecesse a substância de sua própria ipseidade. Assim, não há Si, isto é, relação consigo, senão na primeira relação consigo da Vida e no Si dessa primeira relação. Não é possível nenhum si que não tenha como sua substância fenomenológica, como sua carne, a substância fenomenológica e a carne do Arqui-Filho.

Tal é o sentido da parábola segundo a qual Cristo é a porta do redil onde pastam as ovelhas. Cristo não é, antes de tudo, o intermediário entre o homem e Deus. Cristo é antes de tudo o intermediário entre cada eu e ele mesmo, essa relação consigo que permite a cada eu ser um eu. Essa relação não é uma relação abstrata, redutível a uma conceptualização formal. Ela tem, como dissemos, uma concretude fenomenológica, uma carne. Se a relação consigo em que se edifica todo eu concebível é a Ipseidade original do Arqui-Filho que junta cada eu a ele mesmo, tal relação é ao mesmo tempo a relva onde pastam as ovelhas, a relva que as nutre e assegura seu crescimento. Pois todo eu que se relaciona consigo se incrementa de si mesmo, se infla de seu próprio conteúdo. Este incremento de si em todo eu possível, esta autoafecção em que ele toca a si em cada ponto de seu ser, é precisamente sua carne, sua carne fenomenológica, sua carne vivente. Em minha carne vivente sou dado a mim mesmo e, assim, eu sou um eu, eu sou eu mesmo. Mas não fui eu quem me deu a mim mesmo, não sou eu que me junto a mim mesmo. Eu não sou a porta, a porta que me abre para mim. Não sou a pastagem, a pastagem com que cresce minha carne. Em minha carne, fui dado a mim mesmo, mas não sou minha própria carne. Minha carne, minha carne viva é a de Cristo. Assim fala Aquele cuja palavra João relata: "Eu sou a porta. Se alguém entrar por mim [...] entrará e sairá e encontrará pastagem..." (João 10,9).

Ora, a porta do redil que, no dizer da estranha parábola, dá acesso ao lugar onde pastam as ovelhas, fundando assim a Ipseidade transcendental em que cada eu, relacionando-se consigo e incrementando-se de si, encontra a possibilidade de ser um eu, esta porta, como lemos, dá acesso ao conjunto dos eus transcendentais viventes – não a um só deles, àquele que eu próprio sou. Cristo não está em mim somente como a força que, esmagando-me contra mim, faz sem cessar de mim um eu. Cada eu só advém a si mesmo deste modo, na potência formidável deste estreitamento em que ele se autoafeta de modo contínuo. Por isso a porta se abre para todos os viventes. Dar acesso a cada um deles só é possível através de Cristo. E é preciso compreender com todo o rigor o que tal proposição significa. Se o acesso a todo eu concebível pressupõe sua vinda a si mesmo, valendo-se de uma Ipseidade prévia que não procede dele, mas da qual ele procede, então, com efeito, ter acesso a esse eu quer dizer tomar a via desta vinda prévia de que ele resulta – transpor a porta, atravessar a parede incandescente desta Ipseidade original em que arde o fogo da Vida. Não é possível chegar até alguém, atingi-lo, senão através de Cristo. Através da Ipseidade original que o relaciona consigo mesmo, fazendo dele um Si – esse alguém, esse "eu" que ele é. Não é possível tocar uma carne senão através de uma Carne original, que em sua Ipseidade essencial dá a essa carne o sentir-se a si mesma e experimentar-se a si mesma, lhe dá o ser uma carne. É impossível tocar esta carne sem tocar a outra carne que fez dela uma carne. É impossível ferir alguém sem ferir a Cristo. E é Cristo quem o diz: "O que fazeis ao menor dentre vossos irmãos, é a mim que o fazeis" (Mateus 25,35).

Não se trata de metáfora. A palavra não quer dizer: o que fazeis a um de vossos irmãos é como se vós o fizésseis a mim. No cristianismo, não há metáforas, nada que seja da ordem do "como se". E isso porque ao cristianismo só importa a realidade, não o imaginário ou símbolos. Um "eu" não é como se fosse um "eu". Este eu que eu sou não é como se fosse o meu eu. Nesse caso, ele poderia muito bem ser como se fosse o de outro, outro eu. Essas derivas imaginárias pertencem às representações febris da doença, notadamente da doença da vida em que cada um se volta contra si e já não quer ser aquele que ele é, identificando-se em caso de necessidade, para fazê-lo, com outro. Longe de porem em causa o irremediável de um eu ancorado para sempre em si mesmo, as derivas imaginárias o pressupõem. Mas o eu não está ancorado em si mesmo para sempre senão pela força da Ipseidade essencial que, dando-o a ele mesmo e ligando-o a ele mesmo em seu estreitamento patético, fez dele esse eu que ele é para sempre. Antes pois que este eu fosse, a Ipseidade original do Arqui-Filho o lançou em si mesmo. Sem esta Ipseidade que o precede, nenhum eu jamais seria. Eu, portanto, se tenho que ver comigo, tenho antes de tudo que ver com Cristo. E, se tenho que ver com outro, tenho antes de tudo que ver com Cristo nele. E tudo o que eu lhe faço, faço-o antes de tudo a Cristo. A significação dessas implicações que sustêm a ética cristã aparecerá mais tarde.

Extraordinária é, pois, a hipótese formulada pela parábola, a de atingir um eu qualquer, o meu ou o de outro, sem passar pela Ipseidade essencial de que esse eu tem sua possibilidade. O que tal possibilidade põe em causa, é preciso vê-lo bem, não é nada menos que o conjunto das intuições fundamentais do cristianismo, as que concernem à autogeração da vida como geração de uma Ipseidade original, a única em que todo eu transcendental vivente se edifica, por sua vez, enquanto Filho de Deus e "Filho no Filho". *Haverá algum vivente que passe sem a vida, um eu sem a Ipseidade original de um Si nele?*

O texto joanino conhece então suas maiores tensões, a cólera de Cristo rebenta, semelhante à que Rubens pintou no quadro de Bruxelas quando, saltando nas nuvens, tendo o relâmpago na mão e brandindo-o sobre o mundo, ele está prestes a aniquilá-lo: "Aquele que não entra pela porta do redil, mas nele penetra por outra parte, é ladrão e assaltante" (João 10,1). Tem-se então a declaração estupefaciente: "Todos os que vieram antes de mim são ladrões e assaltantes" (João 10,8). Ninguém veio antes de Cristo. "No princípio era o Verbo"; "Antes que Abraão existisse, Eu sou"; "Davi lhe chama Senhor". Ora, essas não são, relembremos, simples afirmações. Trata-se de proposições fenomenológicas de validez apodíctica e de que nós dissemos que qualquer pessoa que perceba o estado de coisas que elas visam é obrigado a afirmá-las. Ninguém veio antes de Cristo quer dizer que ninguém podia vir antes dele, e isso porque nenhum eu é possível a não ser na Ipseidade que engendra a Vida absoluta experimentando-se a si mesma em sua autoafecção original. Pois não há autoafecção que não traga em si uma ipseidade como aquilo que sem o qual ela jamais se cumpriria. Do mesmo modo *o seus, os que têm acesso a si mesmos e se apossam de seu ser próprio*, ou ainda os que têm acesso aos outros e estão em relação com eles – esses, todos esses não fazem em nenhum momento a economia da ipseidade que os dá a eles mesmos, permitindo-lhes assim ser eus. O que quer que diga e o que quer que faça, todo eu já faz uso em si de uma ipseidade em poder da qual ele não entra de modo algum; ele já se apropriou do que não lhe pertence: é um ladrão e um criminoso. Ladrões e criminosos são aqueles, são todos aqueles que não dobraram o joelho diante do que neles os deu a eles mesmos, que entraram no redil ou apascentam as ovelhas sem passar sob o Arco triunfal, escalando a paliçada de maneira vergonhosa, na noite de sua cegueira. Em que condições se produz e pode produzir-se tal roubo, em que noite? Que espécie de cegueira o acompanha e o torna possível, aí está o que estará em questão. Por ora, nesse ponto a que a análise fenomenológica nos conduziu, importa medir que formidável pensamento sobre o indivíduo o cristianismo traz em si, ainda que, e sobretudo, do ponto de vista filosófico esse aporte ainda permaneça largamente inexplorado.

Designaremos doravante pelo termo Indivíduo, escrevendo a palavra com maiúscula, a essência verdadeira do que a linguagem corrente designa por esse nome. Esta essência verdadeira é ser um Eu transcendental vivente, é a essência verdadeira do homem. A extrema originalidade do pensamento cristão sobre o Indivíduo é ter ligado de início esse conceito do Indivíduo ao da Vida. O que constitui a profundidade sem limite de tal pensamento é que a relação assim estabelecida entre Indivíduo e Vida não é precisamente uma relação no sentido corrente desta noção, a saber, alguma ligação entre dois termos separados e suscetíveis, cada um, de existir sem o outro. Mas tampouco é uma relação "dialética" no sentido em que o pensamento moderno a entende, a saber, uma relação entre dois termos tal, que um precisamente não pode existir sem o outro – não podendo essa existência, tanto a de um como a do outro, vir senão de sua posição conjunta, de sua sín-tese. A relação dialética deixa indeterminada a essência fenomenológica em que esta relação se produz; ou, antes, ela interpreta sub-repticiamente esta essência de modo fenomenológico como sendo a verdade do mundo. É nesta verdade que se mostram tanto a relação como os termos entre os quais ela se estabelece.

A relação entre Indivíduo e Vida no cristianismo é uma relação que tem lugar na Vida e que procede dela, não sendo senão o próprio movimento desta. Esse movimento é aquele pelo qual, vindo constantemente a si em seu experimentar-se a si mesmo e, assim, em seu "viver", a Vida se engendra constantemente a si mesma engendrando em si a Ipseidade sem a qual o experimentar-se a si mesmo desse viver não seria possível. A relação entre o Indivíduo e a Vida se identifica, assim, com o processo de autogeração da Vida como geração do Arqui-Filho, com a relação de interioridade recíproca entre o Pai e o Filho – relação primordial situada no coração do cristianismo e longamente estudada por nós. Desta relação primordial de interioridade recíproca entre a Vida e o Indivíduo – entre a Vida e o Arqui-indivíduo, seria preciso dizer –, os conceitos de Vida e de Indivíduo saem alterados. Tal alteração age, retroativamente, sobre tudo o que precedeu o cristianismo, e, projetivamente, sobre tudo o que virá após ele. Agir quer dizer aqui tornar caduco, reverter. Consideremos então sucessivamente a alteração que o cristianismo antes de tudo faz do conceito de vida sofrer, e depois do de indivíduo – estando entendido que não é possível considerá-los separadamente e que é precisamente esta impossibilidade, a copertença originária da Vida e do Indivíduo, que constitui uma das afirmações mais essenciais do cristianismo.

Quanto à vida, tivemos ocasião de ver quanto seu conceito permanece indeterminado na história do pensamento ocidental. Uma vez que sua definição já não consiste na simples enumeração de propriedades objetivas que se podem ler no ente vivente, a vida aparece como uma força cujo estatuto é a tal ponto incerto que a ciência moderna não fará outra coisa senão eliminá-lo. Do ponto de vista filosófico, mais precisamente na filosofia anterior aos desenvolvimentos da biologia do século XX, o conceito de vida se encontra em situação análoga. Para além das propriedades objetivas dos organismos vivos, a vida aparece como uma entidade obscura – com a única diferença de que esta podia ser afirmada, tornar-se eventualmente tema de uma filosofia especulativa, em vez de ser simplesmente negada como na ciência moderna.

O pensamento romântico oferece o exemplo privilegiado de uma concepção da vida cujo prestígio decorre muito amplamente do caráter indeterminado de seu objeto. A única determinação desta entidade indeterminada que é a vida lhe vem precisamente de ela ser pensada independentemente do indivíduo, sendo considerada uma força superior a ele. A vida aparece então como uma potência impessoal, anônima e, porque exclusiva da singularidade do indivíduo, "universal". Enquanto universal, ela se presta a desempenhar o papel de princípio – o princípio de uma explicação global de todos os fenômenos, o princípio de um mundo. A vida universal é não só superior ao indivíduo, mas lhe é estranha e, como tal, indiferente. É um fluxo impessoal que submerge o que encontra, estranho pois a tudo o que recobre, acarreta ou aciona. "Para esse rio da vida", diz Hegel, "é indiferente a natureza das rodas que ele faz girar".[1]

A separação entre a Vida e o Indivíduo revela suas consequências decisivas e catastróficas quando o Indivíduo é reconduzido à sua essência própria, a ipseidade sem a qual nenhum Indivíduo seria possível. Em nossa primeira aproximação à vida (capítulo 3), mostramos que a vinda da vida ao primeiro plano na filosofia revolucionária de Schopenhauer não tinha conseguido, afinal de contas, senão diminuí-la. E isso porque, à falta de ser reconhecida em sua

---
[1] *Phénomenologie de l'Esprit*. Trad. J. Hyppolite. Paris, Aubier, 1939, I, p. 237.

fenomenalidade própria, privada ao contrário desta, a qual se encontrava confiada à representação, isto é, ao mundo, a vida não era mais do que uma força cega. Ora, é dessa incapacidade de pensar a vida como Verdade e, mais ainda, como a essência original desta, uma razão que se descobre para nós agora: precisamente a separação entre a Vida e o Indivíduo. Uma vida sem o indivíduo é, pois, uma vida sem ipseidade – sem Si –, é uma vida que não se experimenta a si mesma e que se encontra na impossibilidade de fazê-lo, uma vida privada da essência do viver, privada de sua própria essência – uma vida privada de vida, estranha à vida. Se o conceito de vida é conservado para designar esta entidade absurda de uma vida estranha à essência da vida, de uma vida que não se experimenta a si mesma, isso só pode dar-se com uma condição. Com a condição de que, por um golpe de força, esta entidade seja erigida em realidade e, mais ainda, em princípio de toda e qualquer realidade. Uma vida que não se experimenta a si mesma é uma vida inconsciente. O conceito de vida inconsciente não resulta unicamente da oposição entre a vida e a verdade do mundo, mas deve ser compreendido mais rigorosamente como a expressão fenomenológica do conceito de uma vida privada de ipseidade, incapaz de se experimentar a si mesma, estranha ao indivíduo – de uma vida anônima.

Foi esse conceito de uma Vida separada do Indivíduo que forneceu ao romantismo seus temas maiores. Não que o romantismo elimine de início o indivíduo. Ele o toma, ao contrário, como ponto de partida – como uma aparência, para ser mais exato. Aquilo a que ele visa é a dissolução desse indivíduo de algum modo provisório numa realidade mais alta que ele, no curso desse rio sem margens que é a vida universal. É somente fazendo arrebentar os limites de sua individualidade que o indivíduo poderá retornar esse fundo impessoal de toda realidade e fundir-se nela. A eliminação da individualidade do indivíduo e, assim, deste último, aí está o que se propõe, através das diversas formas de conceptualização, como condição de uma salvação.

A profundidade da intuição cristã consiste em trazer à luz a inanidade dessas concepções. O indivíduo só pode identificar-se com a vida universal com a condição da manutenção e não do desaparecimento de uma Ipseidade essencial – e isso tanto nele quanto na própria vida. Nele, porque sem tal manutenção, longe de poder unir-se à vida universal, ele seria aniquilado. Nela, porque é somente com a condição de trazer em si esta Ipseidade tão antiga quanto ela que a Vida pode ser a Vida. Tal é a intuição abissal do cristianismo: a Ipseidade transcendental como condição tanto do Indivíduo quanto da Vida. De maneira que o primeiro não é possível sem a segunda, assim como tampouco a segunda sem a Ipseidade do primeiro. Ora, esta conexão decisiva, o cristianismo não a estabeleceu a propósito de nenhum indivíduo particular nem de nenhuma vida particular. Ele a captou no começo, na primeira fulguração da Vida, lá onde ela se autoengendra em sua Ipseidade essencial.

Compreender o Indivíduo a partir da copertença originária da Vida e da Ipseidade é propor um conceito inteiramente novo dele. O indivíduo, a individualidade, o princípio que individualiza e desse modo funda a individualidade são questões que surgiram desde sempre na reflexão filosófica. Como toda questão fundamental, a da individualidade se destaca sobre o fundo de um horizonte fenomenológico de questionamento que, de modo consciente ou não, determina a resposta. A originalidade radical do cristianismo é, aqui, ter percebido o indivíduo na Verdade da Vida, enquanto o pensamento tradicional jamais o percebe senão na do mundo. O problema do indivíduo não era, pois, de modo algum desconhecido. Muito pelo contrário, era objeto de problemáticas complexas e explícitas. Porque a essência do Indivíduo reside em sua Ipseidade, que só se cumpre no autocumprimento da Vida, todo o pensamento sobre o indivíduo que se esforça por captá-lo a partir da verdade do mundo há de esbarrar num fracasso insuperável.

Contentemo-nos aqui com um breve retorno a Schopenhauer. O problema da individualidade desempenha nele um papel decisivo, e isso porque, pensando a vida como uma vida anônima e inconsciente – inconsciente porque anônima, porque privada de individualidade e de indivíduo –, lhe é preciso ao menos propor uma teoria precisa a respeito dela. Da Ipseidade transcendental em que se cumpre a autodoação da vida e, assim, sua revelação originária, Schopenhauer não tem sequer ideia. Como tampouco a filosofia ocidental em conjunto. A individualidade, por isso mesmo, não pode ser compreendida senão à luz da única fenomenalidade que se conhece, a da representação ou, se se preferir, do mundo. Ou seja, Schopenhauer não faz senão retomar a interpretação da individualidade que reina desde sempre – se não é que a formula no sistema de conceptualização e na terminologia que acaba de herdar de Kant. A concepção schopenhaueriana da individualidade não se elabora somente à luz de uma teoria da verdade do mundo, mas coincide com esta para ser, para dizer a verdade, apenas uma aplicação desta ao problema do indivíduo, ou melhor, a re-formulação a propósito deste problema.

A individualidade do que se propõe como "individual" é a de tudo o que se mostra num mundo, o que quer que seja, de uma coisa qualquer, por conseguinte. O que individualiza uma coisa qualquer que se mostra no mundo é que ela aparece nesse lugar do espaço, nesse momento do tempo. Assim, dois objetos rigorosamente idênticos diferem, todavia, em razão da diferença dos lugares que eles ocupam. Assim ainda, dois sons semelhantes por suas qualidades sonoras – por sua altura, sua intensidade, seu timbre –, duas notas que seriam ao fim e ao cabo idênticas em virtude da similitude dessas propriedades, diferem, todavia, pelo fato de ressoarem em dois momentos diferentes do tempo. O que individualiza, em última instância, não são as propriedades das coisas, podendo essas propriedades ser idênticas e as coisas ser, todavia, diferentes. O que individualiza, o princípio de individuação, é o espaço e é o tempo. Ora, o espaço e o tempo são maneiras de mostrar. Em Kant, espaço e tempo são precisamente formas *a priori* da intuição, isto é, maneiras de aparecer e de fazer aparecer que coconstituem esta maneira de aparecer e de fazer aparecer que é o mundo. O princípio que confere a cada coisa sua individualidade e a diferencia, assim, de qualquer outra é o aparecer do mundo, é sua verdade.

Isso vale tanto para os homens quanto para as coisas. O que individualiza um homem, o que faz dele este indivíduo e não este outro, é o lugar que ele ocupa no mundo, é o momento em que ele intervém no tempo deste mundo e em sua história. E cada um de seus atos, cada movimento de preensão de sua mão, assim como cada um de seus pensamentos, recebe esta marca, que o individualiza absolutamente – fazendo dele este ou aquele à diferença de todo e qualquer outro –, do lugar que ele ocupa no tempo. E eis-nos no coração do absurdo de todo pensamento que reduz a essência da verdade à do mundo. Na medida em que o princípio que individualiza se identifica com a emergência deste mundo, a individualidade do homem é idêntica à de todo ente que se mostra neste mundo e não é compreendida de modo diferente – de modo diferente de como é compreendido um ente qualquer, um acontecimento histórico, um instrumento ou uma simples "coisa". Não é compreendida de outro modo e não pode sê-lo, porque o princípio que individualiza é o mesmo em todos os casos.

Convém, pois, aqui, fazer explodir essa pretensa unidade do princípio que individualiza. Unidade impossível se se trata de um princípio fenomenológico que remete como tal à essência da fenomenalidade e da verdade. Mais precisamente, à antinomia maior segundo a qual a fenomenalidade se cinde segundo os dois modos de fenomenalização que são a verdade do mundo e a Verdade da Vida. O que individualiza qualquer coisa como o Indivíduo que cada um de nós é, em sua diferença com respeito a todo e qualquer outro – cada eu e cada ego transcendental para sempre distinto e insubstituível –, não se encontra em lugar nenhum do mundo. A individualidade do Indivíduo não tem nada que ver com a de um ente, a qual, aliás, não existe, não resultando nunca de outra coisa além da projeção antropomórfica do que encontra sua condição na essência única da individualidade. E assim é precisamente porque, afinal de contas, o princípio que individualiza é tão único quanto o que ele conduz, a cada vez, à condição que é a sua. Não há individualidade do ente, mas somente uma designação exterior espaciotemporal que torna possível uma eventual determinação paramétrica ulterior. Só há individualidade do Indivíduo. A individualidade do Indivíduo só existe como sua ipseidade. Só há Ipseidade na vida. A Ipseidade não se encontra na vida como a relva no campo ou a pedra no caminho. A Ipseidade pertence à essência da Vida e à sua fenomenalidade própria. Ela nasce no processo de fenomenalização da vida, o processo de sua autoafecção patética, e como o modo mesmo segundo o qual esta se cumpre. A Ipseidade é a do Arqui-Filho transcendental e só existe nele, como o que engendra necessariamente nela a vida que se engendra a si mesma. A Ipseidade está com a vida desde seu primeiro passo; ela pertence ao primeiro nascimento. Ela se encontra neste Arquinascimento, torna-o possível, não é inteligível senão em sua fenomenologia. A Ipseidade é o Logos da Vida, esse em que e como a Vida se revela revelando-se a si. A Ipseidade está no princípio e vem antes de todo e qualquer eu transcendental, antes de todo e qualquer Indivíduo. Antes de Abraão. Mas todo e qualquer Indivíduo procede desta Ipseidade e só é possível nela. Nesta Ipseidade de antes do mundo. Nesta Ipseidade tão antiga como a vida, eterna como ela. Se por homem entendemos, como se faz habitualmente, o indivíduo empírico, esse cuja individualidade decorre das categorias do mundo, do espaço, do tempo, da causalidade, em suma, se o homem é este ser do mundo inteligível na verdade do mundo, então é preciso resignar-se: este homem não é uma Ipseidade, ele não traz em si nenhum Si, nenhum "eu". O indivíduo empírico não é um Indivíduo e não pode sê-lo. Um homem que não é um Indivíduo e que não é um Si não é um homem. *O homem do mundo é apenas uma ilusão de ótica. O "homem" não existe.*

A falência de toda e qualquer concepção mundana do homem dá novamente às teses à primeira vista desconcertantes dessa fenomenologia radical da vida que é o cristianismo sua profundidade abissal. Homem que seja de fato um homem, que possa ser um homem – homem que seja um Indivíduo, um Si e um eu –, só há, com efeito, em Cristo, a saber, na Ipseidade original, coengendrada pela Vida em seu autoengendramento. Esta inteligência do homem como Filho da Vida no Arqui-Filho e na Ipseidade original desta Vida faz caduca e até um pouco ridícula a concepção de homem da ideologia objetivista moderna, seja a do senso comum ou a do cientificismo, sendo o primeiro, aliás, largamente pervertido pelo segundo.

Até onde vai a conexão originária essencial entre a Ipseidade e a Vida é o que a parábola de João em que Cristo declara ser a porta do redil das ovelhas dá a entender. Por um lado, é verdade, a Ipseidade nasce na vida; é lançando-se em si mesma que a vida gera essa Ipseidade em que, estreitando-se a si mesma, ela advém para si. Uma inversão extraordinária se produz, no entanto, quando, identificando-se com a porta que dá acesso às ovelhas, Cristo se apresenta, ao contrário, como aquele que dá à vida o nutrir-se, o nutrir-se de si, o crescer e incrementar-se de si e, assim, ser vivente: "Eu sou a porta: Se alguém entrar por mim [...] entrará e sairá e encontrará pastagem...". E é então que se produz a inversão: Cristo já não como engendrado na vida, mas como aquele que a dá. Já não como o Filho – o Primeiro, certamente, o Arqui-Filho. Já não como um vivente – o Primeiro, certamente, o Primeiro Vivente. Já não como um vivente que pressupõe sempre a vida e só é possível a partir dela, mas como Aquele que, mais alto aqui, de certa maneira, que a vida, tem poder sobre ela, poder de dá-la e, assim, de engendrá-la. Esta geração já não como transmissão da Vida ao Vivente, mas de algum modo do Vivente à Vida, é formulada incontestavelmente e é, depois de Cristo ter-se designado como a porta, a palavra mais surpreendente da parábola: "Eu vim para que tenham a vida" (João 10,10).

Em que sentido Cristo dá a Vida? No sentido de que nenhum vivente seria capaz de adquirir a Vida se esta não lhe tivesse sido transmitida como Vida, tendo já recebido em si a forma da Ipseidade, marcada com o selo indelével desta. Pois é somente uma Vida deste tipo, uma Vida originariamente ipseidada, que tem a natureza de tornar vivos os vivos que somos – vivos que são eus transcendentais capazes de crescer em sua própria carne, de se incrementar a cada instante em seu ser, e isso nesse Si que eles receberam junto com a Vida. Somente aquele que passou sob o Arco triunfal da Arqui-Ipseidade pode entrar e sair e encontrar pastagem, ser uma dessas ovelhas que pastam no redil.

O nascimento transcendental do vivente recebe aqui de modo completamente explícito sua determinação precisa: ser um Vivente na Vida, sem dúvida e somente por ela. A vida dá um lugar a todo vivente concebível. Assim, ela contém *a priori*, em sua essência, a multidão indefinida de todos os que ela pode chamar à vida. "Na casa de meu Pai há muitas moradas" (João 14,2). Mas cada uma dessas moradas é semelhante ao redil onde pastam as ovelhas. Para cada uma não há de início senão o Arco da Arqui-Ipseidade. A Vida ipseidada na Arqui-Ipseidade do Arqui-Filho prepara o lugar de modo que um lugar está pronto para cada vivente concebível enquanto eu vivente – enquanto chegando a si mesmo na Ipseidade desse eu; e isso porque vive uma Vida chegada a si na Ipseidade original do Primeiro Vivente. "... Pois vou preparar-vos um lugar, e quando [...] vos tiver preparado o lugar, virei novamente e vos levarei comigo, a fim de que, onde eu estiver, estejais vós também" (João 14,2). Assim, não há lugar para um vivente na vida sem que esta esteja previamente edificada em si como uma Ipseidade em que só o vivente que vive dessa vida ipseidada é, por isso mesmo, possível como um eu vivente. Ao fim e ao cabo, não há lugar em parte alguma senão para tal eu.

A parábola conduz aqui para além de si mesma. Ela permite entender a palavra que fala sem parábola, antes de toda e qualquer parábola, aquela que tem e reúne em si as tautologias decisivas do cristianismo: "Eu sou o Caminho, a Verdade e a Vida" (João 14,6). A identidade dos quatro termos é posta aqui: Eu = o Caminho = a Verdade = a Vida. Quanto à última identidade, Verdade = Vida, nós a estabelecemos longamente. É a tese fundamental de uma fenomenologia da vida. Segundo esta fenomenologia, a fenomenalidade se fenomenaliza originariamente numa autoafecção patética que define a única autorrevelação concebível, autorrevelação em que consiste a essência da vida. A Vida, portanto – e não, antes de tudo, a abertura de um mundo no *ek-stase* do "lá fora" –, constitui a Verdade original, a fenomenalidade original. A Verdade = a Vida.

O segundo termo da sequência tautológica – o Caminho – pode ser relacionado quer aos termos 3 e 4 e à identidade estabelecida entre eles, quer ao primeiro termo: Eu. Relacionada ao termo 3 – a Verdade –, o Caminho exprime pois uma tese geral da fenomenologia, a saber, que o caminho de acesso a uma coisa qualquer consiste na manifestação dessa coisa. De maneira geral, é a fenomenalidade de um fenômeno o que constitui o caminho de acesso a esse fenômeno. Esta tese decisiva da fenomenologia permanece, no entanto, totalmente indeterminada enquanto não se sabe em que consiste a fenomenalidade, mais exatamente o modo como ela se fenomenaliza. Para dizer a verdade, a investigação sobre o modo como se fenomenaliza a fenomenalidade deveria constituir o próprio tema da fenomenologia, sua primeira tarefa e a mais essencial. Com respeito a esta tarefa, ainda quando acreditasse consagrar-se a ela, a fenomenologia falhou gravemente. Enganada pelo pressuposto que comanda a filosofia ocidental e não fazendo, por isso mesmo, senão retomá-la a ela, e notadamente ao pensamento clássico, a fenomenologia interpreta a fenomenalidade do fenômeno como a do mundo. Dizer pois que o Caminho é a Verdade é dizer que *tudo aquilo a que podemos ter acesso se mostra a nós no mundo*, numa manifestação que é a própria Verdade do mundo. Quando a verdade é interpretada de modo revolucionário pelo cristianismo como a Vida (trata-se, bem entendido, de uma revolução metatemporal, meta-histórica), então o Caminho que conduz, que franqueia um acesso, é precisamente a Vida. É a Vida que é o Caminho. Caminho totalmente diferente do caminho do mundo e que conduz a algo totalmente diferente do que se manifesta no mundo. A que conduz o Caminho, quando ele é a Vida? Conduz à Vida. Este Caminho não é senão a própria Vida, na medida em que a Vida se autorrevela nessa autoafecção que constitui sua própria fenomenalidade, sua substância fenomenológica, sua carne, a carne de tudo o que é vivo.

E agora, relacionando o segundo termo ao primeiro, a palavra diz: "Eu sou o Caminho". Eu = o Caminho. Esta identidade fundamental só tem sentido se estiver relacionada às duas outras tautologias que compõem a palavra – ou seja, com duas condições. A primeira é que o Caminho seja constituído pela Verdade, o que ele é seguramente, segundo a tese mais geral da fenomenologia. Mas a segunda condição, a última tautologia, é decisiva: que a Verdade seja constituída pela Vida. Pois, se ela fosse constituída pelo mundo tanto segundo a filosofia tradicional como, aliás, segundo a crença popular, então o mundo é que constituiria o caminho, o caminho de acesso a tudo o que se pode mostrar a nós. Sucede porém que, se fosse esse o caso, não haveria para nós nem Vida nem Eu (nenhuma verdade tampouco, aliás, nenhum mundo, mas não é aqui o lugar de estabelecê-lo).

Como o Eu é o Caminho quando esse Caminho que conduz à Vida é a própria vida, sua autorrevelação – eis a questão. Com esta precisão, ou antes, esta lembrança: este Eu que é o Caminho não é um eu transcendental qualquer, um eu qualquer entre nós. Este Eu é o do Arqui-Filho, e é somente ele que é o Caminho. Deste Caminho que é o Arqui-Filho, qual é a essência, e a que conduz ele? Sua essência é a Ipseidade transcendental original gerada pela Vida em sua autogeração. Assim, ele é *o Caminho que conduz a vida a ela mesma*, tanto o estreitamento do Pai consigo quanto seu estreitamento com o Filho e o estreitamento deste Filho com seu Pai. Elucidamos esta relação de interioridade recíproca, mas não é dela que se trata aqui.

Manifestamente, a palavra que comentamos se dirige aos homens. É a eles que Cristo diz: "Eu sou o Caminho". É para eles que ele é este Caminho, *o Caminho que os conduz à Vida*, e é o que nós compreendemos. Pois a Vida não vem a eles, não vem a eles para fazer deles viventes, senão enquanto ela se fez Ipseidade no Arqui-Filho. Não é uma vida selvagem, anônima, inconsciente, vida que precisamente não existe, e não poderia existir dessa forma, que pode comunicar-se a um vivente qualquer. Mas somente esta vida que, por estreitar-se a si mesma em sua Ipseidade original, pode portanto dar-se como uma vida fenomenologicamente efetiva, uma vida que traz sua ipseidade a cada vivente, que poderá viver desta vida ipseidada como um eu vivo e deste modo somente. Assim, o Caminho que conduz os viventes à Vida é esta vida tornada vivente em sua Ipseidade original, a Vida do Arqui-Filho. É esta vida em sua Ipseidade original que é designada pela palavra: "Eu".

O Arqui-Filho, no entanto, não é somente o Caminho que conduz os viventes à Vida. Ele não é este caminho, para dizer a verdade, senão na medida em que é e foi o Caminho em outro sentido, ainda mais original. Antes de conduzir os viventes à Vida, ele conduziu a Vida até os viventes. É somente porque ele conduziu a Vida até os viventes que, fazendo-o, os conduziu até a Vida. Como Cristo conduziu a Vida até os viventes, de modo que pôde pronunciar a palavra mais louca e a mais extraordinária, aquela em que de certo modo ele se situa antes da Vida: "Eu vim para que tenham a vida"? Ele conduziu a Vida aos viventes *conduzindo-a primeiro em si até ela mesma*, e isso em sua Ipseidade e por sua Ipseidade essencial; e depois fazendo dom desta ipseidade a cada vivente de modo que nela cada um deles seja possível como um Si vivente. A geração do Arqui-Filho na autogeração da Vida absoluta torna possível a geração de todo e qualquer vivente concebível. É desse modo que Cristo é o Caminho, porque, tendo conduzido a Vida até cada vivente, ele é ao mesmo tempo aquele que conduz cada vivente à Vida.

Na parábola, Cristo se chama a porta do redil. Chamamos a esta porta Arco triunfal, porque ela é o Caminho que conduz à Vida. Não se passa duas vezes sob este Arco. Não há dois trajetos: um que iria da Vida aos viventes, e isso na medida em que a Vida se autoafeta na Ipseidade essencial em que por isso mesmo ela engendra cada vivente; o outro que iria de cada vivente à Vida, na medida em que, no Si que o torna vivo e na Ipseidade original de Si, é precisamente a Vida que se autoafeta. Esses dois trajetos se recobrem, há uma só porta, um só Arco, uma só Parúsia em que fulgura a Vida. A geração do Arqui-Filho na autogeração da Vida absoluta habita a vinda a si de cada vivente, de modo que a vinda a si de cada vivente encerra em si a geração do Arqui-Filho na autogeração da Vida absoluta e não é possível senão por ela.

Do cruzamento das duas vias sob o Arco onde fulgura a Vida – a via que conduz da Vida ao vivente, e a que conduz o vivente à Vida – não resulta nenhuma reciprocidade entre estes dois termos, entre a Vida e o vivente. A reciprocidade só concerne à relação de interioridade da Vida absoluta e do Arqui-Filho, na medida em que a Ipseidade em que Deus se estreita eternamente é a do Arqui-Filho que se encontra gerado desse modo. Da Ipseidade da Vida absoluta ao eu de cada vivente, a relação não implica nenhuma reciprocidade desse tipo, o caminho não pode ser percorrido nos dois sentidos. Deus poderia muito bem viver eternamente em seu Filho e este em seu Pai sem que nenhum outro vivente jamais viesse à Vida. Ao passo que a vinda de qualquer outro vivente à Vida, o nascimento transcendental de um eu qualquer, implica, ao contrário, a Ipseidade e, assim, a geração do Arqui-Filho na Vida absoluta.

Essa dissimetria marca a distância infinita que separa Cristo dos outros homens. É esta distância, aliás, o que Cristo não cessa de lembrar-lhes, no fundo, em cada uma de suas palavras e, assim, ao longo de todos os Evangelhos. A dissimetria, todavia, não deixa reconhecer de início sua verdadeira significação. Cristo parece opor-se aos homens compreendidos como seres naturais. Assim, a filiação natural que parece convir a eles e que os dispõe no tempo do mundo segundo a ordem das gerações – José filho de Eli, filho de Matat, filho de Amós... – é brutalmente recusada e rompida por Cristo no que lhe concerne, como longamente estabelecemos. "Antes... Abraão... Eu." Senhor de Davi. É enquanto Arqui-Filho engendrado antes da criação do mundo que Cristo, ao que parece, se separa radicalmente dos próprios homens, que eles "vêm ao mundo" e assim só aparecem nele. Mas quando, segundo o ensinamento do cristianismo, o homem é compreendido por sua vez enquanto Filho, sendo assim sua essência arrancada à verdade do mundo e retomada como a da Vida, a oposição entre Cristo e os homens já não pode repousar sobre o caráter natural destes últimos. Precisamente já não são seres naturais, já não pertencem ao mundo e já não se mostram nele. *O homem natural é interditado no tempo mesmo em que sua condição de Filho é posta*. É pois no plano da própria vida que se abre o abismo que separa Cristo dos homens, e é nesse plano que ele deve ser compreendido. É o que a análise do homem enquanto filho no Filho justamente estabeleceu. Algo como um eu vivente, um eu transcendental vivente, como nós o chamamos, só existe na Ipseidade original da Vida absoluta e por ela. "Não fostes vós que me escolhestes, mas fui eu que vos escolhi" (João 15,16). Ou seja, o mesmo que, em sua 1ª Epístola, João formula desta maneira: "Quanto a nós, amemos, porque ele nos amou primeiro" (4,19). Que a Vida só chegue a cada vivente através da Ipseidade original em que ela se dá a si mesma é o que o contexto põe não menos claramente: "... Que o Pai vos dá tudo [...] em meu nome".

À reversibilidade da Vida e de sua Ipseidade – do Pai e do Filho – em sua interioridade recíproca opõe-se pois radicalmente a irreversibilidade da relação do Arqui-Filho com todos os que tiverem dele e de sua Ipseidade original a possibilidade de seu Si e de seu eu. Esta irreversibilidade, todavia, não é um indício negativo. Antes, ela encerra em si um acontecimento extraordinário, a maravilha das maravilhas. Nesta Arqui-Ipseidade da Vida não só advém a possibilidade de cada vivente enquanto eu transcendental vivente, mas ainda há o fato de que, graças a esta ipseidade em que ele se relaciona consigo mesmo, toca cada ponto de seu ser, se experimenta a si mesmo e frui de si, este vivente não é apenas um eu, mas este, este eu irredutível a qualquer outro, que experimenta o que ele experimenta e sentindo o que sente, à diferença de todo e qualquer outro. Não porque o que ele experimenta seja diferente do que todos os outros experimentam ou porque o que ele sente seja diferente do que todos os outros sentem, mas porque é ele que o experimenta e é ele que o sente. Ele, o irredutivelmente diferente no seio de uma só e mesma Vida, de uma só e mesma Ipseidade. E isso porque é *tal a essência da Arqui-Ipseidade gerada na Vida absoluta, que, dando a todo aquele a que ela se dá o experimentar-se a si mesmo, ela faz dele, na efetividade fenomenológica deste experimentar-se a si mesmo, um Si absolutamente singular e diferente de todos os outros.*

Assim, a geração do Arqui-Filho na autogeração da Vida absoluta se reproduz de certo modo em cada nascimento transcendental na medida em que esta, uma só e mesma Vida autoexperimentando-se em sua Ipseidade original e por ela, dá nascimento a tantos eus irredutivelmente diferentes e novos – a Indivíduos que não são nada semelhantes entre si, nenhum dos quais foi precedido por um Indivíduo que lhe fosse comparável de algum modo, nenhum dos quais será seguido por outro que se avantaje a ele por pouco que seja e ponha em causa sua irredutibilidade e sua diferença com respeito a todos os outros – ele, que é este Si singular, para sempre diferente, para sempre novo.[2]

---

[2] A compreensão da essência verdadeira do homem como Si transcendental radicalmente singular e irredutível a qualquer outro desqualifica o discurso cientificista sobre o homem, e, por exemplo, estas declarações de François Jacob: "Talvez também se chegue a produzir à vontade, em tantos exemplares como desejado, a cópia exata de um indivíduo, de um político, de um artista, de uma rainha de beleza, de um atleta, por exemplo. Nada impede que se apliquem desde agora aos seres humanos os processos de seleção utilizados para os cavalos de corrida, para os camundongos de laboratório ou para as vacas leiteiras" (*La Logique du Vivant*, op. cit., p. 344). A ideia de indivíduos idênticos parece tranquila se não se trata de "indivíduo" no sentido humano, de um Si transcendental, que por essência é único.

Nenhuma causa do mundo pode explicar esta Ipseidade de um Si que a individualiza radicalmente no ato pelo qual ela o une a si e faz dele um Si. E isso porque esta própria Ipseidade não provém de nenhum mundo, não sendo possível em nenhum outro lugar senão na Vida e na essência desta. Assim, a Vida produz em sua Ipseidade a infinidade de todos os viventes de modo que cada um é ele mesmo insuperavelmente a partir do momento em que está vivo, em seu próprio nascimento. É sua vinda a si mesmo na Ipseidade gerada na autogeração da Vida que faz dele este Si singular e incomparável. É porque em sua Ipseidade de antes do mundo a Vida preparou este "espaço" para os Indivíduos irredutivelmente singulares e novos que se pode ler, neste Aqui absoluto composto por esta Ipseidade da Vida, o que o herói desamparado de *L'Amérique* decifra fascinado no cartaz do Grande Teatro de Oklahoma: "Todos são bem-vindos aqui [...]. Nosso teatro emprega todo mundo e põe cada um em seu lugar".[3] Cada um desses lugares está marcado por uma pedrinha branca, a que o Apocalipse destina ao vencedor, "uma pedrinha na qual está escrito *um nome novo*, que ninguém conhece, exceto aquele que o recebe" (Apocalipse 2,17). Aqui se encontram aqueles "cujos nomes estão no livro da vida"(Filipenses 4,3).

Que, em sua Arqui-Ipseidade, o Arqui-Filho transmita a Vida a todo e qualquer vivente possível – possível na medida em que não é somente um vivente, mas um Si, este Si que não é semelhante a nenhum outro, que existe como algo absolutamente novo, que nada precedeu nem substituirá – é o que explica o lugar muito

---

O que vem na condição de se experimentar a si mesmo se encontra, com efeito, em razão de sua singularidade absoluta que pertence a todo experimentar-se a si fenomenologicamente efetivo, na condição de ser ele mesmo absolutamente singular. Dois indivíduos biológicos rigorosamente idênticos seriam, enquanto Sis transcendentais, radicalmente diferentes. Vê-se por este exemplo crucial como é pouco "científico" pretender definir o homem do ponto de vista da biologia, da química ou da física, isto é, ignorando no princípio o que faz dele um homem, a saber, sua ipseidade. A individualidade que se confere do ponto de vista biológico ao indivíduo biológico é apenas a de uma coisa – uma individualidade "mundana", totalmente estranha à ipseidade sem a qual não há nem Si, nem eu, nem homem.

[3] F. Kafka, *L'Amérique*. In: *Oeuvres Complètes*. Paris, Gallimard, "La Pléiade", I, p. 235.

particular que Cristo ocupa no Novo Testamento. Lugar, para dizer a verdade, que ele se dá a si mesmo em detrimento, se não com desprezo, de todo o restante. Pois, para quem o escuta com distanciamento suficiente, parece que a Palavra de Cristo não se limita de modo algum a um ensinamento moral. Preceitos e obras prescritas não parecem valer por si mesmos, definir, em todo o caso, o essencial. Uma finalidade os ultrapassa em direção ao que importa. À questão da ética: que fazer?, a resposta é desconcertante: "Disseram-lhe então: 'Que faremos para trabalhar nas obras de Deus?' Respondeu-lhes Jesus: 'A obra de Deus é que creiais naquele que ele enviou'" (João 6,28-29). Mas a questão ricocheteia imediatamente. Crer naquele que ele enviou é crer que aquele que fala é precisamente o enviado, que Jesus é o Messias, o Cristo. "Que sinal realizas, para que [...] creiamos em ti? Que obra fazes?" (ibidem 30). Quando a distribuição por Moisés do maná foi afastada como puramente simbólica, a obra, o milagre recebem então seu verdadeiro nome: a doação da vida em sua carne fenomenológica, o "pão de vida". Trata-se enfim de saber o que é este pão: "'Senhor, dá-nos sempre deste pão!' Jesus lhes disse: 'Eu sou...'" (ibidem 34-35). Enfim, a razão do egocentrismo sem medida nem nuança que invade o Novo Testamento está clara. É porque a Vida se dá a cada um na Ipseidade do Arqui-Filho que, com efeito, não importa senão Aquele, ninguém mais. Novamente, o comentário do Apóstolo atinge o alvo: "Pois não quis saber outra coisa entre vós a não ser Jesus Cristo" (1 Coríntios 2,2).

A interpretação do homem como "filho de Deus", mais precisamente como "Filho no Filho", é carregada de implicações múltiplas. Antes de buscar a elucidação destas, uma questão, todavia, parece não poder ser diferida. Se os homens são esses Filhos de Deus em Cristo, como explicar que tão pequeno número deles o saiba e recorde? Se eles trazem em si esta Vida divina e sua imensidão, porque não há outra Vida além daquela e por que os viventes não têm de ceder senão sob sua profusão, como compreender que eles sejam tão infelizes? Porque, afinal de contas, não são as tribulações que vêm deste mundo o que os angustia. É consigo, na realidade, que eles estão tão descontentes. É sua própria incapacidade de realizar seus desejos e seus projetos, são suas hesitações, sua fraqueza, sua falta de coragem o que provoca no fundo deles mesmos o mal-estar que os acompanha ao longo de toda a sua lúgubre existência. Se eles não cessam de atribuir às circunstâncias ou aos outros a causa de seu fracasso, não o fazem senão para enganar-se a si mesmos e esquecer que tal causa está neles. Como diz Kierkegaard, não é por não se ter tornado César que alguém se desespera, mas por esse eu que não se tornou César. Mas como desesperar esse eu se ele não é nada menos que a vinda a nós de Deus em Cristo? Tal desespero só é possível se, de um modo ou de outro, o homem esqueceu o esplendor de sua condição inicial, de sua condição de Filho de Deus – de sua condição de "Filho no Filho".

É esse esquecimento que é preciso tentar compreender.

Capítulo VIII

O esquecimento pelo homem de sua condição de Filho: "Eu"; "Ego"

Falando de nós mesmos e acerca de tudo, portanto, constantemente dizemos "eu", "me". Os homens que fazem, assim, um uso espontâneo do pronome pessoal, intervenha ele no nominativo ou no acusativo, não se preocupam em saber por que se designam constantemente assim nem que saber lhes permite fazê-lo. E, no entanto, *tal saber deve existir em algum lugar,* porque se cada um ignorasse que é um eu e mais precisamente este eu-aqui, como poderia pensar-se e apresentar-se como tal? Em um sentido, este saber é tão comum, que parece quase ridículo falar dele. Porque você diz "eu" ao falar de si mesmo, e o que tem no espírito ao dizer isso e pensando em si mesmo? Por mais trivial que seja essa questão, não há ninguém, por assim dizer, que seja capaz de responder a ela. Essa é sem dúvida a razão por que ela é afastada com um dar de ombros. Quanto aos filósofos, eles não sabem mais. Suas observações a esse respeito, não se ouse dizer suas análises, parecem curtas e precárias, para não dizer irrisórias. O que chama atenção nos textos, no fundo, muito raros em que a questão do eu é tratada de frente é que, a cada vez, esse eu e o saber que se tem dele são pura e simplesmente pressupostos. Mas essa pressuposição é a tal ponto privada de fundamento, que chega a suceder que a existência desse eu seja negada; ou, ainda, é o saber que se tem dele e pois que ele tem de si mesmo que se encontra contestado, sendo reputado incerto e até puramente falacioso. Para dizer a verdade, com respeito a tudo o que concerne ao eu e aos problemas ligados a ele, a filosofia não sabe nada. E nós veremos por quê.

Deste eu singular que eu sou, que cada um dos homens se vê ser, o único saber de que a humanidade dispõe não provém justamente dela. Não é o homem que sabe que é um eu nem em geral o que é um eu, não é o homem que sabe o que faz dele um homem. Este saber, é a Vida que o detém, e somente ela. No plano do pensamento, é paradoxalmente o cristianismo que o traz. Velhas crenças religiosas de dois mil anos ou mais, para não dizer superstições, aí está a única coisa que pode instruir o homem sobre ele mesmo nos dias de hoje. Ao mesmo tempo, o sistema conceitual laborioso das filosofias, por um lado, e as investigações das ciências positivas, por outro, com suas metodologias complexas e elaboradas, só podem desviar o homem do que ele verdadeiramente é, a ponto de fazê-lo perder toda noção do que ele é e, ao mesmo tempo, toda confiança em si mesmo, toda e qualquer forma de certeza. A esta confiança e a esta certeza não sucederam senão o desassossego e o desespero. Quanto mais as ciências positivas se desenvolvem e se orgulham de seus progressos fulgurantes, quanto mais a filosofia fala alto e forte, com seus cortes epistemológicos, suas problemáticas revolucionárias e suas desconstruções de todos os tipos, menos o homem tem ideia do que ele é. E isso porque o que faz dele um homem, a saber, *o fato de ser um eu*, é precisamente o que se tornou totalmente ininteligível para os pensadores e para os cientistas de nosso tempo.

Que o homem seja um eu e antes de tudo um si, mais precisamente este si e este eu que ele é à diferença e com exclusão de todo e qualquer outro, é o que a tese cristã do homem como Filho estabelece: Filho gerado na Vida fenomenológica absoluta que é a do próprio Deus. É porque o pensamento e a ciência modernos, notadamente a biologia, não sabem nada desta Vida transcendental – a única Vida que existe – que eles não sabem mais nada do eu do homem. As pessoas sabem que, a despeito dos saberes terroristas sob os quais elas são oprimidas e pelos quais se tenta desde a escola condicionar-lhes o espírito, continuam a dizer: eu, me. Mas elas já não sabem por que o dizem, e abaixariam os olhos se porventura um desses cientistas ou desses psicólogos informados lhes perguntasse por quê – hipótese pouco verossímil, aliás, por não terem estes últimos nenhuma ideia disso. A possibilidade de dizer "eu", "me", ou, mais radicalmente, a possibilidade de que exista algo como um eu e como um me, um eu e um me vivo e que seja, a cada vez, este aqui ou aquele lá, o meu ou o teu, esta possibilidade só é inteligível na Vida fenomenológica absoluta em cuja Ipseidade se engendram todo e qualquer Si e todo e qualquer eu concebíveis. Esta é a tese do cristianismo sobre o homem: ele não é um homem senão enquanto é um eu, e ele não é um eu senão enquanto é um Filho, um Filho da Vida, isto é, de Deus.

Mas o que temos de compreender agora já não é esta geração do eu na Vida de Deus. A questão é, antes, saber por que o homem perdeu a noção de sua essência verdadeira, *por que*, segundo a observação de Plotino, *os filhos já não sabem que são filhos*. A origem dessa ignorância do homem a respeito de si mesmo se encontra numa ideologia perversa ou em alguma razão mais profunda de que essa mesma ideologia não seria senão uma expressão entre outras? Esta segunda hipótese, para dizer a verdade, é a correta. A ignorância do homem a respeito de sua verdadeira condição não provém de uma causa exterior ou passageira. Ela se enraíza antes no próprio processo em que a vida gera em si o eu de todo e qualquer vivente concebível. É no interior desse processo da vida que se faz Ipseidade, Si e eu que convém percebê-la e tornar a apreendê-la. Assim, a ocultação da condição de Filho coincide, de modo à primeira vista paradoxal, com a própria gênese desta condição. É no movimento desta gênese que se dissimula em que e por que cada um de nós é, a cada vez, esse eu que ele é. É no nascimento do eu que está a razão oculta pela qual esse eu não cessa de esquecer este nascimento, ou seja, precisamente sua condição de Filho.

É pois esse processo de nascimento dos filhos que deve ser objeto de uma elucidação mais ampla. Nesta aparece uma dissociação admirável dos dois conceitos sob os quais o homem se define constantemente a si mesmo, o de eu e o de ego. Eu e ego, com efeito, não são a mesma coisa, ainda que o pensamento clássico deslize de um para o outro na mais extrema confusão e sem sequer ver que há, nesta dupla designação do Si, e por mais constante que seja, ao menos um problema. "Eu" diz o Si gerado na Ipseidade original da Vida, mas o diz no acusativo. Que o Si singular se diga antes de tudo e deva dizer-se no acusativo traduz precisamente o fato de que ele é engendrado, não se tendo ele próprio trazido à condição que é a sua, não se experimentando a si mesmo como um Si e não tendo esta experiência de si senão na autoafecção eterna da Vida e de sua Ipseidade original. Porque este engendramento do eu na autoafecção da Vida é fenomenológico em sentido radical, a vinda do eu a si mesmo, que repousa sobre a vinda da Vida a si mesma, é vivida como tal, como no fundo passiva com respeito a esta vinda primitiva da Vida. Nós vimos que o eu é o que se autoafeta, mas, sendo-lhe imposta esta autoafecção pela Vida e não sendo nele senão a da Vida, seria preciso dizer de maneira mais exata que ele é constantemente autoafetado. É esse caráter de ser autoafetado do Si o que designa sua colocação no acusativo, no me. Eu, afinal de contas, significa isto: *em cada eu, sua ipseidade* não procede dele, mas é ele que procede dela.

É aqui que convém acompanhar mais profundamente o processo de nascimento transcendental do eu na Ipseidade da Vida absoluta, a fim de compreender como, por uma mutação tão decisiva quão despercebida, esta geração do eu se torna a de um ego. Na medida em que, com efeito, engendrado na autoafecção da Vida absoluta, o eu se experimenta a si mesmo passivamente sobre o fundo da Ipseidade original da Vida que o dá a ele mesmo e faz dele a cada instante o que ele é, este eu é, ao mesmo tempo, muito mais que o que se designa como um eu. Experimentando-se a si mesmo na Ipseidade da Vida, *ele entra em posse de si mesmo e ao mesmo tempo de cada um dos poderes que o atravessam. Entrando em posse desses poderes, ele está em condição de exercê-los.* É-lhe conferida uma nova capacidade, não menos extraordinária que aquela de ser um eu, pelo fato de que é sua simples consequência. É a capacidade do eu de estar em posse precisamente de si, de não constituir senão algo uno com ele e com tudo o que ele traz em si e que lhe pertence como os múltiplos componentes de seu ser real. Entre esses componentes, há os poderes do corpo, por exemplo. O poder de pegar, de se mover, de tocar, de bater, de levantar, de operar seus membros do interior, de mexer os olhos, etc. Há também os poderes do espírito: o poder de formar ideias, imagens, o poder de querer, etc. Não há diferença de natureza entre todos esses poderes, pertencendo uns e outros ao eu *porque ele é um eu*. É nesta experiência patética que ele faz de cada um desses poderes que ele coincida com eles. É porque coincide com eles que ele está em condições de pô-los em ação e, assim, de agir. Agir, exercer cada um dos poderes que compõem seu ser só é possível a um eu que entrou em posse de cada um de seus poderes. Que entrou em posse de cada um deles na medida em que está antes de tudo em posse de si. Que entrou em posse de si graças à experiência patética que ele faz de si mesmo na Ipseidade original da Vida absoluta. Tudo isso se cumpriu na gênese transcendental do eu. E eis, no termo desta gênese, o eu posto em posse de si mesmo e de todas as suas capacidades. Na medida em que ele avança, pois, armado de todos os seus poderes e pondo-os à sua disposição, este eu que tomou posse de si mesmo e de tudo o que ele leva em si é um Eu.

"Eu" quer dizer "Eu Posso". A proposição "Eu Posso" não traz nenhuma propriedade particular à essência do Eu: define-a. A análise fenomenológica permite certamente reconhecer num Eu certo número de poderes concretos tal como nós fizemos, poderes que, portanto, é possível repertoriar e colocar sob diversas rubricas, tais como "poderes do corpo" ou "poderes do espírito". Mas o Eu não consiste absolutamente numa soma de poderes desse gênero. Qualquer que seja sua importância na medida em que cada um deles abre um campo de experiências novo – experiências que são inicialmente experiências puramente interiores, as de exercer esses poderes, experiências espirituais portanto –, cada um desses poderes só é um poder se o homem dispuser dele. E é precisamente isto o que caracteriza o ego e o define: estar de posse de tais poderes, dispor deles.

Se "Eu" quer dizer "Eu Posso" – "Eu Posso" exercer cada um dos poderes que encontro em mim, e isso porque, coincidindo com ele, situado no interior dele de certo modo, eu disponho dele, com efeito, e posso exercê-lo quando me aprouver e com tanta frequência quanto eu quiser –, impõe-se uma distinção essencial. Pois a relação do Eu com cada um de seus poderes não pode permanecer na obscuridade e na indeterminação de uma identidade afirmada demasiado rápido. Duas espécies de poderes intervêm aqui – poderes não apenas opostos, mas, na realidade, ao fim e ao cabo diferentes. Esses poderes, por um lado, a que chamamos pegar, mover-se, sentir, imaginar, querer, e que, com efeito, estão em posse de nós, à nossa disposição. Cada um deles, na medida em que Eu o exerço, é vivido por este Eu como seu. Trata-se de uma experiência incontestável que o faz dizer justamente *eu* pego, *eu* caminho, *eu* sinto, *eu* imagino, *eu* quero, *eu* não quero. Que cada um desses poderes esteja à disposição do Eu, em posse dele, e isso na medida em que, coincidindo com eles, esse Eu pode exercê-los quando e tão frequentemente quanto quiser, *aí está aquilo com respeito ao qual esse Eu não tem nenhum poder, o que lhe é concedido sem nenhuma participação dele*. A cada um desses poderes que ele diz serem seus e como a própria condição de seu exercício, opõe-se assim de modo radical um não poder. Esse não poder é muito mais decisivo que o poder que ele torna possível. É a impotência absoluta do Eu com relação ao fato de que se encontra em posse desse poder, em condições de exercê-lo. Em posse desse poder, em condições de exercê-lo, o Eu só o está na medida em que esse poder lhe é dado. Esse poder só lhe é dado na medida em que o Eu é dado a ele mesmo. O Eu só é dado a ele mesmo na medida em que é um eu transcendental vivente dado a ele mesmo na autodoação da Vida absoluta. A autodoação da Vida é sua Ipseidade original na efetividade fenomenológica do Si singular do Primeiro Vivente.

É o que dizem de modo abrupto os textos do Novo Testamento e precisamente o próprio Cristo, o Primeiro Si de que acabamos de falar: "... Sem mim, nada podeis fazer" (João 15,5). De significação cegante é aqui o fato de a possibilidade de todo poder concebível ser apresentada não como residente num poder maior, um poder infinito como, por exemplo, o de um Ser todo-poderoso – por oposição a poderes e forças limitados que seriam aqueles de que disporiam os homens, as criaturas finitas em geral. Essa espécie de hierarquia exterior e superficial, digna de uma teologia natural, deixa completamente de lado a intuição decisiva do cristianismo reafirmada em sua nudez por João. A fonte de todo poder consiste no Si do Arqui-Filho, isto é, na Ipseidade original da Vida absoluta. Pois é somente a vinda a ele mesmo de todo poder, qualquer que seja, o que lhe permite reunir-se consigo e agir – vinda a si que é a vinda do eu a si mesmo, que é a vinda da Vida a si mesma no Si do Arqui-Filho.

Que todo poder de que ele dispõe seja dado ao ego no próprio processo pelo qual é engendrado como eu na Ipseidade do Arqui-Filho, aí está o que resulta não menos claramente da última polêmica com Pilatos. Diante de Cristo, que se cala obstinadamente, para levá-lo a falar e sem dúvida a se defender e se salvar, Pilatos brande sua ameaça: "Não sabes que tenho poder para te libertar e poder para te crucificar?". A resposta é radical: "Não terias poder algum sobre mim, se não te fosse dado do alto" (João 19,10-11). Dessas réplicas fulgurantes, as teses decisivas do cristianismo emergem de novo. Toda e qualquer possibilidade de poder implica que este poder esteja em posse de si mesmo, dado a si mesmo – ali onde se cumpre toda autodoação: na Ipseidade original da Vida. A originalidade do cristianismo se descobre uma vez mais. Nele não há, como vimos, força obscura, nem poder anônimo, nem ação inconsciente. E isso porque força, poder, ação só se desdobram se dados previamente a si mesmos na autodoação da Vida absoluta. Aqui ainda o Apóstolo vai direto ao essencial: "É Deus quem opera em vós o querer e o operar segundo a sua vontade" (Filipenses 2,13).

Encontramo-nos, portanto, no coração da teoria cristã do ego. Não há ego além do de um Filho, isto é, de um eu transcendental vivente gerado na Vida fenomenológica absoluta, experimentando-se a si mesmo na experiência de si e, assim, na Ipseidade desta Vida. É somente porque tal eu existe que um ego por sua vez, é possível experimentando-se a si mesmo na experiência de si desse eu. O ego não é o duplo do eu, sua cópia conforme – nem, menos ainda, outra maneira de designá-lo. O que o ego acrescenta ao eu de que é o ego é que, dado a ele mesmo na experiência de si desse eu, ele entra, como vimos, em posse de seu ser próprio, bem como de diversos poderes que o constituem, de modo que está em condições de exercê-los – quando e sempre que quiser. Ser capaz de desdobrar um de seus poderes quando se queira e tão frequentemente quanto se queira é ser livre para fazê-lo. O eu dado a ele mesmo na Ipseidade da Vida e por ela somente tornou-se o centro, a fonte, a sede de uma multiplicidade de poderes e, assim, de uma multidão de atos que ele cumpre quando lhe apraz. De passivo ele tornou-se ativo. Quando nada dependia dele porque sua própria condição, sua condição de eu transcendental vivente, não dependia dele, eis que agora tudo depende dele, porque ele é um feixe de poderes e dispõe desses poderes livremente e sem reserva. Pois é isto que significa "poder": não a designação exterior de um simples poder particular, mas o fato de estar em posse dele como de uma potencialidade que reside em você e de depender de você que ela passe a ato a cada momento. E é isto também que significa ser "livre": estar em condições de desdobrar a qualquer momento esse feixe de poderes que constitui seu ser próprio. Esse eu gerado passivamente na vida, mas tornado nesta geração no centro de uma multidão de poderes que ele exerce livremente, tornado antes de tudo aquele que pode exercê-los, esse Eu Posso fundamental descrito de modo genial por Maine de Biran – é o ego.

A condição do ego compreendido concretamente como centro de iniciativa e de ação parece paradoxal. Por um lado, o ego pôr em ação cada um de seus poderes é um fato incontestável. E mais que um fato: uma possibilidade permanente que não lhe é dada a cada momento senão porque ele se identifica com ela, porque ele não é nada além da doação a si desta possibilidade. Assim, esta possibilidade lhe pertence como seu próprio ser. E, porque essa possibilidade é a de desdobrar cada um de seus poderes, ele é livre para fazê-lo. Toda liberdade repousa sobre um poder prévio e não é mais que o pô-la em ação. Porque o ego se encontra em posse desse poder, ele é livre. Mas estar em posse desse poder, aí está sua condição de ego dado a ele mesmo em seu eu. É por ser um eu que o ego é um ego, e é por ser um ego que o ego é livre. Assim, não há nenhum ego que não seja livre. As teses que negam a liberdade do ego o tratam como a um ente do mundo submetido às suas leis. O homem, portanto, não é senão produto de múltiplos determinismos que compõem a trama do universo objetivo. Somente o ego não é nada do mundo, sua Ipseidade não pertence senão à Vida. Nada do que se mostra no mundo, nada que deriva de sua aparência e de suas leis poderia ter a menor relação com o que faz do ego um ego, agir sobre ele ou determiná-lo de algum modo. É o modo de doação do ego a ele mesmo, e assim a maneira como ele está em posse de cada um de seus poderes e os exerce, que torna caduco o conjunto de discursos proferidos a respeito dele – e hoje mais que nunca.[1]

O ego que é livre para exercer cada um de seus poderes quando quiser experimenta-se como tal. Experimenta sua liberdade, mais exatamente esse poder que é seu de exercer cada um dos poderes que lhe são dados. Ele o experimenta porque, dizemos nós, a doação que lhe é feita de cada um deles é nada mais que sua própria doação a si, a autodoação constitutiva de sua Ipseidade. Experimentando cada um de seus poderes, enquanto o exerce, e antes de tudo o poder que ele tem de exercê-los, o ego se toma, por isso mesmo, por sua fonte, por sua origem. Ele imagina que possui esses poderes, que eles são seus em sentido radical – como o que ele mesmo teria

---

[1] Acrescentemos que as teorias que negam a liberdade do ego transferindo para a esfera que é a sua, e que elas ignoram totalmente, regulações ou sistemas conceptuais tomados dos fenômenos do mundo não cometem apenas um erro teórico: este é secretamente motivado. É o abismo que a liberdade abre diante do homem que é recusado: o abismo da possibilidade que é a do erro. Construindo à custa da experiência um sistema da necessidade absoluta, a má-fé de Spinoza se esforçava por oferecer ao homem uma salvação mais segura.

produzido e como o que ele produzirá a cada instante ao passo que os exerce. Fonte e origem de algum modo absolutas dos poderes que compõem seu ser – o ser efetivo e agente com o qual ele se identifica e pelo qual ele se define –, ele se considera igualmente a fonte e a origem de seu próprio ser.

Assim nasce a ilusão transcendental do ego, ilusão pela qual esse ego se toma pelo fundamento de seu ser. Ser ele mesmo, ser esse Si que ele é, aí está o que ele considera, por isso mesmo, como seu próprio feito, como o que provém dele e, afinal de contas, não remete senão a ele. Poder, poder, poder, querer, querer livremente o que ele quer, isto é, o que ele pode é agora o que o ego atribui a seu próprio poder, a seu próprio querer. Semelhante ilusão em que, exercendo seu poder e tomando-se pela fonte deste, pelo fundamento de seu ser, o ego crê perceber sua condição verdadeira, consiste justamente no esquecimento desta e em sua falsificação. O esquecimento: o da Vida que, em sua Ipseidade, o dá a ele mesmo e ao mesmo tempo lhe dá todos os seus poderes e capacidades – o esquecimento de sua condição de Filho. A falsificação: fazer a doação a si do ego e de todos os seus poderes, obra desse próprio ego. Na ilusão transcendental, o ego vive o hiperpoder da Vida – a autogeração enquanto autodoação – como seu próprio, transforma o segundo no primeiro.

É essa ilusão transcendental do ego que Paulo atinge no coração: "Que possuis que não tenhas recebido? E se recebeste, porque haverias de te ensoberbecer como se não o tivesses recebido?" (1 Coríntios 4,7). Que se trata aqui propriamente de uma ilusão, é o que a Epístola aos Gálatas diz não menos claramente: "Se alguém pensa ser alguma coisa, não sendo nada, engana a si mesmo" (6,3). A denúncia da ilusão transcendental do ego pronunciada com toda a lucidez por Paulo assume na boca de Cristo, na parábola de João que comentamos, uma forma infinitamente mais violenta: "Mentirosos! Ladrões".[2] Porque não é uma mentira particular, alguma deformação

---

[2] Cf. *supra*, cap. 7.

pontual dos fatos o que é aqui desmascarado. É sua própria condição o que o ego desnatura na própria palavra pela qual a enuncia. "Ego" quer dizer de algum modo que é a si mesmo que o ego deve fazer o que faz, e antes de tudo ser o que é. Essa implicação é tão imediata que se produz bem antes de o ego sonhar em formulá-la, desde que ele se experimenta como esse Eu Posso de que falamos. Quem é, com efeito, que erguendo um peso não pensa que é ele que o ergue; ou que empunhando um objeto não pensa que é por efeito de sua própria força que o empunha? Mentiroso! Como poderia ele exercer esse poder se a Vida não o tivesse dado a ele mesmo e ao mesmo tempo todas as suas capacidades? Mentiroso e, portanto, ladrão também! Porque atribuir-se o que não lhe pertence, aí está propriamente um roubo. E, quando o roubo concerne não a um objeto particular, mas à própria natureza do poder que age, o roubo é permanente.

A primeira causa do esquecimento pelo homem de sua condição de Filho é, pois, a ilusão transcendental do ego. Ora, esta primeira causa nos remete imediatamente à segunda. A ilusão transcendental do ego não é totalmente ilusória, com efeito. Ela comporta uma parte de "realidade" e de "verdade" cuja medida é preciso conhecer, porque é simplesmente essencial. O dom pelo qual a Vida, dando-se a si, dá o ego a ele mesmo, esse dom é uno. Dado a si, o ego está realmente em posse de si mesmo e de cada um de seus poderes, em condições de exercê-los: ele é realmente livre. Fazendo dele um vivente, a Vida não fez dele um pseudovivente. Ela não toma de volta com uma das mãos o que deu com a outra. "Se conhecesses o dom de Deus!" (João 4,10): esta palavra de Cristo quer dizer que este dom é o da Vida – o dom extraordinário em que aquele que por si mesmo não seria nada e em particular não seria nenhum si mesmo, esse, ao contrário, vem a si na vida, surge na experiência irremissível e na embriaguez de si e, assim, como um vivente e como um Si. E, ao mesmo tempo, como aquele que, mergulhando em si mesmo através da transparência da vida, dispõe de cada um dos poderes dispostos nele por esta. Eu Posso – o pôr em ação efetivo de cada um de meus poderes – é o contrário de uma ilusão. Igualmente o é o "Eu sou" que nasce desse "Eu Posso". Assim, a efetividade desse "Eu Posso"/"Eu sou" vem recobrir o fato de que esse "eu posso" vivente, esse "eu sou" vivente, só advém pela obra, que não cessa, da Vida nele. Assim, a positividade de uma experiência irrecusável mascara constantemente o que a torna possível. "Eu" – eu me superponho constantemente à minha condição de Filho, sem a qual, no entanto, não haveria "eu" nem poder de espécie alguma.

Não obstante, o poder em ato do ego não poderia dissimular a cada instante que ele não é a fonte desse poder se esta própria fonte não se dissimulasse constantemente. Esta fonte é a autodoação da Vida absoluta que, dando este ego a ele mesmo e fazendo dele um ego, lhe deu ao mesmo tempo dispor de seus poderes e utilizá-los. Somente o estatuto fenomenológico da Vida absoluta explica a ilusão transcendental do ego. É unicamente porque, invisível por natureza, radicalmente imanente e não se ex-pondo jamais no "lá fora" do mundo, esta Vida se retém inteiramente em si mesma que o ego a ignora, ainda que ele exerça o poder que ela lhe dá e que ele se atribui. Mas é antes de tudo com respeito a si mesmo, a seu ser próprio e ao conjunto de suas atividades que o ego é vítima de sua ilusão. Desta resulta a seguinte situação: quanto mais o ego exerce seu poder, quanto mais profunda é nele a experiência, na concretude de seu esforço, da efetuação desse poder, mais ele atribui esse poder a si mesmo, mais esquece a Vida que lho dá. Superpondo-se à ilusão transcendental segundo a qual o ego vive no exercício de seu poder como a causa deste, a dissimulação da Vida eleva ao máximo o esquecimento por este ego de sua possibilidade mais essencial: sua geração na Ipseidade original consubstancial à Vida – o esquecimento de sua condição de Filho.

Mas outra consequência se enlaça imediatamente a esta. A dissimulação da Vida invisível no ego, quando ela se une a ele mesmo, abre enormemente o espaço do mundo e o deixa livre diante dele e para ele. Quanto mais oculta está a Vida no ego, mais aberto, mais disponível o mundo. O ego se lança nele, ou antes, projeta-se para tudo o que se mostra neste mundo, para todas as coisas, de qualquer ordem que sejam, tornadas subitamente o objeto único de sua preocupação. Esquecido de seu eu, o ego se preocupa com o mundo. Assim se cria uma situação extraordinária em que, uma vez perdida de vista sua condição de Filho, o ego já não tem interesse em nada além do que está fora dele. Tudo o que se mostra, todo o império do visível, aí está o que tem valor a seus olhos, o que merece esforço e perseverança. Não é desejável senão aquilo a que só se tem acesso no "lá fora" do mundo, e o desejo de se apoderar do que é cobiçado deve seguir este caminho único, o que conduz para fora dele – aos "bens deste mundo".

Para dizer a verdade, ainda que ele concentre neles seu interesse, fazendo deles o objeto constante de sua cobiça, os bens deste mundo não são considerados em si mesmos e por si mesmos pelo ego, mas somente com relação a ele. É em sua relação com o ego que eles despertam seu interesse, é para ele que eles se tornam "bens" e valores. No mundo, não há valor. Não é, portanto, afinal de contas, com as coisas deste mundo que o ego se preocupa, mas consigo mesmo. O que ele quer não é a riqueza considerada em si mesma, mas tornar-se rico; não é o poder, mas ele próprio tornar-se poderoso. Não a consideração ou o prestígio, mas ele próprio ser considerado, revestido desse prestígio. Mais ainda, é enquanto ego que o ego se preocupa com tudo isso, isto é, a cada vez, consigo mesmo. Isso enquanto Ego quer dizer: esse Eu Posso fundamental que possui como tal capacidade de se propulsar para todos esses bens, de adquiri-los e, no limite, de identificar-se com eles e fruir deles.

Estamos pois diante de um círculo ou de um sistema, se é verdade que no afã cotidiano em que o homem não cessa de se preocupar com isto ou aquilo, não deixando uma preocupação senão para ocupar-se de outra e assim ao infinito, é o próprio ego, que detém o poder de empreender todas essas atividades ao mesmo tempo, que define seu fim único. A tal sistema de que o ego constitui o alfa e o ômega, pode dar-se o nome de egoísmo. E, porque tira sua possibilidade da do próprio ego, de egoísmo transcendental. Mas como dizer então, com relação a tal sistema em que o ego, preocupando-se com os bens deste mundo, não cessa na verdade de se preocupar consigo mesmo – como dizer que, vivendo dessa maneira, relacionando tudo a si e, assim, não pensando senão em si, é de sua própria condição, é de si mesmo que o ego não cessa de se esquecer?

É que essa relação consigo sobre o fundo da qual o ego relaciona tudo a si mesmo, o mundo e seus bens, essa relação assume precisamente a forma de Preocupação. Relacionar-se consigo preocupando-se consigo é lançar-se em direção a si, para si, pro-jetar-se para si, abrir para si um caminho que é o do "fora de si", que é o "lá fora" do mundo. É projetar-se para um si exterior, um si vindouro e irreal. Irreal, o si exterior não o é antes de tudo porque ele não esteja ainda senão por vir, no modo do ainda-não, mas porque se exibe na verdade do mundo, ali onde não há Vida, nem Ipseidade, nenhum Si possível, por conseguinte.

Assim, opõem-se radicalmente dois modos para o ego de se relacionar consigo, dois modos heterogêneos dessa relação. *A relação do ego consigo na preocupação consigo*, relação em que, lançando-se fora de si para si, o ego nunca atinge nada além de um fantasma, alguma possibilidade – tornar-se rico, poderoso, prestigioso – que ele se impõe por tarefa "realizar", mas que precisamente nunca será real enquanto ele se relacionar com ela na Preocupação. Por outro lado, *a relação do ego consigo na vida*, relação gerada na Ipseidade original da Vida e que só é possível nela. A relação do ego consigo no "ser em preocupação consigo" não se opõe somente de modo radical à relação do ego consigo na Ipseidade da Vida: entre elas se instaura uma relação de exclusão recíproca. A relação do ego consigo na Ipseidade da Vida determina o Si real, o Si absolutamente imanente, tomado no estreitamento patético da Vida e constituído por ele, que jamais se afasta desta, que não se ergue diante de nenhum olhar. Ao contrário, a relação do ego consigo em preocupação consigo no mundo não libera senão um Si fantasmático e irreal. Este não cessa de ocupar o palco, está em todos os projetos, todos os projetos o conduzem a ele mesmo. Ocupe-se ele de seus assuntos, dos outros, das coisas ou diretamente de si mesmo, este ego, na verdade, não cessa de se ocupar de si. Mas como o Si verdadeiro – que torna em última instância possível este ego, que o dá a ele mesmo na Ipseidade da Vida – não aparece nunca na parte da frente do palco e se mantém à parte do espetáculo, não é com ele que o ego se preocupa. Não por efeito de uma simples distração, de uma futilidade qualquer. Uma razão mais profunda determina a impossibilidade para o ego de se preocupar com seu Si verdadeiro. Esta razão reside na própria estrutura da Preocupação que se projeta nesse "lá fora" onde nenhum Si real nunca se encontra. Do sistema transcendental do egoísmo em que, em seu atarefamento, o ego não cessa de se relacionar consigo no mundo, o Si gerado na Vida está ausente por princípio. Assim surge a relação de exclusão recíproca sobre a qual vai fundar-se a ética cristã. Quanto mais o ego estiver preocupado consigo, mais sua verdadeira essência lhe escapará. Quanto mais ele pensar em si, mais ele esquecerá sua condição de Filho.

Tal é a situação crucial de que resulta a polêmica apaixonada dirigida pelo cristianismo contra a Preocupação. Que os homens tenham de se preocupar com os bens necessários à sua existência, certamente não é o que é condenado por Cristo. A brevíssima oração a Deus cujos pedidos ele mesmo formulou não fala do "pão de cada dia" (pedido que assume hoje um tom menos arcaico do que afirmavam certas pessoas há não muito tempo)? Como, aliás, celebrar a vida sem pôr no lugar mais alto suas necessidades, até as mais elementares? A crítica da Preocupação não pode ser compreendida, na realidade, se não for referida às pressuposições fundamentais do cristianismo concernentes à Verdade. Recusar a definição de homem pela Preocupação é afastar a redução da fenomenalidade à do mundo e, por via de consequência, a definição do homem como "ser no mundo". Que o homem não seja inicialmente Preocupação e não tenha de se comportar como tal resulta diretamente da tese segundo a qual, enquanto Filho, ele tem sua essência na Vida. Pois, na Vida, não há nenhum mundo, nenhum lugar para uma preocupação, que se projeta sempre "lá fora", não se preocupando nunca com nada além daquilo que é outro e só se preocupando consigo mesma como com algo outro. "A rosa [que designa metaforicamente a Vida] não tem preocupação consigo mesma", diz um verso famoso de Angelus Silesius.[3] Ela não tem preocupação consigo mesma porque não se relaciona nunca consigo na distância de um mundo, no "lá fora" de um ver. "A rosa não tem preocupação consigo mesma nem deseja ser vista", prossegue o texto. A vida, que vive conforme à essência da Vida nela, afastou no princípio a possibilidade mesma da Preocupação, bem como a de tudo com que a Preocupação se preocupa.

Essa correlação entre o afastamento da Preocupação e a definição do homem como Filho se exprime na oposição estabelecida pelo cristianismo entre dois homens. De um lado, *o homem do mundo* que só se preocupa com o mundo e que só o pode fazer, todavia, sobre o fundo de sua essência previamente concebida como "ser no mundo". Do outro lado, *o homem que não é do mundo* porque, Filho da Vida, se encontra originariamente determinado em si mesmo pelo acosmismo desta. A oposição entre esses dois homens não reside antes de tudo numa diferença de comportamento, mas nas estruturas fenomenológicas a que eles se referem. Não são os fatos e os gestos de alguns o que os leva a odiar os que se comportam diferentemente. É sua própria natureza – a pertença ao mundo na Preocupação – o que o faz levantar-se contra os Filhos da Vida, os quais pedem à Vida e somente a ela os princípios tanto de seus atos como do que sentem e experimentam. "... Mas o mundo os odiou, porque não são do mundo, como eu não sou do mundo" (João 17,14).

A oposição entre a pertença ao mundo e a pertença à Vida é tão essencial, que também a palavra – precisamente porque, como

---

[3] *Le Pèlerin Chérubique. Description Sensible des Quatre Choses Dernières.* Livro Primeiro, dístico n. 289.

veremos, ela tem sempre um suporte fenomenológico – é determinada por ela. "Eles são do mundo; por isso falam segundo o mundo e o mundo os ouve. Nós somos de Deus. Quem conhece a Deus nos ouve, quem não é de Deus não nos ouve" (1 João 4,5-6). E ainda aqui Paulo repercute esta oposição essencial: "Pensai nas coisas do alto, e não nas da terra", guardando-lhe a motivação fenomenológica, a saber, que a vida, ainda a de um homem, não advém senão na Vida, enquanto, no "fora de si" do mundo onde se lança a Preocupação, esta não encontra senão a morte. "Pois morrestes e vossa vida está escondida com Cristo em Deus" (Colossenses, respectivamente, 3,2 e 3,3). E tem-se então a declaração grandiosa aos Gálatas, que vincula de modo explícito a condenação da Preocupação à fenomenalização do mundo e a seus modos temporais concretos: "Observais cuidadosamente dias, meses, estações, anos! Receio ter-me afadigado em vão por vós" (4, 10-11).

Porque a Preocupação é a do mundo, ela se torna destituída no princípio da capacidade de dar aquilo com que ela se preocupa. O que ela dá, ela o suprime imediatamente no movimento mesmo pelo qual ela se preocupa. Só o dá destruindo-o, na forma do que ainda não é, ou do que já não é e que, desse modo, não será jamais. Só o dá na forma de um irreal, qualquer que seja a forma tomada por este: lembrança, espera, imagem, simples conceito. Esta irrealização de tudo aquilo de que a Preocupação é preocupação não está na Preocupação enquanto modo particular da vida, mas no gênero de fenomenalidade a que de início ela confiou tudo aquilo com que se preocupa. A esta fenomenalidade, que é a do mundo, pertence, como vimos, irrealizar *a priori* tudo o que ela faz ver, não fazendo com se veja senão no ato pelo qual, pondo-o fora de si, o esvazia de sua realidade.

O cristianismo teve a intuição em profundidade desta desrealização principial que a Preocupação opera. A essa Preocupação desrealizante ele chama cobiça. "Vós cobiçais e não tendes" (Tiago 4,2). A razão do fracasso consiste não no que é pedido, mas no modo do pedido, no modo de manifestação com que a Preocupação se preocupa, na medida em que esse modo de manifestação desrealiza tudo o que ele torna manifesto. "... Vós não possuís [...] pedis, mas não recebeis, porque pedis mal" (ibidem). A crítica da cobiça é constante no Novo Testamento: "Não consintais em modelar vossa vida de acordo com as paixões" (1 Pedro 1,14; cf. ibidem 4,2). Ao longo de toda esta crítica não cessa de transparecer sua significação, que é a de referir a dissolução ontológica do objeto da Preocupação no meio do qual se abre esta. É por isso que ela assume notadamente a forma de uma crítica do futuro: "... 'Hoje ou amanhã iremos a tal cidade, passaremos ali um ano, negociando o obtendo bom lucro'. E, no entanto, não sabeis nem mesmo o que será da vossa vida amanhã!" (Tiago 4,13-14), para chegar à afirmação de autossuficiência da Vida em sua independência de tudo o que decorre do mundo: "Precavei-vos cuidadosamente de qualquer cupidez, pois mesmo na abundância, a vida do homem não é assegurada por seus bens" (Lucas 12,15). Donde a oposição entre os dois tesouros, segundo este que se acumula no mundo em vez de se edificar na vida. A oposição Vida/Preocupação é formulada em sua nudez: "Quem dentre vós, com suas preocupações, pode prolongar por um pouco a duração de sua vida?" (ibidem 12,25). Ela assume sua forma paroxística na própria palavra de Cristo, que não roga pelo mundo (João 17,9), que recusa a realeza do mundo (ibidem 6,15), que exige que o homem escolha: "Quem não está a meu favor está contra mim, quem não ajunta comigo, dispersa" (Lucas 11,23). É o estatuto fenomenológico da Preocupação, portanto, que se torna presa de uma estranha dialética. Enquanto é um modo de vida, a preocupação decorre do modo de fenomenalidade próprio dela, experimentando-se a si mesma como o que ela é, como o sofrimento de um desejo vazio. Na medida, porém, em que, lançada fora de si para aquilo com que se preocupa, é o lá fora daquilo com que se preocupa que a fascina, a fenomenalidade do mundo invade seu olhar, e, segundo a inversão dos conceitos da fenomenologia – inversão ao termo da qual é a Vida que é a Luz, e o mundo trevas –, deve-se dizer: "Pois se a luz que há em ti são trevas, quão grandes serão as trevas!" (Mateus 6,22-23).

Na Preocupação, o esquecimento pelo homem de sua condição de Filho assume sua forma extrema. A este respeito, o esquecimento procede diretamente do sistema do egoísmo, o qual procede da ilusão transcendental do ego. Por efeito desta ilusão, no interior desse sistema, na Preocupação, apoiando-se sobre si mesmo e consciente de agir a partir de si mesmo, o ego lança-se a objetivos que são suas próprias possibilidades vindouras, lança-se fora de si para si, de modo que nunca atinge a si mesmo, não atinge nunca este fim que é ele mesmo para si mesmo em forma de possibilidades diversas. E isso porque fora de si, no "lá fora" do mundo, não há nenhum Si. Ilusão transcendental do ego, sistema do egoísmo, Preocupação – essas três formas superpostas e conjuntas do esquecimento de si têm, todavia, uma pressuposição comum: que o Si se deixa esquecer quando, na Preocupação, o ego só se preocupa consigo, ou quando, no egoísmo, só pensa em si. Essa pressuposição foi evocada a propósito da ilusão transcendental do ego e precisamente como sua condição: é o estatuto fenomenológico da Vida, sua dissimulação original e essencial, o que a mergulha num esquecimento aparentemente insuperável. É este esquecimento da Vida que deve ser agora objeto de uma elucidação radical.

Nós entendemos o esquecimento antes de tudo como um modo do pensamento. Esquecemos aquilo em que não pensamos ou já não pensamos. Pensar em algo é reportar-se intencionalmente a ele, dirigir a ele o olhar de modo que aquilo em que se pensa surge então diante desse olhar, nesse "lá fora" que é a verdade do mundo. Enquanto dirigimos o olhar a esse algo, precisamente pensamos nele, não o esquecemos. Ao contrário, assim que a mira de nosso pensamento se desvia dele, nós o esquecemos. No entanto, de tudo o que esquecemos desse modo podemos sempre lembrar-nos. De tudo o que se mostra a nós na verdade do mundo nós nos lembramos e nos esquecemos alternadamente.

Não é o caso da Vida. Na Vida não há nenhum "lá fora", nenhum espaço de luz em que um olhar do pensamento possa penetrar, perceber o que quer que seja diante de si. Porque a Vida não é separada de si, porque nunca se põe distante de si, ela é incapaz de pensar em si e, por exemplo, lembrar-se de si. A Vida é esquecimento, esquecimento de si em sentido radical. O esquecimento em que a Vida está com respeito a si não tem nada que ver com o esquecimento do pensamento com respeito ao que se mostra na verdade do mundo, o qual, como acabamos de ver, é sempre suscetível de se transformar na lembrança correspondente. Ao passo que o esquecimento da Vida é definitivo, insuperável. A Vida é sem memória. Não por efeito de uma distração ou de alguma disposição infeliz: a Vida é sem memória porque nenhuma intencionalidade, nenhum desígnio de um *objectum* qualquer é capaz de acontecer nela, de se interpor entre ela e ela. Enquanto ela escapa a qualquer memória concebível, a Vida é o Imemorial. É porque a Vida escapa a qualquer memória possível que o homem esquece sua condição de Filho – na medida em que essa condição é a de um vivente cuja essência é a Vida.

A análise da condição de Filho fez aparecer nela três relações: a relação do ego consigo, sua relação com a Vida e a relação da Vida consigo mesma. E isso porque o ego não se relaciona consigo senão enquanto se relaciona com a Vida e não se relaciona com a Vida senão enquanto a Vida se relaciona consigo mesma. É no relacionamento da Vida consigo, com efeito, e somente nele, que o próprio ego se relaciona consigo. Este relacionamento, nos três casos, extrai sua essência da Vida: do Imemorial. Aí está por que este, que marca com seu traço indelével a relação da Vida consigo, marca do mesmo modo a relação do ego com a vida, sua geração e a relação do ego consigo mesmo, com o "si" do homem.

Comecemos por este. Se é na relação da Vida consigo que o ego se relaciona consigo mesmo, não é extraordinário constatar como uma prova decisiva da implicação e da natureza dessas diferentes relações que *a dissimulação da relação da Vida consigo é identicamente a da relação do ego consigo, a dissimulação do próprio ego*? É em sua relação consigo, na sua própria Ipseidade, que o ego é invisível – ao mesmo título e que a Vida que gera esta Ipseidade e, assim, este ego. E, tal como o esquecimento em que se mantém a vida com respeito a si mesma – a vida incapaz de tomar lugar diante de seu próprio olhar, de pensar em si, de se lembrar de si – é insuperável, também o é o esquecimento que atinge a relação do ego consigo, com o "Si" deste ego.

Uma vez mais, as representações tradicionais do "eu" e do "si" são invertidas. Que o ego seja incapaz de pensar em si, e notadamente de se lembrar de si, aí está o que parecerá paradoxal se é verdade que pensar em si e lembrar-se de si ocupa a maior parte do tempo da maioria das pessoas. Mas que ego se apresenta a seu pensamento, de quem se lembram eles? Deste indivíduo empírico nascido em tal lugar, em tal momento, e que se debruça sobre seu espelho para contar suas rugas, lembrando-se do tempo em que seu rosto era liso. Mas tal indivíduo só existe na medida em que é percebido como um eu, e ele só é percebido como um eu com a condição de uma Ipseidade que não se mostra nunca no mundo, não advindo senão na vida invisível e como efetuação fenomenológica desta.

Que na relação consigo constitutiva da Ipseidade que habita secretamente cada homem e cada mulher visíveis não haja, desta vez, pensamento nem memória, aí está o que desarticula, com efeito, as concepções clássicas que fundam na memória a possibilidade do eu. Representa-se, com efeito, a vida do eu como uma sucessão de "vividos" que não cessam de passar. A possibilidade do eu aparece então como a da manutenção de sua identidade através da mudança contínua de seus estados. É precisamente à memória que é confiada a tarefa de reunificar esses estados dispersos, e isso apreendendo-os como os de um único e mesmo eu cuja unidade e possibilidade se encontram desse modo salvaguardadas. Infelizmente, toda tentativa de fundar a possibilidade do eu na memória se volta imediatamente contra si mesma. Porque se trata de nosso eu *vivente* e, assim, da possibilidade da vida nele, toda intrusão de uma memória que afaste esta vida de si mesma para permitir-lhe ver na distância do passado já destrói a essência desta vida, sua autoafecção: o fato de que, esmagada contra si, ela se experimenta a si mesma em sua imediatez patética sem jamais separar-se de si nem poder fazê-lo. Longe de reunir a vida em sua "unidade consigo" que não é outra senão sua Ipseidade, a memória exibe a distância onde nenhuma vida é possível, mas somente o que já não é. Uma vida dada pela memória seria uma vida no passado. Mas uma vida no passado é um contrassenso fenomenológico, algo que exclui o próprio fato do "viver".

O esquecimento em que o Si se encontra com respeito a si mesmo nos permite compreender melhor sua verdadeira natureza. A saber, o Si só é possível imerso pateticamente em si mesmo sem se pôr nunca diante de si, sem se pro-por sob nenhuma forma visível (sensível ou inteligível). Tal Si estranho a todo aparecimento dele mesmo no mundo é aquilo a que chamamos um Si radicalmente imanente. Si não constituído nem visado pelo pensamento, sem imagem de si, sem nada que possa tomar para si o aspecto de sua realidade. Si sem visagem e que jamais se deixará visar. Si na ausência de todo Si perceptível. De modo que essa ausência de todo Si perceptível ou pensado no Si é constitutiva de sua Ipseidade verdadeira, bem como de tudo o que for possível a partir dela. Pois é somente porque nenhuma Imagem de si mesmo se interpõe entre ele e ele ao modo de uma tela que o Si é lançado em si mesmo sem proteção e com tal violência, que nada o defenderá desta, nem dele mesmo. É unicamente porque esta violência o fez ser um vivente no esquecimento de si da Vida, e assim no esquecimento de si mesmo, que o Si é possível como este Si a que nenhuma memória devolverá sua imagem, que nada separará nem livrará de si mesmo, de maneira que ele é este Si que ele é para sempre.

O esquecimento de si da Vida com seu corolário: o esquecimento de si do Si gerado na autogeração dela, aí está, pois, o que explica afinal de contas o esquecimento pelo homem de sua condição de Filho. Desse modo, *o esquecimento pelo homem de sua condição de Filho não é um argumento contra esta, mas consequência sua e, assim, sua prova*. Mas o esquecimento pelo homem de sua condição de Filho não oferece apenas a prova dela: explica ainda o fato não menos extraordinário de que, apesar do exercício constante pelo ego de seu poder, exercício que o faz dizer "Eu Posso", "Eu" –, este ego não esquece sua condição de ego menos constantemente do que esqueceu sua condição de Filho. Aqui se descobre uma sequência teórica mais que essencial. Precisamente porque o homem esqueceu sua condição de Filho, é sua própria condição de ego que lhe escapa. E, com efeito, uma vez oculta a Ipseidade em que todo eu e todo ego é gerado, então é a condição desse eu ou desse ego que é abolida: o ego já não é possível. Já não sendo possível, o ego já não é mais que um fantasma, uma ilusão. Desta dissolução resulta um dos traços mais característicos do pensamento moderno: um questionamento extremamente grave do próprio homem, sua desvalorização, sua redução ao que subsiste dele quando já não se sabe mais nada do que lhe permite ser um homem, a saber, um ego e um eu. Seria preciso seguir passo a passo as modalidades dessa morte teórica do homem através das múltiplas "críticas do sujeito" praticadas de Kant a Heidegger e, num plano mais superficial, pelo marxismo, pelo estruturalismo, pelo freudismo, pelas diversas ciências humanas, sem falar do cientificismo próprio de nossa época; mas esse não é o nosso propósito. Este é no máximo compreender o princípio desse desastre, não contar sua história.

Mais profundo ainda que o esquecimento da relação do ego consigo mesmo é o que habita sua relação com a Vida. Em sua relação consigo, com efeito, o ego pode esquecer o Si verdadeiro que o instala nele mesmo – fora do mundo, independentemente de todo e qualquer pensamento, de toda e qualquer lembrança, de toda e qualquer preocupação. Na noite dessa ausência de pensamento, o ego não é menos dado a ele mesmo, experimentando-se pateticamente no Eu Posso que se exerce constantemente. Assim ele permanece imerso em si mesmo involuntariamente, quando só se preocupa com o mundo. Completamente diferente, parece, é a relação que o une já não a ele mesmo, mas à Vida. Se o ego só advém a si mesmo na vinda a si da Vida absoluta e no processo de sua autogeração eterna, este processo não se cumpriu desde sempre, a Vida não veio a si em sua Ipseidade de antes do mundo, se nesta um ego qualquer deve poder, ele próprio, vir a si? A Vida absoluta não precede a todo vivente como sua pressuposição insuperável, como um "já" a que ele jamais poderá voltar, como um passado a que ele não poderá retornar – um passado absoluto? A esta antecedência da Vida com respeito a todo e qualquer vivente e, do mesmo modo, à antecedência do Primeiro Si com respeito a todo e qualquer Si particular corresponde o esquecimento mais radical. O esquecimento já não diz respeito aqui ao que se é sem o saber, mas ao que adveio antes que se seja – ao sistema da fruição autárquica constituído pela interioridade recíproca do pai e do Filho, ali onde não há ainda nenhum eu nem nenhum ego tal como o nosso. O já absoluto da fruição autárquica da Vida, aí está o Imemorial, o Arqui-Antigo que se furta a todo e qualquer pensamento – o sempre já esquecido, o que se encontra num Arqui-Esquecimento.

E, no entanto, o cristianismo afirma a possibilidade para o homem de superar esse Esquecimento radical, de encontrar a Vida absoluta de Deus – esta Vida que precedeu ao mundo e seu tempo, a Vida eterna. Tal possibilidade significa para ele a própria salvação. Encontrar esta Vida absoluta, que não tem começo nem fim, seria unir-se a ela, identificar-se com ela, viver novamente desta Vida que não nasce nem morre – viver como ela, do modo como ela vive e não morre.

Encontrar a Vida absoluta de Deus não seria também, todavia, para aquele que a esqueceu, reencontrar uma condição que foi sua, se é verdade que em seu nascimento transcendental ele só veio a si na própria vinda a si da Vida absoluta – não seria nascer uma segunda vez? Mas o homem pode nascer uma segunda vez? É a pergunta angustiada de Nicodemos por ocasião de seu colóquio noturno com Cristo: "Como pode um homem nascer, sendo já velho? Poderá entrar segunda vez no seio de sua mãe e nascer?" (João 3,4).

Capítulo IX

O segundo nascimento

O cristianismo dá-se por fim explícito permitir ao homem assegurar sua salvação. Segundo suas intuições decisivas, essa salvação consiste para o ego em reencontrar em sua própria vida a Vida absoluta que não cessa de engendrá-lo. Nesse projeto geral estão implicadas duas *démarches*. Trata-se antes de tudo, para o ego/homem perdido no mundo, que só se preocupa com coisas e só pensa em si nessa relação com as coisas – "Marta, Marta, tu te inquietas e te agitas por muitas coisas..." (Lucas 10,41) –, de perceber-se, ao contrário, em sua verdadeira condição, a de um vivente que, todavia, não recebe nunca de si mesmo sua condição de vivente. O homem verdadeiro, como já o mostramos suficientemente, não é o indivíduo empírico percebido no mundo, mas o eu transcendental que se experimenta constantemente como vivente, como esse ego que leva a vida que é a sua sem ser jamais a fonte desta vida. É por isso que ele o experimenta precisamente nesta passividade radical própria de toda vida que não a tem em si. Viver como um eu transcendental vivente, dado a si numa vida que não a dá a si mesma, mas que é dada a ela na doação a si da Vida absoluta que é a de Deus, tal é a definição cristã de homem, sua condição de Filho. *Esta condição do homem como Filho é precisamente o que permite sua salvação.* Que o homem faça a experiência em si desta Vida absoluta que não tem começo nem fim, que ele coincida com ela, e tampouco ele conhecerá a morte.

Como um homem pode encontrar em sua vida a Vida absoluta de Deus de modo que viva a partir de então desta Vida que não morre? A maneira como o cristianismo empreende responder a esta questão crucial torna manifesta sua extraordinária lógica, a pujança e a coerência das intuições sobre as quais ele se estabelece. *Reencontrar em sua vida própria a Vida absoluta, aí está o que só é possível precisamente na própria vida e na Verdade que lhe pertence.* Impossível, ao contrário, descobrir, encontrar ou reencontrar a Vida absoluta na verdade do mundo, pela via de algum conhecimento. Tal é o primeiro pressuposto da *démarche* do cristianismo em busca de uma salvação para o homem: o pôr de lado tudo o que o homem habitualmente pede – se não sua salvação em sentido propriamente religioso, ao menos o progresso, o sucesso, a obtenção por ele do que ele deseja e, notadamente, a felicidade. Se, no pensamento filosófico tradicional, é a sabedoria, construindo-se a sabedoria sobre o saber, o conhecimento, a medida do pensamento, a justeza do julgamento, etc., o que deve conduzir à bem-aventurança, então convém reconhecer que esta bem-aventurança não tem nada que ver com as Bem-aventuranças do sermão na montanha. Ora, este pôr de lado o conhecimento – toda forma de conhecimento, filosófico ou científico, inteligível ou sensível – no processo da salvação cristã não é gratuito, mas encontra sua motivação na própria natureza da salvação esperada. Se se trata de vencer o Esquecimento que faz da Vida absoluta o Imemorial, o Esquecimento em que se encontra o pensamento a seu respeito, não é precisamente a este que convém pedi-lo. A salvação que consiste em reencontrar esta Vida absoluta escapa à ordem do conhecimento, do saber e da ciência. Ela não decorre da consciência no sentido em que a entende o pensamento clássico ou moderno, como "consciência de algo". Não é uma tomada de consciência o que pode libertar o homem. Não é um progresso da consciência através de diferentes gêneros de conhecimento o que pode assegurar sua salvação.

É preciso tomar a medida do que se encontra desqualificado quanto à possibilidade para o homem de encontrar a Deus: nada menos que o que define a *humanitas* do homem aos olhos do pensamento do Ocidente – o pensamento precisamente, o conhecimento, a ciência, a Razão. Que o acesso a Deus não pode dar-se no pensamento e por ele, e no pensamento racional menos ainda que em qualquer outro, aí está o que torna absurdo o próprio projeto de reclamar uma prova da existência de Deus. Aqui se descobre para nós uma das grandes fraquezas da filosofia religiosa tradicional: a confusão ruinosa que ela suscita entre, por um lado, a possibilidade interna concreta de um acesso efetivo a Deus e, por outro, o estabelecimento prévio de sua existência numa *démarche* racional. Essa confusão entre a relação patética do vivente com a Vida absoluta, relação que se cumpre na vida, e uma relação com Deus reduzida a uma prova de sua existência opera um deslocamento decisivo da questão de Deus. Esta se encontra posta e composta num terreno em que ela já perdeu todo sentido possível – se se trata ao menos, com tal questão, da possibilidade para o homem de reencontrar a Deus, unir-se a ele e salvar-se.

Foi Santo Anselmo quem operou primeiro isso a que convém chamar desnaturação da questão de Deus, a transformação de uma fusão afetiva com a vida divina numa *démarche* racional mediata. Com a substituição da primeira pela segunda, é o projeto cristão da salvação do Indivíduo que cede lugar a uma especulação sobre "as provas da existência de Deus", e isso até Kant, que porá fim a estas – sem poder propor ao homem nenhum outro caminho para o fundamento de seu ser, isto é, para sua verdadeira essência.

É, porém, a possibilidade de nosso acesso a Deus o que preocupava Santo Anselmo: "... Como e onde buscar-te, onde e como encontrar-te?".[1] Num átimo, a condição deste acesso é percebida e posta sem equívoco: que eu esteja onde está o próprio Deus ou que Deus esteja onde eu próprio estou: "Se tu não estás aqui [...], onde te buscarei?". E, com efeito, se Deus não habita esta Morada que é também a minha, não poderei jamais encontrá-lo, a menos que me transforme em algo completamente diferente e extraordinário, totalmente estranho

---
[1] Saint Anselme de Cantorbery, "Fides Quaerens Intellectum". *Proslogion*, op. cit., p. 7.

ao que eu sou. Estando, pois, assentada a condição indispensável para esse acesso, a saber, a presença de Deus, vem subitamente a constatação desconcertante de que, cumprida esta condição, o acesso, todavia, não se dá. "Se tu estás presente [...], por que não te vejo?" Em vez de buscar elucidar esse paradoxo crucial que se encontra, com efeito, no coração do cristianismo, a saber, que a essência de Deus seja tal, *que ele pode estar presente sem que o vejamos*, Santo Anselmo se limita a uma rápida repetição das Escrituras: "Sem dúvida tu habitas uma luz inacessível". Eis portanto a condição de acesso a Deus subitamente arruinada, pois que a luz em que ele habita, isto é, o acesso a Deus, é precisamente inacessível. Donde se seguirem, muito logicamente, as lamentações que enchem o longo capítulo I do *Proslogion* e que se elevam do exílio onde se encontra o homem agora, quando está separado de Deus. Separação tão radical, que já não se compreende nem como o homem poderia ao menos buscar a Deus – "Ensina-me a buscar-te" –, e nem sequer, para dizer a verdade, a possibilidade desta prece.

Intervém então, no início do capítulo II, a fé que estimula a inteligência a abrir-se a Deus: "Concede-me compreender [...] que tu és, *como nós cremos*, e que tu és *tal como nós cremos*" (grifos nossos). A continuação do texto diz: "Ora, nós cremos que tu és algo tal, que não se pode conceber nada maior" (ibidem, respectivamente, 7,7, 11,13). "Nós cremos que" quer dizer aqui: nós pensamos que, nós julgamos que, nós concebemos que Deus é um ser tal, que não se pode conceber nada maior que ele. Eis a que se reduz agora nosso acesso a Deus. Já não se trata de uma revelação de Deus, de uma revelação que revela a Deus e produzida por Deus mesmo, revelação feita a seres suscetíveis de recebê-la, isto é, afinal de contas consubstanciais a esta autorrevelação de Deus, revelando-se a eles mesmos na autorrevelação de Deus – em suma, de uma revelação da Vida feita a viventes e por ela. Tampouco se trata da Fé compreendida em sua especificidade, como Fé e certeza da vida em si mesma, tal como indicamos. O acesso a Deus é reduzido a uma concepção da inteligência (de nossa inteligência) na qual consiste isto a que chamaremos doravante prova de Santo Anselmo. Esta prova se desenvolve em dois tempos. Estabelece-se primeiramente que o conteúdo desta concepção é incontestável se é reduzido a um puro conteúdo representativo. É incontestável que eu posso representar um ser tal, que não se possa conceber nada maior. Estabelece-se em seguida que tal ser existe necessariamente (senão se poderia conceber um maior que também existisse). Em termos filosóficos: tal ser não existe somente a título de conteúdo da inteligência (*in intellectum*), mas realmente (*in re*).

Convém, antes de tudo, perceber a contradição maciça implicada na redução do acesso a Deus a uma prova de sua existência dada pela inteligência. Provar em geral, provar algo, é submeter esse algo a um conjunto de condições que devem ser satisfeitas, condições que em conjunto constituem a própria prova. De início, a prova aparece como mais alta que o que deve ser provado; ela se erige como um tribunal, e é diante deste que tudo o que pretende fazer valer seu direito é obrigado a se apresentar, comportando-se como devido, de maneira conforme ao que se espera dele, a fim de receber, graças a esta conformidade, o "suficiente" que lhe liberará a existência. No caso da existência de Deus, esta citação diante de um poder de validação maior que ele não só é estranha, mas entra imediatamente em contradição com a definição anselmiana de Deus segundo a qual não existe nada maior.

Mas é no plano fenomenológico que explode o absurdo de qualquer prova da existência de Deus – e não é possível definir uma "prova" senão de maneira fenomenológica. Provar, com efeito, é fazer ver, de modo que do que é visto neste ver, e por pouco que nos atenhamos ao que é realmente visto aí e tal como é visto, não possamos racionalmente duvidar. O que é visto deste modo, numa visão bem nítida e que se vê assim indubitável, será, por exemplo, que $2 + 3 = 5$, ou ainda que, "se penso, é preciso que eu exista". Toda verdade racional repousa sobre um dado evidente desse tipo, sobre o que se deixa ver em si mesmo e tal como é. É por ser visto desta maneira, com efeito, que um conteúdo de pensamento qualquer deve ser reconhecido e afirmado por todo e qualquer espírito, que ele se torna "racional". Se Deus pudesse mostrar-se deste modo, seria uma verdade racional, e todo e qualquer homem racional teria de afirmar sua existência. Haveria lugar para uma teologia racional e, pouco a pouco, para um desenvolvimento progressivo desta teologia, como se dá com todo e qualquer outro saber racional.

Que sentido há, todavia, em reclamar uma prova da existência de Deus? Quando empregamos esta exigência racional de todo conhecimento, ou seja, a evidência, a propósito de Deus, cometemos certo número de confusões ruinosas, algumas das quais, aliás, foram assinaladas no curso destas análises. Em primeiro lugar, confundimos o que se mostra e o modo de se mostrar. O que se mostra: que $2 + 3 = 5$, ou que "se penso, eu sou". O modo como isso se mostra: numa evidência, num ver, nesse "lá fora" que é a verdade do mundo. Reclamar uma prova da existência de Deus é citar a Deus para que compareça diante do tribunal do mundo, é submetê-lo à obrigação de aparecer segundo esse modo de aparecer que é a luz deste mundo, o *ek-stase* da exterioridade: ali onde se mostram coisas e ideias. Um critério de verdade preexistente a Deus lhe é aplicado, critério a que ele deve conformar-se se ao menos ele aspira à existência ou à verdade.

Eis pois os dois absurdos implicados no projeto de submeter Deus a esse critério de verdade. O primeiro é a pressuposição de que Deus é em si estranho à Revelação, e é obrigado, consequentemente, a pedir a uma revelação exterior à sua essência a possibilidade de mostrar-se nela, no lugar em que ela lhe designar e do modo que ela prescrever: numa evidência, tal como o quer a Razão, diante do olhar da consciência, tal como o exige esta consciência quando se pretende racional. E o segundo absurdo: prescrever a Deus esse modo de manifestação implicado por toda e qualquer evidência, esse horizonte de visibilidade que é o "lá fora" do mundo.

Prescrever tal modo de aparecer a Deus, isto é, à Vida fenomenológica absoluta que não se revela jamais dessa maneira, jamais senão em si mesma. Ora, só o pensamento racional, ou que se crê tal, pode cometer com respeito à essência divina o contrassenso maior de querer aplicar-lhe o critério da evidência a fim de fazer dele tema de um saber rigoroso – ou de lançá-la no nada se ela se recusar a conformar-se a ele. Filósofos que se esforçam por romper o quadro estreito do racionalismo – e mais ainda a própria fenomenologia – sucumbiram a esta dupla contradição: pretender subordinar Deus a um modo de manifestação estranho à sua essência própria – como se Deus não se revelasse por si mesmo, como se sua essência não consistisse numa autorrevelação original e absoluta, a da Vida precisamente. E a segunda contradição: na ignorância desse modo original de fenomenalização que é a autorrevelação da Vida e que constitui a essência de Deus, submeter este ao único modo de manifestação que se conhece e que é a verdade do mundo.

Esta verdade do mundo é, para Heidegger, a do próprio Ser. É preciso repetir aqui a necessária subordinação da ontologia à fenomenologia. "Verdade do Ser" quer dizer que só há ser nesta Verdade. Não é o Ser que dispensa a Verdade, muito pelo contrário. É apenas nesta, no aparecer e na medida em que este aparece, que o que quer que seja é capaz de ser por sua vez, na medida em que se mostra, neste aparecer e por ele. Sucede, porém, que este aparecer primordial, Heidegger o entende como o do mundo. *A absurda subordinação de Deus ao Ser é a subordinação da Verdade da Vida à do mundo.*[2] Mais ainda, é o desconhecimento da primeira em benefício da segunda e de seu reino exclusivo. Mas o desconhecimento da Verdade da Vida é o da essência divina. Que se negue esta ou que, levando a seu cúmulo a ignorância da Verdade em que ela consiste, que se subordine de modo absurdo a essência divina à verdade do mundo, isso não tem, para dizer a verdade,

---

[2] Cf. "La Problematique Décisive de Jean-Luc Marion Visant à Dissocier la Question de Dieu de Celle de l'Être". In: *Dieu sans l'Être*. Paris, 1982, reed. 1991.

senão uma importância secundária. Para que a citação do "sagrado", de "deus" ou dos deuses, quando se perdeu até a suspeita do que é a essência divina em sua fenomenalidade própria e irredutível? São pois proposições inadmissíveis: "A experiência de Deus e de sua manifestidade, enquanto esta pode encontrar o homem, está na dimensão do Ser que ela fulgura";[3] "O sagrado [...] não vem ao fulgor do parecer senão quando previamente [...] o Ser se iluminou".[4] Longe de que a iluminação do Ser desdobre o aparecer em que possa mostrar-se a nós algo como o "sagrado", "o deus" ou "os deuses" – esses deuses de fantasia postos ali para atuar bem, para dissimular os limites e finalmente a platitude de todo pensamento do mundo –, ela impede para sempre o acesso a eles.

É preciso, pois, voltar às intuições fundadoras do cristianismo. Acesso ao Deus vivo – acesso à Vida – não há senão na Vida, no processo eterno de sua autogeração enquanto autorrevelação. Já não se trata, é verdade, desse processo da Vida absoluta considerado em si mesmo. Trata-se da possibilidade para o homem de se unir a ele, de ter acesso a Deus. Mas é aqui que surge o maior obstáculo, aquele contra o qual a problemática da salvação veio esfacelar-se. Lembremos os termos da aporia. O autoengendramento da Vida em que cada ego vivente será engendrado significa para este um Antes-absoluto: o que se cumpriu bem antes dele e sem ele, antes de Davi, antes de Abraão – "antes que o mundo fosse". Como pois este ego poderia unir-se a esta Vida que o ultrapassa numa antecedência quase impensável? Não estamos separados do que se produziu bem antes de nós neste Antes-absoluto, neste Imemorial de que não temos nenhuma memória? Todo "Antes", para quem vem depois dele, não é necessariamente passado, não está perdido? E quando este Antes é a Vida, a Vida sempre já cumprida, sempre

---

[3] "Séminaire de Zurich". Trad. francesa em *Poësie* 13, Paris, 1980, p. 60-61, citado e comentado por J.-L. Marion em *Dieu sans l'Être*, op. cit., p. 92 e n. 15, p. 93; cf. também Jean Greisch, *Heidegger et la Question de Dieu*. Paris, 1980, p. 334.

[4] *Questions III*. Paris, Gallimard, 1966, p. 114.

já vivente, para que dela possa nascer um vivente qualquer, então este, este que vem depois do Antes da Vida, não está cortado dela para sempre, separado desta Vida absoluta, a única em que ele poderia escapar da morte?

O que o cristianismo nos obriga aqui a pensar é uma concepção inteiramente nova e insólita da temporalidade – é a essência da temporalidade própria da Vida. Somente esta temporalidade até então impensada nos permite captar a relação de nosso nascimento no Antes que o precede absolutamente, isto é, precisamente a relação de nosso nascimento com o que não nasce. A concepção ordinária da temporalidade é a do mundo. Sem dúvida, essa mesma concepção mundana da temporalidade dá ensejo a interpretações diversas. O senso comum e também a ciência compreendem o tempo como uma espécie de meio englobador onde aparecem as coisas de modo que elas são tomadas num fluxo que as conduz ao não ser. Na fenomenologia contemporânea, vieram à luz concepções muito mais elaboradas do tempo. Afinal de contas, o tempo é identificado com o surgimento fenomenológico do mundo e, assim, com sua verdade. Se assim é, a temporalização do tempo consiste numa vinda lá fora, num distanciamento, na instauração de um afastamento em que se abre um horizonte de visibilidade que é precisamente o horizonte do mundo, sua fenomenalidade, sua luz. Por isso tempo e mundo são idênticos: porque a verdade do mundo que consiste no tempo é esse aparecer/desaparecer em que são tomadas todas as coisas deste mundo.

No que concerne ao problema que nos ocupa, o da relação do vivente com o Antes-absoluto da Vida, a pressuposição que acaba de ser lembrada acarreta as seguintes consequências. Todo "antes" implica um afastamento, um distanciamento ou, como se pode dizer ainda, um *ek-stase*. Para que apareça em nossa experiência algo como um "antes", é preciso que aquele a que se mostra o "antes" se relacione retrospectivamente a ele, de modo que sua relação com esse antes consista neste olhar retrospectivo, que supõe tal distanciamento, tal *ek-stase*. No "lá fora" desse *ek-stase* descobrem-se para ele, por um lado, o horizonte do antes – essa dimensão fenomenológica e ontológica do passado como tal – e, por outro, no interior deste horizonte do "antes" ou do passado, o que era antes, o que é passado. O que é passado já não é, mas nós compreendemos aqui por que é assim. É em razão de sua natureza extática que o homem do passado é um horizonte de irrealidade. É porque, colocando toda e qualquer coisa no exterior de si, ele a despojou de sua realidade própria que ele a dá desta maneira, esvaziada de si, reduzida a uma representação vazia. É irreal, portanto, tudo o que se mostra em tal horizonte e que, por se mostrar assim, por se dar no passado, já não é.

É a esta dupla condição – abrir-se como um horizonte de exterioridade no *ek-stase* do passado, não dar em tal horizonte senão o que já não é – que escapa o Antes-absoluto do nascimento. E isso porque, no processo de autogeração da Vida que é sua vinda a si, nenhum horizonte de exterioridade, nenhum *ek-stase* jamais se desdobra. Desse modo, *nunca o que é engendrado neste processo de autogeração da Vida se relaciona ao que o engendra como a um antes de que ele estaria separado por uma distância qualquer, pela distância de um ek-stase – no caso, pelo ek-stase do passado.* Como então o que é engendrado na Vida – o vivente – se relaciona com a potência que o engendra, se é verdade que este é, todavia, para ele um Antes-absoluto e não cessa de sê-lo? Trata-se de pensar uma forma da relação com o Antes que já não seja a distância do passado – nenhuma distância, nenhum "*ek-stase*". *Toda forma de relação que não tenha sua possibilidade do distanciar-se de um ek-stase, tem-na do* páthos.

É preciso, antes de tudo, perceber no que ela tem de incontestável a possibilidade de uma relação desse gênero. Assim, uma sensação pura, considerada em si mesma, não se relaciona nunca estaticamente consigo mesma, porque neste caso ela teria cessado de *se sentir a si mesma* para tornar-se a sensação de algo exterior, de uma qualidade sensível de um objeto, por exemplo. Já não seria essa pura impressão imersa em si mesma, incapaz do menor recuo com respeito a si, de se separar ou de se destacar de si – essa dor que aquele que a experimenta é obrigado a experimentar durante todo o tempo em que a experimenta. Ora, essa relação patética consigo mesma que habita não só toda sensação, mas também todo sentimento, toda modalidade da vida, não é precisamente o fato desta modalidade particular, desta dor, desta impressão. Pertence à Vida como sua carne patética – a substância fenomenológica pura de que a vida é feita. Mas a vida, nós o sabemos, é um movimento, um processo, o processo da eterna vinda a si do que se experimenta a si mesmo sem jamais se separar de si. Esse movimento de vir a si que não se separa jamais de si é a temporalidade própria da vida, sua temporalidade radicalmente imanente, inextática, patética. Nesta temporalidade não há antes nem depois no sentido em que nós os entendemos, mas eterno movimento, uma eterna mudança em que a vida não cessa de se experimentar a si mesma, de se experimentar no Si que ela gera eternamente e que tampouco se separa nunca de si. Que na temporalização desta temporalidade original imanente não haja nada passado, nada tampouco que não seja ainda, nada perdido e nada esperado, nós o compreendemos uma vez compreendida a possibilidade de algo como "viver". Pois, no movimento mesmo do viver e na medida em que ele se cumpre como o automovimento de um Si, tudo está vivo e não cessa de estar.

Ora, não é desse movimento da vida movendo-se em si mesma e autoexperimentando-se pateticamente a si mesma na temporalidade imanente desse automovimento que não se separa jamais de si que se trata agora: trata-se, lembremos, da possibilidade para um ego como o nosso de se inscrever nele. Esta possibilidade não reside no próprio ego, mas em sua condição de Filho: na condição daquele que só vem a si na vinda a si da vida. Não na vinda a si de sua vida própria, que é precisamente incapaz de tê-la em si, mas na vinda a si da Vida absoluta, que é a única suscetível de fazê-lo, de se ter em si e de se dar a si na potência e na fruição de uma autodoação e de uma autoafecção efetiva. Assim, não há senão uma Vida, e é precisamente esta que dá o ego a ele mesmo. É unicamente porque, no automovimento de sua temporalidade imanente, esta Vida não se separa jamais de si que, dado a ele mesmo na autodoação desta Vida absoluta, o ego nem é separado dela nem dele mesmo. É unicamente porque esta Vida absoluta é capaz de se ter em si na hiperpotência de sua autodoação efetiva e assim viver que, dado a ele mesmo na hiperpotência desta autodoação absoluta, o ego é ele mesmo capaz de viver, não por si mesmo, mas pelo fato da hiperpotência desta Vida absoluta e por ela. Assim a definição cristã de homem se esclarece em sua radicalidade. Não há vivente além de um Filho. Mas não há Filho além do desta Vida única e verdadeira que se engendra a si mesma e não cessa de fazê-lo. Filho não como um simples vivente emergente não se sabe como de uma vida factual com respeito à qual que não se saberia como vive ela mesma, com respeito à qual só se poderia estabelecer uma simples constatação; mas Filho gerado na hiperpotência desta Vida absoluta que se tem de si mesma na vida, que é a única vida possível, a única capaz de se ter na vida e assim viver – a Vida de Deus.

E, todavia, a maioria dos textos do Novo Testamento relativos ao homem e à sua condição de Filho não o entende assim: Filho de Deus é o que, antes de tudo e com mais frequência, o homem não é, mas em que deve tornar-se. Com isso, estabelece-se uma divisão entre os homens: entre os que são Filhos de Deus e os que não o são, ou ainda não o são. Esta divisão não é gratuita; suas condições são claramente definidas. É Filho de Deus aquele que não comete pecado: "Todo aquele que nasceu de Deus não peca" (1 João 5,18). Na medida em que não comete pecado, o Filho de Deus não se separa de Deus, mas o guarda em si: "O Gerado por Deus o guarda" (ibidem). Um equivalente dessa proposição joanina se encontra na Epístola de Paulo aos Romanos: "Todos os que são conduzidos pelo Espírito de Deus são Filhos de Deus" (8,14). Encontra-se aí também uma espécie de corolário: "Não são os filhos da carne que são filhos de Deus" (ibidem, 9,8), texto que faz eco ao já comentado Prólogo de João: "... Aqueles que não nasceram da carne...".

Nascer de Deus e guardá-lo em si sem se separar dele e, assim, sem cair em pecado, esta significação precisa de certo modo sobredeterminada do conceito de Filho de Deus se encontra em diversas passagens essenciais do Novo Testamento, as que tratam da salvação do homem. Esta salvação reside precisamente na condição de Filho de Deus no sentido que acaba de ser dito, sentido que aparece de modo repetitivo nos textos joaninos: "Todo aquele que pratica a justiça nasceu de Deus" (1 João 2,29); "Todo aquele que ama nasceu de Deus" (ibidem, 4,7). Trazer Deus em si é também, segundo uma série de implicações que foram expostas, crer que Jesus é o Cristo e que Cristo é consubstancial ao Pai. Trazer Deus em si dessas diversas maneiras, isso é pois ser Filho de Deus no sentido forte e sobredeterminado que elucidamos: "Todo o que crê que Jesus é o Cristo nasceu de Deus" (ibidem, 5,1); "Todo espírito que confessa que Jesus Cristo veio na carne é de Deus" (ibidem, 4,2). Trazer Deus em si, e isso sendo seu Filho nesse sentido novo, é nisso que consiste a salvação, segundo as declarações fulgurantes do Apocalipse: "Eles andarão comigo vestidos de branco"; "Eu jamais apagarei seu nome do livro de vida [...] confessarei seu nome diante de meu pai"; "O cordeiro [...] conduzindo-os até às fontes de água da vida" (respectivamente, 3,4; 3,5; 7,17). E que essa filiação provenha de algum devir radical, da transformação daquele que, em sua identificação com a Vida, recebe dela sua salvação, é o que é dito de modo não menos abrupto: "Eis que faço novas todas as coisas. [...] Elas se realizaram! Eu sou o Alfa e o Ômega, o Princ-ípio e o Fim; e a quem tem sede eu darei gratuitamente da fonte da água viva. O vencedor receberá esta herança, *e eu serei seu Deus e ele será meu filho*" (21,5-7; grifo nosso).

A sobredeterminação do conceito de Filho enquanto Filho de Deus que tem parte na fonte da vida, gerado, pois, nesse lugar onde a vida se autogera a si mesma, está ligada de maneira evidente ao conceito forte da autoafecção segundo o qual a vida se engendra a si mesma, de modo que é a Vida verdadeira e eterna. Ora, esta sobredeterminação do conceito forte de Filho, compreendido em sua conexão com o conceito forte da autoafecção, que é o da Vida absoluta, não deixará na indeterminação um conceito fraco de Filho, o de que a vida não tem a capacidade de se ter de si própria na Vida? Qual é então a condição daquele que vive de sua própria vida, que não bebe diretamente na fonte de vida, que não recebeu o quinhão do vencedor, aquele cujo nome não está inscrito no Livro da Vida – aquele de quem Deus não disse: "Eu serei teu Deus e ele será meu filho"? À questão implicitamente posta por ele, o texto do Apocalipse responde com a mesma brutalidade: "Tens fama de estar vivo, mas estás morto" (3,1). Longe de atribuir esse gênero de declaração a algum exagero de visionário, a construção sistemática de Paulo o inclui em sua temática: "... Vós estáveis mortos pelas vossas faltas e pela incircuncisão de vossa carne..." (Colossenses 2,13). A questão posta tanto por Paulo quanto pelo Apocalipse torna-se então o incontornável paradoxo em torno do qual gravita uma constelação de problemas: como é possível viver como quer que seja se estamos mortos? Como, nesse caso, a pura aparência, graças à qual ao menos passamos por viventes, é ainda concebível? Inversamente, se estamos realmente mortos, como reencontrar e beber novamente a água da fonte da vida em que se saciam os cervos? Como descobrir subitamente nosso nome no Livro?

Essas questões estão ligadas à relação que existe entre a Vida e os viventes e consistem numa série de implicações necessárias. Estas definem o conjunto das respostas, elas mesmas necessárias, que convém dar a tais questões. Porque a relação da Vida com os viventes foi objeto de uma elucidação sistemática, estamos em posse dessas respostas.

Eis, pois, a primeira: nenhum vivente está vivo senão por obra da Vida nele. Consequentemente, a relação de um vivente com a Vida não pode romper-se, não é suscetível de ser desfeita. Esta relação é tão essencial, que não somente o vivente traz em si a Vida como sua condição mais interior e jamais ausente. Esta condição é ainda sua pressuposição no sentido em que a Vida precede necessariamente a todo vivente como o Antes-absoluto relativamente ao qual ele é sempre segundo. É somente porque, no processo eterno de sua auto-afecção, a Vida vem a si que o vivente, nesse processo e por ele, vem ele mesmo a si. É o que mostrou a fenomenologia do nascimento, estabelecendo de modo apodíctico que todo vivente é Filho da Vida verdadeira, absoluta e eterna e somente dela. "Desde já somos filhos de Deus" (1 João 3,2). E ainda: "Vede que manifestação de amor nos deu o Pai: sermos chamados filhos de Deus. E nós o somos!" (ibidem, 3,1). Não se trata, portanto, de compreender como os homens, vivendo uma vida incerta e mal assegurada, incapaz de se fundar a si mesma, como homens semelhantes a mortos, seriam suscetíveis por alguma transformação radical de sua natureza transformar-se em seres completamente diferentes, esses Filhos vestidos de branco de que fala o Apocalipse, esses "filhos da promessa" de que fala Paulo (Gálatas 4,28), prometidos a uma vida incorruptível. Trata-se antes de perceber como os Filhos que são todos os Filhos da Vida absoluta de Deus, não sendo vivos senão nela e por ela, podem perder esta condição que é sua. E como, tendo-a perdido, eles podem reencontrá-la, re-nascer para esta Vida única e absoluta que, por se afetar a si mesma e se dar a si mesma, não conhece a morte.

Admirável é o fato de que esta dupla possibilidade, inscrita *a priori* na relação do vivente com a Vida como dois modos de que esta relação se cumpra, é descrita pelo próprio Cristo na extraordinária parábola dos dois filhos (Lucas 15,11-32). Como se sabe, o mais novo, pedindo ao pai que lhe dê a parte dos bens que lhe cabem e dissipando tudo no estrangeiro, volta para o pai: "Pai, pequei contra o céu e contra ti; já não sou digno de ser chamado teu filho..." (ibidem, 18). O Pai então o cumula de bens: "Pois este meu filho estava morto e tornou a viver; estava perdido e foi reencontrado" (ibidem, 24). Ao outro filho, que permanecera fiel, que se ofende com o comportamento do pai, este declara: "Filho, tu estás sempre comigo, e tudo o que é meu é teu" (ibidem, 31).

Duas teses decisivas afloram aqui. Por um lado, a ideia de que o devir espiritual do Filho em sua condição verdadeira de Filho de Deus de que fala o Apocalipse, em sua condição de "filho da promessa" prometido à Vida incorruptível, só é possível sobre o fundo desta condição prévia de vivente nascido da Vida no próprio movimento pelo qual a vida vem a si. É enquanto Filho, e porque é tal, que o Filho perdido pode reencontrar uma condição que era originariamente sua e que, por esta razão, ele não faz precisamente senão reencontrar. O caráter prévio da condição de vivente não significa somente que o vivente precede enquanto tal a todo devir que possa lhe advir. Muito mais que isso, esta condição de vivente remete, ela mesma, a seu próprio antecedente, ao Antes-absoluto da Vida, da qual o vivente recebe sua qualidade de vivente. O devir suscetível de lhe advir pressupõe no vivente este Antes-absoluto a que este devir, ao fim e ao cabo, não faz senão voltar. É a esta pressuposição radical da Vida absoluta inclusa na condição de vivente e que a torna possível que remete o conceito cristão de Filho. É em razão desta pressuposição absoluta sempre inclusa nele que o Filho pode e deve reencontrar a condição que é sua. Esta é ainda uma intuição decisiva de João: "E, se sabemos que ele nos ouve em tudo o que lhe pedimos, sabemos que possuímos o que havíamos pedido" (1 João 5,15). Assim, a volta do filho pródigo à casa do Pai, o retorno do filho à sua condição de Filho, torna-se possível por sua própria condição de Filho. Voltar à Vida, re-nascer, é isso o que é dado a título de possibilidade principial sempre presente àquele que nasceu da Vida. Um re-nascimento está assim implicado em todo nascimento, e isso porque a vida nova a que se trata de chegar, a segunda vida, é a primeira, a Vida mais antiga, a que vivia no Princípio e que foi dada em seu nascimento transcendental a todo vivente: porque, fora dela e sem ela, nenhum vivente nem nenhuma vida seriam possíveis.

Uma última dificuldade se apresenta diante de nós. Que a possibilidade de re-nascer para esta Vida absoluta que ele esqueceu perdendo-se no mundo, sem se preocupar senão com as coisas e consigo mesmo, subsiste naquele que a tem de seu nascimento transcendental e a traz em si mesmo como o que não cessa de lho dar a ele mesmo, aí está o que ainda não é senão precisamente uma possibilidade. Em sua temporalidade imanente, a Vida absoluta tem ocasião de unir a si aquele que, por vir depois dela, nem por isso está separado dela – não mais do que está separado de si mesmo –; ela pode permanecer em cada Filho como a pressuposição interior à sua condição e de que esta não pode separar-se – tampouco o filho pródigo o esqueceu. A potência, mais interior ao homem que ele mesmo, que o dá a ele mesmo, pode continuar a obrar nele sem que ele o saiba: ela não é para ele, todavia, como se não fosse? *Fenomenologicamente*, aquele que só vive para si, que se apega a seus sentimentos e seus prazeres como se ele os desse a si mesmo e como se a potência que lhos dá não existisse, que crê levar uma vida autônoma e não ser beneficiário ou devedor de nenhuma herança nem de nenhuma promessa, esse não é o Filho pródigo? E por que voltaria ele, culpado e envergonhado, para o Pai, ele que já não sabe que tem um Pai, que já não sabe que é um Filho?

Não há nenhum acesso a Deus no mundo (toda "prova" da existência de Deus, toda teologia racional está aqui fora de questão), mas somente na vida. Há porém duas vias, a que se dá a si mesma em sua autogeração e a que só é dada a ela mesma em sua autogeração da Vida absoluta. Estranha ao mundo, a problemática cristã da salvação se desdobra de maneira exclusiva no campo da vida. É por isso que ela se encontra confrontada bruscamente com o desdobramento desta. Em um sentido, é verdade, esse desdobramento é apenas aparente, pois o ego não é dado a ele mesmo senão no que se torna sua própria vida na autodoação da Vida absoluta. A imanência da Vida absoluta na vida própria e singular do ego é o que torna teoricamente possível a salvação deste. Mas, ainda uma vez, esta possibilidade permanece teórica, não é mais que simples possibilidade. Por que o ego que vive de sua vida própria, de seus pensamentos, de seus desejos e de seus prazeres, enquanto a potência que o dá a ele mesmo permanece para ele num Esquecimento insuperável, por que este ego superaria este Esquecimento, experimentando subitamente em si *a única Vida que existe* – esta potência que em sua autodoação dá a si toda e qualquer vida concebível?

Aqui se oferece a nós uma das intuições mais fortes do cristianismo, ligada a todas as que expusemos. O que nenhum conhecimento deixa ver é a vida que conduz a isso. Mas o desdobramento do conceito de vida, a distinção entre a autodoação da Vida absoluta e a vida do ego que só é dada a ela mesma na autodoação da Vida absoluta – essa diferenciação não é apenas teórica, mas fenomenológica. É o Esquecimento da primeira que o ego deve vencer se se trata, para ele, de re-nascer e escapar à morte. Este segundo nascimento não advém senão a favor de uma mutação que se dá no interior da vida mesma, a mutação decisiva por efeito da qual a vida própria do ego se muda na Vida do próprio absoluto. Interior à vida, esta mutação não é preparada por nenhum saber teórico. Só pode ter seu princípio na vida, na Vida absoluta e em seu movimento: é uma autotransformação da vida segundo suas leis e sua estrutura própria. Querida pela vida, a autotransformação da vida conduz à sua essência verdadeira, à Vida absoluta. O fato de esta transformação da vida, a qual não deve nada à verdade do mundo e a seu logos, receber seu impulso do próprio movimento desta vida, de ela pertencer a este e cumpri-lo concretamente, aí está o que a determina como um fazer. *A autotransformação da vida querida por ela, que consiste num fazer e que a reconduz à sua essência verdadeira, é a ética cristã.* Esta se anuncia na palavra fundadora de Cristo: "Nem todo aquele que me diz 'Senhor, Senhor', entrará no Reino dos Céus, mas sim aquele que pratica a vontade de meu Pai que está nos céus" (Mateus 7,21).

Assim, a ética cristã se apresenta desde o início como um deslocamento da ordem da palavra, isto é, também do pensamento e do conhecimento, para a do agir. Este deslocamento é decisivo por três razões. A primeira é que ele reconduz da verdade do mundo à da Vida. A segunda é que, dissipando todas as ilusões que ligam tradicionalmente a verdade à representação, à teoria e a seu fundamento extático, ele relaciona sem equívoco a Verdade da Vida ao processo de seu autoengendramento, à potência de um fazer. A terceira é que, na vida, já não é precisamente a potência do ego, o Eu Posso constitutivo de seu querer e de sua liberdade, o que é levado em conta, mas a "Vontade do Pai", ou seja, esse processo de autoengendramento da Vida absoluta. Sendo assim, a ética une as duas vias, a do ego e a de Deus, de modo que assegura praticamente a salvação do primeiro. *Fazer a vontade do Pai designa o modo de vida em que a vida do Si se cumpre de tal modo, que o que se cumpre nela doravante é a Vida absoluta segundo sua essência e seu requisito próprio.*

A ética cristã se atém rigorosamente, portanto, aos pressupostos fundamentais do cristianismo; ela precisamente não é senão o pô--los em ação. As pressuposições: que Deus é a Vida, que o acesso a Deus é o acesso da Vida a si mesma, sua autorrevelação; que o meio de encontrar a Deus, o homem o tem de sua condição de Filho – de vivente na Vida. É nele a relação da Vida consigo, essa relação que o une a ele mesmo, que é a única que o pode unir a Deus. Fazer a Vontade do Pai que está nos céus é deixar a relação consigo que une o Si singular a si mesmo cumprir-se como a relação consigo da Vida absoluta – é para o Si vivente deixar a vida cumprir-se nele como a Vida mesma de Deus.

O gênio da ética cristã é indicar na vida corrente e na mais simples, acessíveis, pois, a todos e compreensíveis por todos, as condições concretas e, por assim dizer, as circunstâncias em que se produz o acontecimento extraordinário pelo qual a vida do ego vai mudar-se na do próprio Deus. Consideremos a título de exemplo a parábola do Samaritano (cuja bondade Luca Giordano representou de modo terrificante na tela do museu de Rouen). Aquele, sacerdote ou levita, que passa pelo caminho sem socorrer o homem assaltado pelos ladrões, jogado no chão e coberto de ferimentos, esse avança doravante sem o saber no caminho de sua perdição. Deixando ali seus próprios pertences, todas as preocupações relativas a si mesmo ou a seus interesses, o Samaritano, ao contrário, já não se ocupa senão do infeliz. Transportando-o para a hospedaria, fazendo cuidassem dele, arcando com todos os custos, em suma, *praticando a misericórdia*, ele fez tudo o que deve ser feito para "herdar a vida eterna" (Lucas 10,25-37). Se tal é o destino metafísico dos protagonistas da parábola, é justamente porque são os atos o que conta.

Dos comportamentos precisos desse gênero indicados no Novo Testamento, a teologia medieval formulou um resumo admirável nas "sete obras de misericórdia corporais" (alimentar os que têm fome, vestir os que estão nus, cuidar dos enfermos, resgatar os cativos, visitar os presos, etc.) e espirituais (instruir os ignorantes, converter os pecadores, consolar os aflitos, perdoar aos inimigos, orar pelos vivos e pelos mortos, etc.). O que se pede de tais comportamentos não é sua conformidade com um modelo exterior. Da obra de misericórdia decorre, em cada um dos que cumprem cada um dos atos determinados em que ela consiste, a salvação. A salvação: o segundo nascimento, a entrada na Vida nova. Como o agir da ética cristã substitui o vivente na Vida absoluta que era antes dele e, dando-o a ele mesmo, lhe deu a vida em sua condição de filho, como lhe permite reencontrar esta condição, é o que é necessário precisar. Todo agir, como o mostramos longamente, consiste no pôr em ação um poder, que só é suscetível de se exercer se estiver em posse de si. E ele não o é senão dado a ele mesmo não por si mesmo, mas na vida. Tal é a condição do Eu Posso que define o ego. Quando pois a ética cristã opera o deslocamento decisivo que conduz palavras aos atos – "Não é aquele que diz... mas aquele que faz...", ela se dirige a este ego, apoia-se num poder que está nele. Designa-o como aquele que, cumprindo a obra de misericórdia, cumpre sua salvação. Ao mesmo tempo, desqualifica a linguagem como principalmente incapaz de desempenhar este papel. E isso porque, meio de irrealidade pura, a linguagem é estranha à vida. A oposição entre os atos e as palavras, que atravessa o texto evangélico, só tem sentido com a condição de uma oposição decisiva entre o que traz em si a vida e o que no princípio é dela desprovido. É porque o fazer traz em si a vida como sua pressuposição incontornável, porque só há fazer dado a ele mesmo na autodoação da vida, que a obra da salvação lhe é confiada.

Confiada ao fazer e ao agir, mas não a um agir qualquer. Se se examina a lista das obras de misericórdia, vemos que não se trata de uma simples enumeração de atitudes e de comportamentos empíricos que não poderiam deixar de ser benéficos aos que os põem em prática. Uma oposição secreta os atravessa, já não a oposição entre simples preceitos ainda estranhos à sua realização prática e que a exigem como o único caminho que conduz à vida. É no plano do próprio agir que se dá agora a oposição. Ela distingue e opõe dois tipos de agir, um que de fato leva à vida, e o outro à morte.

O que conduz à vida não é simplesmente a misericórdia? É ela que deve dirigir nossa conduta com respeito a todos aqueles cuja situação de necessidade ou de desamparo exige que lhe tragamos ajuda e assistência. Não é portanto o outro que se levanta subitamente diante de nós, sem sequer nos falar nem fazer uso de nenhum sinal – seu simples rosto que nos interpela de tal modo, que já não podemos senão desviar o olhar ou responder a seu chamado? Sabe-se o papel decisivo desempenhado pelo outro, mais exatamente pelo próximo, na ética cristã, e teremos ocasião de voltar a isso. A questão da relação com o outro só pode ser examinada, todavia, em si mesma quando as pressuposições à luz das quais ela é tratada pelo cristianismo tiverem sido esclarecidas. Estas pressuposições concernem precisamente ao modo de agir implicado nas obras de misericórdia. Paradoxalmente, não é o próximo nem a misericórdia com que convém tratá-lo que tornam inteligível a maneira de agir requerida pela ética cristã. Aliás, se fosse verdadeiramente o outro quem se encontrava no princípio desta ética, reduzida então a uma espécie de altruísmo radical, como poderia ele determinar uma conduta diferente da que encontra seu princípio em mim? O outro é então mais que eu mesmo? Um homem vale mais que outro?

É na essência do próprio agir, em nenhuma outra parte, que a ética cristã percebe o princípio da divisão de todas as formas de agir entre as que salvam e as que conduzem à perdição. Baste aqui lembrar o laço essencial que une a ilusão transcendental do ego ao problema do agir, e isso enquanto o ego se encontra constituído em si mesmo como um Eu Posso. Dispondo de si mesmo e de cada um de seus poderes, apoiando-se em si mesmo, ele se toma ao mesmo tempo, como dizíamos, pela fonte desses poderes. Não contente de se atribuir a si mesmo tudo o que faz, ele se põe ainda como o fim único de todas as suas ações, não se preocupando com as coisas, com os outros ou consigo mesmo senão em vista de si mesmo. Foi em seu próprio agir, por conseguinte, e em cada um de seus atos que ele perdeu *a essência do agir, se esta absolutamente não consiste no pôr em ação poderes determinados, mas no hiperpoder que deu cada um desses poderes a ele mesmo* – no hiperpoder da Vida absoluta. No agir do ego como agir que se supõe proceder de si mesmo e que só visa a si mesmo, não é nada menos que esta essência da Vida absoluta o que é posto de lado. Longe, porém, de conduzir à vida fora da qual não há ego nem agir, este agir se desvia e, ao mesmo tempo, desvia da vida tudo aquilo com respeito ao qual ele tem de fazer algo, tanto os outros como ele mesmo.

O agir implicado na obra de misericórdia se descobre então com toda a clareza. Trate-se de alimentar os que têm fome, de vestir os que estão nus, de socorrer os enfermos, etc., *o modo de agir dessas ações diversas cessou de ter em vista o ego que age e de se relacionar com ele de qualquer modo; um traço comum determina a todas igualmente: o esquecimento de si.* Ora, numa fenomenologia radical da vida como o cristianismo e na essência da Ipseidade em que a vida se alcança a si mesma, o esquecimento de si tem dupla significação. O que é interditado não é somente o indivíduo empírico e mundano a que se reduz a compreensão corrente do homem: é mais essencialmente o ego transcendental que age. Já não se trata deste ego que põe em ação os poderes de seu corpo e de seu espírito, que diz: "Eu Posso"; trata-se doravante do ego com que ele se preocupava até então e que ainda era ele. É o sistema do egoísmo transcendental em que é o ego transcendental que age, e que age em vista de si mesmo, o que é abolido.

Que agir, então, age na obra de misericórdia, se já não é o de um poder próprio do ego transcendental que diz "Eu Posso"? Poder diferente do seu, diferente do conjunto dos poderes de que ele dispõe, não há nenhum outro neste ego além do hiperpoder da Vida absoluta que o deu a ele mesmo dando-se a si. *Na obra de misericórdia, e é por isso que ela é uma obra, opera-se a transmutação decisiva pela qual o poder do ego é reconduzido ao hiperpoder da Vida absoluta em que ele é dado a ele mesmo.* Em tal transmutação, o ego sem esquece de si mesmo de tal modo, que, neste esquecimento do ego e por ele, se revela uma Ipseidade essencial – não seu próprio Si, mas precisamente o que dá esse si a ele mesmo fazendo dele um Si, a autodoação da Vida absoluta na Ipseidade de que esta vida se dá a si. Já não sou eu que ajo, mas é o Arqui-Filho que age em mim. E isso porque "já não sou eu que vivo, mas é Cristo que vive em mim" (Gálatas 2,20).

Aqui se enlaçam algumas das intuições fundadoras do cristianismo. A análise do Si mostrou que não há Si verdadeiro que não seja um Si radicalmente imanente, aquele cuja relação consigo exclui todo afastamento, todo distanciamento, todo "lá fora", todo "mundo" possível. Assim, este Si não tem nenhuma imagem, nenhuma percepção, nenhuma lembrança de si; ele não se preocupa consigo e não pensa em si. Essa relação consigo é o Esquecimento, não o esquecimento que pode ser interrompido pela lembrança correspondente, mas o Esquecimento que nada pode interromper – o Imemorial de sua relação consigo na Ipseidade da Vida absoluta. É somente quando são postos de lado o si mundano que se mostra no mundo, a relação mundana consigo em que o Si se vê a si mesmo, deseja ser visto, se preocupa consigo, obra em vista de si – é somente com a eliminação desse si mundano que advém o Si verdadeiro que se experimenta a si mesmo na Ipseidade da Vida absoluta e não é senão ela mesma.

Mas o que significa aqui "advir"? Como se opera esta transformação do si mundano que, no esquecimento de tudo o que ele é para si mesmo, se abre à Ipseidade original da Vida? Tudo isso cuja possibilidade teórica estabelecemos, não é uma teoria – nem sequer a de que tentamos um esboço – que o pode cumprir. *Somente a obra de misericórdia pratica o esquecimento de si em que, estando afastado todo interesse pelo Si e até a ideia do que chamamos um si ou um eu, já nenhum obstáculo se opõe ao desencadeamento da vida neste Si reconduzido à sua essência original.* Esquecido de seu Si no agir misericordioso, já não há nada neste novo agir além de sua doação a si mesmo na Arqui-Doação da Vida absoluta e em sua Arqui-Ipseidade. Ele reencontrou a Potência de que nasceu e de que ele mesmo não nasce. Ele nasceu uma segunda vez. Nesse segundo nascimento ele reencontrou a Vida de tal sorte que doravante ele não nascerá mais e que é verdadeiro dizer nesse sentido que ele é "não nascido"[5].

Eis, portanto, como cada uma das obras de misericórdia conduz à salvação. Em cada uma delas, produz-se a substituição decisiva em virtude da qual o agir mundano do ego, que só se preocupa com as coisas, com os outros ou consigo mesmo em vista de si mesmo, cede lugar ao agir original da Vida que deu esse ego a ele mesmo. Porque o agir é fenomenológico de uma ponta a outra, fenomenológico também é o processo dessa substituição, e aquele que pratica a misericórdia experimentou em si a irrupção da Vida.

Ora, esse processo fenomenológico, e a esse título incontestável cada vez que se produz, tampouco é nenhum acontecimento relevante da magia, cujos efeitos não se pudessem admirar posteriormente. Aquele que nasceu da vida não encontra o agir suscetível de satisfazê-lo sem que este agir convenha à sua condição. O agir

---

[5] Maître Eckhart, *Traités et Sermons*, op. cit., p. 258.

só pode convir à condição de Filho na medida em que provém dela e leva a ela. *Que provenha dela, aí está, antes de tudo, o que o torna possível*, se não há "Eu Posso" senão na vida. Por mais extraordinárias e difíceis que pareçam ao homem as exigências da ética cristã, permanece o fato não menos extraordinário de que elas se enraízam em sua verdadeira natureza. Elas se propõem como salvaguarda dela. E é assim que fazem retornar a ela. Do Filho, é de sua própria condição que dá testemunho a ética cristã – que se designa ao mesmo tempo como a única ética possível para o homem. Aquela fora da qual a humanidade não pode senão encontrar-se literalmente desnaturada, escarnecida, destruída. Aí está a razão por que os preceitos desta ética são formulados de modo tão taxativo, não como conselhos ou sugestões, mas como condições de vida ou de morte.

É para esta ética que se deve lançar agora um olhar de conjunto.

Capítulo X

A ética cristã

A ética cristã, portanto, tem por objetivo permitir ao homem ultrapassar o esquecimento de sua condição de Filho a fim de reencontrar, através desta, a Vida absoluta em que nasceu. A pressuposição decisiva da ética cristã é que a possibilidade deste segundo nascimento não consiste num conhecimento, mas num fazer. Ora, esse processo da salvação não repousa sobre o fazer, a ponto de se identificar com ele, senão com a condição de uma mutação completa do conceito dele. Fazer, agir, aí está aquilo com respeito ao qual a essência deve ser pensada de modo completamente diferente. Onde? Como? Na vida e como uma determinação fundamental desta; mais ainda, como um modo da Vida absoluta. É somente porque no cristianismo o fazer se situa na dimensão da vida e lhe pertence que seu cumprimento se confunde com o movimento desta a ponto de já não ser nada de diferente do autocumprimento da Vida absoluta, quando se tornou o "fazer a vontade do Pai que está nos céus". É somente porque o fazer é o fazer da vida que ele pode ser, afinal de contas, o que faz a vida: a autodoação absoluta, a autorrevelação da Vida na qual e sob a forma da qual se cumpre a revelação de Deus.

A que ponto o fazer, compreendido pelo cristianismo como uma ação da Vida invisível, pertence a esta e, invisível como ela, rompe de modo decisivo com as representações habituais da ação que são as da Grécia, mas também do pensamento clássico e moderno, é o que se deve perceber claramente. O princípio da ética cristã só se torna inteligível à luz de uma filosofia inteiramente nova da ação. Diga-se o mesmo com respeito ao conjunto dos "mandamentos" que definem esta ética e ao próprio sentido do que o cristianismo entende por "mandamentos". Para o pensamento antigo, clássico ou moderno, agir, fazer quer dizer dar a algum desígnio interior, a algum projeto subjetivo, a algum desejo, voto ou querer – explícito ou não, consciente ou não – uma realização exterior, de modo que o peso ontológico da realidade reside na formação objetiva em que desembocou a ação. Pouco importa que esta formação objetiva não seja ainda mais que um conteúdo mental, um conteúdo de pensamento, como, por exemplo, uma figura geométrica, ou que se trate, ao contrário, de um objeto real, como, por exemplo, um jarro feito por um artesão. Em todos os casos, a realidade está no produto da ação, o qual aparece como um conteúdo situado diante do olhar da consciência e, a esse título, objetivo – conteúdo que se pode tocar no caso do jarro material, ou ao menos ver com os olhos do espírito no caso da figura geométrica ou de um objeto ideal qualquer.

Quanto à ação que conduziu a esse resultado objetivo, consiste no próprio processo que conduz em geral a qualquer coisa objetiva: num processo de ob-jetivação. É o próprio movimento pelo qual o que não existia ainda senão em estado de virtualidade interior se encontra propriamente trazido para fora, posto diante do olhar, percebido doravante por este, tornado visível e desse modo objetivo, real. A ação consiste literalmente nessa passagem do interior ao exterior, do que não se vê ao que se vê, do que ainda é apenas uma simples intenção subjetiva, em si mesma privada de realidade, ao que, por ter entrado na exterioridade e ter-se tornado visível nela, se encontra doravante, e como tal, como real. Na ação mais claramente que em qualquer outro fenômeno, aparece que a fenomenalidade consiste precisamente nesta vinda para fora na luz de um mundo, não sendo a própria a ação, o fazer, senão "um fazer vir para fora".

Fazer, agir, isso se diz ainda produzir. Pro-duzir (*pro-ducere*) é conduzir adiante, neste "lá fora" do mundo que define conjuntamente fenomenalidade e realidade. E isso na medida em que é real o que se mostra – o que se mostra na verdade do mundo. É a partir desta que, como quer que seja e por todos os aspectos, o fazer se encontra pensado na tradição ocidental. Fazer não se compreende senão como uma exigência de realidade. Mas é no mundo que toda e qualquer realidade se realiza. A realização não é em si mesma nada além da vinda a este mundo e finalmente a vinda do próprio mundo – sua emergência na luz, seu aparecimento, sua Verdade.

É de uma transformação radical tanto do conceito da realidade como do da ação que procede o cristianismo. Arrancando esta ao ser exterior como ao processo de objetivação que conduz a ele, o cristianismo situa a ação no lugar que é o seu, ali onde fazer é fazer esforço, penar, sofrer, e isso até o momento de o sofrimento dessa pena transformar-se na alegria da satisfação. Fazer designa esta autotransformação interior patética da vida, encontra nesta sua única motivação, sua única finalidade e, antes de tudo, o próprio meio onde ela se cumpre e onde ela é possível. Pois, por mais surpreendente que possa parecer à primeira vista ao realismo ingênuo que é o da percepção comum, a concepção subjetiva da ação é a única que lhe preserva a possibilidade. Se se considera a ação como processo objetivo semelhante, assim, a um processo natural, à queda d'água que faz girar a turbina, já nada então distingue essa pretensa ação de um processo material qualquer, e já não há nenhuma ação, mas somente fenômenos objetivos. O agir humano, seu esforço, seu sofrimento são redutíveis a sequências causais, à "ação do peso", por exemplo.

Se se considera a ação como um processo de objetivação e de exteriorização, a aporia em que se tropeça não é menos insuperável. Seria preciso que a cada instante, por um salto extravagante para fora de sua condição de vivente radicalmente subjetivo e invisível, o agente se transformasse num objeto situado diante dele, que ele mesmo se tornasse esse objeto – algo inerte. Tal como o vivente que o cumpre, a ação não cessa, na verdade, de ser subjetiva. Do início ao fim, é uma ação da vida e que, tal como a vida, não se separa nunca de si. Aquilo a que chamamos resultado exterior da ação não é nunca algo diferente da re-presentação global na verdade do mundo do que tem seu lugar original na Verdade da Vida. O que é exterior são os deslocamentos objetivos de um indivíduo empírico, ele mesmo objetivo – este indivíduo que se pode ver e que o homem nunca é. O homem é um eu transcendental invisível, é este eu que age. Se é seu corpo que age, é seu corpo vivo, seu corpo transcendental invisível. A "ação" exterior nunca é mais que a representação desta ação interior originalmente subjetiva e vivente. O gênio do cristianismo é ter compreendido de início, fora de toda pressuposição ou análise filosófica e muito antes dela, que a ação é a da vida e só é possível como tal.

Situar a ação na vida, todavia, tem uma significação fenomenológica rigorosa. *Dizer paradoxalmente que a ação é invisível é designar-lhe um modo de revelação radical, aquele mesmo da Vida, isto é, em última instância, do próprio Deus.* A ação, o fazer, a prática, o corpo são arrancados ao absurdo do positivismo que crê reduzi-los a um fenômeno objetivo análogo a todos os fenômenos do universo. São arrancados também ao absurdo das filosofias clássicas que veem neles uma passagem, ou melhor, um salto ininteligível entre duas ordens irredutíveis. São arrancados, enfim, à confusão do vitalismo, que, colocando a ação no princípio das determinações da existência humana, se mostra, todavia, incapaz de lhe designar um estatuto fenomenológico qualquer, fazendo dela uma expressão desprovida de sentido de uma força cega e anônima. Que a ação seja a da vida e lhe pertença, isso conduz, ao contrário, a reportar à primeira a análise fenomenológica da segunda, e isso com consequências decisivas para a ética que vai impor-se a nós. Entre essas consequências, a mais importante é o transformar uma ética naturalista ou humanista numa conceptualização geral do agir a partir da interpretação do homem como eu transcendental nascido de Deus – conceptualização que consequentemente já não é inteligível senão a partir do próprio Deus, e não do "homem" ou da "natureza".

A análise fenomenológica da vida mostrou, com efeito, que a doação a si da vida no eu transcendental se funda na doação a si da Vida absoluta e só é possível por ela. Se a autodoação da Vida absoluta é a autorrevelação do próprio Deus, então esta está implicada na vida do eu transcendental, que só se autorrevela na autorrevelação desta Vida absoluta – do próprio Deus. Toda vida se cumpre, desse modo, "diante de Deus". Deus é como um Olho onividente que vê o que se passa em cada vida singular, e isso, ainda uma vez, porque a autorrevelação desta traz em si a autorrevelação de Deus. Esta situação decisiva e quase impensável em virtude da qual nossa vida se cumpre sob o olhar de Deus – olhar que não é um olhar, mas o autossentir da Vida absoluta em cada vida singular –, esta situação concerne a cada uma de nossas ações na medida em que estas já não são dissociáveis de nossa vida, assim como nossa vida não o é da autorrevelação da Vida absoluta.

Enquanto, pois, na verdade do mundo, minha ação se manifesta sob o aspecto de um comportamento exterior objetivo acessível a todos, na Verdade da Vida, ao contrário, e compreendida como uma de suas modalidades – ou melhor, como sua própria ação –, esta ação não se revela somente a si mesma no eu transcendental que a cumpre. Nesta revelação a si de minha ação, está inclusa a autorrevelação da vida e, assim, a de Deus. Cada uma de minhas ações é, portanto, revelada a Deus ao mesmo tempo que se revela a mim e no próprio ato pelo qual o faz. "Tu, porém, quando jejuares, unge tua cabeça e lava o rosto, para que os homens não percebam que estás jejuando, mas apenas teu Pai, que está lá no segredo; e teu Pai, que vê no segredo, te recompensará" (Mateus 6,17).

A extraordinária fenomenologia da ação que resulta no cristianismo da relação a esta da fenomenologia da vida encontra neste texto estupefaciente sua formulação incontornável. À oposição radical instituída entre a verdade do mundo e a Verdade da Vida, corresponde o desdobramento da ação entre, por um lado, sua aparência exterior em forma de processo objetivo visível e acessível a todos e, por outro, o caráter secreto desta ação na medida em que, pertencendo à vida em seu próprio movimento, é invisível como ela.

Somente a fenomenologia da vida praticada espontaneamente pelo cristianismo não se limita de modo algum à oposição, por decisiva que seja, entre dois modos de revelação heterogêneos, o do mundo, em que tudo é visto do exterior, e o da vida, em que tudo é vivido do interior. Mais secreta que a própria vida porque se opera nela, é a dissociação última entre a autorrevelação absoluta em que a vida se dá a si mesma e a autodoação passiva em que o eu transcendental é dado a ele mesmo, de modo que a segunda jamais está separada da primeira, da autorrevelação de Deus. Esta é o Olho onividente que escruta cada ação do eu, o inelutável "diante de Deus" ao qual o homem deve o ser vivente – esse Filho da Vida que não é dado a ele senão na autorrevelação da Vida absoluta.

A modificação sofrida pela ação quando se encontra transferida da esfera da verdade do mundo para a da Vida é tão importante, que é preciso diferenciar-lhe as etapas e as significações. Enquanto, segundo uma crença tão difundida quanto ingênua, a ação se passa no mundo, ela obedece a suas leis. Trata-se, por um lado, das leis das coisas, e, por outro, das que tornam essas coisas manifestas (por exemplo, o espaço, o tempo) e que constituem a estrutura fenomenológica do mundo propriamente dito, o "lá fora" como tal. As leis das coisas não são apenas leis físicas. Entre essas "coisas", há também as coisas sociais, culturais, e enfim os homens a título de indivíduos empíricos que também aparecem no mundo. É por isso que, ao lado das leis naturais, há leis sociais e finalmente morais, leis relativas ao comportamento desses indivíduos e que supostamente os regram. À diferença das leis naturais, que são tão necessárias como os fatos que elas regem, as leis morais se apresentam como prescrições ou mandamentos, comportam uma obrigação, a de os indivíduos conformarem suas ações a elas. Conquanto esta obrigação seja vivida pelos indivíduos, a pertença global do sistema das ações à verdade do mundo faz que tudo neste sistema mundano seja objetivo, as ações, certamente, os indivíduos que as cumprem, as leis enfim – a Lei à qual eles se submetem. Esta Lei que rege o sistema ético-religioso de um povo é exterior aos indivíduos que o compõem, transcendente com respeito a eles. Esta exterioridade é aquela do mundo, é na verdade deste que a Lei se manifesta.

Ao mesmo tempo que a ação arrancada à verdade do mundo para ser imersa no *páthos* da vida, é o sistema mundano de ações inteiro que o cristianismo faz balançar numa subjetividade abissal. No que concerne à própria ação, seu caráter objetivo é recusado, *destituído de sua pretensão de conter a realidade da ação, do agir enquanto tal* – ele não é senão uma aparência, e uma aparência falaciosa. Assim, aquele que apresenta o comportamento exterior do jejum mostrando-se ali, diante de nós, enquanto comportamento que todo o mundo pode ver, enquanto comportamento exterior e objetivo – como tal comportamento pode ao mesmo tempo não ser a ação de jejuar? Com a condição de que a mesma ação do jejuar não apareça na verdade do mundo e de que ela não possa aparecer ali, e isso porque toda e qualquer ação nossa, e aquela em particular, não se revela senão revelando-se a si na autorrevelação da vida.

"Ai de vós, escribas e fariseus, hipócritas, que limpais o exterior do corpo e do prato, mas por dentro estais cheio de rapina e de intemperança!" Vem então o julgamento terrível: "Ai de vós, escribas e fariseus, hipócritas! Sois semelhantes a sepulcros caiados que por fora parecem belos, mas por dentro estão cheios de ossos de mortos e de toda podridão" (Mateus 23,25-27). A denúncia implacável, incansável da hipocrisia não é antes de tudo um julgamento, mas pressupõe como sua possibilidade a cisão do aparecer em dois modos irredutíveis de fenomenalização. Esta referência do farisaísmo a um dualismo fenomenológico prévio é explícita em Lucas: "Vós sois os que querem passar por justos diante dos homens, mas Deus conhece os corações" (16,15). Esse dualismo da fenomenalidade é radicalizado em todos os Evangelhos; aparece, por exemplo, em João como o dualismo de duas "glórias", quando é dito, sempre a respeito dos fariseus: "Muitos chefes creram nele, mas, por causa dos Fariseus, não o confessavam [...] pois amaram mais a glória dos homens do que a de Deus" (João 12,42).

Não é somente o agir que o cristianismo subtrai à objetividade. A lei segundo a qual o agir deve regrar-se sofre um deslocamento não menos decisivo. Abandonando a esfera da exterioridade onde ela se dava ao homem sob o aspecto de uma proposição ética, ou melhor, religiosa – de uma Lei transcendente em todo caso, estranha à subjetividade viva e devendo regrá-la precisamente do exterior, à maneira de um imperativo ou de um dizer objetivo –, também ela se vê assinar e de modo paradoxal a outro lugar fenomenológico, o da Vida de que ela não é nada mais que o movimento – o automovimento da Vida absoluta de que toda vida singular recebe seu impulso próprio.

É aqui que intervém no cristianismo a crítica da Lei, formulada com rara violência por Cristo e cuja motivação última Paulo buscou e expôs de maneira genial. Esta motivação remete à tese central do cristianismo que coloca a realidade na vida. É precisamente porque a Lei é transcendente, exterior à vida e percebida por esta fora dela que ela se encontra privada da realidade. E ao mesmo tempo disso que encontra na realidade da vida a possibilidade de sua efetuação: o agir. Irreal e impotente, tal é a Lei. Porque une em si a impotência à realidade, a Lei coloca o conjunto do sistema que se organiza em torno dela, e notadamente aqueles a que ela se dirige, em situação insustentável. Por um lado, ela prescreve, e isso em forma de injunção percebida com toda a clareza e, assim, indubitável: "Não matarás, não cometerás adultério", etc. Por outro lado, todavia, esse mandamento claramente enunciado e com o qual não é permitido trapacear se revela por si mesmo incapaz de produzir o agir que lhe seria conforme. "Moisés não vos deu a Lei? No entanto, nenhum de vós pratica a Lei!" (João 7,19).

A impotência principial da Lei para produzir por si mesma o agir que ela prescreve confere ao mundo que se constrói sobre ela, ao mundo ético em geral, o traço da contradição. Na medida em que a Lei é dada por Moisés, em que esse mundo por conseguinte não é somente ético, mas, mais profundamente, religioso, é este último enquanto tal que é abalado pela contradição. Por um lado, esse mundo da Antiga Lei é sulcado de mandamentos, de prescrições, de proibições. Por outro, aqueles que o habitam e tropeçam constantemente na Lei ao longo de sua existência cotidiana se encontram na incapacidade de observá-lo, privados da força necessária para seu cumprimento. Esta força não reside neles – pois, se residisse, não teriam necessidade da Lei – nem nesta, que sua irrealidade priva de toda eficiência. Assim, a Lei projeta, a cada vez, diante do agir a via que ele deve seguir para se aproximar de Deus, sem lhe fornecer nem sequer a menor parcela do poder de que ele teria necessidade para tomar esta via e prosseguir nela.

Ver o que é preciso fazer sem dispor do poder para fazê-lo, ver o que é preciso fazer encontrando-se destituído, nesse ver e por ele, no mandamento e por ele, da capacidade de executá-lo, tal é a situação dramática e desesperada em que a Lei colocou o homem, e isso na medida em que ela lhe é dirigida do exterior enquanto Lei transcendente. Tal Lei que define a infração e o crime, que abre escancaradamente diante do homem a possibilidade deles, sem lhe dar o poder de evitar um e outro, é uma Lei de maldição. Melhor seria a ausência de Lei, um estado de inocência em que a possibilidade do crime não se apresentasse em nenhum momento diante do olhar. A Lei, ao contrário, amaldiçoa todos os que não a põem em prática – para dizer a verdade, ela os amaldiçoa a todos, pois não dá precisamente a ninguém o poder de segui-la. A Lei multiplica o crime, tal como o diz o Apóstolo num resumo fulgurante: "Quanto à Lei, ela chegou para fazer abundar o pecado" (Romanos 5,20).

Por que a Lei é impotente, aí está o que convém manter presente no espírito: porque ela não tem seu lugar na vida onde se encontra, ao contrário, o agir – todo agir concebível – e porque, desse modo, ela é incapaz de pôr este último em ação. A Lei é estranha à vida no duplo sentido de que se reveste esse conceito no cristianismo. É estranha à minha vida, estando além dela. Mas, sobretudo, é estranha à Vida absoluta que gera cada vivente fazendo dele um Filho. A ética cristã se encontra entre essas duas vias, pois que ao filho degenerado que se toma por seu próprio mestre e pela razão de tudo o que faz, e só faz o que quer, ela designa os únicos modos concretos de agir que podem devolvê-lo ao esplendor de sua condição inicial, isto é, à justiça. Pois a justiça se cumpre quando tudo é recolocado em seu lugar e o homem restabelecido em sua dignidade de Filho. Ora, esta transformação interior, este re-nascimento e esta re-ge(ne)ração somente ao termo da qual advém a justiça, a Lei estranha ao agir e assim a toda transformação é incapaz de produzi-la. "Se tivesse sido dada uma Lei capaz de comunicar a vida, então sim, realmente a justiça viria da Lei" (Gálatas 3,21).

A análise de Paulo vai mais longe. Que a Lei enquanto arquétipo ideal para ações que seriam conformes a esse modelo se revele, todavia incapaz, por causa de sua irrealidade de princípio, de produzi-las, aí está uma objeção cujo alcance se poderia ser tentado a limitar mediante uma observação importante. A Lei tem ao menos por objeto apresentar esse modelo, mais que deixar o agir na incerteza a respeito do que deve fazer. Dessa maneira, a Lei não torna possível tão somente a transgressão e, assim, o crime, mas também a observância e a submissão. É o que se passa, em todo caso, na sociedade religiosa quando, conforme à Lei, os sacerdotes oferecem sacrifícios em expiação tanto dos pecados deles como dos pecados dos demais fiéis. Nesses sacrifícios executados segundo a Lei e, assim, graças a ela, expiação e purificação se atualizam, entram na efetividade da realidade, implicando a obra da salvação.

É o que Paulo contesta. Segundo ele, a ineficácia do sacrifício e da oferenda dos dons decorre precisamente do fato de esses atos rituais se fazerem segundo um modelo que é o da Lei. Tudo se passa como se a irrealidade da Lei se comunicasse aos atos que ela motiva, determinando sua própria irrealidade e, ao mesmo tempo, sua ineficácia. "... Há o que oferecem dons, conforme a Lei; esses asseguram o serviço de uma cópia e de uma sombra das realidades celestes, assim como Moisés, quando ele teve de construir a tenda, foi divinamente advertido: 'Vê que faças tudo segundo o modelo que te foi mostrado na montanha'" (Hebreus 8,1-5). Quanto à ineficácia do agir que se guia pelo modelo da Lei, é afirmada duas vezes. Uma primeira vez de modo assertório, "porque, se a primeira aliança [a Antiga, a da Lei] fora sem defeito, não se trataria de substituí-la pela segunda" (ibidem) A esta primeira razão, que não é ainda senão uma constatação, acrescenta-se outra, mais decisiva: a repetição indefinida dos sacrifícios rituais basta para estabelecer a futilidade deles. Pois, se um só entre eles apagasse o pecado, não haveria necessidade de nenhum outro. "A Lei é totalmente incapaz, apesar dos mesmos sacrifícios sempre repetidos, oferecidos sem fim a cada ano, de levar à perfeição aqueles que se aproximam de Deus. Se não fosse assim, não se teria deixado de oferecê-los, se os que prestam culto, [...] uma vez por todas purificados, já não tivessem nenhuma consciência dos pecados" (Hebreus 10,1-10).

Ora, se os sacrifícios foram devidamente oferecidos, se o agir sacrifical realmente se cumpriu, como pode ser ineficaz? O fato de se ter guiado pelo modelo ideal, e como tal irreal, da Lei é suficiente para despojar o agir da realidade que é a sua, de modo que torne inoperante? A impotência da Lei que lhe vem de seu estatuto de irrealidade pode refluir sobre o próprio agir, a ponto de desnaturá-lo? O agir da Antiga Aliança cessou, por isso, de ser um agir? É aqui que a teoria cristã do agir ilumina bruscamente a crítica da Lei, tornando-a ao mesmo tempo possível e necessária. Pois a crítica da Lei nunca é somente uma crítica da Lei: ela implica efetivamente uma crítica do agir ligado à Lei, e é este, na verdade, que ela visa em última instância – um agir conforme a Lei e cuja essência é regrar-se por ela. Ora, a conformidade do agir à Lei é a conformidade de um comportamento objetivo a um modelo ideal, ao modelo da Lei precisamente – esse comportamento objetivo que só oferece a aparência exterior do agir na verdade do mundo e não o agir real, revelado a si mesmo na experiência patética e invisível da vida. Assim, podem-se oferecer sacrifícios sem que a própria vida se ofereça em sacrifício, no único lugar em que o sacrifício é possível, em que o agir verdadeiro, o agir cristão se produz – ali onde a vida é dada a ela mesma e onde, por ser, assim, dada a ela mesma, ela adquire a potência de se dar. A duplicidade do aparecer – o caráter duplo da verdade – explica de modo radical que a aparência exterior de um comportamento objetivo que se mostra na verdade do mundo, e, por exemplo, de um comportamento conforme ao modelo representativo da Lei, não compromete em nada o agir real que age no segredo da vida sob o Olho onividente de Deus. E aí está por que o comportamento exterior em conformidade com a Lei não significa nada – tanto no caso do sacrifício como no do jejum. É globalmente em sua relação com Lei transcendente e sob o olhar da Lei, na verdade do mundo, que o comportamento exterior, idêntico afinal de contas a um processo objetivo, trai sua diferença com respeito ao agir real e manifesta sua total impotência. "É impossível", diz Paulo, "que o sangue dos touros e dos bodes elimine os pecados" (Hebreus 10,1-10; cf. Salmo 40,7-9).

Não é como em Paulo, graças à apresentação e ao desdobramento de uma problemática complexa, além de suntuosa, que se efetua nos Evangelhos a crítica da Lei. Já não se trata, para dizer a verdade, de uma crítica, mas de uma rejeição brutal. Esta intervém na situação crucial que criada a partir de todos os dados. Nem é sequer, propriamente falando, uma rejeição, porque a rejeição olha o que ela rejeita e se define ainda com respeito a ele. Se não é mais que uma espécie de contestação da Lei, a rejeição a pressupõe e a segue de algum modo. No Evangelho, ao contrário, surge um agir que já não leva em conta a Lei e a ignora pura e simplesmente. Cristo cura o paralítico num dia de sábado. Entre as múltiplas implicações deste ato extraordinário, há em primeiro lugar este: a Lei não conta, não é uma Lei para o agir e à qual este devesse submeter-se, pois que, nesse ato precisamente, ele não se submete a ela. É a anulação da Lei da Antiga Aliança o que é significado aqui. Porque se trata de uma consideração da Lei e de uma reflexão sobre ela, uma problemática da Lei só intervém aqui posteriormente, num olhar retro-ativo para o que foi ultrapassado e já não tem curso. Donde o escândalo para todos os que ainda vivem sob a Lei e querem definir seu agir a partir dela – conquanto, na prática, seja precisamente isso que eles não fazem nunca: "Os judeus atacavam Jesus porque ele fazia isso no sábado". Esta anulação da Lei antiga e, assim, de uma ética – e mais: da religião que reinava até então –, não pode deixar de ter um motivo poderoso. Este, que concentra em si as teses cardeais do cristianismo, é assestado de uma só vez: "Mas Jesus lhes respondeu: 'Meu Pai trabalha até agora e eu também trabalho'" (João 5,16-17).

Por essa réplica abrupta e à primeira vista inapropriada, pois deixa de levar em conta a Lei cuja não observância provocou o escândalo, Cristo, com efeito, desloca o objeto do debate, transpondo-o de um domínio de realidade para outro: do domínio da Lei, que não é precisamente o da realidade, para o domínio da Vida. Ele ainda não apela para uma vida factual, que, segundo o curso seguido por ela e as vicissitudes que ela atravessa, ainda poderia, considerada do exterior e como um comportamento entre outros, encontrar-se de acordo ou não com a dita Lei. O que é levado em conta numa espécie de salto inaudito não é tal vida nem, muito menos, tal agir, mas a essência da Vida fenomenológica e, do mesmo modo, seu próprio agir original absoluto: o processo de autogeração desta Vida que não cessa de se auto engendrar ou, como é dito em João, o "Pai" que "não para de obrar".

Quanto a Cristo, ele justificou seu ato de curar num dia de sábado identificando-o com a essência original do agir, ela mesma idêntica à essência original da Vida, isto é, ao processo de sua autogeração que não cessa. É porque o processo de autogeração da Vida absoluta não cessa, porque "o "Pai não para de obrar", que Cristo tampouco cessa de obrar, nem sequer no dia de sábado: "E eu também obro". Identificando seu agir com o agir absoluto de Deus, com o processo incessante do autoengendramento da Vida absoluta, Cristo se designa sem equívoco e uma vez mais como consubstancial em seu agir ao agir deste processo. Ele é o Arqui-Filho transcendental cogerado no processo de autogeração da Vida como a Ipseidade essencial e o Primeiro Vivente no qual e na forma do qual esse processo se cumpre. Aí está por que lhe é dado, como ao Pai, obrar, e obrar sem cessar. *A vida não conhece o repouso do domingo ou do sábado* – o que é melhor, aliás, para o conjunto dos viventes.

O deslocamento violento do princípio do agir, sua transferência do universo irreal da Lei para a essência da Vida que define a realidade, ao mesmo tempo que eles transformam radicalmente o conceito imperante da ética, determinam de alto a baixo a ética cristã. Que esta tenha rejeitado a Lei Antiga, ou, mais simplesmente, que tenha cessado de considerá-la como o princípio diretivo do agir, não significa o abandono deste último à contingência ou à arbitrariedade da veleidade subjetiva do momento, ao bel-prazer do sujeito agente – muito pelo contrário! Não é a ideia de Lei, para dizer a verdade, que está em causa, mas a representação que se faz dela. Precisamente, *a Lei já não é uma representação e não pode sê-lo. E isso porque a Lei que comanda o agir não poderia ser de outra ordem além da do próprio agir, o qual pertence à Vida, não desdobra sua essência senão nela.* Porque o agir tem seu lugar na Vida, nenhum contato com ele é possível, nem nenhum modo de agir sobre ele para pô-lo em ação ou para modificá-lo é concebível senão na Vida e graças a ela. Se, portanto, deve haver um princípio do agir, de modo que este não seja entregue à incerteza nem ao acaso, então, para não ser atingido por uma impotência radical, esse princípio não pode senão ser-lhe homogêneo, ser a própria Vida. O princípio, a Nova Lei, o Mandamento é, portanto, essa instância da Vida e nenhuma outra. Tal é o deslocamento decisivo operado por Cristo: ter captado e colocado o Mandamento na Vida e como o Mandamento da própria Vida.

Mas, se é a Vida que constitui doravante o Mandamento, se é ela a Nova Lei, então é toda a analítica cristã da vida que se deve considerar novamente, ainda que brevemente, se a ética que ele professa deve poder ser compreendida, percebida em seu princípio. O que significa, então, à luz das intuições fundadoras do cristianismo, a tese segundo a qual é a própria Vida que constitui o Mandamento, o único princípio da ética? Isto, certamente: que o Mandamento já não é nada exterior à vida, nada estranho ao que ela deve submeter-se como a uma instância transcendente e que poderia obrigá-la – do exterior precisamente. Hipótese de escola, aliás, mostrou-o Paulo, se é verdade que a Lei transcendente, exterior à vida, estranha à sua realidade e, assim, à do agir, é no princípio uma entidade irreal incapaz de agir. Se a própria Vida, ao contrário, é que é o Mandamento, o estatuto deste mudou completamente: é um Mandamento radicalmente imanente, interior à vida, constituindo algo uno com ela e com seu movimento. A relação entre a Vida e a Lei, por assim dizer, inverteu-se. Já não é a Lei que determina a Vida, do que ela se atesta, precisamente, incapaz. Não se pode dizer, é verdade, que é a Vida que agora determina a Lei porque já não há Lei no sentido corrente desta palavra, no sentido de uma norma ideal. E isso porque esta Lei é agora interior à vida, constitui algo uno com ela. Mas é esta situação inteiramente nova que deve ser elucidada. A identificação do mandamento com a Vida nos coloca fora da Antiga Lei sem dizer ainda o que é a Nova, senão pelo fato de que, à diferença da primeira, ela traz em si o Poder. Mas como o Mandamento manda, como exerce seu poder, o que manda e a quem, é isso o que não se pode perguntar senão à Vida – se é ela que manda.

À luz do conceito cristão de vida, a relação do Mandamento com o que é mandado se descobre numa clareza extraordinária: é a relação da Vida com o vivente. A relação que abre a ética cristã é o nascimento transcendental do ego. É porque tal é o Mandamento, o da Vida, que o que é mandado se reveste da forma que é a sua. A relação que abre a ética cristã é a relação de filiação. Aquele a que se dirige a ética cristã não é o homem tal como ele se compreende antes de tudo e mais amiúde, tal como se compreende desde a Grécia – o homem que é um ente particular, dotado de propriedades significativas. Aquele a que se dirige a ética cristã é um eu transcendental vivente, este, esse Si vivente gerado na Ipseidade da Vida – o homem se se quiser, mas o homem transcendental cristão, transcendentalmente definido por sua condição de Filho e somente por ela. Tal é o primeiro mandamento da ética cristã: Tu viverás, ou, mais precisamente, tu serás este Si vivente, este e nenhum outro.

Aqui se abre o abismo que separa a Antiga Lei da Nova Lei: enquanto a primeira é incapaz de pôr o que ela manda, o agir que ela prescreve, de modo que aqueles a quais ela se dirige permanecem ao mesmo tempo inalterados em seu ser real e, todavia, amaldiçoados pela Lei que eles não aplicam, a segunda, ao contrário, já cumpriu a prescrição, já lançou na Vida aqueles a que se faz a injunção de que sejam viventes. Deste estranho Mandamento que já se cumpriu neles na forma deste Si vivente que cada um descobre que é, e que fez de cada um, sem que ele o queira e, por assim dizer, sem que o saiba, o que ele é, pode-se ainda dizer que é um Mandamento? À ideia de Mandamento, não está ligada no princípio uma espécie de contingência, a saber, o fato de que ele pode ou não ser observado? E isso na medida em que aquele a quem ele se dirige está separado do mandamento, distinto em seu ser do que é o próprio mandamento. Esta separação não adquire significação decisiva, ao mesmo tempo ética e ontológica, se o agir prescrito pela Lei, mas que deve juntar-se a ela, contém a realidade de modo que, privado desta, a Lei seja sempre uma representação vazia cujo único poder é o de amaldiçoar e condenar? Quando, na Nova Lei, o Mandamento é a Vida, quando ele traz em si a realidade e a realização e já se realizou em cada vivente, ainda será lícito, portanto, atribuir-lhe esse nome? É concebível uma ética se de agora em diante tudo já está cumprido, se não subsiste nenhuma tarefa, nenhuma Lei para indicá-la, nenhuma liberdade para nos submetermos a ela?

Mas, acabamos de lembrá-lo, a relação do Mandamento com o que é mandado é identicamente na ética cristã o nascimento transcendental do ego, a instituição do homem transcendental cristão em sua condição de Filho. O Mandamento da Vida, que é a Vida, gera, pois, o ego a que ele se dirige, a que ele se dirige na medida em que o gera e o instala em sua condição de ego vivente. Ele contém, portanto, ao mesmo tempo a liberdade requerida por todo mandamento ético enquanto se dirige e não pode senão dirigir-se a uma liberdade. Vimos, com efeito, que, dado a si mesmo na autodoação da vida e posto em posse de cada um de seus poderes, o ego se encontrava desde então livre para exercê-los. Quanto à tarefa prescrita pelo Mandamento, também foi definida: a de viver. Assim, a ética cristã, cujo Mandamento é a Vida, contém em seu princípio todos os elementos que compõem uma ética, ainda que ela transforme radicalmente sua natureza e seu sentido. A Nova Lei já não é uma norma ideal, um noema vazio, mas a essência mesma que define a realidade, a Vida. Do Mandamento novo decorre a própria natureza e inicialmente a existência desse a que ele se dirige no próprio processo pelo qual o engendra – sua liberdade, sem a qual não há ética. Mas aquele que manda disse também a esse a quem manda o que lhe é mandado: viver.

Que significa a tarefa de viver para aquele que já é vivente? Na brecha aberta por esta insólita interrogação, penetra a totalidade das intuições fundadoras do cristianismo. A primeira é a definição do homem como Filho de Deus. É claro que o que o homem tem que fazer, o que deve fazer, mas também o que pode fazer, depende da essência que é originalmente a sua. Se se interpreta o homem como um ser natural tal como se faz hoje, segue-se que as tarefas que se lhe podem designar se enraízam nos processos que são constitutivos de tal ser, e notadamente em seus processos fisiológicos, devendo os processos psíquicos ser reconduzidos a esses processos fisiológicos de que eles não são senão "representantes". Há um dado prévio e, neste, uma programação, de modo que o agir humano não é senão seu desenvolvimento. Se uma norma apesar de tudo pode ser imposta a este último, é somente o todo desses processos que pode defini-la. Trata-se para o indivíduo biológico (crê-se que há um indivíduo biológico) de "viver bem", isto é, de encontrar um equilíbrio resultante do bom funcionamento e da harmonia dos processos de que ele se compõe. A ideia de um dever-ser, de um dever, de uma Lei no sentido da ética, aparece privada de fundamento numa "moral" natural cujo trabalho é antes, pelo viés de alguma "psicanálise", reduzir esta Lei ao voto de uma harmonia que repousa nas estruturas do organismo e predelineada nelas.

Quando o "homem" é compreendido em sua condição de Filho gerado na Ipseidade original da Vida absoluta, existe, aí também, um dado prévio. Este dado já não é uma programação, mas uma predestinação – a predestinação radical e essencial em virtude da qual, por causa de sua condição de Filho, o homem é destinado a ser *esse vivente gerado na autogeração da Vida absoluta, vivendo somente desta, não podendo cumprir sua própria essência senão na essência desta Vida absoluta.* É essa predestinação radical e essencial que Paulo tem diante dos olhos quando escreve aos Romanos: "Deus coopera em tudo para o bem [...] daqueles que são chamados segundo seus desígnios. Porque os que de antemão ele conheceu, esses também predestinou a serem conformes à imagem de seu Filho, a fim de ser ele o primogênito entre muitos irmãos" (8,28-30).

Os chamados são os chamados da Vida, chamados por ela a ser seus Filhos. Esses, a Vida os conheceu antecipadamente, porque foi unindo-se a si mesma que ela uniu a si cada um deles, foi em sua autorrevelação a si que cada um deles foi autorrevelado a si mesmo. Mas esta autorrevelação da Vida absoluta é sua Ipseidade original, cuja efetividade é o Primeiro Vivente. Assim, cada um dos filhos autorrevelados a si na autorrevelação da Vida só pode sê-lo na Ipseidade que pertence a esta autorrevelação da Vida, no Arqui-Filho. Em cada um dos Filhos, cumpriu-se o Arquinascimento do Arqui-Filho, se, por sua vez, aquele devia e podia nascer.

Se devia e podia nascer e se nasceu, se devia estar junto de si na Ipseidade fenomenológica efetiva e singular da Vida no Primeiro Vivente, então Este já devia ter nascido, era a primeira experiência consigo de todo vivente concebível e, assim, de todo Filho obrigado a repetir a condição, "a reproduzir por semelhança a imagem", diz o Apóstolo. Porque a autogeração da vida está implicada na Arquigeração de todo vivente concebível, a predestinação era que cada Si transcendental vivente repetisse em si as condições da Arquigeração, a saber, o próprio Arqui-Filho, "a fim de ser ele o primogênito entre muitos irmãos".

A predestinação radical e essencial implicada na condição de Filho é idêntica à sua Arquigeração, e é ela que constitui o princípio da ética cristã, o Mandamento. Este Mandamento, João o percebe em sua forma original, na vida fenomenológica de Deus e como idêntica a esta. Ele o denomina: o amor de Deus. O amor de Deus é o primeiro e, para dizer a verdade, o único Mandamento da ética. Todos "os preceitos", diz Paulo: "não cometerás adultério, não matarás, não furtarás, não cobiçarás, e todos os outros se resumem nesta sentença: Amarás o teu próximo como a ti mesmo" (Romanos 13,9). Mas por que amar aos outros, porque amar-se a si mesmo? Se se trata neles e em mim do "homem do mundo", não há razão para fazê-lo. As doutrinas mais pessimistas, como, por exemplo, a de Schopenhauer, ficam muito atrás do cristianismo quanto ao julgamento dos homens, "repletos, segundo Paulo, de toda sorte de injustiça, perversidade, avidez e malícia; cheios de inveja, assassínios, rixas, fraudes e malvadezas; detratores, caluniadores, inimigos de Deus, insolentes, arrogantes, fanfarrões, engenhosos no mal, rebeldes para com os pais; insensatos, desleais, sem coração nem piedade" (ibidem, 1,29-31). E, segundo Pedro, "eles julgam uma delícia o prazer do dia; homens impuros e pervertidos, deleitam-se na sua volúpia, quando se banqueteiam [...]. Têm os olhos cheios de adultério e insaciáveis de pecado, procurando seduzir as almas vacilantes; o seu coração está treinado para a ambição" (2 Pedro 2,13-14).

É somente na medida em que o outro ou eu mesmo somos considerados em nossa condição de Filhos que o Mandamento se torna compreensível. Mas isso não advém senão na medida em que a condição de Filho remete ao processo de autogeração da Vida absoluta. É esta que é o Mandamento. Mais ainda, ela só manda em função do que ela é. O Mandamento não é um Mandamento de amor senão porque a Vida é amor. A Vida é amor porque se experimenta a si mesma sem cessar na fruição de si, amando-se assim a si mesma infinitamente e eternamente. Porque é Vida, "Deus é amor", como diz João (1 João 4,8-16). É porque Deus, enquanto é Vida absoluta, é amor que ele ordena o Amor. Ordena-o a todos os viventes dando-lhes a vida, gerando-os em si mesmo como seus Filhos, *aqueles que, experimentando-se a si mesmos na experiência de si da Vida infinita e em seu amor eterno, amam-se a si mesmos num amor infinito e eterno, amam-se a si mesmos enquanto são Filhos e se experimentam como tais* – assim como amam os outros enquanto também são Filhos e enquanto se experimentam eles mesmos como tais. Se o Mandamento é ele mesmo amor, é porque, *longe de resultar do Mandamento, o amor é, ao contrário, sua pressuposição.*

A imersão do Mandamento na Vida fenomenológica absoluta que se experimenta a si mesma na fruição e no amor de si, aí está, portanto, aquilo a que reverte, ao fim e ao cabo, a relação ética segundo a qual o Mandamento determina o agir, e o agir a realidade. Segundo esta relação, o Mandamento é impotente, pois que agir e realidade estão fora dele. É porque assimila o Mandamento de amor ao mandamento ético separado da realidade que Kant pôde dirigir ao cristianismo uma crítica que ele julgava radical e pôde querer substituí-lo por sua moral do dever. Pretensão vã, porque, se não se pode mandar que alguém que não ama ame, como se poderia lhe mandar que fizesse seu dever e para isso respeitasse a lei que o prescreve? Por que o respeito à lei racional viria à alma de alguém mais facilmente que o amor? Mas o que Kant não percebe é que no cristianismo o Mandamento de amor não é uma lei ética, não se dirige a um homem que seria preciso persuadir, não se sabe como, a amar. No Mandamento de amor, o cristianismo se dirige a um Filho, àquele que, dado a ele mesmo na autodoação da vida e assim no amor infinito que a Vida absoluta traz para si mesma, traz em si este amor como o que o engendra a cada instante. É somente porque, junto a si mesmo no estreitamento patético da vida, edificado no amor com que ela se ama eternamente a si mesma, estreitando-se a si mesmo e amando-se a si mesmo neste amor, tornado um ego nele e tendo dele seu poder – é por esta única e exclusiva razão que, constituído por esse Mandamento de amor e extraindo dele sua condição de Filho, este ego pode eventualmente obedecer a ele.

A imanência do Mandamento no processo de autogeração e de amor de si da Vida absoluta em que todo vivente é engendrado em sua condição de Filho é o que João reconhece no fundamento da ética: "Nisto consiste o amor: em viver conforme seus mandamentos. E o primeiro mandamento, como aprendestes desde o início, é que vivais no amor" (2 João 6). E igualmente na 1ª Epístola: "Pois este é o amor de Deus: observar os seus mandamentos." (5,3). Se guardar em si o Mandamento, viver no Mandamento é viver no amor, então quem não observa o Mandamento, quem não o guarda em si, esse não pode permanecer no amor: "Se alguém, possuindo os bens desse mundo, vê seu irmão na necessidade e lhe fecha as entranhas, como permaneceria nele o amor de Deus?" (1 João 3,17). Mas aquele que, nascido do amor no sentido dito e que tem de seu nascimento sua condição de Filho, chega, todavia, a perder este amor, esse perdeu ao mesmo tempo sua condição de Filho e, enquanto viver nessa condição, é já na morte que está: "Aquele que não ama permanece na morte" (ibidem, 3,14). Que o Mandamento de amor seja o amor de si da Vida absoluta que gera em si todo vivente em sua condição de Filho e que, assim, a perda do amor seja a perda desta condição, é isso mesmo o que João afirma não menos explicitamente: "Nisto são reconhecíveis os filhos de Deus e os filhos do diabo: todo o que não pratica a justiça não é de Deus, nem aquele que não ama o seu irmão" (ibidem, 3,10).

A conexão dos conceitos fundamentais da ética joanina vem à luz aqui. É antes de tudo o laço essencial entre o Mandamento e a prática. Porque o Mandamento é idêntico ao processo de geração do vivente em sua condição de Filho e, assim, à efetuação da vida nele, à sua práxis vivente, Mandamento e práxis, Mandamento e agir caminham juntos – procedendo o agir do vivente do agir nele da Vida absoluta, de sua obra que não cessa. Mandamento e agir são originariamente consubstanciais na geração. É apenas posteriormente, na não prática do Mandamento, quando o vivente já não se encontra no amor e está como que expulso da condição que é originariamente a sua, que Mandamento e prática divergem numa espécie de catástrofe de que surge a ética da Lei Antiga. É então que, esvaziado de sua substância, o Mandamento requer uma prática com a qual ele cessou de coincidir e com respeito à qual já não se vê donde ela poderia vir e ter sua potência.

A segunda conexão posta em evidência por João une os conceitos de práxis e de verdade. Porque o agir pertence à vida e só é possível nela, seu estatuto fenomenológico é o da vida, sua autorrevelação como autoafecção patética. É esta autoafecção patética que constitui justamente a possibilidade de todo poder e de todo agir concebíveis, os quais só estão em condições de se exercer se estiverem em posse de si mesmos nesta autoafecção patética e por ela. Ora, esta autoafecção patética da vida, seu amor infinito de si, define ao mesmo tempo a essência originária da Verdade e a da Vida. A pertença do agir a esta essência originária da Verdade e da Vida é o que ressalta deste texto decisivo: "E sabemos que o conhecemos por isto: se guardamos os seus mandamentos" (1 João 2,3). Nós não os observamos tal como os cientistas observam uma molécula ao microscópio. Não os observamos tal como escribas e fariseus analisam e comentam a Lei. Observamo-los pondo-os em prática. *Na prática do Mandamento de amor, é a Vida absoluta que dá o Filho a ele mesmo dando-se a si e age, de modo que, nesta prática, é o próprio Deus que se autorrevela, que se ama a si mesmo de seu amor infinito.* "Aquele que diz: 'Eu o conheço', mas não guarda os seus mandamentos é mentiroso, e a verdade não está nele. Mas o que guarda a sua palavra, nesse, verdadeiramente, *o amor de Deus está realizado.* Nisto reconhecemos que estamos nele. Aquele que diz que permanece n'Ele *deve também andar como ele andou*" (1 João 2,4-6; grifo nosso).

A pertença do agir à verdade e à carne patética de seu amor, sua capacidade, exercendo-se, de tornar efetiva esta verdade e este amor, tal é o fundamento da ética cristã e de seu poder de reintroduzir cada um em sua condição de Filho. A correlação no Mandamento de amor entre o agir e a verdade é explícita, e é ela que faz do agir o lugar de emergência e de reconhecimento da Verdade: "Filhinhos, não amemos com palavras nem com a língua, mas *com ações e em verdade*. Nisto saberemos que somos da verdade" (ibidem, 3,18; grifo nosso). Aí está por que o poder de revelação do agir é constantemente afirmado e a revelação reconduzida a este, que não é nada mais, portanto, que o processo de autocumprimento desta revelação. Esta autorrevelação e, assim, a possibilidade do reconhecimento do que está implicado na condição de Filho se oferecem, em todos os lugares, no Mandamento de amor e como sua efetuação: "Nisto são reconhecíveis os filhos de Deus..."; "Nisto reconhecemos o Amor..."; "E nisto reconhecemos que ele permanece em nós..." (1 João 3,10.16.24). E o que permite, a cada vez, esse reconhecimento não é menos claramente indicado – é o agir do Mandamento da Vida: "... Aquele que pratica a justiça [...] que ama seu irmão, que deu sua vida, que guarda seus mandamentos" (ibidem).

A "observação" do Mandamento, a atualização do processo da geração que conduziu cada um à sua condição de Filho e, assim, a reinserção deste em sua condição originaria, tal é então o agir ético em que surge o amor: "Quem tem meus mandamentos e os observa é que me ama" (João 14,21). Aquele "que me ama", ou seja: no agir daquele cuja autorrevelação da Ipseidade essencial em que ele é engendrado é a pura fruição desta Ipseidade, o amor de Cristo. E o texto continua: "E quem me ama será amado por meu Pai". Isso quer dizer: porque a autofruição do Arqui-Filho não é senão a autofruição da Vida absoluta a estreitar-se a si mesma e assim a amar-se a si mesma eternamente nele, então aquele que ama a Cristo traz tudo isto em si: a autofruição de Cristo como autofruição do Pai, de modo que esta está presente em cada Filho na medida em que ele se autoexperimenta na autofruição do Filho em que se cumpre a autofruição de Pai – o amor infinito de si da Vida. Pois aí está, afinal de contas, a essência e a finalidade última da geração de cada vivente na Vida absoluta: que esta se estreite a si mesma nele uma vez tornado ele vivente. "E eu o amarei e me manifestarei a ele" (ibidem). A ele, que não em sua autofruição não é nada além da autofruição de Cristo como autofruição do Pai.

A ética cristã é o cumprimento das implicações fenomenológicas e ontológicas decisivas que compõem o núcleo do cristianismo. Assim, ela reconduz de modo exemplar à sua Verdade – ao modo de revelação da Vida absoluta, que é a essência desta Vida e Deus mesmo, como aparece na extraordinária pergunta de Judas (não o Iscariotes) que surge de maneira aparentemente insólita bem no meio do texto que comentamos: *"Por que te manifestarás a nós e não ao mundo?"* (João 14,22; grifo nosso). A resposta contém as implicações decisivas que nós nos esforçamos por explicitar, e o faz com uma densidade estupefaciente: "Se alguém me ama, guardará minha palavra e meu Pai o amará e a ele viremos e nele estabeleceremos morada".

Capítulo XI

Os paradoxos do cristianismo

A ética cristã nos põe diante de certo número de paradoxos. Porque esta ética se enraíza nas intuições fundadoras do cristianismo, tais paradoxos são os do próprio cristianismo. Alguns deles, todavia, são puramente aparentes, e não faremos a eles senão uma breve alusão. Outros parecem pôr em causa os fundamentos. A questão é, pois, saber se eles os abalam realmente ou permitem, ao contrário, experimentar sua consistência.

Um primeiro paradoxo surge a propósito da chamada crítica das obras. Esta crítica contesta a possibilidade para o homem de se salvar graças às suas próprias obras, isto é, a atos cujo autor seria ele mesmo. Como tal crítica pode ser dirigida à ética que confia explicitamente ao agir, e no caso a um agir que é do próprio indivíduo, o poder de reinscrevê-lo em sua condição original de Filho e, dessa maneira, salvá-lo? É, aliás, na afirmação reiterada da necessidade de cumprir o Mandamento de amor, é neste cumprimento que João situa a salvação. Não é somente que na obra de amor o amor faz experiência de si mesmo: é nela que ele se edifica, é dela que tem sua realidade. E, como a salvação consiste na realização do amor, é da obra que ele provém. Não menos explícita é a formulação desta tese na Epístola de Tiago: "Não foi pelas obras que o nosso pai Abraão foi justificado ao oferecer o filho Isaac sobre o altar?" (2,21). A referência ao agir efetivo se reveste aqui de uma força impressionante, pois é a própria mão de Abraão que vai golpear o filho o que o anjo retém, como se vê em tantos quadros famosos. É o próprio ato, o ato real e monstruoso de degolar o próprio filho, que encerra a salvação. Certamente, para cumprir tal ato, Abraão tinha necessidade de ter uma fé absoluta no seu Deus, mas é o ato e somente ele que torna a fé efetiva. Antes do ato propriamente dito, a fé parece minada por uma espécie de dúvida, aquela mesmo que retém o ato. É passando ao ato, lançando-se perdidamente nele, que a fé atesta que ela é a fé, uma fé absoluta que só é possível como tal. É por isso que Tiago diz em sua Epístola: "Pelas obras é que a fé se realizou plenamente". E ainda: "O homem é justificado pelas obras e não simplesmente pela fé". E ainda, de modo mais categórico: "Mostra-me a tua fé sem as obras e eu te mostrarei a fé pelas minhas obras" (2,22.24.18).

Como se sabe, é em nome da Fé que Paulo nega às obras o poder de conferir a salvação ou, como diz ele, a justiça, "aquela que vem pela fé em Cristo, aquela que vem de Deus e se apoia na fé" (Filipenses 3,8). Quanto à Fé, ela mesma é efeito da graça, de modo que é por esta, ao fim e ao cabo, que vem a salvação. Mas, então, "se é por graça, não é pelas obras; do contrário, a graça não é mais graça" (Romanos 11,6). A questão de saber se o homem pode salvar-se por si mesmo, isto é, por suas obras, ou se deve sua salvação a uma graça, por isso mesmo arbitrária, de Deus vai ocupar os teólogos durante séculos, bem como aos fiéis, aliás, os quais se perguntam se, vindo a salvação de uma graça concedida gratuitamente por Deus, ainda vale a pena, neste caso, dar-se a tanto trabalho.

Contentemo-nos com observar aqui que a questão de saber se o homem pode assegurar sua salvação através de suas próprias obras é estranha ao cristianismo e não deveria como tal ser posta. É o que aparece se nos referirmos, uma vez mais, a uma de suas intuições fundadoras, a saber, que o homem no sentido em que o entendemos hoje, o homem da democracia, por exemplo, o homem autônomo e, desse modo, capaz de agir por si mesmo, não existe segundo o Novo Testamento. Só existe aquele que, por seu nascimento transcendental na Vida absoluta, é um Filho e não é possível senão como tal. Da Vida absoluta o Filho não tem somente sua condição de vivente, mas também a possibilidade de agir, e isso da maneira como foi dita: na medida em que, dado a ele na autodoação da Vida absoluta, ele se encontra desde então em posse de si e de cada um de seus poderes, em condições de pô-los em ação e, assim, livre para fazê-lo. Mas, se é a possibilidade de agir que é dada ao homem – por graça, se se quer falar assim –, então como um só de seus atos poderia escapar a esta condição, surgir de uma iniciativa cujo fundamento seria verdadeiramente o homem? O que Paulo critica na pretensão das obras de salvar por si mesmas é essa crença de que elas são o próprio do homem e de sua atividade autônoma. Na Epístola aos Romanos, pouco depois da afirmação segundo a qual a salvação não vem "pelas obras", mas "pela graça", intervém a declaração sem equívoco: "Não és tu que sustentas a raiz, mas a raiz sustenta a ti" (ibidem, 11,18).

São então as obras "humanas" que viriam de um poder que seria o do homem, e assim explicáveis por ele, que estão em questão. Contra tais obras, levanta-se outra objeção, a saber, que elas são as da Lei – o que quer dizer que o homem as produziu tomando a Lei por modelo. À impotência do homem incapaz de produzir por si mesmo a obra salvadora acrescenta-se a impotência da Lei para cumprir-se por si mesma, de maneira que duas impotências se superpõem aqui para arruinar definitivamente a eficácia das "obras". Quanto à Fé que Paulo lhes opõe brutalmente, também ela deve ser entendida à luz das intuições fundadoras do cristianismo, não como uma forma de pensamento, mas como uma determinação da Vida. Pois, tal como observamos, a Fé não se produz no campo do saber, como uma espécie de saber de grau inferior, cujo objeto seria presumido sem ser verdadeiramente visto e talvez sem poder sê-lo jamais – saber não somente inferior, portanto, mas propriamente ilusório. A Fé não é uma consciência significante ainda vazia, incapaz de produzir por si mesma seu conteúdo. A Fé não é do domínio da consciência, mas do domínio do *páthos*. Ela provém do fato de que ninguém jamais se deu a vida, senão que a vida se dá, e se dá ao vivente, como o que o submerge por si mesmo – do fato de que nela ele está completamente vivo, por tanto tempo quanto ela o dá a ele mesmo. A Fé é a certeza do vivente de viver, certeza que não lhe pode vir, afinal de contas, senão da própria certeza que a Vida absoluta tem de viver absolutamente, de sua inteira autorrevelação na força invencível de sua Parúsia. Vinda a ele da própria certeza que a vida tem de viver, a Fé é na vida de cada eu transcendental a experiência que ele faz da Vida absoluta. Daí lhe vem sua potência incoercível, não a do ego transcendental colocado em si mesmo e em seu Eu Posso na autodoação da Vida absoluta, mas a potência desta autodoação, seu estreitamento invencível e eterno. É por isso que a Fé não tem jamais sua força de um ato temporal e não se confunde nunca com ele. Ela é a Revelação no homem de sua condição de Filho, a compreensão do vivente na autocompreensão da Vida.

É somente às obras humanas, portanto, que se pode opor a Fé, não ao Mandamento de amor a que ela conduz. Se ela não é mais que a experiência da Vida absoluta em todo e qualquer vivente, a Fé é, por isso mesmo, a de seu agir absoluto enquanto agir que se revela como o de um Filho e já não de um homem. Esta experiência de si, este amor de si da Vida absoluta em cada vivente que experimenta na Fé sua condição de Filho e que age em função desta experiência, Paulo a designa em termos adequados aos Gálatas: "a Fé agindo pela caridade" (5,6). Assim, o dizer de Paulo é afinal de contas o mesmo que o de João. No fundo de todo agir concebível, do Eu Posso do ego, há este outro agir, o da Vida absoluta que se revela a si mesma unindo o ego a ele mesmo, a Arqui-Revelação da Arquigeração, o Olho onividente para o qual cada ato, ainda o mais modesto, deve enlaçar-se consigo e poder agir – o Olho onividente que o precede e o acompanha como sua possibilidade mais interior e mais inevitável. É esta conexão infrangível entre a Arqui-Revelação da Vida absoluta em todo ego vivente e o ato mais simples deste último o que explode na palavra fulgurante do Apocalipse: "Sou eu quem sonda os rins e o coração; e [...] a cada um de vós retribuirei segundo a vossa conduta" (2,23).

Quando examinamos um dos paradoxos do cristianismo, somos remetidos a suas intuições fundadoras. Em vez de enumerar esses paradoxos para buscar para eles, em seguida, a cada vez, uma solução, é melhor proceder de modo inverso: reunir e manter juntas essas intuições a fim de reconhecer nelas a origem do conjunto dos paradoxos que são sua consequência inevitável e, assim, também são "provas". Não provas factuais, mas de certo modo apodícticas, recebendo sua validade do próprio Fundo, da Vida absoluta e do processo eterno em que ela gera todos os viventes.

Quatro intuições fundadoras que determinam o núcleo essencial do cristianismo tornam inteligível, ao mesmo tempo, o conjunto de seus paradoxos. São eles:

1º A duplicidade do aparecer.

2º A estrutura antinômica da própria vida, estrutura de que ainda não falamos e de que trataremos.

3º A diferença entre a Vida e o vivente, a que separa a autoafecção (absoluta) da primeira e a autoafecção (relativa) do segundo.

4º A significação decisiva da práxis e da Ipseidade na essência da vida.

A duplicidade do aparecer faz que no cristianismo tudo seja duplo. Duplo antes de tudo o próprio aparecer, isto é, o modo de aparecer. Por um lado, o modo de aparecer da Vida que se estreita a si mesma imediatamente em seu próprio *páthos* sem jamais se pôr à distância. Por outro, o modo de aparecer do mundo, como o "lá fora", o horizonte de exterioridade sobre o fundo do qual se torna visível tudo o que se mostra a nós na luz deste "mundo": coisas e ideias. Por um lado, então, a Verdade patética e inextática da Vida. Por outro, a verdade extática do mundo, o aparecimento desse meio de exterioridade em que tudo se mostra a nós como exterior. É porque o modo de aparecer é duplo que o que aparece, *ainda que seja o mesmo, aparece, todavia, de dois modos diferentes, por um aspecto duplo.*

Assim, nosso corpo, que é um só corpo, aparece-nos, todavia, de dois modos diferentes, por um lado como este corpo vivo cuja vida é a minha própria vida, no interior do qual estou colocado, com o qual eu coincido ao mesmo tempo que com cada um de seus poderes – ver, pegar, mover-se, etc. –, de modo que eles são meus e que Eu Posso pô-los em ação; por outro lado como este corpo-objeto que Eu Posso ver, tocar, sentir como a qualquer outro objeto. Mas o que é verdadeiro de meu corpo é verdadeiro de cada um de meus comportamentos: vivido por mim do interior na identidade de minha própria vida, aparecendo-me no mesmo tempo do exterior, a mim como aos outros, em forma de comportamento semelhante a qualquer processo objetivo.

Tudo é duplo, mas quando o que é duplo, o que se propõe a nós por um duplo aspecto, não é em si senão uma só e mesma realidade, então um de seus aspectos é apenas uma aparência, uma imagem, uma cópia da realidade, mas não esta realidade mesma – seu duplo precisamente. Duas possibilidades se oferecem então: que esse duplo, essa aparência exterior, corresponda à realidade, ou que não corresponda a ela. Neste último caso, a aparência é um engodo, é a aparência de um agir que, todavia, ali onde o agir encontra sua possibilidade, na vida invisível do vivente, não se produz. Assim, desenrola-se, por exemplo, um comportamento exterior considerado como o do jejum, com todos os aspectos característicos do jejum, e, todavia, aquele que se comporta desse modo, do qual se diz que jejua e que apresenta todos os aspectos e sinais do jejum, não jejua. Igualmente, o que adota as posturas do crente e cumpre todos os seus gestos, esse não crê. Instituindo a possibilidade permanente do engodo e da mentira, a duplicidade do aparecer desdobra um universo cujo principio é a hipocrisia. Não que esta se estabeleça na forma de um estado de fato sempre realizado, como se todos os comportamentos detectáveis em tal universo fossem os da hipocrisia. Neste caso, nenhuma hipocrisia seria possível. É precisamente a título de possibilidade principial sempre aberta que a dualidade do aparecer faz que reine a hipocrisia num sistema metafísico constituído e definido por esta dualidade. É precisamente porque o sistema metafísico do cristianismo repousa sobre a duplicidade do aparecer e é como tal o de uma hipocrisia possível em seu próprio princípio que Cristo dirigiu a esta uma crítica sem cessar retomada e de uma violência inaudita. Porque tal é a possibilidade permanente da hipocrisia em tal universo, os "valores", aqueles que João preconiza mais que qualquer outro, são os valores da verdade, que é a Verdade da Vida e só existe nela – ali onde toda duplicidade se tornou impossível: diante do Olho onividente de Deus mesmo.

Mas o que reina também, ao mesmo tempo que a possibilidade principial da hipocrisia e ao mesmo tempo na duplicidade do aparecer e por ele, é o paradoxo. O paradoxo cristão não é aqui o que se opõe à opinião comum, ainda que, com efeito, ele se oponha a ela. O paradoxo encerra duas verdades que se excluem de tal modo, que, sendo cada uma possível se considerada isoladamente, é o fato de afirmá-las ao mesmo tempo acerca de uma mesma realidade o que parece inadmissível. Pois alguém pode crer ou não crer, pode jejuar ou não jejuar, mas que este, e não outro, creia e ao mesmo tempo não creia, que ele jejue e ao mesmo tempo não jejue, aí está o que não é possível. A menos que o aparecer onde tudo isso se mostra não seja duplo, de modo que nele, neste duplo modo de aparecer, uma mesma coisa, uma mesma realidade – crer, não crer, jejuar, não jejuar, ser alguém, este e não outro –, se encontra, ela também, desdobrada, reveste-se de uma dupla aparência, a da crença e da descrença, do jejum e da ausência do jejum. Crença e descrença, jejum e ausência de jejum são possíveis ao mesmo tempo num mesmo indivíduo porque são igualmente aparências, tendo cada uma a efetividade de seu aparecimento e sendo a esse título incontestável. Esta copresença simultânea num mesmo indivíduo de duas determinações opostas e contraditórias, mas aparentes tanto uma quanto a outra e mostrando-se uma e outra, é, como vimos, a hipocrisia. A hipocrisia é o protótipo do paradoxo cuja natureza buscamos elucidar – paradoxo que, como a hipocrisia portanto, tem seu princípio na duplicidade do aparecer.

Mas, na duplicidade do aparecer de uma mesma realidade, há o fato, como igualmente o vimos, de que essa realidade só é real uma vez, ali onde ela se estreita tal como ela é na carne e na irredutibilidade de seu *páthos* – ao passo que seu aparecimento exterior no "fora de si" de um mundo não é precisamente nada além de simples aparência. Aparência tal, que é lícito conceber que nada corresponde a ela na efetividade da vida: nenhuma fé real no comportamento exterior da fé – pois que igualmente esta fé não é real senão na vida e como experiência que cada vivente faz em si da Vida absoluta. Aí está por que o cristianismo pode proceder à inversão dos valores do mundo. Pode fazê-lo não por efeito de um ressentimento com respeito a esses valores que o conduzisse a denegrir e a odiar o que ele não possui, mas porque esses "valores" não são no mundo nada mais que aparência: a aparência do jejum, da fé, do amor, da força que pertence ao amor – em suma, a aparência do que só requer efetividade na vida. A duplicidade do aparecer abre o cenário onde acontecem a realidade e sua contrafação. Um modo de aparecer, o da Vida, torna possível a primeira, a realidade; o outro, o do mundo, a contrafação. O cristianismo não procede a uma inversão dos valores, muito pelo contrário: ele lhes assina seu lugar incontornável. Confiando-os à Vida, retira-os do mundo. Ao mesmo tempo, distingue dois valores fundamentais, ou, melhor, o valor fundamental e o lugar de todos os valores, por um lado; por outro, o contravalor e fundamento de todos os contravalores. A Verdade, a Vida. A mentira, o mundo. É por isso que Cristo diz: "Vós sois daqui de baixo e eu sou do alto. Vós sois deste mundo, eu não sou deste mundo" (João 8,23). Ele disse: "Eu", querendo dizer a Vida, a Verdade; "o mundo", querendo dizer a contrafação, a mentira, a hipocrisia. "Eu, a Verdade, a Vida". Pois a autorrevelação da Vida que é a Verdade se cumpre na Ipseidade do Primeiro Vivente, nesse Eu que é Cristo.

Quando a duplicidade do aparecer conferiu a todas as coisas uma dupla aparência, de modo que somente uma delas contém a realidade enquanto a outra não é, com efeito, senão seu duplo inconsistente e vazio, impõe-se um critério, se é preciso poder decidir afinal de contas onde está a aparência e onde está a realidade, e legitimar esta decisão. Pelo fato de cada aparência, em suma, ter para si a efetividade de seu aparecimento, é um dado fenomenológico ao mesmo título que o outro. É aqui que o cristianismo inverte os valores, os valores de verdade, substituindo em todas as partes a verdade do mundo pela da Vida. Nisso se descobre seu caráter revolucionário. Pois, se há algo que é evidente aos olhos do pensamento ocidental e de seu racionalismo, é que o critério de toda verdade concebível reside na percepção, seja ela sensível ou inteligível. Por conseguinte, o critério de toda racionalidade consiste no fato de tomar esta percepção como fundamento de toda asserção possível, a qual será racional na medida em que se apoia no dado perceptível e se aferra a ele firmemente. É este critério de todo conhecimento racional, que é igualmente o do senso comum, que o cristianismo inverte brutalmente. Para ele, a verdade já não consiste em se mostrar na luz do mundo, mas, muito pelo contrário, poder-se-ia dizer, a subtrair-se a ela. Tal é o caso da vida que, não se mostrando jamais num mundo e não tendo dele sua manifestação, não se revela menos em sua carne patética e irrecusável. Esta inversão radical do critério de toda verdade é um paradoxo, porque altera completamente os modos de pensar da humanidade, sejam os de hoje ou os de tempos muito antigos. Além desses modos de pensar, são os modos de fazer, os comportamentos práticos tanto das sociedades como dos indivíduos, que são invertidos.

Desse paradoxo decorre, com efeito, uma multidão de consequências, que são, elas mesmas, outros tantos paradoxos, que nos limitamos aqui a mencionar ou lembrar. Inicialmente, a ação de graças dirigida a seu Pai por Cristo para se fazer conhecer não pelos que têm conhecimento, mas pelos que não o têm: "Aquele que não receber o Reino de Deus como uma criança, não entrará nele" (Marcos

10,15). Paradoxo, com efeito: confiar o saber do Essencial aos que não sabem nada – mas paradoxo aparente, se este Essencial é a Vida estranha ao saber mas consubstancial a todos os que ela gera como seus filhos. Paradoxo ainda é o situar o critério da verdade não em sua universalidade, mas, ao contrário, numa singularidade absoluta, num Eu, por mais prestigioso que seja ele: "Eu sou a verdade!"; "Eu vos darei eloquência e sabedoria" (Lucas 21,15). Mas paradoxo aparente aqui também, se é verdade que a possibilidade primeira e última de toda verdade é sua autorrevelação na Ipseidade essencial de um Primeiro Vivente. Paradoxo sempre se à inversão do saber, de seu critério de evidência, de seu caráter de universalidade corresponde necessariamente a de todas as leis tanto teóricas quanto práticas – e assim da sabedoria que repousa sobre elas e sobre sua observação. "Deus não tornou louca a sabedoria deste século?" (1 Coríntios 1,20). Mas paradoxo do mesmo modo aparente, se com a vida reinam outras leis além das que governam o curso das coisas e pelas quais os homens buscam por sua vez regrar suas ações. Outras leis: as leis da vida precisamente.

São essas leis da vida que devem ser levadas em conta se se trata agora, para nós, de compreender uma nova série de paradoxos que já não repousam sobre a duplicidade do aparecer, mas encontram seu princípio na própria Vida e na sua Verdade própria. Trata-se então doravante da autorrevelação da Vida em seu *páthos*. É esse modo de revelação original da vida que constitui o princípio do paradoxo mais pesado. É porque esse modo de revelação se propõe a si mesmo como uma antinomia que ele determina a estrutura antinômica da própria vida, independentemente e além de toda oposição ao mundo e à sua verdade. Ora, a estrutura antinômica da vida é uma estrutura universal, ela concerne a cada vida possível, qualquer que seja, e, por isso mesmo, a tudo o que extrai da vida sua própria possibilidade: todo vivente concebível. A percepção clara desta estrutura antinômica da vida constitui aquilo a que chamaremos segunda instituição fundadora do cristianismo.

O modo de revelação próprio da vida consiste no puro fato de experimentar-se a si mesmo. Experimentar-se a si mesmo, há, sabemo-lo agora, dois modos de fazê-lo: o modo da Vida absoluta que é a de Deus, e o modo de cada vivente, deste vivente que eu próprio sou. Experimentar-se a si mesmo ao modo desse vivente que eu mesmo sou é ser radicalmente passivo com respeito à sua própria vida, é sofrê-la a cada instante num sofrer mais forte do que toda liberdade. É sofrer o que se experimenta e, assim, o que se é em si mesmo, suportá-lo, suportar-se a si mesmo, sofrer-se a si mesmo, de modo que esse "sofrer-se a si mesmo", esse "suportar-se a si mesmo" é o único modo de acesso de cada um a si mesmo. Esse modo de acesso é a vida. É exatamente a estrutura fenomenológica da vida que designa o "sofrer-se a si mesmo". É porque o "sofrer-se a si mesmo" é a estrutura da vida que ela é ao mesmo tempo a estrutura do vivente – do vivente que é dado a ele mesmo na autodoação da vida, autodoação que é esse "sofrer-se a si mesmo". Desta autodoação da vida nem o vivente é dado a ele mesmo, deste "sofrer-se a si mesmo" que constitui a estrutura fenomenológica da vida e assim de todo vivente, nós lhe reconhecemos a matéria fenomenológica como um *páthos*, uma afetividade pura e transcendental, a carne afetiva concreta em que em todas as partes e sempre a vida se afeta a si mesma na medida em que é a vida. O que percebemos então é que *esse páthos* não é de modo algum indeterminado, mas assume a cada vez a forma concreta de uma tonalidade específica, a do sofrer incluído no "sofrer-se a si mesmo" e constitutivo de sua essência. A afetividade transcendental que pertence à essência da vida como o modo original segundo o qual ela se fenomenaliza é uma tonalidade afetiva particular ainda que fundamental, a tonalidade do sofrer que determina de início e de alto a baixo toda vida possível e, assim, todo vivente.

Experimentando-se a si mesmo no "sofrer-se a si mesmo" da vida, cada vivente se relaciona consigo de modo que se suporta a si mesmo, encontrando-se carregado de si sem tê-lo querido, mas também sem poder jamais se descarregar desta carga que ele é para si mesmo. Carregado de si para sempre, ele não pode romper o laço que o liga a ele mesmo no "sofrer" do "sofrer-se a si mesmo". Esse laço é sua ipseidade, a ipseidade de seu Si. A ipseidade não é a identidade, a simples identidade consigo de um eu definido por esta estrutura formal e vazia, a estrutura formal e vazia do A = A. Tão vazia é esta identidade, que ela se perdeu desde seu primeiro passo, quebrada na diferença – a diferença do A com respeito a mesmo, diferença a que essa identidade é idêntica. A ipseidade verdadeira é uma tonalidade afetiva fundamental e irremissível, a tonalidade fenomenológica pura em, sofrendo-se e suportando-se a si mesmo, o si é lançado nele mesmo, nesse sofrer e por ele, para sofrer e suportar – sofrer e suportar este Si que ele é. Pesada é esta carga. E mais pesado ainda o fato de não poder descarregar-se dela. Tão pesado, que, sob esse fardo de que ele não pode desfazer-se, o sofrer se torna um sofrimento insuportável, consubstancial, todavia, à vida do vivente e à sua ipseidade. Do sofrimento desse Si carregado de si no sofrer de sua ipseidade surge então a angústia, a angústia do Si de ser um Si – este Si que ele é sem poder subtrair-se a isso nem escapar a essa condição, pelo fato de que é um Si, e, mais ainda, este, este Si particular que ele é e tem de ser para sempre. Levada a seu termo, esta angústia se chama desespero. Angústia e desespero não advêm ao eu em função das vicissitudes de uma história pessoal, mas nascem nele, na estrutura fenomenológica da Ipseidade que faz dele um Si e na tonalidade afetiva do "sofrer-se a si mesmo" em que consiste a essência desta Ipseidade.

Na medida em que, no "sofrer-se a si mesmo" de sua Ipseidade e no sofrimento que lhe vem do caráter inexorável desse sofrer, o eu se experimenta a si mesmo e faz experiência de si, quando é posto em posse de si e de cada uma das modalidades de sua vida, ele frui de si, ele é a fruição, é a Alegria. Quanto mais forte é o sofrimento em que, lançado em si, entregue a si, oprimido por esse fardo que ele é para si mesmo e do qual ele não pode descarregar-se, ele se experimenta a si mesmo no sofrer desse "sofrer-se a si mesmo", mais forte é esta provação, mais violento o estreitamento em que se estreita e toma posse de si e frui de si – mais forte é a alegria.

Assim se descobre para nós a estrutura antinômica da vida como antinomia das tonalidades fenomenológicas afetivas fundamentais em que ela se revela a si mesma experimentando-se a si mesma na carne de seu próprio *páthos* – de modo que esse *páthos* não é tributário de uma sucessão ocasional de acontecimentos exteriores, mas se encontra cindido, pela estrutura do modo de revelação próprio da vida, em duas tonalidades afetivas fundamentais diferentes e opostas. Mas é esta oposição das duas tonalidades fenomenológicas coconstitutivas da autorrevelação da vida o que é preciso entender. Pois não é precisamente de uma oposição no sentido habitual, de uma oposição entre termos opostos, que se trata. Antes, Sofrimento e Alegria estão ligados por uma afinidade essencial, que remete a uma unidade primitiva: a unidade absolutamente primitiva e original do Sofrer e do Fruir. Esta unidade consiste nisso de o sofrer aparecer como o caminho que conduz ao fruir e, assim, como sua condição. Pois é somente experimentando-se a si mesmo no "sofrer-se a si mesmo" que a vida do Si vivente chega a si, de maneira que o sofrer é verdadeiramente um caminho e uma via. É uma via, a prova que a vida deve atravessar para que, nesta prova e por ela, se atinja a si mesma e chegue a si nesse chegar a si que é a essência de cada vida, o processo de sua autorrevelação.

Mas o sofrer não é uma via ou um caminho no sentido em que é entendido antes de tudo, ele não define nenhum lugar em que se tivesse de estar para ter em seguida de deixá-lo a fim de entrar em outro lugar e estar ali por sua vez, nesse lugar onde reina a alegria. Ao contrário, o sofrer permanece no fruir como *o que conduz a ele na medida em que permanece nele*, como sua condição interior e jamais abolida. Pois é somente em seu "sofrer-se a si mesmo" e na medida em que ele se cumpre que a vida se atinge a si mesma no fruir de si de sua própria fruição. É somente no ponto extremo desse sofrer e quando ele é levado a seu paroxismo no extremo do sofrimento que, nesta extremidade do sofrer, o fruir se encontra levado, também ele, a seu ponto extremo e elevado a seu paroxismo, ao ponto extremo da bem-aventurança e da alegria. Tal é a estrutura antinômica da vida, sua divisão na dicotomia da afetividade, entre as tonalidades opostas do sofrimento e da felicidade, de modo que o primeiro só conduz ao segundo na medida em que se cumpre e não cessa de se cumprir nele como o que o dá a ele mesmo, como sua condição interior e insuperável.

Felizes os que sofrem. Aqui se eleva a palavra alucinante pronunciada antes dos séculos, antes que a Terra e o céu fossem – uma das que o próprio Cristo disse: "O céu e a terra passarão; minhas palavras, porém, não passarão" (Lucas 21,33). A copertença do sofrimento e da alegria como sua condição interior e insuperável de possibilidade, tal é a segunda intuição fundadora do cristianismo, a de que não se tratava até aqui. A esta segunda intuição fundadora está ligada, então, uma nova série de paradoxos, os que encontram seu enunciado nas Bem-aventuranças. Enquanto os paradoxos analisados até agora repousavam na duplicidade do aparecer, sobre a dupla verdade da Vida e do mundo, os paradoxos das Bem-aventuranças se referem de maneira essencial à vida e à sua estrutura interna. A maior parte deles exprime a copertença original do sofrer e do fruir. Esta copertença define a Arquiestrutura do *páthos* que quer que seja no cumprimento do sofrer em seu devir próprio que devenha e se cumpra o fruir, e desse modo tão somente.

Esta série de paradoxos se reveste consequentemente de uma mesma forma: nela, a bem-aventurança é afirmada como a herança dos que estão mergulhados no sofrimento. Nem este nem a bem-aventurança a que ele conduz, nem, menos ainda, a relação que os une, são simples fatos. Sofrimento, bem-aventurança, implicação do primeiro na segunda e, desse modo, da segunda no primeiro são essências, processos em devir regrados por estas: as estruturas apriorísticas da fenomenalização da fenomenalidade na medida em que esta se cumpre como o viver da vida. Sendo assim, em todo viver efetivo e para que ele o seja de fato, sofrer e fruir são os modos conjuntos e contemporâneos de sua autoafecção patética. Essa é a razão por que não são condições particulares o que motiva o sofrimento, mas sua estrutura fenomenológica, o sofrer enquanto possibilita à vida toma posse de si no fruir de si. Bem-aventurados são, portanto, a mesmo título, os pobres, os aflitos, os famintos, os perseguidos, os caluniados, os que sofrem pela justiça. A seu sofrimento a Bem-aventurança não se acrescenta, posteriormente, por uma espécie de junção sintética, como uma espécie de recompensa ou como uma promessa, recompensa ou promessa mantida à espera, não no próprio sofrimento – em outro mundo, que lhe sucederia. Porque a Bem-aventurança só sucede ao sofrimento na medida em que este é a via que conduz a ela, via fora da qual nenhum acesso à Bem-aventurança é possível. E isso porque o sofrer pertence ao viver de que a própria Bem-aventurança não é senão o cumprimento. É esse laço interior entre sofrimento e Bem-aventurança o que faz a segunda surgir inevitavelmente ali onde o primeiro desdobrou seu reino. O futuro que tanto em Mateus (5,3-12) como em Lucas (6,23) liga as Bem-aventuranças às diversas formas de sofrimento e de perseguição assume a forma da apodicticidade: longe de significar a exterioridade e a contingência do laço que une as tonalidades fundamentais do viver na Arquiestrutura do *páthos*, põe seu caráter inexorável.

Resta uma dificuldade. Que a estrutura antinômica da vida funda o paradoxo compreende-se sem esforço, na medida em que, afinal de contas, o paradoxo aparece como simples formulação desta estrutura e, assim, como sua confirmação imediata. A estrutura antinômica da vida – do modo de fenomenalização segundo o qual se fenomenaliza sua fenomenalidade própria – não entrará, todavia, em contradição com esta? Pois a vida é uma autorrevelação. Ela se revela a si mesma, não somente no sentido de que é ela que cumpre a revelação, mas, como o vimos, neste outro sentido segundo o qual é a si mesma o que ela revela. Esta determinação da autorrevelação da vida se reencontra em cada uma de suas modalidades, é ela que faz que a dor seja dor, esta dor, que a esperança seja esperança, que o ódio seja ódio, este aqui precisamente, tal como se experimenta a si mesmo indubitavelmente. Cada sensação é o que é, e isso porque ela se experimenta em seu *páthos* imediato e porque, assim, é a si mesma que ela experimenta, "o que ela é" pura e simplesmente sem discussão possível. Sabe-se que sobre este traço decisivo de cada uma das modalidades da vida, a que ele chama impropriamente *cogitationes*, Descartes fundará a certeza do *cogito*. Mas, se a dor é esta dor insuperavelmente e sem contestação possível, se a sensação é esta sensação invencivelmente, então o sofrimento também é este sofrimento tal como ele se experimenta na autorrevelação de seu próprio *páthos*: é esta carne fenomenológica sofredora e nada mais. Como se pode dizer então que ele é a alegria, esta alegria cuja afetividade, cuja tonalidade difere tão evidentemente da de um sofrimento– como dizer que no auge de seu "sofrer" ele é o auge desta alegria?

Outra dificuldade surge do exame das Bem-aventuranças. Enquanto Mateus enuncia oito, Lucas cita quatro que ele faz seguir de quatro maldições. Ora, as duas primeiras maldições são estranhas: de sua sucessão imediata surge um mal-estar, uma espécie de contradição que não deixa de lembrar a que acabamos de mencionar com respeito ao sofrimento, o qual, sendo sofrimento em sua carne fenomenológica e assim em sua identidade consigo, deveria ser ainda outra coisa: a alegria. A primeira maldição diz: "Mas, ai de vós, ricos, porque já tendes a vossa consolação!" (Lucas 6,24). O que aqui é objeto de maldição é precisamente a identidade consigo e, assim, a certeza de cada modalidade da vida, o fato de que cada uma delas, experimentando-se a si mesma imediatamente, é o que ela é – e nada mais. Assim, a experiência da riqueza, a alegria que ela fornece, isso a que se chama sua "consolação" – esta alegria tal como ela se experimenta, portanto, é o que é amaldiçoado. É amaldiçoado o fato de uma modalidade da vida ser o que ela é, a alegria uma alegria, a satisfação uma satisfação. É esta identidade consigo de toda modalidade da vida ao se experimentar a si mesma imediatamente que faz explodir a segunda maldição. Pois esta satisfação, esta alegria, este sentimento feliz da vida de ser ela mesma e, assim, de fruir de si, é o que é quebrado, despedaçado, deslocado, destruído, minado, abolido. "Ai de vós, que agora estais saciados, porque tereis fome!" (ibidem, 6,25). A plenitude da vida e o sentimento de satisfação que ela traz – aí está o que deve ceder lugar à grande dilaceração, ao Desejo que nenhum objeto virá satisfazer. É aqui que a inteligência dos paradoxos das Bem-aventuranças remete à terceira intuição fundadora do cristianismo – não à simples duplicidade do aparecer, não à estrutura antinômica da vida, mas à diferença que separa a Vida do vivente, a autoafecção da primeira da do segundo.

A primeira dificuldade: que o sofrimento possa ser seu contrário – a alegria. Se eu sofro verdadeiramente e se o que caracteriza todo sofrimento é sua identidade consigo ou, para dizê-lo fenomenologicamente, esta tonalidade afetiva específica incontestável, irredutível a qualquer outra e que se experimenta a si mesma tal como ela é – como este sofrimento, este, ademais, e não outro –, como sustentar então que nesse sofrimento precisamente, confundindo-me com sua carne impressional e sofredora e identificando-me com ela, eu sou feliz? Mas toda a problemática do cristianismo, sua concepção do homem como eu transcendental gerado na Vida absoluta e, assim, como Filho, já arruinou a objeção. E isso porque este sofrimento não é unido a ele senão da maneira como o Si vivente é unido a ele mesmo: não por si mesmo, mas na autodoação da Vida absoluta e nela somente. Quando um sofrimento se experimenta a si mesmo, *há ainda nesta experiência outra coisa além dela*: não é ela que experimenta, e o que ela experimenta tampouco se limita nunca a ela mesma, a ela somente. O que experimenta quando ela se experimenta a si mesma é a Vida absoluta, e o que é experimentado quando se cumpre esta experiência de si não é somente seu conteúdo próprio, a tonalidade específica deste sofrimento particular. Inevitavelmente e ao mesmo que este, a Vida absoluta que dá o sofrimento em si mesmo dá-se a si na Ipseidade deste sofrimento, em sua autodoação. A autodoação do sofrimento ultrapassa cada sofrimento, não só dá o sofrimento a ele mesmo senão na medida em que ela antes de tudo deu o Si a ele mesmo. E ela não deu o Si a ele mesmo senão na medida em que ela se deu antes de tudo a ele mesmo dando-o a si. Pois o Si só é vivente na vida e não se experimentaria jamais a si mesmo se não experimentasse antes de tudo a vida, se a vida não se experimentasse antes de tudo a si mesma nele, e isso na medida em que ele se experimenta a si mesmo; se a vida não se experimentasse nele e se ele não se experimentasse nela a cada vez que ele experimenta o que quer que seja e para poder fazê-lo; se a Vida absoluta não se experimentasse nele e se ele não se experimentasse a si mesmo nela em cada sofrimento que ele experimenta.

Tal é a transcendência presente em cada modalidade imanente da vida, e, por exemplo, em todo sofrimento: não nenhuma exterioridade em que este sofrimento encontrasse um meio de se evadir de si e de fugir de si mesmo. É nele, ao contrário, na medida em que em sua imanência radical ele é como que esmagado contra si e desbordado por si, pelo que tem de opressor seu conteúdo a cada vez e por esse fardo que ele é para si mesmo, que a obra da autodoação da Vida absoluta que o dá a ele mesmo se cumpre: nele, como o que é de outra ordem além dele, que não vem dele e por que somente ele deve vir a si. Portanto, este sofrimento particular deve primeiro experimentar-se a si mesmo e viver. Assim, o sofrimento é sempre mais que algo e algo além dele. Nele se revela sempre, como o que o revela a ele mesmo, mais oculto e mais incontestável, todavia, que a sua, outra vida – o sofrimento e o fruir da Vida absoluta, de que o sofrimento nunca é mais que uma modalidade.

Mas, porque o sofrimento não se revela nunca sem que se revele ao mesmo tempo nele o que o revela a ele mesmo, então, com efeito, ele nunca está só, sempre surpreso, ultrapassado, submerso por esta estrutura antinômica da vida que habita cada vida e, assim, cada modalidade da vida. *Não é o próprio sofrimento, mas o sofrer incluso nele como o que o entrega a ele mesmo, que conduz ao fruir implicado em todo sofrer e tornado possível por ele.* E, quanto mais agudo, com efeito, for o sofrimento, quanto mais ele der a sentir o sofrer envolto nele como o que o dá a sentir a ele mesmo e o lança nele como um fardo insuportável, mais este sofrer dado a sentir no excesso deste sofrimento dará a sentir o fruir que ele cumpre – mais seguramente o sofrimento no auge de si mesmo produzirá a bem-aventurança. É a estrutura fenomenológica da Vida absoluta que enuncia a Bem-aventurança. A Bem-aventurança diz ao homem sua condição de Filho – Filho que encontra na essência de que ele nasceu sua predestinação fenomenológica, a de reproduzir nele o destino da Vida absoluta, seu perpétuo chegar, no sofrer e por ele, à fruição de si e na embriaguez dessa fruição. É porque o sofrimento traz em si esse sofrer de o dá a sentir mais fortemente que qualquer outra tonalidade da vida que todos aqueles que ela oprime trarão também em si o que se dá ao auge desse sofrer, o fruir de si da Vida absoluta e sua embriaguez.

O que a Bem-aventurança celebra e o que ela abençoa: a última situação metafísica que quer que em cada forma de vida e na mais infeliz se cumpra a essência da Vida absoluta, sua autodoação segundo a estrutura do sofrer em que ela chega a si em seu estreitamento patético. Ora, é dessa mesma relação entre cada forma particular da vida e a Vida absoluta que surge a maldição, é essa relação que fornece seu motivo. "Ai de vós, que agora estais saciados." Na plenitude de seu viver, a vida não exerce sua finalidade mais alta? Como essa plenitude poderia tornar-se o alvo de uma contestação e, mais ainda, um objeto de maldição? Mas não é precisamente a Vida absoluta cujo sofrer conduz à fruição de si que é maldita – nem a vida infeliz que não cessa de experimentar esse sofrer na maneira como é lançada a seu sofrimento sem tê-lo querido.

É maldito o que se experimenta a si mesmo – e, assim, o prazer de se experimentar a si mesmo e de experimentar o prazer, e de estar vivo – como seu bem próprio, como o que vem dele e assim retorna a ele, como o que ele mesmo de certo modo produziu. *Esta ilusão é a ilusão transcendental do ego.*

Segundo esta, como se viu, o ego se atribui o conjunto das disposições e das capacidades que descobre em si. Porque, dado a ele mesmo na autodoação da Vida absoluta, ele se encontra em posse de si e assim é este Si vivente, que dispõe em seguida da totalidade de poderes que são os de seu corpo ou de seu espírito, razão por que se toma, como dizíamos, pela fonte desses poderes. Que ele possa colocá-los em ação, aí está o que lhe vem de seu próprio poder, e aí está, sobretudo, o que define seu poder, o que ele pode enquanto esse Eu Posso com que ele se designa. Mas tudo o que ele experimenta, e notadamente o prazer de se experimentar a si mesmo e de viver, ele o considera do mesmo modo como vindo dele, tendo sua fonte nele. Esta ilusão atinge o ponto extremo no caso do autoerotismo, em que o homem crê ler, em sua experiência mais evidente, que ele mesmo produz seu próprio prazer. Quando, no erotismo comum da heterossexualidade, este prazer vem tanto do outro quanto dele mesmo, é em todo caso um homem e um corpo de homem ou de mulher que está na origem de tudo o que ele experimenta e, notadamente, do prazer que ele se dá a si mesmo, ou por intermédio de outro que é como ele.

A ilusão transcendental do ego consiste, vê-se cada vez mais claramente, no esquecimento pelo homem de sua condição de Filho. É este esquecimento presente em todas as atitudes, e que ele determina ativamente, o que é objeto da maldição. Não é a riqueza, mas a riqueza vivida pelo homem como seu bem próprio. É de modo absolutamente geral a experiência de si que o Si faz constantemente de si e é vivida por ele como algo que, com efeito, lhe vem dele mesmo – é esse modo de viver, de se experimentar a si mesmo e de se sentir como o de uma vida autônoma, que é maldito. "Saciado" quer dizer cumulado, cumulado de bens. Mas, na realidade, é o Si que se atribui o mérito de se encontrar nessa situação em que está saciado de tudo, e isso porque se atribui antes de tudo o mérito de se encontrar na situação que é a sua, como se ele tivesse trazido a si mesmo a ela, na condição transcendental de ser este Si vivente, como se, gerado na autogeração da Vida absoluta e nela somente, ele não fosse antes de tudo um Filho.

A quem se experimenta como a fonte de todos os seus poderes e de todos os seus sentimentos, de seus prazeres notadamente, a quem vive na ilusão permanente de ser um ego autossuficiente que não tem senão de si tanto sua condição de ego como tudo o que se torna possível por ela – agir, sentir-se e fruir –, o que falta não é nada menos que o que dá constantemente este ego a ele mesmo e que não é ele: a autodoação da Vida absoluta em que este ego é dado a ele mesmo e, ao mesmo tempo, tudo o que lhe é dado: seus poderes e seus prazeres. *Essa falta aterradora em cada ego do que o dá a ele mesmo* – o que lhe falta ainda quando ele se experimenta a si mesmo como não faltando nada, como se bastando a si mesmo, e isso notadamente no prazer que ele tem de ser ele mesmo e de se crer a fonte desse prazer –, aí está o que determina nele a grande dilaceração: essa falta e esse vazio absoluto, a Fome que nada vem saciar, a Fome e a Sede da Vida que ele cessou de experimentar em si ao mesmo tempo que deixou de experimentar sua condição de Filho, quando, no prazer, se tomou pela fonte desse prazer e identificou a si como a seu bem próprio. "Ai de vós, que agora estais saciados, porque tereis fome" (Lucas 6,25).

De que tem fome essa Fome que vem a todos os que estão saciados como a infelicidade a que nenhum deles escapará? Que falta a cada um dos que se veem como o lugar e a fonte de seus prazeres e de seus poderes senão a potência que o deu a ele mesmo, e, dando-o a ele mesmo, lhe deu, experimentando-se a si mesmo, o experimentar o poder que deu a ele mesmo – fruindo de si, fruir do poder que lhe deu o fruir de si. É da Vida absoluta que terão fome para sempre os que estão "saciados"; cada um deles se satisfaz de si como da fonte desta satisfação. Que seja da Vida absoluta que têm fome todos aqueles – que esta Vida absoluta seja o Único Alimento que pode aplacar a Fome e notadamente a fome de todos os que estão saciados, que ela seja a única Água suscetível de aplacar a Sede de todos os que a maldição atingiu na medida em que vivem sua satisfação e seu prazer como seu bem próprio – é o que dizem as palavras sem concessão daquele que fala da Vida como de si mesmo e de si mesmo como da Vida: o Arqui-Filho em que se autogera e se autorrevela a Vida. "Tenho para comer um alimento que não conheceis" (João 4,32); "Aquele que bebe desta água terá sede novamente; mas quem beber da água que lhe darei nunca mais terá sede. Pois a água que eu lhe der tornar-se-á nele fonte de água jorrando para a vida eterna" (João 4,13). Que esse Alimento enfim seja o autocumprimento da Vida absoluta, é o que está dito também: "Meu alimento é fazer a vontade daquele que me enviou" (João 4,34).

A diferença entre a Vida absoluta que se dá a si mesma na hiperpotência de sua autogeração e a vida do ego dada a ele mesmo sem tê-lo querido, sempre já dado a ele mesmo sem nunca ter tido o poder de se dar a si e, assim, de se autogerar, esta diferença é uma diferença patética. O hiperpoder de uma é uma embriaguez; o não poder da outra, um sentimento de impotência. Quando, pois, o ego é afetado por um conteúdo que ele mesmo não pôs, pesado é então este conteúdo – difícil de levar toda vida saída de um nascimento e que, desse modo, não se lançou por si mesma em si mesma. Tal é o princípio da "infelicidade de ter nascido" – o Arquifato em virtude do qual cada um leva a carga desse Si que ele é sem tê-lo querido, sem ter jamais podido decidir se queria ou não vir à vida, a esta vida que é precisamente a sua, bem como a este Si que é o seu. Não ter nunca podido querer ou não querer vir a esta vida ou a este ego que é o seu não é, de início, como tivemos ocasião de observá-lo, algo negativo. É só posteriormente, uma vez cumprido seu nascimento transcendental, que um Si vivente, que um ego qualquer pode perguntar-se se quis ou não vir a ele, a este Si que ele é. Sua pergunta vem sempre tarde demais, conquanto *não*, é verdade, *o sentimento de estar carregado de si para sempre sem tê-lo querido* – esse sentimento que ele experimenta como a infelicidade de nascer e na angústia que surge dessa infelicidade. Mas esse sentimento de estar carregado de si para sempre sem tê-lo querido *não é precisamente o ego que o dá a si mesmo, não é ele que lhe determina as condições, nem sequer é ele que o leva*: só o dá ao ego a autodoação da Vida absoluta, só o leva e o suporta em si o que lhe dá o suportar-se a si mesmo, o sofrer da Vida absoluta na qual esta vem a si na embriaguez de sua Ipseidade original. "Vinde a mim todos os que estais cansados sob o peso do vosso fardo e vos darei descanso. Tomai sobre vós o meu jugo e aprendei de mim, porque sou manso e humilde de coração, e encontrareis descanso para vossas almas, pois meu jugo é suave e meu fardo é leve" (Mateus 11,28-30).

Por que esse fardo que é o ego para ele mesmo é tão pesado de levar, quando o da Vida absoluta – que também faz experiência de si mesma – é tão leve? Porque é a própria Vida absoluta que se lança em si na absoluta fruição de si mesma e no amor infinito de si, no viver absoluto em que nada é sofrido além de sua alegria e de seu amor sem limites. É esta absoluta fruição e seu amor absoluto o que é experimentado pelo Arqui-Filho na Ipseidade essencial em que a Vida absoluta se experimenta a si mesma. É por isso que, sendo a experiência que ele faz de si a da Vida absoluta – o sofrer que já não é senão um fruir –, seu fardo é tão leve. Que ele faça a vontade de seu Pai e não fazer nada além dela – "Faço sempre o que lhe agrada" (João 8,29) –, que a autoafecção que se cumpre em sua Ipseidade seja a da Vida absoluta e, assim, o amor com que Deus se ama a si mesmo, e que, desse modo, ele observe seus mandamentos, os mandamentos do amor, aí está o que esclarece o enigma da 1ª. Epístola: "Pois este é o amor de Deus: observar os seus mandamentos. E os seus mandamentos não são pesados" (1 João 5,3).

Ora, essa transformação do fardo mais pesado no que é o mais leve, essa transubstanciação mágica, ela também, do maior sofrimento na embriaguez do amor sem limites, tudo isso só advém naquele em quem – à imagem de Cristo – a autoafecção da Vida absoluta substituiu a autoafecção do simples vivente dado a ele mesmo sem tê-lo querido, na autoafecção desta Vida absoluta e por ela, todavia. Tudo isso só advém naquele que, vivendo sua condição de Filho e não sendo mais nada além dela, experimentando-se a si mesmo na experiência da vida infinita e vivendo dessa experiência, nasceu uma segunda vez, re-ge(ne)rado na segunda vida. Porque se anuncia pateticamente, com a mutação brusca do fardo mais pesado na leveza do viver absoluto e de seu amor, este segundo nascimento é incontestável. Sua explicitação pela palavra abre, no entanto, uma nova série de paradoxos. Nesses torna-se transparente a terceira intuição fundadora do cristianismo, a que nos retém agora, e que, com efeito, conduz ao paradoxo.

A diferença entre a autoafecção da Vida absoluta, que atem por si mesma, e a do ego, dado a ele mesmo sem ele ter contribuído para nada nessa doação, coloca-nos diante de uma situação aporética. Por um lado, o ego que não se tem por si mesmo, aparece profundamente desprovido da potência de fazê-lo, isto é, de viver – se a potência da vida é precisamente tê-la em si mesma e assim experimentar-se a si mesma e viver no sofrer e no fruir desse viver. No que concerne a esse poder de viver, de se afetar a si mesmo, de se experimentar e assim de ser um si vivente e um eu vivente, o ego é, portanto, de todo impotente. Por outro lado, todavia, este ego, por essência desprovido do poder de se ter por si a fim de se experimentar a si mesmo, de se unir a si e de ser um Si, não se experimenta menos a si mesmo; está unido a si, é este Si unido a si mesmo, este Si vivente de que extraem sua possibilidade este eu e este ego que o habitam. Que sua impotência seja vivida e levada a seu auge, como no sofrimento em que, experimentando sua própria vida e suportando-a como a um fardo insuportável, ele experimenta igualmente não ser absolutamente nada no fato de experimentá-la e de suportá-la, então é a potência de experimentar e suportar, de se experimentar a si mesmo e de se sofrer si mesmo e de fruir de si, é esse poder mais forte que qualquer outro, a potência invencível e inalienável da vida, o que ocupa de uma vez todo o lugar, o lugar de sua impotência tornado o do poder sem limites da vida. Para este ego no auge de sua impotência, a hiperpotência da vida o submerge. *"Cum impotens tunc potens sum"*, "Quando sou fraco, então é que sou forte" (2 Coríntios 12,10). O enunciado fulgurante de Paulo ilumina de uma vez a condição do Filho: se o ego, que não é nada, é apesar de tudo um ego, e um ego vivente, é porque nele Deus é tudo. Não ser nada e, todavia, ser um ego vivente só pode dar-se porque nele Deus é tudo. Não ser nada e, todavia, ser um ego vivente, é levar em si a autoafecção da Vida absoluta que o une a ele mesmo e fora da qual, com efeito, ele não seria. Tal é a condição paradoxal do Filho que o Apóstolo formula: é no auge de minha impotência, de minha impotência de ser por mim mesmo o ego que sou, que experimento – como o que me une a mim mesmo na Ipseidade de meu eu, como eu mesmo – a potência sem limites da vida.

A oposição entre a autoafecção da Vida absoluta em que esta vida se autoengendra e a autoafecção relativa, dizíamos, na qual o ego se experimenta dado a ele mesmo, mas não por ele mesmo, leva a pôr radicalmente em questão a segunda. Autoafecção, afinal de contas só há uma, a da Vida absoluta, e isso porque a autoafecção em que o ego é dado a ele mesmo não é senão a autoafecção em que o ego é dado a ele mesmo dando-se a si, autoafecção sem a qual nenhum vivente nem nenhum ego jamais viveria. Tal é a condição paradoxal do ego: sendo inteiramente ele mesmo, tendo de certo modo uma substância fenomenológica própria, a saber, sua vida própria tal como ele a experimenta, não ser, todavia, nada por si mesmo, ter esta substância fenomenológica própria, que é sua autoafecção, de uma substância fenomenológica absolutamente distinta dele, de um poder distinto do seu, do qual ele é absolutamente desprovido, o poder da Vida absoluta de se lançar na vida e de viver.

É esta condição paradoxal do ego – a de Filho em verdade – que é expresse pelos grandes paradoxos cristãos, e notadamente o maior de todos: aquele segundo o qual a vida própria do ego, que não existe por si, também nunca existe como uma substância fenomenológica que fosse sua, como uma realidade autônoma. Quem quer que, desse modo, quisesse estabelecer-se nela e tomar por base de sua existência essa vida que supostamente seria sua, esse perderia imediatamente a vida, toda vida concebível, esta vida, notadamente, que ele crê ser sua, mas que só se autoafeta na autoafecção da Vida absoluta – que é a de Deus. Três vezes ressoa a palavra do maior paradoxo: "Aquele que acha sua vida, a perderá, mas quem perde sua vida por causa de mim, a achará" (Mateus 10,39); "Aquele que quiser salvar sua vida a perderá, mas o que perder sua vida por causa de mim a salvará" (Lucas 9,24); "Quem ama a sua vida a perde e quem odeia sua vida neste mundo guardá-la-á para a vida eterna" (João 12,24). E uma quarta vez, em Paulo: "Recebêramos em nós mesmos a nossa sentença de morte, para que a nossa confiança já não se pudesse fundar em nós mesmos, mas em Deus, que ressuscita os mortos" (2 Coríntios 1,9).

Do fato de este ego, tendo sua substância fenomenológica de vivente da substância fenomenológica da vida, não ser por si mesmo nada (nada, isto é, segundo os conceitos não gregos do cristianismo: não *o* nada, mas a morte) resulta certo número de consequências que determinaram a ética cristã. Elas encontram a crítica da ilusão transcendental do ego, e bastará aqui recordá-las brevemente. Se o ego não é por si mesmo nada, segue-se que todo ego que queira pôr-se no princípio de sua ação e fundá-la sobre si verá esta não levar-se a efeito. Ora, esta ação não pretende apenas desenvolver-se a partir do ego e do poder que ele se atribui a si mesmo: é a ele ainda que ela toma por fim, não se preocupando com as coisas e com os outros senão em vista de si mesmo, de suas vantagens e de seu prestígio. Quanto mais o ego se apoia em si mesmo em vista de se elevar a si mesmo, mais o chão faltará a seus pés. Mas, quanto mais, esquecendo-se de si mesmo e confiando-se à vida, ele se abrir à potência sem limites desta, mais esta potência se manifestará nele, tornando-o invencível. "Pois todo o que se exalta será humilhado, e quem se humilha será exaltado" (Lucas 18,9-14). E mais adiante: "E quem quer que tiver deixado casas, irmãos, irmãs, pai, mãe, filhos, ou terras por causa do meu nome, receberá muito mais; e terá em herança a vida eterna" (Mateus 19,29; cf. também Lucas 18,29). Os primeiros ficarão por último, os últimos se encontrarão em primeiro, etc.

Uma mesma lógica invencível, em verdade uma mesma condição fenomenológica decisiva, a de Filho, liga paradoxos, preceitos, mandamentos do cristianismo. Ora, esta condição reflete outra, de que ela é "imagem": a Condição d'Aquele que, coengendrado no processo de autogeração da Vida absoluta e, assim, consubstancial a ela e eterno como ela, não experimentará menos em si, em sua Arqui-humildade, sua vinda fulgurante a ele mesmo como a vinda a si da Vida absoluta: "Não seja como eu quero, mas como tu queres" (Mateus 26,39).

Que a autoafecção em que o ego é dado a ele mesmo e, assim, como um Si vivente não seja nada diferente da autoafecção da Vida absoluta que dá o Si a ele mesmo e se dá a ele dando-se a si, aí está o que, no plano fenomenológico, comporta extraordinárias consequências. Na vida que é ordinariamente a sua (a vida antes da re-ge(ne)ração e antes do re-nascimento), na qual ele é dado a ele mesmo sem tê-lo querido, num padecer anterior à sua liberdade e independente dela, o ego, como o vimos, suporta-se a si mesmo e suporta sua vida como um fardo de que ele não pode descarregar-se – separando-se dele, por exemplo, pondo-o à distância. É somente no espaço de um pensamento, na exterioridade de um "mundo", que tal pôr à distancia seria possível. (Mais uma prova, se necessária, de que a Verdade da Vida é totalmente estranha à verdade do mundo e não tem nada que fazer com ela.) Esta propriedade da vida do ego de se suportar a si mesmo sem poder escapar a si é igualmente a de cada uma de suas modalidades, que enquanto modalidades da vida têm a mesma estrutura fenomenológica que ela. Voltemos um instante a esta propriedade de cada uma das modalidades de nossa vida de ser o que ela é. É assim, como dizíamos, que um sofrimento se suporta a si mesmo sem poder separar-se de si, subtrair-se ao que seu ser tem de opressor. É porque ele está preso a si sem poder romper o laço que o liga a ele mesmo que ele "é o que é" – o que quer dizer: ele experimenta-se tal como ele se experimenta. Neste modo de se experimentar tal como ele se experimenta reside sua verdade – o fato de que cada modalidade da vida, reduzida ao que ela experimenta quando se experimenta a si mesma, é absolutamente certa. Assim o ego vai em sua vida de certezas em certezas – conquanto não pense nisso e porque não pensa nisso. Sua vida é a sucessão de seus sentimentos, oculto cada um em sua certeza impensada, e isso na medida em que, em sua subjetividade invisível, cada um deles se experimenta tal como ele se experimenta.

E, todavia, diz Paulo – e essa declaração antes do pensamento dos modernos, seguidores ou contestadores de Descartes, filósofos da "consciência" ou do inconsciente, precedendo-o em muito mais de milhares de anos-luz que as que nos separam do *big bang* –, Paulo diz aos Romanos: "Não confieis em vosso próprio sentimento" (12,16). E ainda: "Quanto a mim, pouco me importa ser julgado por vós ou por um tribunal humano. Eu também não julgo a mim mesmo. Verdade é que *minha consciência de nada me acusa mas nem por isso estou justificado*; meu juiz é o Senhor" (1 Coríntios 4,4). Mais violentamente ainda, a Pedro, que lhe reprova o anúncio de sua paixão: "Arreda-te [...], exclama Cristo, porque não pensas as coisas de Deus, mas as dos homens!" (Marcos 8,33).

E, com efeito, se o conjunto dos sentimentos que um ego experimenta e que compõem sua vida se experimentam como eles se experimentam em sua autodoação imediata, esta não é um fato dele nem do ego. Tal como não o é a autodoação deste ego a ele mesmo no Si de sua Ipseidade. Assim como tampouco esta tem de si mesma o que a une a ela mesma. A autodoação desses sentimentos, desse ego, desse Si, dessa Ipseidade que os funda é a da Vida absoluta que se dá a si mesma na Ipseidade original do Arqui-Filho. Assim, a verdade dos sentimentos não é um fato deles, mas a de Deus. Que esta Verdade dos sentimentos não seja a deles mas a de Deus, aí está o que explica a defasagem radical que existe entre esses sentimentos e Deus mesmo, como os sentimentos mais baixos e vis, os que ocupam habitualmente a vida dos homens, os sentimentos de cupidez, de inveja, de ressentimento, de vingança, mas também de tédio ou de desgosto – como todos esses sentimentos dados a eles mesmos como tantas *cogitationes* indubitáveis e que são, com efeito, o que são, em seu esplendor ou mais frequentemente em sua miséria, não devem, todavia, sua verdade a si mesmos, mas à da vida. Pois não é a si mesmos, precisamente, que eles devem dar-se, nem ao ego a que pertencem, assim como este ego tampouco deve a si mesmo o ser dado a ele. Esta autodoação, eles a têm da Vida absoluta e somente dela, que é a autoafecção absoluta fora da qual nada é dado a nada nem dado de nenhum modo – fora da qual não há vivente nem mundo.

Mas, porque cada sentimento só é dado a ele mesmo na doação a si da Vida absoluta, então a Verdade absoluta da Vida habita cada sentimento: revelando-se a si, ela o revela a ele mesmo e o ilumina tal como ele é em suas menores dobras, ela o atinge no coração desta luz que não se vê e que vê tudo. Nele, em cada sentimento, o mais fugaz ou o mais infame, encontra-se o Juiz, o Juiz implacável, o Olho onividente, Deus, "que vê no segredo". "Lembrai-vos de que o juiz está às portas" (Tiago 5,9); "Deus perscruta o nosso coração" (1 Tessalonicenses 2,4); "O rosto do Senhor se volta contra os que praticam o mal" (1 Pedro 3,12); "Pelo Deus que não mente" (Tito 1,2); "E teu Pai que vê no segredo" (Mateus 6,6); "Pois a Palavra de Deus é viva, eficaz e mais penetrante do que qualquer espada de dois gumes; penetra até dividir alma e espírito, junturas e medulas. Ela julga as disposições e as intenções do coração. E não há criatura oculta a sua presença. Tudo está nu e descoberto aos olhos daquele a quem devemos prestar contas" (Hebreus 4,12-13).

À série de paradoxos explicitamente formulados pelos Evangelhos e que remetem às intuições fundadoras do cristianismo, de que eles se propõem como outras tantas ilustrações decisivas, acrescenta-se outro não formulado pelos textos, mas que resulta do entrecruzamento neles de duas teses aparentemente contraditórias. Por um lado, a ética cristã repousa sobre a denúncia reiterada das simples palavras: "Não é aquele que diz 'Senhor! Senhor!'..."– às quais se opõem os atos, o agir como único depositário da realidade da vida em que se cumpre a relação do vivente com esta e, assim, com Deus mesmo. Por outro lado, o papel devolvido à Palavra, seja ela oral ou escrita, é imenso. Na tradição este papel nunca foi contestado: justamente ao contrário. Que a Palavra seja não apenas importante, mas essencial e decisiva, não é somente a tradição que o diz, considerando as Escrituras como fundamento da fé. Nestas Escrituras mesmas este papel da Palavra, isto é, das próprias Escrituras, é exaltado. O último texto citado de Paulo seria suficiente para mostrá-lo: "... a Palavra de Deus é viva, eficaz e mais penetrante do que qualquer espada de dois gumes...". Mas é o próprio Cristo que põe a palavra no lugar que é o seu, o da Vida. E, dado que esta Vida é eterna, eterna também é sua Palavra, segundo o texto já citado de Lucas: "O céu e a terra passarão, mas minhas palavras não passarão" (21,33). A palavra cuja crítica da Lei mostrou que ela deixa escapar a realidade e se encontra como tal atingida de impotência, estranha pois à vida, como pode ela, ao contrário, ser dita vivente, identificar-se com a vida, ser consubstancial à sua eternidade? É este último paradoxo que convém elucidar.

Capítulo XII

A Palavra de Deus, as Escrituras

A questão da Palavra impôs-se a nós desde nosso primeiro encontro com o cristianismo, na medida em que este se apresenta na forma de um texto. Desde o início, é verdade, o texto do Novo Testamento se dá como diferente de todos os outros, e isso em razão de sua proveniência divina. Esta se manifesta no fato de o relato dos acontecimentos relativos à existência de Cristo ser constantemente interrompido pelas aspas que introduzem outra palavra, já não a que relata esses acontecimentos, a de Mateus ou de Marcos, de Lucas ou de João, mas a do próprio Cristo, isto é, de Deus. "Erguendo então os olhos para os seus discípulos, dizia: 'Felizes vós, os pobres, porque vosso é o Reino de Deus'" (Lucas 6,20). Se é como uma espada de dois gumes que nos atinge a Palavra de Deus, não é somente em razão do caráter estupefaciente do que diz, mas precisamente porque é Ele quem fala.

E era esta a primeira dificuldade. É Cristo quem fala, mas sua palavra não nos atinge senão no relato que disso fazem Mateus, Marcos, João, Lucas, nos textos dos Evangelhos. Reinserida neste relato, retomada pelo texto, a palavra das Escrituras novamente se torna semelhante à palavra falada pelos homens, é um conjunto de significações irreais incapazes por si mesmas de pôr uma realidade diferente da sua – notadamente a realidade d'Aquele que fala através delas, a realidade de Cristo e de Deus. Assim se desenhava um primeiro círculo, o da impotência da palavra, de que a impotência da Lei e do Mandamento ético não é, afinal de contas, senão uma consequência ou um exemplo. A impotência da ética é a da Lei de produzir o agir que ela prescreve. Foi esta impotência o que provocou o deslocamento decisivo operado pela ética cristã, o da palavra para agir, agir estranho à linguagem e exterior a ela, imerso na vida e cuja ação coincide com o próprio movimento desta vida.

Surge então um paralelo singular entre a questão da ética e a, mais geral em certo sentido, das Escrituras. Tanto em uma quanto na outra, encontra-se desnudada a impotência da palavra. O dizer ético, todavia, consciente de sua fraqueza, apela por instinto ao agir e confia a ele a tarefa ontológica da realização. Mas as Escrituras são mais do que uma ética, não se limitam a um conjunto de preceitos, por mais importante que sejam. O que os caracteriza mais essencialmente e de que depende a legitimação dos próprios preceitos é, como o vimos, a reivindicação da origem divina. Mas a que instância a palavra das Escrituras fará aqui apelo para estabelecer seu caráter divino? De que fonte disporá para superar a carência ontológica inerente ao universo das significações, da linguagem? No plano da ética, a substituição da Antiga Lei pela Nova Lei eliminou a dificuldade. A Nova Lei, o Mandamento de amor tal como João o concebe, pondo no princípio do agir, em lugar do preceito edificante mas inoperante, um poder efetivo, não o simples poder do ego, mas o hiperpoder da Vida absoluta com o peso formidável de suas determinações patéticas – sofrimento, alegria, amor –, varreu de um golpe a ética tradicional, seu legalismo formal, seu moralismo impotente, todos os efeitos enfim dessa impotência: suas argúcias, sua casuística, sua hipocrisia. Mas, no caso das Escrituras, sobre qual fundamento a palavra poderá estabelecer a verdade do que diz, se ela é incapaz de fazê-lo por si mesma?

É outra intuição decisiva do cristianismo que se oferece então a nós – ou a mesma de sempre em outra forma. E essa é a razão por que já estamos em posse dela. Esta intuição, muito frequentemente despercebida e, todavia, explícita, é a de que existe *outra palavra além da que falam os homens*. Esta palavra fala de forma diferente de como o faz a palavra humana. O que ela diz é diferente do que diz a palavra humana. É porque ela fala diferentemente que diz outra coisa. Porque ela fala diferentemente, o modo como convém entendê-la difere também do modo como se entende a palavra dos homens. Esta outra palavra, que fala diferentemente da palavra humana, que diz outra coisa e que se entende de outro modo, é a Palavra de Deus.

Quando, pois, se declara como se faz habitualmente, como o fazem, em todo caso, os crentes, que as Escrituras são a Palavra de Deus, esta afirmação permanece equívoca no mais alto sentido. Ela é compreendida do seguinte modo: quer-se dizer que, dirigindo-se aos homens, as Escrituras usam, por essa razão, a palavra usada pelos homens. Esta palavra é uma palavra humana em sua forma, em sua maneira de falar. Mas o que ela diz – nessa linguagem compreensível para os homens – é um conteúdo que já não é humano, mas sagrado. Inspirado por Deus, ele transmite aos homens o que Deus tem para lhes dizer, para lhes revelar. O conteúdo das Escrituras é uma revelação divina, mas esta revelação é feita aos homens na linguagem que é a deles. Agora, como uma linguagem humana é capaz de receber e de transmitir uma revelação divina? Ou, inversamente, como uma revelação divina pode tomar a forma de uma linguagem humana e porque seria ela obrigada a fazê-lo? A revelação divina, em outros termos, não seria revelação enquanto divina mas enquanto se exprime numa palavra humana, tomando a forma desta, e isso de maneira que possa ser compreendida por homens. Mas esta revelação tornada acessível aos homens numa palavra humana, que se revela a eles na forma desta palavra que é a deles, como poderia ela provar seu caráter divino? Como, para além de sua natureza humana, tal palavra teria condições de atestar que ela é a de Deus? Deus, por sua parte, deveria demandar sua aptidão para se revelar, para se revelar aos homens em todo caso, a um poder de revelação diferente daquele que constitui sua própria essência.

O que portanto é aqui necessário para escapar a esse conjunto de paradoxos é uma elucidação radical da essência da palavra. Somente tal elucidação é suscetível de estabelecer que há duas palavras. A palavra humana, composta de palavras portadoras de significações, por um lado. Consideradas em sua apresentação escrita imediata, as Escrituras são uma palavra deste gênero, um conjunto de textos que obedecem às leis gerais da linguagem, dessa linguagem de que fazem uso os homens e que lhes permite, crê-se, comunicar-se e compreender-se entre si. A outra Palavra, de que vamos tratar, difere por natureza de toda e qualquer palavra humana. Ela não compreende palavras nem significações, significante nem significado, não tem referente, não provém, propriamente falando, de um locutor e tampouco se dirige a nenhum interlocutor, *a quem quer que, seja quem for, existisse antes dela – antes que ela tenha falado.* É esta outra Palavra o que nos permite compreender a palavra das Escrituras e, bem mais, que esta palavra é de origem divina. É esta outra Palavra que nos permite compreender a palavra das Escrituras e, bem mais, que esta palavra é de origem divina. É unicamente esta outra Palavra, que nos permite compreender não só o conteúdo da palavra das Escrituras mas também a origem divina desta palavra, que é a Palavra de Deus. Convém então examinar a natureza dessas duas palavras, a das Escrituras, semelhante a toda palavra humana, e esta outra Palavra, mais antiga, essencialmente diferente, e à qual, e somente a ela, devemos o entender a palavra das Escrituras, seu conteúdo e sua origem.

A palavra humana se apoia na linguagem, que é composta de palavras que se referem a coisas e que são como signos destas. A esse respeito, a palavra aparece como um instrumento, como meio, ao conferir um nome a algo que já está aí, de ter poder sobre ele, de poder manejá-lo simbolicamente. Mas, qualquer que seja o modo como a conceptualizemos, esta função instrumental da palavra repousa sobre um fundamento fenomenológico. Este é duplo. Por um lado, a palavra que designa a coisa – quer se trate de um signo oral ou visual – deve mostrar-se, ainda que no curso da linguagem corrente não prestemos atenção à própria palavra, mas somente à coisa que ela designa. É esta coisa, por outro lado, que deve aparecer também, e tão mais ostensivamente quanto é a ela que a palavra visa. Assim, a palavra não pode dizer a coisa sem que a dê a ver. Na verdade, o que a palavra dá a ver não é somente a coisa de que fala, mas também o que diz dela, o conjunto das propriedades ou dos predicados que lhe atribui.

Ora, se refletimos sobre o gênero de aparecimento implicado em toda linguagem, sobre seu fundamento fenomenológico, vemos claramente que esse aparecimento não é senão aquilo a que chamamos ao longo de todas as nossas análises a verdade do mundo. É num mundo que aparece a coisa designada pela palavra, é num mundo que se mostra, da mesma maneira, o conjunto dos predicados (reais, imaginários ou ideais) que lhe são conferidos, é num mundo, enfim, que a palavra, visual, sonora (mas também a parte ideal que ela sempre comporta), se mostra a nós, por mais fugidia ou marginal que seja este aparecimento. Porque ela encontra seus alicerces fenomenológicos no mundo, porque também cada um de seus constituintes – palavras, significações, coisas visadas e predicados atribuídos a essas coisas – se mostra no mundo, a palavra falada pelos homens pertence a este mundo no sentido radical de que encontra nele seu fundamento fenomenológico incontornável. Nós lhe chamaremos então a palavra do mundo. A palavra humana diz mostrando no mundo. Sua maneira de dizer é um fazer-ver, esse fazer-ver que só é possível no horizonte de visibilidade do "lá fora". O que é dito na palavra do mundo apresenta pois certo número de caracteres que resultam diretamente da maneira de mostrar desta palavra:

1º Ele se dá mostrando-se lá fora num mundo, à maneira de uma imagem.

2º Ele se dá como irreal. Consideremos a primeira estrofe do poema de Trakl intitulado "Uma Noite de Inverno":[1]

---

[1] Citado e comentado por M. Heidegger em *Unterwegs zur Sprache*. Pfullingen, Meske, 1959, p. 17; tradução francesa, p. 19.

> Quando neva na janela
> Quão longamente soa o sino da noite,
> Para muitos a mesa está posta
> E a casa está bem provida.

As coisas em questão – a neve, o sino, a noite –, nomeadas pelo poeta e como chamadas por seu nome, apresentam-se, mostram-se a nosso espírito. Todavia, não se instalam entre os objetos que nos circundam, no cômodo em que estamos. Estão presentes, mas numa espécie de ausência. Presentes porque, evocadas pela palavra do poeta, elas aparecem; ausentes porque, conquanto apareçam, não estão aí. Tal é o enigma da palavra do poeta: ela faz aparecer a coisa e, assim, lhe dá o ser, de tal modo, todavia, que, dita por esta palavra, a coisa não existe realmente. A palavra lhe dá o ser retirando-o, dá a coisa, mas como não sendo.

3º Ora, não é somente a palavra do poeta que dá de tal modo que retira o ser ao que dá, e isso por causa de seu próprio modo de dar. Cada palavra humana procede igualmente: não oferece o que nomeia senão numa pseudopresença, de modo que a coisa nomeada, enquanto só existe nesta nomeação e por ela, não existe realmente. Na medida em que me limito a dizer: "O cão é um fiel companheiro do homem", não há ainda, por este enunciado, nenhum cão nem nenhum homem real. Tal é a impotência da palavra humana, sua impotência radical de pôr na existência efetiva tudo aquilo de que fala, tudo o que diz. Desta impotência, a impotência da ética tradicional – a do preceito da Lei Antiga – de produzir o agir que ela prescreve é apenas um caso particular. Ora, esta impotência da palavra para conduzir à existência real o que ela nomeia não é devida ao acaso, a algum obstáculo exterior e contingente. É o próprio modo como ela fala que desrealiza no princípio tudo aquilo de que fala. É seu modo de mostrar na exterioridade do mundo que, colocando toda e qualquer coisa no exterior dela mesma, a despoja assim de sua própria realidade, deixando subsistir dela tão somente uma aparência vazia.

4º Se, despojando toda e qualquer coisa de sua realidade ao lançá-la fora dela, na exterioridade do mundo, a palavra do mundo não dá a ver senão um aparecimento vazio, reduzido a um "aspecto" exterior, como então tal palavra poderia pôr-nos em relação com a Vida – a Vida estranha ao mundo, que nunca se mostra nele, que não tem nenhum "aspecto" e nenhum "fora"? A Vida que não se separa jamais de si, mas que se estreita a si mesma na imediação de sua carne patética? A Vida que contém em si toda realidade, mas que, igualmente, exclui de si toda irrealidade? Pois a Vida se toca em cada ponto de seu ser, e ali onde ela se toca, ali onde ela é a vida em seu viver, não há passado, nem futuro, nem presente no sentido de um presente do mundo, nada de imaginário, nenhuma significação, nenhum "conteúdo de pensamento", nada que não seja a plenitude do viver no sofrer e no fruir de sua autoafecção patética. Todas as intuições decisivas do cristianismo, que são as de uma fenomenologia da vida, se solidarizam. Elas desafiam a palavra do mundo a nos comunicar uma parcela da realidade da vida, se não é em forma de significação vazia. Ainda é preciso acrescentar que nem esta palavra nem o próprio mundo estão na origem desta significação. Esta não apareceria jamais no campo de nossa experiência, se aquilo de que ela é significação não nos fosse dado, ademais, em outra Palavra. E é esta a última intuição do cristianismo, de uma fenomenologia da vida.

A outra Palavra, a Palavra de Deus, é a Vida. Vida é uma palavra porque, como toda palavra, é fenomenológica de uma ponta a outra: ela mostra, torna manifesto. É nisso que a Palavra de Deus apresenta com a palavra do mundo um traço comum, o de produzir uma manifestação, um aparecer – de modo que, neste aparecer, algo possa ser mostrado, ser dito. Mas é aqui também que a palavra de Deus difere radicalmente da do mundo, a ponto de, para compreender a primeira, é preciso por assim dizer perder de vista o que entendemos correntemente sob o título de palavra: a que os homens falam, a que diz fazendo ver no mundo o que ela diz. Se também a Palavra divina é fenomenológica em sua essência, se é revelação, a questão crucial que ela põe encontra a de uma fenomenologia radical: *como revela* a Palavra divina, que espécie de aparecer ela libera? Ou ainda: como fala a Palavra divina e, desse modo, o que ela diz? Ora, a Palavra de Deus revela, fala enquanto Vida. A Palavra de Deus é a Palavra da Vida, o Logos da Vida que João reconhece. A Vida fala, revela, porque em sua essência ela é a revelação original, a autorrevelação, não sendo o que se revela a si mesmo nada mais que o fato de se revelar a si mesmo.

Como a vida se revela? No sofrer e no fruir de seu viver, na fenomenalidade de seu *páthos*. Que revela em sua fenomenalidade patética? A si mesma. É isso o que estabeleceram todas as nossas análises. A vida revela de tal modo, que o que ela não revela senão a si mesma e nada mais. Ela se afeta de tal modo, que o conteúdo de sua afecção é ela mesma e nada mais. À diferença da palavra do mundo, que desvia de si mesma e fala de outra coisa, de outra coisa além dela – de outra coisa que, nesta palavra, se encontra lançada fora de si, desviada, deportada, despojada de sua própria realidade, esvaziada de sua substância, reduzida a uma imagem, a uma aparência exterior, a um conteúdo sem conteúdo, ao mesmo tempo opaco e vazio –, a palavra da Vida revela a Vida, dá a Vida. A Palavra de Vida é a autodoação da vida, sua autorrevelação na fruição de si. O Logos de Vida, a Palavra de Deus é a Vida fenomenológica absoluta captada no processo hiperpoderoso de sua autogeração enquanto sua autorrevelação.

Em geral se atribuiu à palavra um poder. Este atinge seu mais alto grau quando recebe uma significação ontológica. Tem-se então o poder de criar, isto é, propriamente, de instituir no ser. Assim, o ato de nomear as coisas teria a propriedade de fazê-las existir. Esta capacidade ontológica da palavra, de conferir o ser ao que ela nomeia, nós a reservamos correntemente a Deus. Ali se situaria mesmo sua onipotência, uma onipotência que seria a de sua palavra – de uma palavra que não tem senão de falar para que imediatamente a ordem inteira de tudo o que é surja do nada ao simples som de sua voz, antes de lhes submeter os detalhes de sua organização. Neste domínio, aliás, Deus não tarda a ter êmulos ou rivais. À maneira de Deus, o artista moderno se vangloria de ser criador. Criador de uma obra eventualmente mais rica, mais surpreendente, certamente mais nova que a natureza criada por Deus. Desse modo, o artista poderia perfeitamente superar a Deus mesmo com seu gênio inventivo ou sua sofisticação. No caso do escritor, o poder das palavras de fazer erguer mundos desconhecidos é ainda mais evidente.

A analogia entre a criação divina e o ato criador do artista moderno é um dos lugares-comuns da crítica de nosso tempo. Sua pressuposição é tão ingênua quão oculta que se desvela agora para nós. A palavra que serve de protótipo à ideia de criação estética ou divina é a palavra do mundo – a palavra que nomeia os objetos fazendo-os ser vistos no horizonte do "lá fora". O que caracteriza tal palavra é sua incapacidade de princípio de conduzir à existência efetiva aquilo de que ela fala. Donde o caráter propriamente mágico que ela assume quando se pretende, ao contrário, fazê-la desempenhar esse papel. A magia é isso: pronunciar palavras, se possível ininteligíveis, às quais é atribuído o poder de pôr uma realidade que elas são precisamente, enquanto significações vazias, incapazes de produzir.

Por que paradoxo a palavra do mundo, incapaz de produzir qualquer coisa real, foi tomada como protótipo e princípio da criação? Porque, por não criar aquilo de que fala, ela tem ao menos a propriedade de dá-lo a ver, se ele já existe – de produzir dele uma aparência, como no caso do poema, se ele não existe. Decisivo, em todo caso, para nosso propósito é o fato de a palavra do mundo ser tomada como o arquétipo de toda palavra, trate-se da palavra de Deus ou da dos homens. É a palavra que nomeia os pássaros, os peixes, as cores de suas asas ou de suas escamas, o fogo, as árvores, as águas, as vestes, os calçados, os alimentos, os excrementos, etc., que vai fazer-nos compreender a essência interior da Vida divina na medida em que esta é a Palavra original, o Logos de Vida. É esta designação exterior das coisas que vai explicar-nos como a Palavra da Vida fala a cada um dos viventes e se faz ouvir por eles – o que significa então para eles ouvir a Palavra de Deus e, se esta se propõe como um chamado, qual é a natureza deste chamado e que gênero de resposta ele espera. E, se dizemos enfim que as Escrituras são a Palavra de Deus, essas Escrituras compostas de palavras e de significações como toda palavra humana, é, pois, à luz desta que a palavra corrente dos homens, que se trata de compreender a Palavra de Deus!

Com a intuição de uma Palavra de Vida, são esses pressupostos ingênuos e esses paradoxos exteriores que o cristianismo faz voar em pedaços. Ao mesmo tempo, é o conjunto de relações que se organiza em torno da palavra, a relação da palavra com o que ela diz, com quem a ouve, é a natureza mesma do ouvir que se encontram profundamente alterados. E antes de tudo é a própria obra da palavra, sua operação que muda de todo. A Palavra de Vida não sustenta nenhuma referência às coisas deste mundo nem a este mesmo mundo. Ela não se dedica a criá-las – tarefa que a palavra humana não leva a efeito verdadeiramente a não ser na magia –, e nem sequer a desvendá-las: mundo e coisas do mundo são simplesmente estranhos ao campo de sua ação. Aliás, a Palavra de Vida não age no sentido que se dá habitualmente a essa palavra e que nós denunciamos – no sentido de uma criação de objetos, de sua pro-dução, e antes de tudo no sentido de uma objetivação. A operação da Palavra de Vida não é uma "ação" desse gênero, mas uma geração. Em uma geração, o que é gerado permanece interior ao poder que o gera, e isso porque o poder que gera permanece interior ao que ele gera. Ora, a Palavra de Vida não é somente uma geração, mas uma autogeração. Ela é a autogeração da vida enquanto sua autorrevelação. É o poder de se autorrevelar autogerando-se o que exprime a noção de Palavra, é o poder fenomenológico da Vida absoluta que ela designa. A Vida absoluta é uma palavra porque se autogera de tal modo que se autorrevela nesta autogeração – mais profundamente porque se autogera autorrevelando-se. É por essa razão que autogerando-se a Vida absoluta engendra em si um Logos, precisamente o da Vida, que lhe é consubstancial. A Vida fala no princípio, nesse Logos que é sua autogeração *como autorrevelação*– como Palavra.

Porque a Vida se autogera autorrevelando-se na Palavra de Vida, esta Palavra de Vida não fala somente, na autogeração da Vida, ali onde ela é consubstancial ao Pai, onde ela é seu próprio Logos. Em todas as partes onde a autogeração da Vida está implicada, e assim sua autorrevelação e assim seu Logos, ali também fala a Palavra de Vida. A Palavra de Vida não fala somente no princípio: fala em todo vivente. O que diz a Palavra de Vida é, em todo vivente, seu viver. É desse modo que ela o gera, dando-lhe a vida, isto é, concedendo-lhe autorrevelar-se em sua própria autorrevelação – na autorrevelação consubstancial à sua autogeração. Assim, cada vivente não vive senão da Palavra de Vida na medida em que vive. O que a Palavra de Vida lhe diz é sua própria vida. E, porque esta Palavra de Vida é amor – a autorrevelação da Vida absoluta no fruir e no amor de si –, o que ela lhe diz é seu próprio amor. Assim se encontra definida com um rigor até então impensado a constelação das relações que se organizam em torna da Palavra, e isso de tal modo que, captadas a partir da Palavra de Vida e já não a partir da do mundo, todas essas relações se encontram, com efeito, profundamente alteradas.

Na palavra do mundo, a relação desta palavra com o que ela diz é o próprio mundo, é a exterioridade. Essa é a razão por que tudo aquilo de que essa palavra fala lhe é exterior: é a árvore que é verde, o quadrado que tem quatro lados, etc. Exterior à palavra, o que ela diz é, por essa razão, diferente dela. A própria palavra que diz que a árvore é verde não é árvore, não é verde. É precisamente porque a palavra que faz ver é exterioridade que a diferença de tudo o que ela diz e faz ver lhe é exterior, é diferente dela. Do fato de a palavra que faz ver ser o mundo, a diferença, a exterioridade, resulta uma consequência decisiva, já encontrada por nós diversas vezes – e isso porque ela se enraíza na própria natureza da fenomenalidade. Esta consequência é terrível: é a indiferença profunda desta palavra com respeito a tudo o que ela diz. Trate-se de uma árvore, de que esta árvore tenha folhas ou não, trate-se de uma figura geométrica e de que ela tenha tantos lados, trate-se de uma ferramenta quebrada, de uma cabra, de uma equação, de um hidroavião, de uma realidade ou de uma imagem, de uma prescrição ou de um conceito, pouco lhe importa. Desta indiferença da palavra do mundo, implicada na diferença em que ela mostra todas as coisas, o aspecto mais decisivo é este: jamais o que é dito na palavra do mundo, seu gênero, suas propriedades não resultam do gênero desta palavra, a saber, do modo de aparecer em que ela faz ver tudo o que faz ver. Jamais a natureza do que é desvelado depende da natureza do desvelamento, na medida em que este é o mundo. Essa é a razão por que, falta de penetrar no interior do que diz e não o compreendendo nunca em sua possibilidade interna, não compreendendo nada dele, a palavra do mundo se limita a uma simples constatação, a dizer e repetir: "Isso é", "Há".

A toda palavra pertence que ela seja ouvida ou ao menos que possa sê-lo. Escutamos palavras e lhes prestamos atenção ou não, mas não o fazemos na medida em que dispomos *a priori* da capacidade de compreendê-las. Esta capacidade de ouvir a palavra precede a toda escuta particular e a torna possível. Na palavra do mundo, a capacidade de ouvir esta palavra reside no fato de que somos abertos ao mundo. Não há escuta possível senão no que está fora de nós e que se dá a ouvir a nós nesse "lá fora" que é o mundo. Assim como falar quer dizer fazer ver num mundo, assim também ouvir significa perceber, receber o que, por se mostrar assim a nós no mundo, pode, com efeito, ser percebido e recebido por nós. Pouco importa que se trate de um fenômeno visual, sonoro ou ideal. Falar e ouvir têm, assim, um mesmo fundamento, esse fundamento fenomenológico que é o aparecimento num mundo. Um mesmo Distanciamento é constitutivo do Ouvir primitivo de que falar e escutar são modos. Do fato de o Ouvir – a possibilidade de ouvir em geral, de falar ou de escutar – residir neste Distanciamento do mundo, resulta uma incerteza fundamental em relação a tudo o que é dito e ouvido assim. E isso porque, separado por este Distanciamento de tudo o que é dito e ouvido, dito e ouvido como algo exterior, diferente dele, aquele que escuta se vê reduzido, a respeito de tudo aquilo, a conjecturas e interpretações.

É o que ressalta com evidência da situação todavia privilegiada em que se supõe que é o mesmo que fala e que escuta, que escuta sua própria palavra. Esta situação é a da consciência moral. Na consciência moral, com efeito, supõe-se que o homem escuta uma voz que lhe fala dele mesmo, mas que vem também dele, do fundo dele mesmo, como se fosse ele mesmo que falasse a si mesmo mediante a voz da consciência moral, que se exortava à ação moral. Esse Fundo do homem, esse Fundo dele mesmo donde lhe fala a voz da consciência moral, as diversas filosofias o interpretam diferentemente. Mas o que importa é que *a palavra da consciência moral seja interpretada à luz do conceito tradicional de palavra, isto é, como uma palavra do mundo*. Esta palavra fala fazendo ouvir o que ela diz num "lá fora" onde ressoa. É porque o que ela diz ressoa nesse lá fora que ele se torna acessível, audível, e se pode prestar atenção a ele ou se fechar para ele. Em todos os casos, o que é dito é um conteúdo exterior, sensível ou inteligível. É na medida em que ele se mostra a título de conteúdo exterior que o que é dito pode ser ouvido. Falar e ouvir supõem o mundo e sua abertura. Aquele que fala e que ouve deve estar aberto a este mundo.

Uma das descrições mais famosas da consciência moral é como o paradigma da situação que descrevemos. O homem segundo Heidegger é *Dasein,* isto é, aberto ao mundo. Na consciência moral, é o próprio *Dasein* que dirige a si mesmo um apelo. Porque este apelo, conquanto vindo do *Dasein*, lhe vem na abertura do mundo, vem-lhe de fora, do "longínquo".[2] Este apelo longínquo exige, assim,

---

[2] M. Heidegger, *Sein und Zeit*, op. cit., p. 271.

toda uma problemática. Separado da palavra que o lançou como ele é, separado daquele que deve ouvi-lo, o apelo é misterioso. Essa é a razão por que ele dá lugar a múltiplos desprezos, na categoria dos quais se pode situar o conjunto das filosofias da consciência moral ou das filosofias morais em geral, com exceção da de Heidegger. Todavia, quando se trata para este último de precisar o conteúdo deste apelo da consciência moral, ele tampouco faz nada mais que propor como resposta sua própria filosofia. O conteúdo do apelo da consciência moral que o *Dasein* dirige a si mesmo sem sabê-lo é de algum modo sabê-lo, compreendê-lo e, assim, compreender-se a si mesmo em sua verdade: como *Dasein* lançado e entregue ao mundo para aí morrer. Tais são a obscuridade do apelo e a gratuidade da resposta quando, entre a Palavra e sua Escuta, se introduziu um Distanciamento primitivo, que os separa para sempre um do outro. Trata-se então, com efeito, de interpretá-los um pouco como se pode ou como se quer. Como quer que seja, a fenomenologia cedeu lugar à hermenêutica, a comentários em que, melhor dizendo, a hipóteses sem fim.

À constelação de relações que se organizam em torno da palavra pertence ainda esta: que a palavra se dirija a alguém que é suscetível de ouvi-la ou de escutá-la. É evidente que toda palavra se dirige a alguém. Mas, uma vez que esta relação da palavra com quem a ouve cessa de ser considerada um fato trivial, encontramo-nos diante de um problema fundamental, um dos mais difíceis de todos aqueles com que a filosofia se enfrenta. Que a palavra encontra alguém que seja capaz de ouvi-la, tal supõe uma afinidade essencial entre a natureza desta palavra e a natureza daquele que está destinado a ouvi-la. Ora, esta afinidade é muito mais que uma simples afinidade. Deve tratar-se de uma conveniência de princípio. No cristianismo, esta conveniência deixa de ser misteriosa. Ela nos é antes lançada em rosto como o que constitui nossa própria essência. A conveniência original entre a Palavra e aquele que deve encerrarem si a possibilidade de ouvi-la é a relação da Vida com o vivente. Tal relação consiste antes de tudo em que a Vida engendrou o vivente. Autoengendrando-se em sua Ipseidade essencial e engendrando nesta o vivente como um Si e como um eu transcendental, a Palavra de Vida engendrou, portanto, aquele a quem corresponderá ouvi-la. Esse que ouvirá a Palavra não preexiste a ela. Não há aqui, como no caso de um diálogo humano, interlocutor a esperar que lhe seja dirigida uma palavra. Ninguém está ali antes da Palavra, antes que ela fale. Mas, precisamente, a Palavra engendra aquele a que ela se destina. O apelo não encontra mas extrai do nada aquele que ele chama com seu formidável apelo que é o apelo a viver – um apelo ontológico na medida em que o ser tem sua essência da Vida e somente dela.

Ora, há algo a mais: engendrando aquele a que ela se dirige, e isso fazendo dele um vivente, a Palavra de Vida lhe conferiu em sua própria geração e de certa maneira antes mesmo de ele viver, no próprio processo pelo qual ele vinha à vida, em seu nascimento transcendental, a possibilidade de ouvi-la – a ela, que ele ouviu no primeiro estremecimento de sua própria vida, quando ele se experimentou a si mesmo pela primeira vez, a ela, cujo estreitamento consigo, cuja palavra a uniu a si mesma no próprio surgimento de seu Si e para sempre. Assim, a possibilidade de ouvir a Palavra da Vida é para cada vivente e para cada Si vivente contemporânea de seu nascimento, consubstancial à sua condição de Filho. Escuto para sempre o ruído de meu nascimento. O ruído de meu nascimento é o ruído da Vida, o infrangível silêncio em que a Palavra da Vida não cessa de me falar minha própria vida, no qual minha própria vida, se ouço a palavra que fala nela, não cessa de me falar a Palavra de Deus.

Pelo fato de que a possibilidade de ouvir a Palavra da Vida é consubstancial à minha condição de Filho, segue-se certo número de consequências. Esta consubstancialidade implica em primeiro lugar uma copertença essencial entre mim mesmo (eu transcendental vivente) e esta Palavra da Vida. Eu pertenço à Palavra de Vida enquanto sou engendrado em seu autoengendramento, autoafetado no que advém então como minha própria vida, em sua autoafecção própria, autorrevelada a mim mesmo em sua autorrevelação – em sua Palavra. É por isso que um abismo separa a Palavra divina da do mundo. Enquanto a palavra do mundo, diferente de tudo o que ela diz e faz ver na exterioridade do mundo, manifesta ao mesmo tempo sua total indiferença com respeito a tudo que ela torna manifesto desse modo – consubstancial, ao contrário, ao que ela revela, ao vivente que se autorrevela em sua autorrevelação a si –, a Palavra da Vida não cessa de estreitar em si aquele a quem ela fala. Em nenhum momento ela o deixa ir para fora dela, mas, retendo-o em si mesma, em sua imanência radical, como este Si vivente que ele é, ela não cessa de lhe falar enquanto ele se fala a si mesmo. Sua palavra não é feita de palavras perdidas no mundo e privadas de poder. Sua palavra é seu estreitamento, o estreitamento patético em que se retendo em si ela retém também aquele a que ela fala dando-lhe a vida – dando-lhe o estreitar-se neste estreitamento em que a Vida absoluta se estreita a si mesma. O estreitamento em que a Vida absoluta se retém a si mesma é seu amor, o amor infinito com que se ama a si mesma. Sua palavra é a do amor, a única afinal de contas que os homens angustiados de nosso tempo, no tédio do mundo, ainda desejam ouvir. Mas o que lhes diz esta palavra? Nada além dela mesma, nada além de sua própria vida – a indizível felicidade de se experimentar e de viver.

Do fato de que a possibilidade de ouvir a Palavra da Vida é consubstancial à condição de Filho, resulta outra consequência. Se compreendemos esta possibilidade dada a todo Si vivente de ouvir a Palavra da Vida como um chamado que esta palavra lhe dirige, então é o esquema segundo o qual interpretamos habitualmente o chamado, e, correlativamente, sua relação com uma eventual resposta, que se revela totalmente inadequado. E isso porque, uma vez mais, a palavra é compreendida como palavra do mundo, tanto no que concerne à palavra que dirige o chamado quanto a esta que deve responder a ele. Palavra que fala no mundo, o chamado que ela dirige é algo mundano, visível ou audível. E a palavra a que ele incumbe responder deve inicialmente ouvir este chamado, recebê-lo como algo que ela não pode receber a não ser abrindo-se ao mundo – neste Ouvir que é a abertura ao mundo como tal. É uma mediação, a mediação da exterioridade do mundo, o que liga o chamado e a resposta.

Desse modo, chamado e resposta são diferentes, exteriores um ao outro, separados um do outro nesta Diferença que é o mundo. Separada do chamado, a resposta deve voltar-se para ele a fim de ouvi-lo no mundo onde ele ressoa. Ela pode igualmente não fazê-lo, desviar-se dele, não ouvi-lo ou, de qualquer modo, não respondê-lo. A resposta é contingente com respeito ao chamado. Essa contingência, a possibilidade para a resposta de responder ou não responder, é o que se chama sua liberdade. Mas, como o vimos, é a estrutura da palavra do mundo, que fala falando no mundo e ouvindo o que ressoa no mundo, o que já e doravante separou chamado e resposta.

Na Palavra da Vida, ao contrário, a diferença entre a Palavra e o Ouvir, o chamado e a resposta, desapareceu. Porque o Ouvir em que ouço a Palavra da Vida é minha própria condição de Filho, minha própria vida engendrada no autoengendramento da Vida absoluta, razão por que este Ouvir não dispõe com respeito ao que ele ouve de nenhuma liberdade. Não é o Ouvir de um chamado a que o vivente teria permissão de responder ou não. Para responder ao chamado, para ouvi-lo numa escuta apropriada, mas também para desviar-se, é sempre tarde demais. A vida sempre, lançando-se em si, já nos lançou em nós mesmos, neste Si que não é semelhante a nenhum outro, que em nenhum momento escolheu ser este Si que ele é, e nem sequer ser algo como um Si. Nenhum vivente tem tempo livre para se subtrair à Parúsia da Revelação que a Vida lhe deu. Que ele se lembre dela ou a esqueça, tal não decorre de seu pensamento, não afeta em nada sua condição de vivente. A vida só tem uma palavra, esta palavra nunca volta atrás no que disse, e ninguém se furta a ela. Esta Parúsia sem memória nem falha da Palavra da Vida é nosso nascimento.

A significação radical da oposição entre a palavra do mundo e a Palavra da Vida se mede, ao fim e ao cabo, no cristianismo com um critério decisivo: o do agir. À luz desse critério, a palavra do mundo se caracteriza por sua impotência radical, precisamente a de produzir o agir correspondente ao que ela diz – mais radicalmente, a de produzir um agir qualquer. Esta impotência marca toda a ética da Lei, e é ela que motiva a passagem da Antiga à Nova Lei. Se a Antiga Lei deve ser não abolida mas cumprida, é pela razão muito simples mas decisiva de que ela não pode cumprir-se por si mesma. Não é seu conteúdo intrínseco, o de suas prescrições ou de suas proibições, que está inicialmente em questão; é o fato de que, desprovido em si mesmo da força capaz de produzir o agir correspondente à prescrição, o enunciado desta permanece uma representação do espírito que deixa inalterada a maneira de viver e de agir do crente. Esta constitui, todavia, a única coisa que importa, e isso porque viver e agir definem a realidade. Porque a Palavra da Vida trazem si o Agir primitivo, o processo eterno em que a vida não cessa de se engendrar a si mesma – porque, mais precisamente, enquanto autorrevelação deste Agir, ela é o hiper--Agir que conduz ao próprio agir na efetividade –, então, longe de se opor à realidade à maneira da palavra do mundo, a Palavra da Vida está ligada a ela. Este laço é tão estreito, que a Palavra da Vida não só contém a realidade, mas a produz de algum modo, na medida em que toda realidade, a do próprio Agir, pressupõe uma primeira revelação, a Arqui-Revelação da Vida e de sua Palavra.

Uma dificuldade já encontrada deve então ser reexaminada. Ela concerne às Escrituras consideradas como fundamento da revelação cristã. Esta revelação não se diz na Palavra que nós não cessamos de chamar a do mundo? As Escrituras não são compostas de palavras portadoras de significações? Se a palavra do mundo se caracteriza por sua impotência, esta não atinge as Escrituras em seu conjunto? Não é, além da Lei Antiga, também a Lei Nova, na medida em que também é formulada na linguagem que falam os homens, que se descobre incapaz de vencer o abismo que separa linguagem e realidade? Cristo não fala aos homens a própria linguagem deles? Não é nessa linguagem que é a deles que lhes revela a Verdade que ele lhes veio trazer? Que esta revelação seja enunciada na palavra do mundo, que ela assuma a forma de proposições e sentenças prisioneiras de seu universo de irrealidade, tal não torna inoperante a própria revelação cristã, as Escrituras como um todo?

Bastará aqui lembrar que o texto, no caso o texto das Escrituras, nunca constituiu o objeto de nossa pesquisa. E isso porque todo texto visa a um objeto ou, como se diz, tem um referente. Ora, não é o texto que nos dá acesso ao objeto a que ele se refere. É porque o objeto se mostra a nós que o texto pode referir-se a ele e, de maneira geral, pode a palavra falar dele. No caso da palavra do mundo, é a luz deste último que permite à palavra falar de tudo o que se mostra a ela, nesta luz precisamente. O que se mostra na luz de um mundo não se limita, em absoluto, às coisas materiais. Quando digo que num círculo todos os raios são iguais, que $2 + 3 = 5$, que a ciência permite o progresso, que o valor estético difere do valor moral, que se penso sou, desdobra-se a cada vez um horizonte de visibilidade para que, no clarão aberto por este horizonte, se mostre tudo o que acaba de ser dito. Não só o conteúdo visado em cada uma dessas proposições se mostra neste "lá fora" que se abre num "mundo", mas as próprias proposições que visam a esses diversos "conteúdos" não aparecem senão neste horizonte.

Opusemos radicalmente a palavra do mundo – cuja essência fenomenológica acabamos de lembrar aqui, o modo como ela fala fazendo ver num "mundo" – à Palavra da Vida, cujo poder de revelação se identifica com a autorrevelação da própria Vida. O que conduz a uma reflexão mais avançada sobre as Escrituras é captar a conexão essencial que se estabelece entre a Palavra do mundo e a Palavra da Vida e, desse modo, como é possível compreender a primeira graças à potência da segunda. Esta conexão entre as duas palavras, a falada pelos homens e a de Deus, são, com efeito, as Escrituras que no-la indicam. Ao mesmo tempo, elas nos indicam como as podemos compreender a elas mesmas, que espécie de Ouvir convém e conduz ao que elas querem dizer-nos.

As Escrituras dizem que somos Filhos de Deus. Dizendo isso, falam ao modo da palavra do mundo. Enunciam proposições que se referem a uma realidade diferente das próprias proposições, a um referente situado fora delas, a saber, esses Filhos de Deus com respeito aos quais afirmam que é isso o que somos, nossa condição. Relativamente à sua palavra mundana, este referente – a condição de Filho de Deus – lhes é exterior. Tanto quanto qualquer outra palavra humana, a palavra das Escrituras não tem o poder ontológico de pô-lo no ser, de fazê-lo existir. Elas dizem mas não podem provar que somos Filhos de Deus. Mas este referente que lhes é exterior e que elas não podem pôr na existência, é isso *mesmo o que somos, nós, os viventes* – viventes na vida, gerados na autogeração da Vida absoluta, autorrevelados em nosso Si transcendental na autorrevelação desta Vida absoluta, na Palavra de Deus. Dizendo: "Vós sois os Filhos", a palavra mundana das Escrituras desvia de si mesma e indica o lugar onde fala outra palavra. Ela cumpre o deslocamento que conduz para fora de sua própria palavra, a este outro lugar onde fala a Palavra da Vida.

Como não voltar então à analogia singular que se estabelece entre a palavra das Escrituras e a ética cristã – analogia indicativa, afinal de contas, de que as prescrições desta ética se inscrevem nas Escrituras, de que são parte integrante? Assim como, no caso da ética, o preceito prisioneiro de sua irrealidade cede lugar ao Mandamento de amor da Vida que desdobra em cada vivente sua essência patética, assim também a palavra das Escrituras remete à Palavra da Vida que fala a cada um sua própria vida, fazendo dele um vivente. E não é a palavra das Escrituras que nos permite ouvir a Palavra da Vida. É esta, engendrando-nos a cada instante, fazendo de nós Filhos, que revela, em sua própria verdade, a verdade que reconhece e de que dá testemunho a palavra das Escrituras. Aquele que escuta esta palavra das Escrituras sabe que ela diz a verdade *na medida em que autoescuta em si a Palavra que o institui na Vida.*

Que necessidade temos das Escrituras? Elas não estão aí para ser compreendidas posteriormente? Sua verdade não é reconhecida somente a partir de uma verdade que já trazemos em nós e que, em seu cumprimento prévio, no cumprimento desde sempre da Vida em nós, facilmente passaria sem elas? O que significa, todavia, "ser reconhecida posteriormente"? A tese filosófica que é acreditada desde Platão e segundo a qual a possibilidade de todo conhecimento – a possibilidade, por exemplo, de entender as Escrituras – não seria nunca senão um re-conhecimento que pressupõe o conhecimento em nós do não faríamos então, por essa razão, senão reencontrar, re-conhecer nas coisas – no caso, nas Escrituras –, essa tese não concerne à revelação cristã senão com a condição de sofrer uma modificação tão essencial, que se pode perguntar se é ainda do mesmo pensamento que se trata. Esta modificação, ou talvez esta subversão, mede o abismo que separa o pensamento grego das intuições cristãs.

Se é um conhecimento prévio em nós que torna possível o conhecimento efetivo de tudo o que podemos captar – o qual é portanto uma reminiscência desse conhecimento primeiro –, tudo depende então da natureza deste. Não basta pois avançar, segundo o esquema platônico, que só a contemplação atemporal das Ideias que são os arquétipos das coisas nos permite conhecer estas, reconhecendo-as pelo que são – assim como Descartes o afirma ainda em suas famosas *Meditações*, fazendo da ideia de homem que trago em mim a condição que me permite tomar por homens esses chapéus e esses sobretudos que vejo de minha janela passar na rua.[3] O que importa em primeiríssimo lugar é antes a natureza

---

[3] *Segunda Meditação.* In: A.-T. IX, 25.

deste conhecimento primitivo que está em mim e cuja reminiscência tornará possível todo conhecimento ulterior em forma de re-conhecimento. O que está em questão ao mesmo tempo é a natureza do re-conhecimento. É ele da mesma ordem que o conhecimento primitivo? Que ele seja sua reminiscência, isso significa que se refere intencionalmente a ele numa lembrança, isto é, num pensamento? O próprio conhecimento primitivo é um pensamento, um ver? Um e outro, um ou outro, se desdobram na verdade do mundo? O que quer dizer, enfim, o "em mim" do conhecimento primitivo – deste conhecimento de que devo, com efeito, dispor de algum modo, para poder conhecer a partir dele, apoiando-me nele, tudo o que conhecerei e serei capaz de conhecer?

No cristianismo, o conhecimento primitivo – notadamente aquele que nos permite reconhecer a verdade das Escrituras –, é a condição de Filho. Não sou portanto eu, o ego, que seria capaz enquanto ego, por meu pensamento próprio ou minha vontade própria, de re-conhecer que as Escrituras são verdadeiras. Não sou eu que decidiria que esta voz é a voz do anjo ou de Cristo: mas apenas em mim a Palavra da Vida. É somente porque sou o Filho gerado a cada instante na autogeração da Vida, autorrevelado em sua autorrevelação que é sua Palavra, que esta, a Palavra da Vida, pode dizer-me, com efeito, que sou este Filho e, desse modo, que o que dizem as Escrituras, a saber, que eu sou Filho, é verdadeiro. A natureza do conhecimento primitivo tal como a concebe o cristianismo escapa assim a todo e qualquer equívoco: é a autorrevelação da vida. É precisamente porque ela é a autorrevelação da vida em que sou autorrevelado que eu a trago em mim como este conhecimento primitivo que me permite re-conhecer tudo o que eu conheceria a partir dela. Ao mesmo tempo, é a natureza do re-conhecimento que se encontra determinada. Não é precisamente o modo de manifestação em que re-conheço os Arquétipos das coisas e, assim, essas coisas pelo que elas são, não é o Ver primitivo em que contemplei essas Ideias uma primeira vez – não é um Ver, não é a verdade do mundo.

É pateticamente, dando-me a mim no estreitamento em que ela se dá a si mesma, que a Vida me concedeu experimentar que sou Filho, e só esta prova patética, na medida em que se cumpre em mim, me permite reconhecer a verdade dita pelas Escrituras na palavra que elas dirigem aos homens: que eu sou Filho.

Permanece uma dúvida. Se por minha condição de Filho experimento esta condição de modo tal que não é possível ser de outra maneira, de que serve o dizer numa palavra de homem, dirigida a homens, a esses indivíduos empíricos perdidos no mundo e que eu, Filho transcendental da Vida, não sou? De que servem, outra vez, as Escrituras? Esta questão foi longamente respondida. É o esquecimento pelo homem de sua condição de Filho o que motivou a promessa e a vinda de um Messias, o conjunto de suas palavras e de seus atos, em suma, o conteúdo a que se refere o texto do Antigo e do Novo Testamento. É precisamente, dir-se-á, porque o homem esqueceu sua condição de Filho que há necessidade de as Escrituras lembrá-lo disso. Mas como pode o homem ouvir as Escrituras, escutar sua palavra, saber se que o dizem é verdadeiro? Na medida em que fala nele a Palavra da Vida. Mas esta Palavra da Vida, como o homem a ouve por sua vez? Ele não a esquece constantemente, ainda que ela não cesse de falar nele, de instituí-lo na vida?

O esquecimento pelo homem de sua condição de Filho não decorre somente da Preocupação com o mundo em que ele não cessa de se investir. É, como vimos, a essência fenomenológica da Vida que faz dela o maior Esquecimento, o Imemorial a que nenhum pensamento conduz. Pelo Esquecimento que define seu estatuto fenomenológico, a vida é ambígua. A vida é o que se sabe sem o saber. Que ela o saiba de repente não é acessório nem sobre acrescentado. O saber pelo qual um dia a vida sabe o que desde sempre ela sabia sem sabê-lo não é de outra ordem que o saber da própria vida: é uma alteração patética em que a vida experimenta sua autoafecção como a autoafecção da Vida absoluta. Esta possibilidade sempre aberta na vida, para que ela experimente subitamente sua autoafecção como a da Vida absoluta, é o que faz dela um Devir. Mas quando então essa alteração emocional que abre o vivente à sua própria essência se produz e por quê? Ninguém o sabe. A abertura emocional do vivente à sua própria essência só pode nascer do querer da própria vida, como esse re-nascimento que lhe concede experimentar subitamente seu nascimento eterno. O Espírito sopra onde quer.

Permanecem, todavia, as Escrituras, como a possibilidade sempre oferecida do Devir principial em que consiste toda rege(ne)ração concebível. Que a emoção sem limites em que a autoafecção de cada vivente se experimenta como a da Vida absoluta nele e, assim, como sua própria essência – como esta essência da vida que é também a sua –, que tal emoção enquanto Revelação de sua própria essência advenha àquele que lê as Escrituras e na medida em que estas não lhe dizem nada além de sua condição de Filho, não há nada nisso de espantoso, uma vez que esta condição de Filho é precisamente a sua e que, assim, *a condição da Fé está sempre posta*. Somente o deus pode fazer-nos crer nele, mas ele habita nossa própria carne.

Capítulo XIII

O cristianismo e o mundo

A objeção maior dirigida ao cristianismo em épocas diferentes e de múltiplas formas é a de desviar o homem deste mundo que constitui o único mundo real, tangível e, por essa razão, a morada verdadeira dos que o habitam efetivamente, os "habitantes deste mundo" – nós os homens. O "mundo": este mundo aqui – a Terra, com seus elementos, seus horizontes, sua temporalidade, suas leis – tudo o que traça o círculo das possibilidades concretas que definem a "existência humana". E que delimitam ao mesmo tempo sua finitude. Pois é neste mundo, apoiando-se nele e moldados por ele, que tomam forma e consistência todos os projetos e ações que é dado ao homem empreender, os itinerários que ele deve seguir, o tempo exigido por seu percurso, o conjunto de disposições por observar, a soma dos esforços por envidar. Sem dúvida essas condições mudam constantemente, o saber e a técnica não cessam de fazê-las evoluir. Mas essas mudanças e essa evolução se fazem a partir de um dado prévio sobre o qual só se pode agir na medida em que se age a partir dele. Esse antecedente incontornável de todas as modificações e de todas as invenções possíveis – possíveis a partir dele e desse modo somente – é precisamente o mundo. Este mundo que, portanto, é o horizonte imprescritível de todos os comportamentos e de todas as ambições humanas.

Desviar o homem deste mundo que constitui sua morada verdadeira e, literalmente, o solo e o ponto de apoio de todos os seus deslocamentos e de todas as suas atividades é lançá-lo no imaginário. Tal é o reproche: a invenção de outro mundo fantástico ou, melhor dizendo, fantasmático, esse lugar de satisfação imaginária de todos os desejos e de todas as aspirações que o homem não pôde realizar aqui embaixo – o "além" que este aqui embaixo reclama como o complemento indispensável de todas as faltas e de todas as frustrações. Que a incapacidade de obter, por uma transformação efetiva da realidade e portanto pelo trabalho, a satisfação das múltiplas pulsões interiores ao ser humano conduz para fora da realidade, temos disso ao menos dois exemplos e, assim, duas provas. A primeira é fornecida pelo curso ordinário da existência individual: nesta, a parte do sonho mede a das aspirações não satisfeitas, isto é, ao fim e ao cabo, dos esforços diante de que o indivíduo recuou. Do que o desejo não pôde obter efetivamente, ele forma ao menos uma imagem. Mas existem aspirações a que nenhum trabalho de nenhum tipo dá resposta. É aqui que a "realidade" deixa ver sua verdadeira natureza: isso contra o que nada se pode, o que desafia toda espécie de agir que queira modificá-la ou negá-la. Assim, o luto por uma pessoa querida – mais geralmente a morte. O único "trabalho" é aqui a aceitação da realidade, no caso o desaparecimento da pessoa amada – a aceitação de um mundo cuja finitude é precisamente a morte.

E eis o segundo exemplo desse processo em que a incapacidade de satisfazer o desejo conduz à fabulação de um além: o cristianismo. O que está aqui em questão, há que vê-lo muito claramente, é a concepção prévia da realidade. Sendo esta compreendida como o mundo, inevitavelmente então se eleva contra o cristianismo a crítica, que se quer decisiva, de "fugir" da realidade. Que essa fuga desemboque na construção de um "ouro mundo" mentiroso não é mais que uma consequência. Poder-se-ia também conceber outras fugas. A própria ideia da "fuga" não é primeira. O que se encontra na origem de todo esse processo é o desconhecimento da realidade em si mesma. A recusa ou a incapacidade de reconhecer sua verdadeira essência – a saber, o mundo tal como se dá a nós e, assim, tal como é. Se assim é, este desconhecimento não conduz primeiro e necessariamente para fora do mundo, mas se manifesta no interior do próprio mundo por uma série de contradições.

A mais significativa consiste na tentativa de edificar uma realidade nova, um novo Reino, desconhecendo as condições da realidade. Tal tentativa não pode senão desembocar no desaparecimento de toda efetividade, num puro "vazio" – e esse lugar vazio, estranho à realidade, é o Céu do cristianismo.

É impressionante que tal crítica tenha sido notadamente dirigida ao cristianismo na época do romantismo, quando a figura de Cristo exerça em muitos pensadores um fascínio todo particular. No jovem Hegel, a crítica o leva ao fascínio. O que é reprochado a Cristo é o opor constantemente o invisível ao visível, de modo que a realidade é quebrada e, prisioneiros dessa oposição, os indivíduos não podem senão levar uma vida dilacerada. Por um lado, Cristo pretende fundar-se exclusivamente sobre o primeiro desses termos, o amor puro e infinito de Deus, rejeitando tudo o que não seja ele, tudo o que tenha aspecto do mundo. É preciso, por conseguinte, renunciar a muitas coisas, à relação dos indivíduos com a sociedade onde eles vivem, à sua relação com a organização política – o Estado judeu –, mas também às múltiplas relações que eles mantêm entre si na atividade social, a todas as manifestações exteriores da vida. "Um grande número de relações efetivas, de relações vivasse encontraram perdidas."[1] O destino do cristianismo é antes de tudo o de toda forma histórica que pretenda desenvolver-se desconhecendo ou rejeitando uma parte essencial da realidade e que, tropeçando sem cessar nesta, não pode, no conflito permanente, mais que tomar a via do declínio e do desaparecimento. Esse destino trágico daquele que já não tem sua afirmação de si mesmo senão de sua oposição ao mundo, isto é, à realidade – daquele que não é mais que o "Oposto ao mundo"–, é o de Cristo. O jovem Hegel o pensa e o descreve como se segue: "Pois o que ele via em Deus eram seus próprios choques contínuos contra o mundo, sua fuga diante do mundo; ele não tinha necessidade senão do Ser oposto ao mundo, no qual sua própria oposição ao mundo se encontrava fundada".

---

[1] G. W. F. Hegel, *L'Esprit du Christianisme et Son Destin*. Paris, Vrin, 1948, p. 107.

Mas há mais. Com o cristianismo, a realidade não está apenas cindida entre o "aqui embaixo" e o "além". Se este que se opõe ao mundo vem inexoravelmente quebrar-se contra ele e, nesse combate sempre perdido, deve confessar sua impotência, é porque este mundo mau é a realidade, não uma parte desta, mas a única realidade efetiva, enquanto aquela que se lhe opõe e em nome da qual se crê poder condená-lo não é mais que um Céu vazio. O que Cristo ensina é a pureza do coração, é um amor interior sem limites. Mas o que é um amor que não se "realiza", que não age? Realizar-se, agir não é enfrentar o mundo, não mantendo com ele uma oposição exterior e formal, *mas transformando-o?* Transformar o mundo, fazer advir nele uma modificação real, é reconhecer suas leis, utilizá-las, produzir graças a elas uma mudança que se apresenta sempre em forma de determinação objetiva, como esta realidade efetiva particular que resulta a cada vez de uma ação ela mesma particular e que todo o mundo pode ver, que está aí para todos e para cada um. À vida "não cumprida", o jovem Hegel opõe a "vida cumprida", aquela cujo cumprimento consiste nesta multiplicidade de atividades concretas que compõem a trama infinitamente rica e variada do mundo dos homens. Fora dessa riqueza e dessa variedade objetiva, não há senão uma subjetividade vazia. Mas a objetividade era para Cristo "o maior inimigo".[2] É por isso que a recusa da determinação objetiva tinha de levar o cristianismo a um "amorfismo" privado de conteúdo. Desviando-se do mundo a exemplo de Cristo, o discípulo não perde somente as ricas formas concretas da vida. O que lhe é proposto, em contrapartida dessa "renúncia", não é literalmente nada senão esta representação absolutamente vazia de um Céu imaginário.

É preciso fazer observar a repercussão de tal crítica? O conjunto do sistema hegeliano a reproduz constantemente em si de diversas formas, a mais célebre das quais é sem dúvida a da "bela alma". Incapaz de sair de si, de enfrentar o mundo e de agir verdadeiramente, a

---

[2] Ibidem, respectivamente, p. 114, 149 nota b, 110-11.

bela alma não pode senão recolher-se nesta pureza interior e, "nesta pureza transparente, desvanecer como uma fumaça sem forma que se dissolve no ar".[3] Tal crítica não se encontra somente em numerosos contemporâneos de Hegel, mas vai inspirar uma das posições mais incisivas do marxismo. Já não se trata de sonhar com alguma perfeição interior que repouse sobre si, e nem sequer de projetar o quadro de um sistema harmonioso de ações em que essa perfeição seja possível. Nada se pode fazer no homem, nenhuma mudança suscetível de afetar seu ser real, que não pressuponha como sua condição uma mudança real do próprio mundo – mundo cuja verdadeira essência não é antes de tudo natural, mas social. Esta é uma proposição frequentemente citada pelo jovem Marx: "Os filósofos não fizeram mais que interpretar o mundo de modo diferente; o que importa é transformá-lo" (*Nona Tese sobre Feuerbach*).

Pelo viés do marxismo, a crítica cuja origem acabamos de lembrar rompeu o círculo estreito da filosofia para se tornar um dos lugares-comuns da ideologia moderna. No que concerne ao problema que nos ocupa, esta apresenta os seguintes aspectos: a rejeição de todo "além", definitivamente assimilado a um imaginário ilusório; uma atenção e um interesse votados exclusivamente a este mundo, cujo conhecimento é o único que importa. Ora, este interesse não é somente teórico, mas prático. Se as ilusões metafísicas devem ser afastadas e o conhecimento tornado científico deve voltar-se para o universo objetivo, é precisamente porque já não se trata de assegurar a salvação no "Céu", mas de transformar o mundo. Os ideais científicos e éticos se deslocam ao mesmo tempo. As mentalidades não fazem senão exprimir esse deslocamento. Se no século XX, num país como a França, grande número de cristãos perdeu a fé, é porque esta fé era uma fé no "além". O que devia tomar seu lugar, naturalmente, era a transformação efetiva deste mundo, a adesão às forças que tomavam esta via. Os ideais éticos do cristianismo – o amor aos outros, a solidariedade, a generosidade, a justiça, etc. –

---

[3] G. W. F. Hegel, *Phénomenologie de l'Esprit*, op. cit., II, p. 189.

podiam ser conservados, e na verdade o foram: tratava-se precisamente de realizá-los. O que era censurado ao cristianismo, afinal, não era pois sua moral, mas seu moralismo. Não eram seus ideais, era, projetando-os para um céu vazio, reduzi-los a votos piedosos, em vez de fazê-los entrar dia após dia, através de lutas e contradições, na difícil história dos homens. Gerações inteiras repetiram esse catecismo. Mas a crítica ultrapassa nosso tempo. Porque se enraíza no coração das coisas, ela reencontra temas antigos: "É preciso cultivar nosso jardim", "Não aspires, ó minha alma, à imortalidade, mas esgota o poder de viver", etc.

Reportadas às intuições fundadoras do cristianismo, que valem essas críticas? De que "evidência" podem elas valer-se? Para voltar antes de tudo ao jovem Hegel, é completamente inexato pretender que o cristianismo tenha cindido a realidade nos dois reinos do visível e do invisível e, ao mesmo tempo, tenha mergulhado a existência humana no dilaceramento. Tais afirmações, com as consequências "críticas" que acabamos de lembrar, testemunham somente uma incompreensão absoluta com respeito ao "espírito do cristianismo" e à tese decisiva que o sustenta. Esta tese: só existe uma realidade, única, a da Vida. É precisamente porque a vida é invisível que a realidade é invisível. Invisível, portanto, não um domínio particular desta, uma forma particular de vida, mas toda vida possível, toda realidade concebível. Invisível não no sentido desse lugar imaginário e vazio que se diz ser o Céu. Invisível no sentido do que – como a fome, o frio, o sofrimento, o prazer, a angústia, o tédio, a dor, a embriaguez – se experimenta a si mesmo invencivelmente, fora do mundo, independentemente de todo ver. E que, experimentando-se a si mesmo em seu estreitamente invencível, é incontestável. Seria vivente e, assim, "real" ainda que não houvesse nada mais, *ainda que* não houvesse nenhum mundo (segundo o próprio argumento invencível de Descartes). Não se trata, portanto, de oposição entre o visível e o invisível, entre duas formas de realidade. No cristianismo nada se opõe à realidade, não há nada além da vida.

A segunda crítica passa os limites da incompreensão e confina com o absurdo. A atitude que Cristo não cessou de denunciar com empenho é imputada ao cristianismo. O bom samaritano se abandonava aos sonhos vaporosos de sua bela alma quando se inclinou sobre o homem coberto de sangue para socorrê-lo e cuidar dele, quando o levou à estalagem, quando voltou ali para pagar a conta e assegurar-se de sua cura? As sete obras de misericórdia corporal nos conduzem para fora deste mundo? Quem então nos tempos da barbárie, na Idade Média, por exemplo, construía os primeiros hospitais? Quem secava os pântanos, difundia as técnicas da agricultura, da criação de gado? Quem liberava o ensino em todos os domínios? As sete obras de misericórdia espiritual eram menos exigentes? Quem então ensinou um homem a deixar outro passar à frente? A ética cristã *inteira* não opera o deslocamento da ordem das palavras e das declarações piedosas para a do agir? O que tal deslocamento tem de decisivo não é a pressuposição da irrealidade da palavra e do puro pensamento, sua assimilação ao lugar vazio e quase imaginário das veleidades não cumpridas, das intenções não seguidas de efeitos – ao passo que a realidade se encontra confiada sem equívoco ao agir e somente a ele? Antes de tachar o cristianismo de moralista e de lhe dirigir a censura de desviar o homem da ação e da realidade, *convém perguntar-se sobre as condições que permitiram que tal censura viesse à luz e visasse uma doutrina que não reconhece como verdadeiro e verídico senão o real, e como real senão agir.*

Essas condições não são nada além do conjunto das pressuposições que compõem a verdade do mundo. Que estas estendam seu reino à quase totalidade do desenvolvimento do pensamento ocidental a ponto de determiná-lo quase inteiramente, tal não basta em absoluto para estabelecer sua validade. E menos ainda porque a suspeita não pode deixar aparecer que se trata da simples formulação de um preconceito de senso comum. Que há de mais imediatamente evidente do que isto: a realidade é o que nós vemos? O agir não escapa a esta regra. A modificação que ele produz é, ela mesma, algo que se pode ver, é uma "transformação do mundo". O círculo implicado nesta série de "evidências" se deixa, todavia, reconhecer quando perguntamos: que é uma evidência, de que fenômeno se trata aqui? É evidente o que se mostra a nós, o que se pode ver, com os olhos do corpo ou os do espírito. O que se mostra a nós, o que se pode ver, o que é visto ou pode tornar-se visível: no horizonte de visibilidade do mundo, em sua verdade. Assim, a verdade do mundo é a pressuposição – oculta ou consciente – de todas as teses que identificam a realidade, a do agir notadamente, com esta verdade, com o próprio mundo. Do ponto de vista filosófico, extraordinária originalidade do cristianismo era perceber este círculo e pô-lo radicalmente em questão.

A propósito do agir justamente. Pois não basta preconizar a ação e denunciar os bons sentimentos e as declarações vazias, denúncia a que cada um facilmente se somará. *O que está em questão são as condições de uma ação efetiva e real e, assim, as condições da própria realidade.* As condições de uma ação efetiva não são as circunstâncias em que tal ação é suscetível de se produzir. Como quando dizemos, por exemplo: a criança devia ser bastante alta para alcançar a maçaneta da janela, sem o que ela não teria podido abri-la. Ou ainda: as classes operárias não tinham alcançado um grau suficiente de maturidade para adquirir uma visão clara das forças presentes e organizar-se em consequência. Tais condições não passam ainda de condições exteriores, contingentes e variáveis da ação; são condições históricas. Elas definem uma situação mais ou menos complexa, mas particular, na qual se pode considerar que esta ou aquela ação, ela mesma particular, teria ou não oportunidade ser bem-sucedida. Não remontam de modo algum à possibilidade última e essencial do que faz que, em cada um desses casos, algo como um "agir" seja possível – que a criança *possa esticar o braço* até a maçaneta, ou os homens *tomar* armas e *correr* para as barricadas. Longe de elucidar a possibilidade interna do agir, as teorias mundanas da ação a pressupõem simplesmente sem nem sequer percebê-la a título de problemática.

É precisamente esta possibilidade interior e última do agir o que o cristianismo capta. *E ele a captou nesse nível de profundidade em que ela é identicamente a possibilidade do próprio ego.* É enquanto é um ego transcendental, esse Eu Posso fundamental cuja gênese descrevemos, que o homem é capaz de agir – de modo algum enquanto indivíduo empírico, enquanto homem pertencente ao mundo. Essa é a razão por que seu agir tampouco é um agir mundano, um processo objetivo, mas o agir deste ego transcendental, deste único Eu Posso que pode agir. Ora, o cristianismo prosseguiu a análise desta possibilidade interior e última do agir até o Fundo. A gênese do Eu Posso fundamental que eu sou e que é o único que pode agir é o nascimento transcendental do ego. A análise do nascimento do ego mostrou que cada um dos poderes que compõem o ser deste ego – pegar, caminhar, correr, mas também pensar, imaginar, etc. – só é possível quando dado a ele mesmo, posto assim em posse de si mesmo e capaz por conseguinte de se exercer. Mas esta doação a si de cada um de nossos poderes como antecedente indispensável a seu exercício reside na doação a si do ego, a qual reside na doação a si da Vida absoluta e não se cumpre em nenhum outro lugar. É assim que o ato mais simples, pressupondo em si a autodoação da Vida, a qual não é nada além de sua autorrevelação – cada ato, mesmo, pois, o mais humilde, traz em si esta autorrevelação da Vida absoluta, o Olho onividente de Deus, como dizíamos – de modo que ele se cumpre "diante de Deus".

É aqui que as teses que situam a ação no mundo se mostram superficiais. Não só elas são incapazes de dar conta do aspecto metafísico-religioso, digamos "dostoievskiano", dos atos humanos, do "Julgamento" que parece vincular-se invencivelmente a cada um deles. No próprio plano filosófico elas são impotentes para distinguir o agir humano de um simples deslocamento objetivo, de um processo natural. E isso porque, contentando-se com respeito a este último com uma simples constatação, não estão em condições de remontar a esta possibilidade interna do agir sem a qual, todavia, nenhuma ação poderia produzir-se. Assim como elas não podem dar conta do fato, todavia essencial, de que toda ação está ligada a um indivíduo que é seu agente. Ao mesmo tempo que a possibilidade da ação, é a do "Eu" do "Eu Posso" a partir do qual esta sempre se produz enquanto ação por natureza individual o que lhes escapa.

Ora, o cristianismo não se opõe somente às descrições superficiais que tomam o agir por um acontecimento do mundo. A partir de suas intuições, é perfeitamente possível compreender porque tais descrições são inevitáveis, produzindo-se e sendo recebidas em todas as partes como expressões fiéis do fenômeno da ação. O cristianismo, com efeito, não desconhece, de modo algum, a verdade do mundo, esse modo de aparecer que descrevemos longamente e que, enquanto modo efetivo de aparecimento, é incontestável. Ele apenas lhe circunscreve o alcance, recusando a esse modo de aparecimento o poder de exibir em si a realidade – notadamente a realidade do agir. É assim que, no mundo, o agir só aparece em forma de comportamento exterior que deixa escapar sua realidade, que está contida na vida. Assim, a duplicidade do aparecer explicava porque o agir humano se manifesta de duas formas diferentes, das quais somente uma contém a realidade deste agir, enquanto a outra, o comportamento exterior do jejum, por exemplo, não passa de um envoltório vazio.

Mas a impiedosa denúncia de aparência ética remete às intuições fenomenológicas que definem a cisão entre realidade e ilusão. Ao desdobramento do agir entre o agir verdadeiro e o comportamento falacioso, corresponde o desdobramento do corpo. Por um lado *o corpo na verdade do mundo,* o que os homens tomam por corpo real e, para dizer a verdade, pelo único corpo real, aquele que se pode ver, com efeito, no mundo, o corpo visível, o corpo-objeto assimilável a todos os objetos do universo e que partilha a essência deste último, a de uma coisa extensa: *res extensa.* Por outro lado *o corpo na Verdade da Vida,* o corpo invisível, o corpo vivente. De modo que, segundo a definição fenomenológica da verdade como vida e como idêntica à realidade, é o corpo invisível que é real, enquanto o corpo visível não passa de sua representação exterior.

Este novo paradoxo cristão pode ser estabelecido filosoficamente. Pois o corpo que é visto pressupõe um corpo que o veja, um poder de visão – que não pode exercer-se senão quando posto em posse de si, dado a ele mesmo na autodoação da Vida absoluta. Assim, há uma gênese transcendental do corpo real na vida, a qual, enquanto gênese transcendental do Eu Posso e assim de todo poder concebível, não é diferente do nascimento transcendental do ego. Com a concentração de toda forma de poder na vida e, mais ainda, com a identificação da geração deste poder com a autogeração da própria Vida absoluta, é globalmente o todo da realidade que se encontra reconduzido a seu lugar de origem, à própria vida invisível e a seu hiperpoder. Longe de o invisível designar o lugar vazio de um céu ilusório, é nele que se edifica todo poder concebível e, assim, toda efetividade tributária de um poder. É nele que toma literalmente corpo todo corpo concebível e toda forma de realidade. As objeções que censuram ao cristianismo sua fuga da realidade ignoram a essência desta.

Mas então, dir-se-á, se a realidade se concentra na vida transcendental a ponto de se identificar com ela e de não se fazer sentir senão em seu *páthos* invisível, não é por conseguinte este mundo que é vazio? A inversão radical dos conceitos relativos à realidade operada pelo cristianismo não vai até voltar-se contra ele mesmo? Já não se pode censurar ao cristianismo uma fuga da realidade se a realidade reside na vida, se o corpo real é o corpo vivente – não este objeto visível que uma tradição ingênua toma desde sempre por nosso corpo verdadeiro. Mas não é o visível inteiro que, despojado de sua pretensão de exibir em si a realidade, toda realidade concebível, se encontra agora relegado ao domínio das sombras? Que fazer do mundo reduzido a um falacioso jogo de aparências? Que fazer nele, que já não é nada? O reproche dirigido nos tempos modernos ao cristianismo pelos pensamentos pós-hegelianos quase não se deslocou e, de certo modo, permanece válido. Fuga da realidade, o cristianismo não o é certamente, se toda realidade se encontra na vida invisível. Mas fuga do mundo mais que nunca se, privado de realidade, o mundo, este mundo é entregue à aparência. O cristianismo, Cristo menos que nunca cai sob a crítica de Hegel: não é ele em todo caso – possa ou não identificar-se com a realidade – o "Oposto do mundo"?

É aqui que é preciso dizer um pouco mais sobre este último, se se quer compreender como, *longe de nos desviar do mundo, o cristianismo constitui, ao contrário, a via de acesso que conduz ao que é real nele – à única realidade*. Lembremos nossas análises preliminares sobre a verdade do mundo. Elas tinham mostrado como esta Verdade se desdobra entre o aparecer do mundo e o que aparece nele. O aparecer do mundo, por um lado: seu "lá fora", este horizonte de visibilidade em que todas as coisas do mundo se mostram a nós. O que aparece nele, por outro lado: todas as coisas que, mostrando-se nele, constituem o "conteúdo" deste mundo. Ora, é *este conteúdo do mundo o que constitui sua realidade*. Tal conteúdo é duplo: social, natural.[4] É o conteúdo social que é o mais importante. Concentremos a atenção nele.

Trata-se do conjunto das atividades concretas pelas quais os homens produzem constantemente a totalidade dos bens necessários à sua existência. Ora, basta interrogar-se sobre a natureza dessas atividades para que a definição mundana da realidade exiba de uma vez sua vacuidade. Sem dúvida todas essas atividades que formam o conteúdo da sociedade aparecem no mundo. É neste mundo que podemos vê-las e, cremos, reconhecê-las e descrevê-las. Mas, enquanto nos limitamos a vê-las, não fazemos nada. Se, situado nas arquibancadas de um estádio, olho um corredor que tenta bater um recorde, eu próprio não corro. A manifestação da corrida no "lá fora" do mundo é totalmente estranha à realidade da corrida. A realidade da corrida

---

[4] Uma reflexão sobre o conteúdo natural do mundo mostraria que, pelo viés da sensibilidade, também este conteúdo remete à vida.

não se situa em nenhuma parte além do corpo vivente daquele que corre, no Eu Posso fundamental do ego transcendental que desdobra seus poderes na medida em que está em posse deles, sendo cada um desses poderes dado a ele próprio na autodoação deste ego, que por sua vez é dado a ele na autodoação da vida. Todas as atividades que constituem o conteúdo da sociedade – a práxis social – têm por essência o agir. É desta essência que elas têm suas propriedades e inicialmente sua possibilidade. Têm suas propriedades e sua possibilidade da essência da Vida, e dela somente. Se é o conjunto das atividades humanas o que constitui o conteúdo do mundo, o que aparece nele, sua realidade, então é preciso dizer: o que parece no mundo não deve nada ao aparecer do mundo. O conteúdo do mundo não deve nada à sua verdade. Desviando-nos da verdade do mundo, o cristianismo não nos desvia de sua realidade, muito pelo contrário: ele nos indica o lugar onde está esta e nos reconduz a ela. É esta tese decisiva, para o cristianismo, para o mundo, para nós mesmos, que se trata de estabelecer. Nós o faremos sobre dois exemplos cruciais na medida em que põem em causa a realidade deste mundo: aquele do que se chama "economia", que constitui o substrato de toda sociedade; aquele da relação como outro, sem a qual tampouco há mundo social.

Por "economia" entendem-se habitualmente duas coisas: por um lado, um domínio particular da realidade, com seus fenômenos específicos e suas leis; por outro lado, certa ciência que se define, como toda ciência, pelo que ela retém e isola no todo aquilo de que ela fará seu objeto de estudo. O domínio particular da realidade designado sob o título de "realidade econômica" é o do trabalho social e dos fenômenos que lhe estão ligados, o salário, a mercadoria, o valor, o dinheiro, o capital em suas diversas formas, etc. Quanto à ciência que tem por objeto esta "realidade econômica" em seus aspectos diversos, nós lhe chamamos "economia política", ou ainda, mais simplesmente mas de maneira anfibológica, "economia".

A fim de estabelecer a pertinência dos conceitos fundamentais do cristianismo relativamente ao "conteúdo" do mundo e à sua realidade, referir-nos-emos à análise de Marx, um dos maiores pensadores de todos os tempos, o único a ter lançado sobre a sociedade e sua economia um olhar transcendental suscetível de produzir o princípio de sua inteligibilidade. Conforme ao desdobramento do conceito de economia, a crítica de Marx é dupla. É, por um lado, uma crítica da "economia política", isto é, dessa ciência que tematiza os fenômenos econômicos e suas leis. Esta crítica é radical na medida em que, além de pôr em questão certas teses da escola inglesa, de Smith e de Ricardo notadamente, ela tem por alvo a economia política em geral, a própria possibilidade de uma ciência como a economia. Ora, esta crítica da possibilidade de uma ciência econômica só é radical porque ela é antes de tudo uma crítica da própria realidade econômica.

O que pode significar uma crítica da realidade econômica? O fato de que, contrariamente à ilusão dos economistas, à qual Marx dá o nome de fetichismo ou ainda de materialismo econômico, não há realidade econômica no sentido em que se fala de realidade como de algo que existe por si mesmo e de certo modo desde sempre. O trabalho, todavia, o salário pago em troca desse trabalho, os bens de consumo produzidos por ele, o dinheiro que resulta, ele também, desse trabalho, as trocas, a atividade industrial, comercial, financeira em geral, tudo isso não é bastante real, não constitui precisamente, por um lado evidente, o "conteúdo" desse mundo? É aqui que as intuições decisivas do cristianismo fazem balançar esse sistema de evidências. Por trás de todas essas atividades consideradas "econômicas" e "sociais", o que age é, como acabamos de lembrar, o ego transcendental de que cada poder é dado a ele mesmo na doação a ele desse ego; de tal modo, que ele é esse Eu Posso fundamental, o único capaz de caminhar, bater, levantar – de cumprir cada um desses atos implicado em cada forma de trabalho. Porque ele não é dado a ele mesmo senão na autodoação da vida, este Eu Posso é vivente e só existe como tal. Tendo sua possibilidade da vida, tem dela todos os seus caracteres; é vivente e como tal invisível, subjetivo, individual, real. Entre esses numerosos caracteres essenciais decorrentes da essência do agir, não se encontra nenhum índice econômico. Caminhar, pegar, levar, bater e mesmo correr, cantar, etc., essas atividades que são todas, a mesmo título, modos de agir, não são em si mesmas nada econômico. O trabalho, portanto, na medida em que consiste em tais atos, não é em si mesmo nada econômico.

Tal é a intuição abissal de Marx. O que é reprochado à escola inglesa, a toda ciência econômica, é ter falado do trabalho de início como de uma realidade econômica, sem ver que há aí uma questão prévia de que tudo depende. A esse trabalho considerado ingenuamente como algo econômico em si mesmo, e isso tanto pelos economistas do século XIX como pelos de hoje, Marx opõe o trabalho "real", cujas determinações fenomenológicas originárias essenciais ele ao mesmo tempo afirma: trabalho "subjetivo", "individual", "vivo". Assim, o trabalho é compreendido como modo do agir e referido sem equívoco à essência deste, à vida. Se é o trabalho e, mais precisamente ainda, o conjunto das atividades humanas o que constitui o conteúdo do mundo, sua realidade, então se deve dizer, com efeito: a realidade do mundo não tem nada que ver com sua verdade, com seu modo de mostrar, com o lá fora" de um horizonte, com uma objetividade qualquer. A realidade que constitui o conteúdo do mundo é a vida. Tal é a nova evidência: longe de fugir da realidade deste mundo, o cristianismo, que não conhece senão a vida, por isso mesmo não tem relação senão com esta mesma realidade.

A prova do caráter vivente do "conteúdo" do mundo, é a análise econômica de Marx em conjunto que a dá. Ela propõe uma gênese transcendental da economia cuja construção deslumbrante convém retraçar aqui, em algumas palavras. A realidade, segundo Marx, não é em si nada econômico. Pode-se analisar uma quantidade de açúcar, que nele nunca se encontrará seu preço. Pode-se analisar uma atividade humana qualquer, seja ela reconhecida como trabalho ou não, que nunca se achará aí algo como "salário", dinheiro, valor de troca. Tudo o que pode ser dito "econômico" e decorrer de uma ciência como a "economia política" é em si estranho ao mundo. A "realidade econômica" é produto de uma invenção do espírito humano. Um mundo, homens que o habitam, que aí produzem os bens necessários à sua existência, que mantêm entre eles uma rede de relações complexas, tudo isso teria muito bem podido produzir-se e a economia – realidade econômica e ciência desta realidade – estar, todavia, ausente deste mundo. Aí está uma das teses de Marx.

Porque então uma economia em si estranha à realidade do mundo nasceu nele? Porque se desenvolveu a ponto de estender seu reino sobre ele e determiná-lo completamente? É aqui que as teses fundadoras do cristianismo fazem um reaparecimento imprevisto. *Somente, com efeito, a essência invisível da vida explica o aparecimento no mundo de uma "economia".* E eis como. Tendo cada forma da atividade humana sua essência do agir e, assim, da vida, o trabalho se encontra pois definido por esta. Como a vida contém a realidade, o trabalho é ele mesmo real. Como ela encerra em si uma ipseidade de princípio, este trabalho real é individual. Como a vida é subjetiva, o trabalho é subjetivo. Como ela é vivente, ele é vivente. Aí estão, como dissemos, todos os caracteres reconhecidos por Marx no trabalho: real, individual, subjetivo, vivente.

Na atividade concreta pela qual os homens produzem os bens que lhe são necessários, intervém o momento em que, por consequência da complexidade crescente desta atividade, os homens têm de trocar o produto de seu trabalho. Como trocar x mercadorias a por y mercadorias b, quando essas mercadorias são qualitativa e quantitativamente diferentes? Como definir o peso de sal que deve ser dado em troca de tal quantidade de peles? Em função da quantidade de trabalho exigido pela produção do sal e pela das peles. O único critério possível da troca é, portanto, o trabalho. E de fato, nas múltiplas trocas que se produzem constantemente, o que é trocado não são as mercadorias, mas os trabalhos que as produziram. Supondo a troca uma igualdade, os trabalhos trocados devem ser iguais. Mas, tendo o modo de agir sua essência deste último, cada um desses trabalhos é real, subjetivo, individual, vivente – invisível. Nenhum deles se presta a uma medida qualquer, quantitativa ou qualitativa. Tal é a aporia: a troca supõe a medida dos trabalhos, mas esta é impossível.

E tal é a solução: a invenção da economia. Se a troca das mercadorias supõe a medida dos trabalhos reais que os produziram, e se esta medida é impossível porque esses trabalhos são invisíveis, trata-se então de construir entidades objetivas que se suponha representem essas modalidades do agir invisível, para ser equivalentes delas. A invenção da economia consiste na construção e na definição dos equivalentes objetivos que se supõe representam os trabalhos reais invisíveis e permitem sua pô-los em igualdade, e assim seu cálculo e sua troca. A economia não é nada além do resultado desta gênese: o conjunto dos "representantes" objetivos do agir, representantes considerados como equivalentes seus.

Em que consistem tais "representantes"? Na representação precisamente do trabalho real, na posição diante do olhar, na verdade do mundo, em forma de norma objetiva, do que encontra sua realidade na Verdade da Vida: o trabalho vivente. E, como tudo o que se mostra na verdade do mundo, na medida em que ele se mostra nela, é irreal, irreal é então o conjunto dos equivalentes objetivos do trabalho vivente, irreal e mais precisamente ideal, na medida em que se trata de conceitos. A gênese da economia consiste assim na construção do conjunto dos equivalentes objetivos ideais irreais do trabalho vivente – e notadamente do primeiro deles, o "trabalho" no sentido dos economistas, o trabalho econômico a que Marx chama trabalho "abstrato", o trabalho "social". O trabalho econômico é precisamente a representação irreal do trabalho real, invisível.

Aqui não é o lugar para dizer como se opera a construção de cada um dos equivalentes objetivos ideais do trabalho vivente invisível, equivalentes constitutivos da "realidade" econômica. Limitemo-nos a algumas observações essenciais para nosso propósito. A "realidade" econômica objetiva é ideal e irreal como cada um dos equivalentes do trabalho de que ela é constituída. Assim, o universo econômico pelo qual o pensamento moderno tende a definir o conteúdo "real" da sociedade é um universo de abstrações, cada uma proveniente da substituição de uma modalidade invisível e irrepresentável do agir vivente por um parâmetro em que há o esforço por representar as propriedades deste agir – propriedades que têm sua realidade da vida. Ora, as entidades econômicas não se limitam a representar o trabalho vivente, mas provêm dele. É, por exemplo, uma tese decisiva de Marx que o valor de troca, o dinheiro, o capital, etc., são produzidos pela força subjetiva vivente de trabalho, e por ela unicamente. É finalmente o universo econômico inteiro – que constitui o "conteúdo" deste mundo – que provém da vida e remete a ela. Desse conteúdo, a verdade do mundo nos oferece a aparência ineficiente, enquanto a Verdade da Vida revela sua verdadeira natureza, o agir que produz os objetos econômicos e determina sua história. Longe de fugir desta, as intuições do cristianismo nos reconduzem ao princípio de seu desenvolvimento e o tornam inteligível.

É no plano das relações concretas com o outro que a referência do "conteúdo" do mundo à essência invisível da vida se impõe com uma força invencível. Já não se trata desta vez da análise, por uma fenomenologia da vida, da "realidade econômica", de sua natureza e de seu funcionamento. São as declarações do Novo Testamento, do próprio Cristo, que entram diretamente em jogo para produzir, mais neste domínio da experiência do outro que em qualquer outro, seu efeito revolucionário.

Sendo o outro, "os outros", o "próximo" outro eu, um *alter ego*, sua essência não pode senão ser idêntica à minha. Segue-se que tudo o que o cristianismo afirmou a respeito desse eu ou desse ego que eu sou vale para este outro eu que é o outro ego. O nascimento transcendental do ego concerne tanto ao outro quanto a mim mesmo. As consequências desta observação, que não deixaremos de considerar como uma trivialidade, são, todavia, imensas; alteram radicalmente tudo o que se pôde dizer ou pensar de modo implícito, antigamente ou hoje, sobre a relação com o outro. Pois, se há uma pressuposição evidente e na qual se apoia inevitavelmente toda aproximação a essa relação, é justamente esta: o outro me aparece no mundo, é um ser situado nesse mundo, e minha relação com ele, consequentemente, é uma forma dessa relação com o mundo e não é possível senão nela. Ou ainda: o outro é um indivíduo empírico, isto é, mundano, portador de um conjunto de caracteres eles mesmos empíricos e mundanos. Estes caracteres, nós o sabemos, são de dois tipos, tendo uns que ver com o conteúdo deste mundo – caracteres sociais ou naturais, portanto –, e os outros com sua Verdade, isto é, com os modos concretos segundo os quais o mundo se fenomenaliza: espaço, tempo, causalidade, etc. Assim, tal indivíduo nasce em tal lugar, em tal época, de pais que pertencem a tal etnia, a tal meio social, ele próprio portador de tal determinação sexual, de tal propriedade ou de tal deficiência física ou intelectual, etc.

Mas, se, segundo seu nascimento transcendental na Vida absoluta, o ego, tanto o outro ego quanto o meu, é Filho desta Vida, é Filho de Deus, de modo que essa condição defina sua essência e consequentemente todas as suas determinações essenciais, então é o conjunto de seus caracteres empíricos e mundanos que são obstados de uma vez. Notadamente, tudo o que decorre de uma genealogia natural. É aqui que uma observação apresentada ao longo de nossas pesquisas precedentes se reveste de relevo singular. O que Cristo recusou para si mesmo, a saber, a ideia de uma genealogia natural precisamente, a ideia de que um homem é filho de um homem e de uma mulher, que ele tem pais "segundo a carne" – tudo isso se encontra afastado para o próprio homem. O homem que, por ser um vivente na Vida, por ser Filho desta, já não tem outro Pai além d'Aquele que está "no Céu". Por isso todos os seus caracteres, decorrendo desta essência divina e invisível da vida, já não têm, portanto, nada que fazer com o que decorre do mundo e da verdade que lhe é própria. E isso vale doravante tanto para o outro quanto para mim. O outro não é nada além do que vemos dele no mundo e que cremos que ele é. É a declaração radical e estupefaciente de Paulo aos Gálatas: "Não há judeu nem grego, não há escravo nem livre, não há homem nem mulher" (3,28).

Quanto às quatro primeiras negações, aceitá-las-emos após refletir, e isso apesar de seu caráter bastante estranho. Esta estranheza se deve a que cada uma dela implica *a rejeição do visível*. Pois, enfim, este homem que está aqui é precisamente um grego, e aquele lá um judeu. Este é um senhor, e aquele um servo. Porque de tais caracteres, a despeito de sua importância evidente, social ou espiritual, a despeito desta evidência mais ainda, são subitamente privados de significação, tidos ao menos por secundários? Por razões de ordem ética, dir-se-á. É porque temos a ideia ética de um homem cuja realidade essencial não pode reduzir-se à grecidade ou à judeuidade, nem, menos ainda, a uma condição social qualquer, que recusamos, com efeito, a sujeitá-lo a essa condição. Mas de onde vem esta ideia que nos faz aceitar, ainda que a contragosto, tal desqualificação súbita das evidências mundanas? Se se trata de uma resposta histórica, deve-se dizer: do próprio cristianismo. Se se trata de uma resposta filosófica, não há outra senão esta: a ideia de um homem ético irredutível às determinações mundanas e incompreensível a partir delas não pode vir senão de sua essência invisível – de sua condição de Filho gerado na Vida absoluta e que tem dela sua verdadeira realidade.

Mas são as duas últimas negações que por seu caráter extraordinário nos mergulham na incerteza. Ser um homem ou ser uma mulher, essas qualidades do "ser humano" não são nada além de determinações exteriores, visíveis, "naturais"? Não é, ao contrário, a realidade mais interior de tal ser, sua sensibilidade, sua afetividade, sua inteligência, seu modo de se relacionar com os outros e consigo mesmo, o que se encontra afetado de alto a baixo segundo este "ser" seja homem ou mulher? Ora, a extraordinária declaração de Paulo não pode ser atribuída à singularidade ou a excessos de seu pensamento pessoal. Neste ponto essencial como em tantos outros, trata-se do ensinamento de Cristo, que ele não pôde ouvir, mas que todavia retoma de modo rigoroso (contrariamente à tese segundo a qual o cristianismo que conhecemos seria uma espécie de fabricação do próprio Paulo). Aos saduceus que, para contestar a ressurreição, perguntam a Cristo, a respeito dos sete irmãos que morrem um após outro sem deixar filho e que desposaram todos, segundo a Lei, a mesma mulher: "Essa mulher, na ressurreição, de qual deles vai se tornar mulher? Pois todos os sete a tiveram por mulher", Cristo responde, identificando os ressuscitados com anjos, que "não tomam nem mulher nem marido", "são semelhantes aos anjos e são filhos de Deus, sendo filhos da ressurreição" (Lucas 20,33-36).

A determinação do homem enquanto Filho de Deus abole nele a determinação da masculinidade e da feminilidade? Ou esta abolição só concerne ao "Filho de Deus" no sentido pleno, àquele que se identificou com a Vida absoluta e que, nascido uma segunda vez, ressuscitado, se tornou eterno como ela? Ou ainda, referida à ressurreição e ao Céu, tal abolição da diferenciação sexual não é, como esta ressurreição e como este Céu, um artigo de fé? Ou ainda: a tese radical de Paulo que faz eco à resposta não menos radical de Cristo aos saduceus – a afirmação de que a realidade essencial do ser humano se situa aquém ou além da diferenciação sexual –, essa afirmação, em vez de decorrer de modo exclusivo da Fé, pode ser estabelecida filosoficamente, não por uma filosofia especulativa de resultados sempre problemáticos, mas por uma fenomenologia capaz de formular proposições de ordem apodíctica? Trata-se pois de saber se a verdade essencial do ser humano, posta a nu condição de Filho, deixa fora dela a determinação sexual, autorizando assim as declarações aparentemente extravagantes de Paulo e do próprio Cristo.

A análise fenomenológica da condição de Filho levada a efeito ao longo de toda esta obra nos permite responder com certeza à questão evocada, questão com respeito à qual vai ser mostrado, por outro lado, que é de interesse decisivo para a inteligência da relação com o outro que nos ocupa agora. O afastamento por Paulo na definição de homem das determinações grego, judeu, senhor, escravo e enfim homem ou mulher não é radical senão em proporção ao peso e, se podemos dizê-lo, à seriedade de tais determinações. Para tornarmos o propósito de Paulo menos inverossímil, simulamos, num primeiro tempo, considerar as determinações em questão por seu aspecto empírico e, assim, como puramente mundanas. E é de fato verdade que as propriedades enumeradas se mostram no mundo. É dessa manifestação visível que elas têm, aos olhos do senso comum, sua realidade. Mas não é esse o caso. Longe de poderem reduzir-se a seu aparecimento mundano, as determinações afastadas por Paulo pertencem à vida; é desta que elas têm sua realidade, é porque são viventes que são reais. Ser grego ou judeu não se limita de modo algum à apresentação de caracteres étnicos objetivos, que, para dizer a verdade, quase não existem ou não existem de todo. Ser grego ou judeu é encontrar-se determinado no plano da sensibilidade, da afetividade, da inteligência, dos modos de agir, subjetivamente, portanto, segundo modalidades vitais essenciais – e tudo isso como resultado de pertencer a uma cultura que também só se pode definir subjetivamente, por *habitus* fundamentais da vida transcendental.

Ser senhor, do mesmo modo, trate-se de um senhor do tempo de Paulo ou de um patrão de hoje, de um servo ou de um operário, é ser moldado por modalidades concretas da práxis, que, enquanto práxis real, individual, subjetiva, não é senão uma determinação do agir vivente. Ser um homem, enfim, ou uma mulher, é completamente diferente de apresentar certo aspecto exterior, propriedades naturais reconhecíveis, como um corpo objetivo sexualmente diferenciado. Aqui, ainda, o que se diz "natural" ou "objetivo" só pode definir-se a partir de certo número de experiências subjetivas transcendentais, como, por exemplo, o desdobramento interior e vivido da "sexualidade" feminina e, mais geralmente, o desdobramento interior de um corpo que é originalmente, na própria possibilidade de seu "agir" e de seu "sentir", um corpo subjetivo e vivente. Porque então Paulo pensa poder afastar tais determinações maximamente "reais" do que constitui a realidade verdadeira e a condição do homem?

Porque esta condição é a de um Filho. Cada uma das determinações reais que são as de um Filho não é tal – real, vivente – senão dadas a elas mesmas na autodoação da Vida absoluta que dá este Filho a ele mesmo. E isso vale para a determinação, todavia essencial, que faz de cada um dos Filhos da Vida, aqui embaixo, neste mundo, um homem ou uma mulher. É então que a definição cristã descobre sua profundidade infinita. Se escrutamos, na sua realidade subjetiva transcendental mais essencial, o que constitui, em cada homem e em cada mulher, sua sensibilidade masculina ou feminina, com suas modalidades múltiplas e diferenciadas que impregnam para cada um e cada uma deles sua vida inteira, onde encontraremos algo comum a uma e à outra, a esta sensibilidade masculina ou feminina – algo comum que permita enfim a Paulo, falando do ser humano, proferir sua declaração estupefaciente: "nem homem nem mulher"? Esta verdade essencial comum não é nada mais nem nada menos que o que habita cada determinação tanto da masculinidade como da feminilidade, a saber, *o fato de que esta determinação é dada a ela mesma e que esta doação a ela se cumpre do mesmo modo, é a mesma tanto para o homem quanto para a mulher.* É, para todo "ser humano" – homem ou mulher –, a sua condição de Filho: de vivente dado a ele mesmo na autodoação da Vida absoluta. É esta autodoação que é o Idêntico em cada um: Cristo, Deus. Nem homem nem mulher: Filho de Deus.

Ora, é este Idêntico em cada um – a autodoação da Vida fenomenológica absoluta em sua Ipseidade essencial – que determina de alto a baixo a teoria cristã da relação com o outro. Esta, assim, apresenta certo número de aspectos.

O primeiro: na relação com o outro, aquele com que temos algo que fazer não é nunca antes nem somente, a despeito de sua aparência mundana, um grego ou um judeu, um senhor ou um servo, um homem ou uma mulher: é um Filho. O que quer dizer: um Si transcendental gerado na autogeração da Vida absoluta e em sua Ipseidade essencial – Si que tem sua ipseidade desta e unicamente dela. É unicamente em tal Si e por ele que todo eu e todo ego são possíveis. E não há grego nem judeu, senhor nem servo, homem nem mulher se todos esses são, cada um, um ego e um eu. Toda relação com um desses, com o "outro", pressupõe assim uma relação com o Si transcendental sem o qual nenhum desses seria "outro", isto é, outro ego. Mas toda relação com um Si transcendental pressupõe uma relação com o processo de autogeração da vida na Ipseidade de que este Si foi engendrado. Toda relação com o outro pressupõe Aquele de que ele é Filho, sem o qual, não sendo um Si, nem um eu, nem um ego, ele não seria o "outro", o outro ego.

Assim, reencontramos as intuições decisivas postas em evidência na parábola do pastor e das ovelhas relatada por João e longamente analisada por nós no capítulo 7. É impossível termos uma relação com qualquer eu se não entramos ao mesmo tempo em relação com outro, qualquer que seja – grego, judeu, senhor, escravo, homem, mulher –, se não entramos antes de tudo em relação com Aquele que deu este Si a ele mesmo na Ipseidade original em que a vida se deu a si, dando-se assim potencialmente a todo vivente concebível. O que dá cada Si a ele mesmo, fazendo dele um Si, como dizíamos, é sua carne, sua carne patética e vivente. Mas esta mesma carne que é a sua tem uma Carne que não é sua, a Carne da doação a si da Vida fenomenológica absoluta no Arqui-Filho – a Carne de Cristo. É impossível, como dizíamos, tocar uma carne qualquer sem tocar primeiro Aquela.

Desse primeiro aspecto da relação com o outro resulta certo número de consequências para a ética. Essas "consequências" não são nada além dos próprios princípios da ética cristã. E isso porque esta ética é a formulação das intuições constitutivas da Revelação da Vida. Se a relação que une cada Si a ele mesmo, fazendo dele este Si que ele é, é a relação da Vida consigo mesma, sua autorrevelação, isto é, Deus, então é impossível amar a Deus e ao mesmo tempo não amar a cada um desses Sis que Deus gera dando-os a ele mesmos em sua autodoação. "Se alguém disser: 'Amo a Deus', mas odeia o seu irmão, é um mentiroso" (1 João 4,20). E ainda: "Aquele que ama a Deus ame também a seu irmão". E isso porque "Todo o que ama ao que gerou ama também o que dele nasceu". Donde resulta que, além de qualquer contestação possível, tem valor de atestação absoluta: "Nisto reconhecemos que amamos os filhos de Deus: quando amamos a Deus (ibidem, respectivamente, 4,21; 5,1-2). O texto acrescenta: "e que pratiquemos seus mandamentos". Donde se vê claramente que esses mandamentos não são senão a formulação da situação fenomenológica radical em que a Vida engendra todo vivente. Isto é, ademais, situando-nos do ponto de vista deste, a formulação de seu nascimento transcendental em sua condição de Filho. Assim, os dois mandamentos de Amor se encontram colocados na inteligibilidade radical de sua identidade, a qual exprime a condição do Filho gerado na autogeração da Vida absoluta: "Amarás o teu Deus de todo o teu coração, de toda atua alma e de todo teu espírito. Esse é o maior e o primeiro mandamento. *O segundo é semelhante a esse*: Amarás o teu próximo como a ti mesmo" (Mateus 22,37-38, grifo nosso; cf. também Marcos 12,28).

Do Idêntico em cada um – da autodoação da Vida fenomenológica absoluta na Ipseidade essencial do Primeiro Si e, assim, de todo Si concebível – resulta o segundo aspecto da teoria cristã da relação com o outro. Na perspectiva que será a da filosofia moderna, mas também nas representações mais habituais deste fenômeno, a relação com outro é pensada a partir de um primeiro termo que é o próprio ego, mais precisamente este ego que eu sou. É por isso que este primeiro termo aparece como a origem ou o centro a partir do qual a experiência de outro se desdobra. Trata-se de compreender como o ego que eu próprio sou pode atingir outro, o *alter ego*, e entrar assim em "relação" com ele. Não é possível expor aqui de modo sistemático as razões pelas quais todas as teorias que tomam o ego como ponto de partida de sua relação com o outro fracassaram– a rede de paralogismos em que elas se encerram. Contentar-nos-emos com as seguintes breves observações.

O primeiro paralogismo das teorizações da experiência do outro inevitavelmente compreendido como o outro ego é a pressuposição do próprio ego. Que haja um ego, tanto o outro quanto o meu, é o que é evidente, a ponto de que a própria possibilidade de algo como um ego, a possibilidade de um Si e de uma Ipseidade em geral, não aparece jamais como um problema. Assim, toda teoria da experiência do outro é minada por uma lacuna essencial que torna *a priori* ininteligível tudo o que ela crê dizer – muito mais, que lhe apaga até a existência. É precisamente a radicalidade da teoria cristã de colocar no fundamento da relação com o outro sua possibilidade mais incontornável, a saber, a própria existência dos egos entre os quais esta relação vai desdobrar-se. Não sua simples existência, para dizer a verdade, mas sua possibilidade precisamente, a possibilidade de algo como um ego qualquer, o meu ou o do outro. E esta possibilidade é a de um Si transcendental que tem sua ipseidade da Ipseidade da Vida absoluta – eis a definição cristã do homem como "Filho de Deus" e como "Filho no Filho".

Mas, se o ego não é possível senão gerado na Ipseidade da Vida fenomenológica absoluta e no Si originário desta Ipseidade, então os próprios termos da relação com o outro e ao mesmo tempo esta própria relação se encontram alteradas. Enquanto for compreendido ingenuamente como repousando sobre si e bastando-se a si mesmo, o ego pode, com efeito, fornecer tanto o ponto de partida da relação com o outro quanto o termo desta: o próprio outro, o outro ego. Mas, uma vez que a possibilidade do ego aparece como um problema, uma vez que se dá a evidência de que nenhum ego jamais se trouxe a si mesmo à condição que é a sua e que esta impotência radical concerne tanto ao outro ego quanto ao meu, então é a incapacidade do ego para constituir tanto o ponto de partida quanto o ponto de chegada da relação com o outro que se descobre de repente, e é o dado habitual da questão desta relação que naufraga. *A relação entre os egos cede lugar à relação entre os Filhos.*

A relação entre os Filhos implica a Vida em que cada Filho é dado a ele mesmo. Assim, encontra-se circunscrita pelo cristianismo a própria dimensão em que a relação com o outro pode produzir-se: na Vida e somente nela. E isso porque os mesmos termos entre os quais tal relação deve estabelecer-se não são possíveis senão nesta vida. Mas a Vida não funda somente cada um dos termos entre os quais se estabelece a relação com o outro. Funda a própria relação, não só a possibilidade de cada um dos Filhos, mas a possibilidade para cada um deles de entrar em relação com os outros, de estar com eles. Como a vida funda esta possibilidade para cada um dos Filhos de estar com o outro, de "ser em comum" com eles? *Na medida em que ela própria é este "ser em comum".* O que eles têm em comum, com efeito, é ser viventes, trazer esta vida em si. *O "ser em comum" dos Filhos reside em sua condição de Filhos.* Por essa razão, o "ser em comum" é tão fácil e tão difícil de compreender quanto a condição de Filho. Por essa razão também, o "ser em comum" é flutuante como esta condição. Examinemos sucessivamente estes dois pontos.

Que a possibilidade para cada um de entrar em relação com o outro resida na sua condição de Filho, aí está o que desloca, com efeito, e de modo radical, o ponto de partida desta relação. Esta já não se encontra no homem, ainda que compreendido como um ego transcendental. Nem sequer no Si transcendental que funda este último. É aquém do Si transcendental, no que o une a ele, que se encontra o ponto de partida. O ponto de partida é a vida, seu processo de autogeração como geração do Primeiro Vivente na Ipseidade de que todo Si vivente advém a si, tanto o meu como o do outro. É somente no processo da vida que é possível um acesso aos viventes. É unicamente porque cada Si vivente advém a si mesmo neste processo da vida e à parte desse processo que um acesso potencial é disposto, neste processo e por ele, a todo Si vivente concebível.

Esta é uma das intuições cruciais do cristianismo: a relação com o outro só é possível em Deus. Mais exatamente no processo da Vida divina e segundo as modalidades conforme às quais esta Vida se cumpre. Se assim é, o modo como um Si transcendental chega a outro é o mesmo que aquele com que ele chega a si mesmo: passando sob o Arco triunfal, sob esta Porta que é Cristo na parábola das ovelhas que João relata. É no próprio movimento em que – fazendo--se a Vida Ipseidade no Si do Arqui-Filho e gerando em si todo Si concebível, e o meu em particular – chego a mim e sou dado a mim mesmo por meu nascimento transcendental que chego também, eventualmente, até o outro– na medida em que me identifico com tal movimento e coincido com ele.

E eis o segundo ponto. Residindo em sua condição de Filhos, o "ser em comum" dos Filhos é flutuante como ela. Em que a condição de filho é flutuante? Não é ela, ao contrário, uma essência que escapa à variação e que deve imperativamente estar presente e ser preservada em sua estrutura inalterada, sem o que não haveria Filho precisamente, nenhum homem no sentido do cristianismo? Mas, segundo o cristianismo, o conceito de Filho se desdobra em função de que, esquecido de sua condição precisamente, decaído de seu esplendor original, de-ge(ne)rado, lançando-se no mundo e fascinado por ele, o filho perdido não se preocupa com mais nada além deste mundo e com tudo o que se mostra nele. Nesta queda, sua relação consigo é modificada de alto a baixo: já não se tem sua relação consigo na Vida, a experiência que ele fazia, experimentando-se a si mesmo, da experiência de si da Vida absoluta nele. Esta experiência de si de que ele tem constantemente sua condição de vivente, ele a atribui a si mesmo. Assim, ele se encerra em si mesmo. A experiência que ele faz da Vida nele tornou-se a experiência de sua própria vida, da vida dele pura e simplesmente. De Filho tornou-se um ego, este ego que se toma pelo fundamento dele mesmo e de tudo o que ele faz. Entrou no sistema do egoísmo transcendental, sistema em que ele só se preocupa consigo; de tal modo, que sua relação consigo já não é sua relação consigo na Vida – em Cristo e em Deus –, mas sua relação consigo na preocupação consigo: através do espaço de um mundo. O que se encontra oculto nessa relação consigo do Si em preocupação consigo no mundo não é nada menos que seu Si verdadeiro, que só é dado a ele na autodoação da Vida absoluta, fora do mundo, longe de toda Preocupação. O que se encontra oculto, ao mesmo tempo, é esta Vida absoluta, é o próprio Deus.

Donde esta consequência decisiva no que concerne à relação com o outro, *na medida em que esta relação do Si com o outro é da mesma natureza que sua relação consigo*. Uma e outra variam conjuntamente e do mesmo modo. Assim como, em sua relação consigo, o Si esquece o que o torna possível, a doação de si a ele mesmo na Ipseidade original da vida, assim também o Si se relaciona com o outro fazendo abstração do que no outro o dá a ele mesmo – precisamente: a doação de si a ele na autodoação da vida. Relaciona-se com ele como com um indivíduo empírico que se mostra no mundo, no melhor dos casos como com outro ego, semelhante ao seu e bastando-se a si mesmo em sua qualidade de ego. O que é afastado nos dois casos é a autodoação da Vida absoluta na Ipseidade do Primeiro Vivente, a saber, Cristo/Deus. Ou, para dizê-lo do ponto de vista de cada um desses egos, é sua condição de Filho.

Será preciso observar que o jogo normal das relações intersubjetivas se desenrola no interior do sistema do egoísmo transcendental? Colocando-se no centro desse sistema, cada um só se preocupa com o outro em vista de si mesmo. O outro não intervém em meu projeto, não vale senão na medida em que vale para mim. Mas, porque a preocupação se dirige sempre para fora de si, nele o reino da exterioridade não se interrompe. Relacione-se o ego consigo ou com o outro, sempre o faz num mundo. Se assim é, a relação de dominação entre os egos pode inverter-se, como se vê, por exemplo, no erotismo. O ego que se mostra no mundo como outro além dele mesmo pode muito bem dizer, deve dizer: "Eu sou um outro". Nesta exterioridade e quando, ademais, ele quiser reduzir-se a isso, dando-se ao outro como o que não é senão isso, esta coisa oferecida e boa de tomar, este corpo de possuir, não cessa, todavia, de viver e de se compreender como um ego. Um ego que não é aberto, todavia, senão ao mundo e dado a ele. Esquecido consequentemente de sua essência mais própria.

Em seu segundo nascimento, ao contrário, livre da ilusão transcendental do ego, o Filho que nunca se trouxe à condição que é a sua, experimenta ao mesmo tempo a vida como o que não cessa de levá-lo a esta condição e de dá-lo a ele mesmo. É pois nesta Vida que ele se encontra colocado antes de tudo – nesta Vida antes de sê-lo em si mesmo. Ali onde ele se encontra colocado antes de tudo, é dali também que parte sua relação com o outro. Ao mesmo tempo que sua relação consigo, que repete agora o processo de seu nascimento transcendental e exprime fenomenologicamente sua condição de Filho, é sua relação com o outro que se encontra, com efeito, profundamente transformada também. Uma vez que já não é antes de tudo, nele, o ego que fornece o ponto de partida da relação, está então, nesse Filho que ele é, a vida mesma. Igualmente, já não é com outro ego que ele se relaciona, mas, neste, com um Filho, com a Vida. Ali onde se encontra colocado antes de tudo o Filho, ali também se encontra antes de tudo o outro. Dali de onde provém o Filho, provém também o outro. Dali de donde ele parte, o outro também parte. A autodoação da Vida fenomenológica absoluta em que cada Filho é dado a ele mesmo é o "ser em comum" dos Filhos, a essência pré-unificadora que precede e pré-une cada um deles, determinando-o *a priori* ao mesmo tempo como um Filho e participante, simultaneamente, desta essência, em relação potencial, nela, com todos os Filhos concebíveis, e desse modo como "membro da família de Deus" (Efésios 2,19), de um "povo de propriedade particular de Deus..." (1 Pedro 2,9). Acesso ao outro não existe senão como acesso de um Filho a um Filho, no nascimento transcendental de cada um deles, na autodoação da Vida fenomenológica absoluta em sua Ipseidade essencial – não existe senão em Deus e no Arqui-Filho: "Formamos um só corpo em Cristo" (Romanos 12,5).

Do fato de que o "ser em comum" dos Filhos é seu "serem Deus" – sua pertença a uma "raça escolhida", a "um sacerdócio real" (1 Pedro 2,9) – resultam as prescrições da ética cristã, prescrições que, como se vê uma vez mais, não são leis ideais irreais, mas modalidades segundo as quais se cumpre o agir divino, a geração dos Filhos na autogeração da Vida, aquilo a que Cristo chama "Vontade do Pai". Que se tenha de amar o outro, aí está uma prescrição a que se acomodará toda ética, por mais incertos que sejam os fundamentos. Uma ideologia privada de todo fundamento, como, por exemplo, o socialismo democrático de nosso tempo, igualmente a reivindicará. Mas que se tenha de amar este outro que é seu inimigo, ou aquele ainda que é depravado, degenerado, hipócrita ou criminoso, aí está o que só é possível, com efeito, se este outro não é nada do que parece, nem sequer esse Eu Posso, esse ego transcendental que cometeu todos esses atos maus. É somente se, enquanto Filho, ele traz em si a Vida e sua Ipseidade essencial que ele pode, em sua depravação, ser objeto de amor, não ele – no sentido de um homem, deste homem a que os homens dão o nome de homem –, mas a potência que o deu a ele mesmo e que não cessa de dá-lo a ele mesmo em sua própria depravação. Amar o outro na medida em que ele está em Cristo e em Deus, e unicamente sob esta condição.

Essa é a razão por que, se falta esta condição, o amor imprescritível do outro também desaparece. O outro já não é mais que outro homem, um homem tal como são os homens, hipócritas, mentirosos, ambiciosos, impuros, egoístas, cegos, lutando encarniçadamente por suas vantagens e seu prestígio, inimigos não menos encarniçados de todos os que se opõem a seus projetos e a seus desejos. Esquecidos de sua condição verdadeira e da condição verdadeira do outro, comportam-se com respeito a si mesmos e com respeito aos outros como homens. Então, toda essa moral edificante que pretendia fundar-se sobre o homem, sobre os direitos do homem, descobre seu vazio, suas prescrições são escarnecidas, o mundo é entregue ao horror, à exploração sórdida, aos massacres, aos genocídios. Não é por acaso que, no século XX, o desaparecimento da moral "religiosa" deu lugar não a uma nova moral, a "moral laica", ou seja, uma moral sem nenhum fundamento determinável, mas à ruína de toda moral e ao espetáculo terrificante, apesar de cotidiano, dessa ruína.

Implicando a Deus na relação intersubjetiva entre os "homens" compreendidos como seus "Filhos", o cristianismo lhe deu uma profundidade inaudita, um caráter não somente patético, mas trágico. Patético porque a substância desta relação é a vida cuja substância é o *páthos*. Trágico porque, esquecendo os Filhos nela sua própria condição ou reencontrando-a, o jogo desta relação é também para eles o de sua perdição ou de sua salvação. Há salvação quando um Filho se relaciona com o outro como com outro Filho – como com aquele que é dado a ele na Ipseidade original da Vida absoluta e no Si original dessa Ipseidade. "Quem vos recebe, a mim me recebe, e quem me recebe, recebe o que me enviou" (Mateus 10,40).

Quanto aos pensamentos que reprocharam ao cristianismo sua fuga para longe de toda efetividade, para fora do mundo, para um "além" imaginário, encontram nas relações viventes entre os indivíduos, relações que, mais ainda que a práxis social de que elas também são a trama, formam o conteúdo real deste mundo, um desmentido severo. O que está na origem desse conflito com todos esses pensamentos superficiais que desde sempre identificam a realidade com o que se pode ver e tocar, com o que se mostra no mundo, é a definição radicalmente nova da realidade como vida; mais ainda: é uma fenomenologia desta que a devolve à sua essência verdadeira, patética e invisível. Radicalmente estranha ao mundo, a vida não constitui menos o conteúdo real deste. Aqui embaixo também, já, a vida estende seu reino. Suas modalidades concretas são a substância intemporal de nossos dias. Toda aparência visível se dobra de uma realidade invisível. Com cada pedaço do visível, como diz Kafka, um bocado invisível nos é dado: assim na terra como no céu.

CONCLUSÃO

O cristianismo e o mundo moderno

A relação entre o cristianismo e o mundo moderno não pode compreender-se sobre o fundo de uma divergência radical na apreciação do que é o ser verdadeiro do homem. De certo modo, o pensamento moderno dá continuidade ao enfoque tradicional segundo o qual o que é o homem está ligado ao conhecimento que podemos ter dele e depende deste e de seus progressos. Nada mais evidente! O ser verdadeiro do homem não é, nesta perspectiva, um ponto de partida, o do conhecimento precisamente e, assim, de tudo o que ele nos pode ensinar e mostrar. O que é verdadeiramente nosso ser, nós só o saberemos ao termo do trajeto deste conhecimento, quando tudo o que só era vagamente percebido numa intuição global será tornado o objeto de um saber preciso e rigoroso, aquilo a que se chama hoje em dia ciência.

Se o ser verdadeiro do homem depende do conhecimento que temos dele, então, com efeito, uma transformação radical do conhecimento, de sua natureza, de suas metodologias, de seu objeto, deve acarretar, quando este conhecimento se aplica ao homem, uma mudança completa na concepção do próprio homem. Foi assim a transformação do conhecimento que se produziu no início do século XVII quando, como o lembramos, Galileu contestou a realidade das qualidades sensíveis do universo para lhes opor, como constitutivos da realidade deste, objetos materiais extensos dotados de figuras. Ao conhecimento sensível dessas qualidades sensíveis ilusórias devia substituir-se o conhecimento geométrico das figuras dos corpos materiais extensos. Com Descartes e a formulação matemática deste conhecimento geométrico, a ciência moderna, o enfoque físico-matemático do universo material, estava fundada.

Na medida em que o próprio homem está submetido a esse gênero de conhecimento, considerado hoje como o protótipo de todo saber rigoroso e, assim, de toda ciência, então sua natureza se encontra claramente definida também. O homem é um composto de partículas materiais, e sua realidade verdadeira depende de certas estruturas específicas de organização dessas partículas, notadamente estruturas químicas e biológicas. Lembremos que, no momento em que ele realiza o ato protofundador da ciência moderna como conhecimento geométrico dos corpos materiais, é às propriedades biológicas do organismo humano que Galileu atribui a existência e a natureza das qualidades sensíveis dos objetos. O homem, portanto, é uma parte do universo material e explica-se inteiramente a partir deste último. Queira-se ou não, é esta concepção do homem que, por vias diversas, determina o pensamento de nosso tempo. O homem é bem pouca coisa. Não somente ele não é mais que uma engrenagem desta imensa máquina de funcionamento cego a que está submetido. Em si mesmo, ele não escapa a esta determinação radical que não é, pois, somente externa, mas interna: ele não é senhor em sua própria casa!

Tais concepções estão ligadas à ciência, a ponto de aparecerem como as concepções científicas mesmas, como verdades científicas no sentido de que também fariam parte da ciência e deveriam ser afirmadas a esse título. É esta ilusão que denunciamos[1] traçando uma linha divisória intransponível entre o que diz a ciência e o que a faz dizer um bom número dos que a praticam e que creem falar em seu nome – entre a ciência e o cientificismo. Para reduzir o homem a uma parte do universo material submetida, como este último, ao enfoque físico-matemático da ciência galileana moderna, é preciso ter reduzido antecedentemente toda forma de conhecimento a tal enfoque – *pressupor que não existe nenhum modo de saber além da ciência galileana, ou seja, afinal de contas, da física moderna.* Mas tal pressuposição é o que esta ciência é por si mesma inca-

---

[1] Cf. supra, cap. 3.

paz de estabelecer, o que escapa por princípio a seu olhar. Que vê ela, com efeito? No campo galileano, não há senão corpos materiais com suas determinações físico-matemáticas ideais. Onde se mostra em tal campo, onde se pode ler nele a afirmação de que ele é único constituinte de toda realidade concebível?

Antes se deve pensar, diante desse campo, que ele se mostra e que esta "mostração" não é precisamente em si mesma nenhum desses objetos materiais nem nenhuma de suas determinações ideais. Ela é o aparecer do mundo oposto ao que aparece nele, este aparecer puro que a ciência galileana jamais leva em conta, quando é a condição incontornável de tudo o que ela leva em conta. No campo galileano, todavia, aparece ainda outra coisa de que ele tampouco se ocupa: a qualidade sensível das coisas, de que Galileu fez abstração, mas sem as quais ele jamais teria tido a menor ideia dessas coisas, nenhum acesso a elas. Que elas sejam colocadas fora do campo que vai ser o da ciência, isso não impede que este se encontre constituído, positiva e negativamente, a partir delas. E enfim: uma vez colocadas essas quantidades sensíveis fora deste campo científico, em que se convertem elas? Qual é seu princípio se elas são estranhas à sua materialidade, à sua extensão, às suas formas, à sua determinação ideal? É, em todo caso, outra esfera de realidade o que elas definem ou a que se referem. Bem mais, é outro modo de aparecer, diferente do modo das coisas, diferente da verdade do mundo, o que elas pressupõem, se essas qualidades sensíveis exibidas na superfície das coisas e que pareciam pertencer-lhes puderam *ser dissociadas delas* – se se referem necessariamente a uma sensibilidade, a sensações e a impressões puras e, ao fim e ao cabo, à maneira de aparecer e de se dar destas: na experiência de si da Vida fenomenológica absoluta e na sua autodoação patética, e somente nela. Somos assim remetidos às intuições decisivas do cristianismo. É do confronto destas intuições com o postulado galileano que acabamos de lembrar, e que determina o pensamento e o mundo modernos, que decorrem tanto a compreensão da relação do cristianismo com esse mundo quanto sua apreciação respectiva do que constitui o ser verdadeiro do homem.

Se o conhecimento que se tornou a ciência galileana moderna do universo material reduz o homem a uma parte deste, a um complexo de moléculas e de partículas e às determinações matemáticas de que estas não são separáveis, não sendo nada mais que o ponto de interseção dessas redes paramétricas, o que diz, ao contrário, o que diz do ser verdadeiro do homem o cristianismo? Que ele é Filho. Não filho de uma vida biológica que, segundo a própria biologia, não existe, mas da única vida que existe, a vida fenomenológica absoluta, que não é senão a essência de Deus. Deixemos de lado, no entanto, por tratar-se de um confronto com a ciência que não sabe o que é Deus, toda asserção propriamente religiosa decorrente da "fé". Consideremos esta vida fenomenológica em si mesma, de um ponto de vista puramente filosófico, tal como fizemos ao longo de todo este ensaio. Certamente, não se pode "considerar" esta vida, que nunca é vista. Com respeito à vida invisível, a filosofia, que é um modo do pensamento, é tão impotente quanto a ciência. E isso porque a vida em geral escapa ao pensamento, a toda mira intencional, a todo olhar, a todo "lá fora", assim como escapa ao conhecimento físico-matemático do universo material, que não é senão uma forma particular de tal olhar. Somente a vida que não se mostra no mundo, que é subtraída à sua verdade, se revela a si mesma em sua autorrevelação patética, experimentando-se a si mesma com uma força invencível; de modo que, ainda quando disséssemos que não haveria nenhum mundo – nenhum pensamento, nenhum conhecimento e nenhuma ciência –, esta experiência de si da vida que é seu "viver" não se deixaria de produzir. É desta Vida invisível e invencível que o homem é Filho.

Radicalmente outro é o homem se o acesso ao que constitui seu ser essencial, *se seu próprio acesso a si mesmo* reside na Vida invisível e somente nela. Pois o acesso do homem a si mesmo é sua própria essência, sua relação consigo, seu Si. Como o homem tem acesso a si mesmo, como se relaciona consigo mesmo de modo que possa ser um Si, é o que diz a teoria do Filho – do Filho da Vida na medida em que não há Filho senão nela. É enquanto a vida se dá a si na Ipseidade original de um Primeiro Si e nesta somente que cada Si é dado a ele mesmo de maneira a tornar-se este Si que ele é, o Si de todo eu e de todo ego concebível. Ora, é somente como este Si, como este eu ou como este ego que algo como um "homem" é possível. Não é preciso pois dizer somente como acabamos de fazer: outro é o homem se o acesso a seu ser essencial, se seu próprio acesso a si mesmo se fizesse no mundo, no conhecimento, no pensamento e notadamente no pensamento científico moderno saído da revolução galileana e no campo aberto por esta ciência. No campo aberto pela ciência galileana, há corpos materiais, partículas microfísicas, moléculas, cadeias de ácidos, neurônios, etc., mas nenhum Si. *No campo aberto pela ciência moderna, não há nenhum homem.* Longe de a transformação do conhecimento resultante da emergência do saber inteiramente novo da ciência moderna poder transformar ao mesmo tempo ou ao menos modificar nossa ideia de homem, o que constitui o ser-essencial deste, ela o suprime pura e simplesmente. Quanto ao saber obsoleto do cristianismo, um saber que data de dois milênios, não são dados inteiramente prescritos e inutilizáveis sobre o homem o que ele nos fornece: somente ele pode dizer-nos hoje, no meio da confusão mental generalizada, o que é o homem.

Que o homem que não é possível senão como um Si e, assim, como um eu e como um ego não seja possível ao mesmo tempo senão ali onde advém algo como um Si, é disso que dá conta, com efeito, de modo rigoroso, a teoria cristã do Filho. Que o homem seja Filho de Deus, Filho da Vida absoluta, não quer dizer, com efeito, senão isto: é no próprio movimento pelo qual a vida se dá a si no processo de sua autorrevelação eterna que nasce a Ipseidade em que todo Si concebível é dado a ele como este Si que ele é. É tal processo que constitui o nascimento transcendental do homem em Deus, enquanto seu Filho, na medida em que o homem traz um Si em si e não é possível senão a este título. Por isso o homem não é possível senão enquanto Filho de Deus, por isso não há homem – de Si – senão engendrado nele e por ele, nesse processo de autodoação da Vida que é identicamente o de sua autorrevelação – que é a Revelação de Deus.

Mas, se o homem não é possível senão enquanto é um Si, e se este Si não é possível por sua vez senão engendrado no processo da Vida absoluta de Deus, segue-se a consequência decisiva de que *a negação de Deus é identicamente a do homem*. É esta dupla negação que o mundo moderno coloca constantemente sob nossos olhos, e é assim que ele se descobre como um mundo profundamente anticristão e, ao mesmo tempo, radicalmente estranho ao homem.

Quanto à negação de Deus, ela resulta diretamente de que, não se mostrando jamais no mundo, a Vida não pode ser senão negada com efeito, de modo explícito ou não, uma vez que, estendendo seu reino à totalidade do que é, a verdade do mundo se põe como o lugar de toda realidade concebível. É precisamente com o surgimento do campo galileano e a tematização deste campo como objeto único do saber verdadeiro que, encontrando-se a realidade circunscrita a esse campo, já nenhum outro lugar fenomenológico se propõe em nenhuma parte para que advenha nele algo como o viver da vida – nenhum lugar para Deus.

Uma vez mais, não é a ciência que nega a Deus – assim como não é a biologia que nega a vida. Como poderiam fazer isso? Simulamos atribuir à própria biologia a palavra de François Jacob: "Hoje já não se interroga a vida nos laboratórios". E isso porque, por uma vez, o que é dito da ciência por um cientista não decorre do cientificismo, mas é absolutamente verdadeiro. No entanto, refletindo bem sobre isso, é preciso confessar que esta proposição em que se encontra enunciada a verdade da biologia, não é precisamente a biologia que é capaz de formulá-la. Para saber que na biologia já não se trata da vida, é preciso ao menos saber o que é a vida, o que precisamente a biologia não sabe. E assim para a ciência em geral: de que a vida se ausente por princípio do campo galileano, esta ciência não sabe nada e não tem nenhum meio de sabê-lo E isso porque ela não tem sequer uma ideia da vida, que nunca aparece diante de seu olhar. Porque ignoram toda esta vida fenomenológica absoluta e não podem formular nenhuma proposição a seu respeito, nem, menos ainda, pronunciar uma negação dela, biologia e ciência não podem ser tidas em si mesmas por responsáveis do que se passa sob nossos olhos: são inocentes do assassinato de Deus.

Porque a biologia e a ciência em geral não sabem nada de Deus, tampouco sabem nada, com efeito, deste Si transcendental vivente que tem sua essência da vida e sem o qual nenhum homem é possível. Pois não há nenhum homem que não seja um eu e um Si vivente, e nenhum Si que não se experimente a si mesmo na experiência original de si da Vida absoluta – na Ipseidade de Deus. E, assim como não comete o assassinato de Deus, assim também a ciência não comete o assassinato do homem, do homem cuja essência verdadeira ela ignora por princípio. Por princípio: na medida em que eliminou o viver da vida e assim todo Si vivente no próprio ato pelo qual ela se constituiu. É pois a ideia de um reducionismo científico, isto é, próprio da ciência e cumprido por ela, que aparece como maximamente contestável. Para reduzir o Si transcendental vivente (o Si que se experimenta a si mesmo na experiência de si da vida e que não é um Si senão nesta experiência de si) ao conteúdo temático da ciência galileana e, por exemplo, a sistemas de neurônios, não basta em absoluto conhecer estes últimos, por mais fino e elaborado que possa ser este conhecimento. A condição de todo processo de pensamento que vise a reduzir o ser verdadeiro e essencial do homem a estruturas biológicas e, por exemplo, a sistemas de neurônios é o conhecimento prévio desse Si transcendental sem o qual não há nenhum homem – Si que escapa ao olhar tanto da biologia como da ciência em geral. Na medida em que obedece às pressuposições e às prescrições que pertencem à sua fundação, a ciência moderna se encontra desde o princípio incapaz de proceder à redução que se lhe reprocha.

Entretanto, os progressos extraordinários desta ciência nos tempos modernos e notadamente da biologia no século XX, os resultados espetaculares a que chegaram e que modificam progressivamente mais continuamente o modo de vida das pessoas – pondo assim aquilo a que se chama "problemas de sociedade" –, esses progressos e esses resultados fizeram nascer em todos os lugares a convicção de que a ciência define hoje o único saber verdadeiro de que a humanidade dispõe e ao mesmo tempo que seu objeto, esse campo galileano composto de moléculas e partículas microfísicas, é a única realidade. Desse modo, ao mesmo tempo que a matemática e as metodologias que ela determina são tidas pelas únicas válidas, o que não se oferece a seu tratamento e não aparece no domínio de conhecimento circunscrito por elas se encontra eliminado, riscado quanto à sua pretensão de ser um objeto de ciência e, assim, algo real. Certamente, assim como o Si transcendental vivente não se mostra nem pode mostrar-se no campo temático galileano, *assim tampouco se mostra aí a motivação desta tese* – a tese segundo a qual, sendo o saber galileano o único verdadeiro, seu domínio define ao mesmo tempo o campo de toda e qualquer realidade possível. Que importa! Tal é agora a convicção não da ciência, uma vez mais, mas do espírito moderno que se crê "científico" e que pensa falar em nome da ciência: a realidade é a do universo material. É este espírito moderno de pretensão científica que entra em todas as partes em conflito com o cristianismo para destruí-lo. Desse conflito resulta o mundo teoricamente anticristão ou acristão em que vivemos.

A partir do momento, com efeito, em que se considera o saber científico como o único saber verdadeiro e o campo galileano do universo material que ele apreende como a única realidade, então nada do que não aparece em tal campo – a Vida absoluta que se experimenta fora do mundo, a Ipseidade desta vida que é seu "experimentar-se a si mesmo", todo Si transcendental que tem sua essência desta

Ipseidade e finalmente todo "eu" que não é possível senão como um Si –, nada de isso existe. "A morte de Deus", o *Leitmotiv* melodramático do pensamento moderno atribuído a algum avanço filosófico audacioso e retomado em coro pelo psitacismo contemporâneo, é a carta de intenção do espírito moderno e de seu positivismo mais chão. Mas, porque essa morte de Deus destrói a possibilidade interior do homem, na medida em que não é possível nenhum homem que não seja antes de tudo um Si vivente e um eu, ela fere o coração do próprio homem. Assim se verificam, no momento de sua inversão, as teses cruciais do cristianismo. E, assim como, segundo estas, era impossível atingir um vivente sem atingir a Vida, golpear um homem sem golpear nele a Cristo e, assim, a Deus, assim também é impossível negar o segundo sem proceder ao mesmo tempo à negação do primeiro, cuspir em Deus sem cuspir no homem. E aí está porque, ao eliminar-se o cristianismo sob o efeito conjugado das crenças galileanas e de seu ensinamento quase exclusivo em todas as partes onde este ensinamento se pratica, se segue inexoravelmente a debacle do humanismo em todas as suas formas.

A defesa do homem verdadeiro, do homem transcendental, é a tarefa que desde sempre a filosofia reconheceu como sua. Na filosofia moderna, esta defesa tomou a forma de uma teoria transcendental do conhecimento. O que caracteriza tal teoria é que, diferentemente da ciência que se ocupa do conhecimento dos objetos de seu domínio específico, a teoria transcendental se interroga sobre a possibilidade do conhecimento em geral. Assim, Kant mostrava que a possibilidade de conhecer quaisquer fenômenos remete às formas *a priori* da intuição (o espaço, o tempo), bem como a categorias do entendimento, formas sem as quais não haveria nenhum fenômeno para nós, nenhuma ciência, por conseguinte. A filosofia transcendental nos reconduz assim do que aparece ao aparecer do que aparece. Este aparecer puro considerado em si mesmo, a filosofia moderna o denomina alternadamente "consciência", "consciência transcendental", "consciência de algo", "intencionalidade", "estar no mundo", etc. Através da diversidade destes sistemas de conceptualização, é a relação com um "Fora", é a verdade do mundo o que se afirma como a única essência da fenomenalidade. Na verdade do mundo, no entanto, e nós o mostramos suficientemente, não se edifica nenhuma Ipseidade, não há nenhum Si, nenhum eu – nenhum homem tampouco, consequentemente. A incapacidade da filosofia moderna de preservar o ser verdadeiro do homem redobra a da ciência e a leva ao ápice.

O desvanecimento da possibilidade interior do homem, de sua "essência", faz dele uma casca vazia, esse eco aberto a todos os ventos e suscetível de ser completado doravante por qualquer conteúdo. Os diferentes conteúdos propostos pelo pensamento moderno e presentes como tantas determinações e finalmente definições do que constitui o ser essencial do homem são naturalmente tomados das diversas espécies de saber que surgiram no horizonte galileano. Por um lado, os saberes propriamente galileanos, as ciências duras: física, química, biologia. Por outro, ciências consideradas "humanas", que pretendem ater-se a certos aspectos específicos dos comportamentos humanos: psicologia, sociologia, economia, direito, história, etc.

Quanto às primeiras, ignoram tudo do homem, começando por ali onde acaba o homem, e acabando ali onde começa o homem, se o que constitui o ser essencial do homem é o experimentar-se a si mesmo num Si transcendental, desprovido de neurônios, moléculas, partículas, etc., em princípio – ou seja, no próprio ato pelo qual ele decidiu *a priori* sobre sua natureza. E isso na fundação galileana da ciência moderna, que excluiu do universo tudo o que nele era humano: sensível, subjetivo, vivente.

Quanto às segundas, as ciências consideradas humanas, fascinadas pelo modelo galileano, tomaram deste suas metodologias matemáticas, esforçando-se por lhes conferir uma extensão sistemática. Fazendo-o, ficam fora da esfera do que é próprio do homem, na medida em que este é um Si vivente. Entre a vida e as idealidades matemáticas abre-se, com efeito, um abismo, aquele que separa para sempre realidade e irrealidade. É este abismo que o olhar transcendental de Marx percebeu quando ele se interrogou sobre a possibilidade de medir o trabalho vivente, e como talo único real, e isso para tornar possível a troca econômica das mercadorias. A construção aleatória e arbitrária dos objetos econômicos ideais que se supõe serem representantes e pois equivalentes objetivos da vida invisível, a invenção da economia, tal foi a resposta da humanidade a uma questão prática, para ela incontornável.

Esta substituição da vida por entidades ideais é o que, a exemplo da economia, as ciências humanas realizam em todas as partes, mas sem o saber. Assim, elas tomam seus objetos específicos como a definição da realidade, ao passo que o Si transcendental a que esses "objetos" se referem sempre secretamente e sem o qual eles não têm nenhum sentido desaparece sob os estratos superpostos de parâmetros de todos os tipos. No que concerne à possibilidade deste Si vivente, a saber, seu nascimento transcendental na vida fenomenológica absoluta, é agora para elas chinês. Assim, os objetos das ciências humanas se tornam análogos aos das ciências duras, puramente galileanas, tendendo a apagar-se toda diferença entre estas ciências. Se assim é, também seus conteúdos tendem a se identificar. A psicologia científica experimental, por exemplo, não é mais que uma biologia aplicada a este animal complexo que é o homem. O homem em sua especificidade, enquanto Si transcendental vivente e possível somente a este título, como algo que se experimenta a si mesmo, que sente, que se angustia, que sofre e que goza, que age, que quer e não quer, esse nem sequer está em questão.

O que é um homem que não é um eu, um homem esvaziado de sua capacidade de se experimentar a si mesmo e, assim, de "viver"? No fundo, isso implica perguntar: *O que é um homem reduzido à sua aparência na verdade do mundo?* Um autômato, um complexo de computadores, um robô – uma aparência exterior de homem sem o que faz dele um homem. O que faz dele um homem: o Si transcendental. Nenhum Si transcendental, no entanto, traz a si mesmo à condição que é a sua. Dado a ele mesmo e experimentando-se a si mesmo na autodoação da Vida absoluta e nela somente, todo Si transcendental é Filho desta vida.

Filho da Vida ou autômato – aí está o que João percebe no fulgor da visão profética. O autômato é a Besta – nem sequer a Besta, para dizer a verdade. Pois a Besta contém ainda uma referência oculta ao que seria algo como esta subjetividade vivente e harmoniosa que nos habita, esta subjetividade *fenomenológica* que faz de nós seres de Luz no seio mesmo de nossa Noite. A Besta ainda arremeda a vida. O que se propõe e se define como o homem esvaziado do que faz dele um homem, isso não é portanto a Besta, isso não é nem sequer o Monstro. Não é a Besta monstruosa que fazia fremir Marx quando, entrando numa indústria mecânica de seu tempo, ele via no dispositivo material a funcionar sozinho uma espécie de caricatura aterrorizante do agir humano, do "trabalho vivente". Pois, quando o dispositivo material que funciona sozinho é realmente separado de toda relação com uma atividade humana qualquer e se define por essa exclusão, então já não é de uma Besta que se trata, mas daquilo mesmo que, estranho a todo sentir, a todo agir, a todo viver, à capacidade de se experimentar a si mesmo, se comporta, no entanto, como algo que age. O que o olhar inquieto de Descartes chamava pelo nome que se dava em sua época, "autômato", João o percebe em sua nudez, despojado do que seria ainda a condição subjetiva desse funcionamento, desse "automatismo": não a Besta, mas sua cópia inerte, inanimada, a "imagem da Besta" (Apocalipse 13,15).

"Autômato", "imagem da Besta": com que condição? Com a condição de que todo Si transcendental seja destruído, aniquilado – negado. Mas como um Si transcendental pode ser negado? Ele o é se as condições são as expostas pelo nascimento transcendental deste Si sem o qual nenhum homem é possível. Elas remetem à geração do Primeiro Si na Ipseidade original em que a Vida se autogera a si mesma: a Cristo. Aquele que nega não a existência do homem, mas sua própria possibilidade, aquele que enceta o processo de eliminação principial e *a priori* do homem – eliminação que precede e leva à eliminação efetiva e radical de todos os homens –, é este mesmo que nega a Cristo: o Anticristo.

A negação a que procede o Anticristo é, portanto, dupla. Por um lado, o Anticristo nega que Jesus seja o Cristo (a afirmação segundo a qual Jesus é o Cristo é a que define o cristianismo; fora de tal afirmação, o cristianismo não existe). Negar que Jesus seja o Cristo é dizer que um homem não tem necessidade de ser um Si vivente e, consequentemente, um Si vivente gerado na Vida e na Ipseidade original desta. Em outros termos, não é preciso experimentar-se a si mesmo para ser algo como um homem. Porque tal afirmação é absurda, a negação que o Anticristo pronuncia é a negação do homem.

Mas o Anticristo procede a uma segunda negação. Negar que Jesus seja o Cristo é negar que haja um Cristo, é negar que haja um Primeiro Si gerado na autogeração da Vida e como condição desta autogeração. Negar que Jesus seja o Cristo não é somente negar o homem, mas também e ao mesmo tempo negar este Primeiro Si na Ipseidade do qual se engendra a Vida absoluta; é negar esta. É negar o Pai e o Filho indistintamente, indissociavelmente. É o que dizem estes versículos, de uma densidade e de uma precisão siderais, da 1ª Epístola de João: "Quem é o mentiroso, senão aquele que nega que Jesus é o Cristo? Eis o Anticristo, o que nega o Pai e o Filho. Todo aquele que nega o Filho também não possui o Pai. O que confessa o Filho também possui o Pai" (2,22-23).

Por que aquele que nega que Jesus seja o Cristo é o mentiroso? É nisso que é preciso pensar até o fim se se quiser compreender uma palavra da essência de nosso mundo e ao mesmo tempo a relação singular que liga o cristianismo a este mundo. Em outros termos: quem é o Anticristo hoje, quem é o mentiroso? Como e porque o Anticristo mente? Estabelecemos, por um lado, que um Si transcendental vivente não advém senão na vinda a si da Vida e na Ipseidade em que esta vinda em si se cumpre; por outro, que nenhum homem é possível se não for um Si, se ele próprio não advir na Ipseidade desta vida. Se se nega, portanto, esta e aquela, que resta do homem? Perguntávamos: *que resta do homem fora da Verdade da Vida, na verdade do mundo?* Uma aparência vazia, um bronze que soa oco. Eis a mentira: fazer-nos crer que o homem se reduz a algo que não sente nada, e não se sente a si mesmo, ao qual o Apocalipse chama "Ídolo", que não pode "ver, nem ouvir, ou andar" (9,20), a ondas de partículas, a cadeias de ácidos.

Quem é o Anticristo hoje: neste tempo, em nosso mundo? Este próprio mundo. Ou antes, o princípio sobre o qual este mundo vai doravante ser construído e organizado. Pois é preciso observar aqui que a negação do Si transcendental do homem, e assim do próprio homem, não é somente especulativa ou teórica. No plano teórico, é verdade, esta negação leva a consequências imensas. É, como o vimos, o conteúdo de todo saber dirigido ao homem que se encontra não modificado, mas mudado completa e totalmente, uma vez que este conteúdo é interpretado já não como um Si, mas precisamente como uma realidade em si mesma estranha a este Si, à Vida transcendental em que ele nasce. É a uma negação oculta mas não menos radical do ser do Si que procede a afirmação muito honorável segundo a qual Jesus é um homem. Um homem excepcional, até extraordinário, cuja obra, a edificação de uma moral magnífica, implica, em todo caso, respeito. É esta afirmação que, em seu aspecto modesto e em suma benevolente, toma um rumo escandaloso. Dizer que Jesus é um homem, falar pura e simplesmente de "Jesus" é negar que ele seja o Cristo. É, portanto, tratar este homem maravilhoso como mentiroso, se é verdade que Jesus sempre se designou explicitamente como o Messias – se é verdade que a economia do Novo Testamento, o enfrentamento apaixonado com os sacerdotes e, mais ainda, *o que Cristo diz de si mesmo e de sua própria natureza* repousam unicamente sobre a afirmação incansavelmente repetida – e fundadora do ser cristão – que ele é o Cristo.

Mas é preciso compreender a questão de saber se Jesus não é senão um homem – excepcional, extraordinário, etc. – numa perspectiva muito mais essencial ainda. *Na verdade da Vida, tal proposição é simplesmente absurda.* Na Verdade da Vida e sob a iluminação metafísica desta Verdade, não há homem, isto é, Si transcendental vivente, senão gerado nesta Vida e no Si original de sua Ipseidade essencial. Assim como longamente o estabelecemos,[2] não há homem senão enquanto "Filho de Deus" e "Filho no Filho". Se poiso Filho não existe, nenhum homem é possível. O Dizer do Anticristo: a afirmação de que Cristo não é senão Jesus e que Jesus não é senão um homem, de que ele não é "Jesus Cristo", não é somente o grande engano do mentiroso, mas é filosoficamente insustentável. Assim como é impossível conceber um vivente sem pressupor a Vida absoluta nele, assim como é impossível viver enquanto este vivente sem experimentar em si esta vida ("absoluta": porque nenhum vivente se trouxe a si mesmo a esta vida, mas somente se experimentou nela), assim também nenhum eu e nenhum Si jamais teve o poder de ter-se por si mesmo à sua Ipseidade, nessa condição de ser um Si e um eu. É somente na Vida e na Ipseidade em que ela se tornou a Vida que algo como Sis e eus transcendentais são possíveis.

Mas o momento já não é o de voltar às consequências, infinitas e todas fatais para o homem, da tese do Anticristo. Dizíamos que esta afirmação não tem somente valor de teoria: ela determina uma prática. Sobre o Dizer do Anticristo (e ainda que este Dizer seja completamente ignorado hoje em dia) vai fundar-se a organização de todo o mundo moderno. Toda forma de organização põe em jogo um agir e repousa sobre ele. O próprio agir implica um Eu Posso sem o qual nenhum poder está condições de se exercer, sem o qual, portanto, nenhuma ação é possível. Este Eu Posso que se

---

[2] Cf. supra, cap. 4 e 5.

apoia sobre o ego reconduz assim a um eu, a um Si e finalmente à Ipseidade da Vida absoluta – a Cristo/Deus. Tais eram as pressuposições da teoria cristã do agir. Por um lado, o agir só é possível na vida, não há senão um agir vivente e, se se trata, por exemplo, do trabalho, um trabalho vivente. O agir, por outro lado, não se desdobra somente na Vida, mas é desta que recebe toda motivação possível. Da vida que não é somente a do ego, mas esta Vida absoluta a que toda vida particular, todo vivente e todo Si vivente devem o viver. É da fundação de todo agir concreto particular no agir da Vida absoluta o que dá o Si a ele mesmo que resulta o princípio da ética cristã. Como ética da renúncia por um lado, isto é, da possibilidade de reencontrar, na relação do ego consigo, o poder que o relaciona a si, o agir da Vida absoluta. Como ética da re-ge(ne)ração e do segundo nascimento depois, a qual consiste, ao reencontrar em si este agir da Vida absoluta, em viver doravante desta vida nova que é a vida eterna.

Em que se converte o agir sob o reino do Anticristo? Na medida em que a negação do Primeiro Si acarreta a de todo Si concebível, é a própria possibilidade de agir que ela destrói. O que seria, com efeito, um agir que não trouxesse em si um Si vivente, que não se experimentasse a si mesmo e não se revelasse a si na autorrevelação da vida? Um processo exterior cego, análogo a todos os que compõem a trama do universo. Se se trata, portanto, de organizar este, de transformá-lo, que saber servirá de suporte a esta transformação, se já não pode ser, como no passado da humanidade, a experiência que a vida faz de si no esforço patético de seu agir vivente? Seria o saber da ciência galileana. *A transformação do universo material que se apoia sobre o conhecimento físico-matemático deste universo é a técnica moderna.* Trata-se pois de pôr em marcha, de pôr em ação dispositivos materiais objetivos tomados deste universo e de seus processos internos, dispositivos construídos e elaborados à luz da ciência galileana. Ou ainda: a técnica (moderna, galileana – não a técnica tradicional, que repousava sobre o corpo vivente e por essência subjetiva) é a autotransformação do universo material graças ao conhecimento físico-matemático deste mesmo universo. De modo que, no sistema desta autotransformação, já não há nada vivente: nem "homem", nem eu, nem Si, nem Filho, nem Arqui-Filho, nem Deus – nenhuma vida de tipo algum. De forma que cada elemento ou cada constituinte deste sistema lhe repete a estrutura. Uma técnica por princípio estranha à vida e que repousa sobre sua exclusão, tal é a essência do agir na época do Anticristo, quando a possibilidade do Próprio Si vivente foi negada.

O pôr em marcha semelhante técnica acarreta consequências visíveis por todas as partes hoje em dia, a ponto de se pode dizer que o mundo moderno é sua vitrine. Tais consequências são necessárias na medida em que não fazem precisamente senão repetir a pressuposição do sistema que estende seu reino ao planeta inteiro, semeando bela, em todos os lugares, a desolação e a ruína. A pressuposição é, com a destruição do Si vivente, sua eliminação de toda forma de agir. É ao mesmo tempo a destruição deste – na medida em que não há agir que não seja um agir vivente – e sua substituição precisamente pela técnica moderna, esse conjunto de processos materiais objetivos em si mesmos estranhos a toda e qualquer vida.

Uma das formas tradicionais do agir consiste no processo de produção de bens materiais necessários à existência humana e presente por esta razão no fundo de qualquer sociedade. O que advém hoje a este processo é a ilustração trágica, e assim a prova, da expulsão do Si vivente do agir humano, com todas as consequências desta expulsão. Que estas consequências – a destruição do Si vivente e, assim, do homem – não sejam senão uma repetição ou o reaparecimento da pressuposição de um sistema que não é somente o da economia, mas do mundo moderno inteiro, aí está o que é muito evidente. A "exclusão", notadamente a exclusão de um número sempre crescente de trabalhadores do circuito econômico e social – ou seja, a expulsão do Si vivente do agir humano de que acabamos de falar –, não é um episódio infeliz da extensão insensata de um capitalismo puro e duro, indiferente aos homens. A extensão deste capitalismo sem freio vai de par com sua destruição interior por efeito do hiperdesenvolvimento da técnica moderna. Diminuindo sem cessar o trabalho vivente, a técnica esgota inexoravelmente a fonte da riqueza econômica, isto é, do próprio capital, e o destrói. Mas nada de tudo isso teria sido possível se o homem verdadeiro, o Si transcendental gerado na Ipseidade da Vida absoluta, não tivesse sido previamente eliminado do olhar do Ocidente e da organização do mundo post em marcha por este olhar.

Se o sistema da técnica que varre o homem da superfície da Terra procede da negação do Si transcendental do homem, isto é, afinal de contas, do Anticristo, e se o Anticristo é o mentiroso, se é preciso gritar hoje como no tempo de João: "Quem é o mentiroso senão aquele que nega que Jesus é o Cristo?", por que então tal sistema que deixa ver um pouco mais cada dia seus estragos deve ser dito, ademais, "mentiroso"?

Quando se tratava de formar pilotos de aviões de combate supersônicos, os que eram encarregados dessa formação tropeçaram em dificuldades quase insuperáveis. Como confiar um aparelho de extrema complexidade – e aliás mais que oneroso – a um aprendiz de piloto que não tinha justamente domínio dele? E quem poderia, no entanto, adquirir esse domínio senão em contato com o aparelho, praticando todas as manobras da decolagem, da navegação, do combate, da volta ao solo, etc., e isso graças ao manejo de múltiplos comandos, à decodificação de múltiplos sinais?

A guerra, tudo o que a prepara e se encontra ligado a ela de algum modo, estava aí, como se sabe, uma das principais causas do progresso técnico – enquanto, ao menos, este obedecia a um fim para além dele mesmo. Simular um espaço semelhante àquele em que será colocado o piloto, o conjunto de condições em que se desenrolará sua ação – os instrumentos, suas respectivas localizações e os gestos precisos implicados em sua utilização –, repetir exatamente todas as informações que ele receberá e mais geralmente o universo perceptível inteiro que definirá seu campo de ação, as sensações e as impressões de todas as espécies que ele experimentará, visuais, sonoras, cinésicas e outras, em suma, a simulação em solo do "viver" concreto que seria o do piloto em voo e em combate, tal foi a solução. Ela implicava a construção de uma quantidade de dispositivos complexos e sofisticados, computadores, robôs, etc., suscetíveis de reproduzir fielmente para o piloto não só seu ambiente instrumental e tecnológico imediato, mas suas relações com ele, as experiências, as percepções que seriam as suas se ele realizasse um voo real num aparelho real.

E isso não será somente uma parte do espetáculo fictício que há de ser semelhante ao espetáculo e às impressões que o aprendiz de piloto teria percebido e experimentado se voasse realmente, a disposição interior da pseudocabine, por exemplo. O que ele verá lá fora desta será semelhante ao que verá num voo real, num céu real! Os mesmos raios de luz, as mesmas trajetórias de aviões-fantasmas contra os quais ele abre fogo, as mesmas explosões, o mesmo estrépito, os mesmos *loopings*, as mesmas perdas de equilíbrio, os mesmos foguetes, os mesmos alvos, ataques ou falhas, os mesmos sucessos, os mesmos fracassos! Reprodução integral e perfeita, em seus componentes "físicos" e emocionais, do combate simulado – do combate fictício real ou, se se preferir, do combate real fictício. Tanto na simulação perfeita como na alucinação, já não há diferença entre o verdadeiro e o falso, e não pode haver. Mas, quando já nada distingue o verdadeiro do falso, é uma nova era que começa, um tempo perigoso. O da mentira não episódica e pontual, mas sistemática, permanente, eficaz, ontológica, e que já não pode ser percebida como tal. É a totalidade da série de aparições que é falsa, quando, por sua própria pressão sensível imediata, elas se impõem como reais. Mas este tempo de uma mentira que já não é e não pode ser percebida como tal é o da loucura. Pois a loucura não é nada mais que a impossibilidade de dissociar a aparência da realidade. No exemplo que nos ocupa: a impossibilidade de estabelecer uma clivagem entre as séries de aparições simuladas e as, exatamente semelhantes, que comporiam o sistema da realidade.

Imaginemos agora a simulação tornada no mundo técnico-científico um procedimento aplicado não unicamente ao domínio militar, mas também ao das relações sociais e, por exemplo, à relação erótica entre o homem e a mulher. E coloquemo-nos na hipótese em que é o primeiro que faz uso de uma cabine de simulação. Ei-lo, pois, como o aprendiz de piloto, colocado em certa posição. A aparência de um corpo de mulher desdobra progressivamente diante dele seus diferentes aspectos, e isso não como no plano de uma tela, mas sob seus dedos, de modo que a cada movimento de sua mão ou de seu corpo se descobre uma nova zona do corpo feminino e corresponde um movimento deste – a cada uma de suas carícias, uma carícia da mulher –, enquanto se despertam nele as sequências pré-traçadas dos desejos e das sensações erógenas. Para o utilizador da cabine de simulação erótica, produz-se então uma espécie de inversão ontológica. A ciência tinha reduzido o Si transcendental vivente a um objeto morto do campo galileano, a redes de neurônios que não sentem nada, não pensam nada, não dizem nada. Eis que a este autômato convém restituir alguma propriedade ou aparência humana. Entram então em ação os computadores mantidos em reserva. Sob os toques, a aparência do corpo de mulher estremece, os olhos se fecham, a boca se torce e se põe a gemer, todos os sinais de prazer estão ali. A estátua da Besta retoma vida, sua vida fictícia se mistura à do utilizador da cabine. Como diz o Apocalipse, trata-se de "infundir espírito à imagem da Besta, de modo que a imagem pudesse falar" (13,14). Tal é o prodígio que vai seduzir os habitantes da terra, a obra dos falsos profetas e dos falsos messias. *Eles farão máquinas extraordinárias que farão tudo o que os homens e as mulheres fazem, e isso para fazê-los crer, a estes homens e a estas mulheres, que também eles não são senão máquinas.*

Àqueles que, entre os tessalonicenses, anunciam a vinda do Dia do Senhor como iminente, e isso com base em pretensas cartas que eles teriam recebido dele, Paulo opõe que "deve primeiro [...] aparecer o homem ímpio, o filho da perdição, o adversário, que se levanta contra tudo que se chama Deus ou recebe culto" (2 Tessalonicenses 2,3). O que é chamado Deus ou é adorado: a Vida, a Vida verdadeira que anima todo Si vivente verdadeiro e faz dele um Vivente verdadeiro – a Vida que denuncia o ídolo vazio, a estátua da Besta, tudo aquilo a que se daria uma aparência de homem ou de mulher e que não seria nem um nem outro. Tudo isso de que se acompanhará "a vinda do Ímpio [...] com toda sorte de portentos, milagres e prodígios mentirosos e por todas as seduções da injustiça, para aqueles que se perdem, porque não acolheram o amor da verdade..." (ibidem, 2,9-10). A Verdade: a Vida. O prodígio: a simulação da Vida. O mal: todos os lugares onde esta simulação acontece. Na cabine erótica quando aquele que quer abraçar uma mulher, experimentar sua vida ali onde esta vida se experimenta a si mesma, em seu Si vivente – quando ele não abraça senão o vazio, a Ausência pura, o mal radical: NINGUÉM.

Na cabine de simulação, mas também em todos os lugares onde tal situação metafísica se produz: em todos os lugares onde o homem e a mulher não são senão um objeto, uma coisa morta, uma rede de neurônios, um feixe de processos naturais – onde quem quer que seja, posto diante de um homem ou de uma mulher, se encontra diante do que, despojado do Si transcendental que constitui sua essência, já não é nada, já não é mais que morte.

"Naqueles dias, os homens procurarão a morte, mas não a encontrarão; desejarão morrer, mas morte fugirá deles" (Apocalipse 9,6).

Os homens rebaixados, humilhados, desprezados e desprezando-se a si mesmos; adestrados desde a escola para se desprezar, para se considerar nada – partículas e moléculas; admirando tudo o que é menos que eles; execrando tudo o que é mais que eles. Tudo o que é digno de amor e de adoração. Os homens reduzidos a simulacros, a ídolos que não sentem nada, a autômatos. E substituídos por eles – por computadores, por robôs. Os homens expulsos de seu trabalho e de sua casa, empurrados para cantos e vazios, contraídos nos bancos do metrô, dormindo em caixas de papelão.

Os homens substituídos por abstrações, por entidades econômicas, por lucros e dinheiro. Homens tratados matematicamente, informaticamente, estatisticamente, contados como animais e valendo muito menos que eles.

Os homens desviados da Verdade da Vida, lançando-se a todos os engodos, a todos os prodígios em que esta vida é negada, escarnecida, imitada, simulada – ausente. Os homens entregues ao insensível, tornados eles próprios insensíveis, e cujo olho é vazio como o de um peixe. Os homens idiotizados, votados aos espectros, aos espetáculos que expõem por todas as partes sua própria nulidade e sua decadência; votados aos falsos saberes; reduzidos a cascas vazias, a cabeças desabitadas – a "cérebros". Os homens cujas emoções e amores não são senão secreções glandulares. Os homens que foram liberados fazendo-os crer que sua sexualidade é um processo natural, em vez de e em lugar de seu Desejo infinito. Os homens cuja responsabilidade e dignidade já não têm nenhum lugar assinalado. Os homens que, no aviltamento geral, invejarão os animais.

Os homens quererão morrer – mas não a Vida.

Não é qualquer deus hoje que nos pode ainda salvar, mas tão somente – quando por todos os lados cresce e se estende sobre o mundo a sombra da morte – Aquele que é Vivente.

Do mesmo autor, conheça também

O autor nos apresenta sua análise sobre a condição humana, abordando a nossa existência encarnada. Sua explicação da relação entre a carne e o corpo nos leva também a refletir sobre outro objeto de sua investigação: a Encarnação no cristianismo.

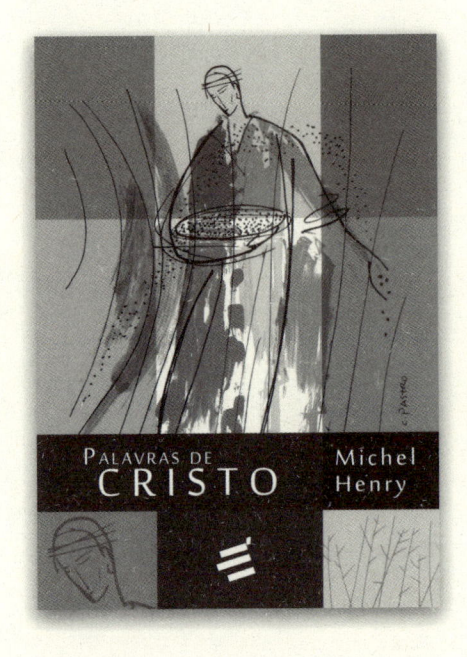

Michel Henry questiona, do ponto de vista da fenomenologia da vida, a dupla natureza de Cristo – humana e divina – e aborda como nós, seres humanos, podemos experimentar a humanidade e a divindade de Cristo por meio de suas palavras.